Vertikale Variation im Fachwortschatz

sprache *im* kontext

Herausgegeben von Ruth Wodak und Martin Stegu

Band 30

PETER LANG

Frankfurt am Main · Berlin · Bern · Bruxelles · New York · Oxford · Wien

Johannes Schnitzer

Vertikale Variation im Fachwortschatz

Am Beispiel der argentinischen Börsenberichterstattung

PETER LANG
Internationaler Verlag der Wissenschaften

Bibliografische Information der Deutschen Nationalbibliothek
Die Deutsche Nationalbibliothek verzeichnet diese Publikation in der Deutschen Nationalbibliografie; detaillierte bibliografische Daten sind im Internet über <http://www.d-nb.de> abrufbar.

Gedruckt mit Unterstützung des Bundesministeriums
für Wissenschaft und Forschung in Wien.

Umschlaggestaltung:
Andréas Gloger.

ISSN 0948-1354
ISBN 978-3-631-56823-1

Internationaler Verlag der Wissenschaften
Frankfurt am Main 2008

www.peterlang.de

INHALTSVERZEICHNIS

EINLEITUNG

Die vorliegende Arbeit versteht sich als Beitrag zur Bestimmung und Beschreibung jener Art von sprachlicher Variation, der sich aus dem Komplexitäts- bzw. Fach-(sprach)lichkeitsgrad von Texten ergibt. Aus Gründen, die in den theoretischen Kapiteln noch darzulegen sein werden, steht dabei der lexikalische Aspekt - der Fachwortschatz - im Zentrum des Interesses.
Die konkreten Zielsetzungen lassen sich wie folgt umreißen: Zunächst geht es darum, die konzeptuell-theoretischen Grundlagen zu erarbeiten und die zentralen Begriffe der Untersuchung zu klären. Es ist m.E. keineswegs so, dass in der Fachsprachenlinguistik diesbezüglich mittlerweile eine wirklich befriedigende Situation existieren würde, vielmehr erscheint es mir zur Fundierung des empirischen Analyseteils notwendig, vorab zu klären, was unter *Fach*, *Fachsprache*, *Wirtschaftssprache, Börsensprache* (Kapitel 1), *Fachwortschatz* (Kapitel 2) und *vertikaler Variation* (Kapitel 3) im Rahmen dieser Arbeit konkret verstanden wird. Damit soll eine unmittelbare Basis für die Untersuchungen geschaffen und zugleich ein Beitrag zur Fachsprachentheorie geleistet werden. Auf diesen Überlegungen aufbauend wird eine Analysemethode entwickelt, die es erlauben sollte, die unterschiedliche Strukturierung des Fachwortschatzes auf verschiedenen Ebenen der Fachsprachlichkeit zu bestimmen und auf effiziente Art darzustellen.
Die Analyse bezieht sich auf den Fachwortschatz der Börsenberichterstattung in (argentinischen) Tageszeitungen. Damit soll, wie noch im Detail zu besprechen sein wird, die Anwendungsmöglichkeit der Analysemethode und Repräsentationsform in einem konkreten Bereich der Wirtschaftssprache gezeigt werden.
Die Entscheidung, gerade den Fachwortschatz der Börsenberichterstattung zum Analyseobjekt zu machen, hängt in entscheidendem Maß damit zusammen, dass, obwohl dieser Bereich in den letzten Jahren zunehmend präsent geworden ist (manche Nachrichtensender unterlegen mittlerweile per Insert alle möglichen Meldungen mit Aktiennotierungen und Entwicklungen von Börsenindizes), das Geschehen an den Börsen dem breiten Publikum noch immer weitgehend verschlossen ist. Sekundär ist die Wahl des Analyseobjekts durch meine Tätigkeit an einer Wirtschaftsuniversität bestimmt. Dies ist in diesem Zusammenhang in zweifacher Hinsicht von Bedeutung: Zum einen muss in eine fachsprachliche Arbeit dieser Prägung auf die eine oder andere Art auch fachliche Kompetenz in ausreichendem Maß einfließen, was eben durch mein berufliches Umfeld ermöglicht wird; zum anderen hat meine wirtschaftssprachliche Lehrtätigkeit sicher einen entscheidenden Anteil daran, dass in der Beschäftigung mit dem Thema das Augenmerk indirekt auch immer auf eine potentielle zukünftige Anwendung und Anwendbarkeit gerichtet ist - sei es in der Fachsprachendidaktik oder sei es in der Fachlexikographie, um nur die zwei unmittelbarsten Bereiche zu nennen.

1. FACH-, WIRTSCHAFTS- UND BÖRSENSPRACHE

Das Thema der vertikalen Variation im Fachwortschatz wird in der Folge anhand der argentinischen Börsenberichterstattung behandelt. Damit ist klar, dass hier die spanische (argentinische) Börsensprache untersucht werden soll, also jener Teilbereich der spanischen Wirtschaftssprache oder Wirtschaftsfachsprache, der in direktem Zusammenhang mit Wertpapierbörsen zu sehen ist. Diese äußerst vage und als Festlegung eines Untersuchungsgegenstands jedenfalls unbrauchbare Bestimmung von *Börsensprache* ist darauf zurückzuführen, dass - wie noch zu sehen sein wird - der Terminus weit weniger eindeutig ist, als man dies erwarten würde. Die logisch-begrifflich übergeordneten Termini *Wirtschaftssprache* und *Wirtschaftsfachsprache* weisen m.E. eine gleich starke oder vielleicht sogar noch stärkere semantische Unschärfe auf. Natürlich wird jedermann bei ihrer Verwendung eine intuitive Vorstellung davon haben, worauf sie sich beziehen, von einer tatsächlichen Klarheit bezüglich ihres Bedeutungsumfangs ist man jedoch weit entfernt. Diese Unsicherheit geht sogar so weit, dass nicht einmal Einigkeit darüber herrscht, ob es überhaupt sinnvoll ist, von *Wirtschaftsfachsprache* zu sprechen (siehe 1.6.).

Jedenfalls denkt man bei *Wirtschaftssprache* und *Wirtschaftsfachsprache* an Fachsprache, wobei mit dieser Charakterisierung - abgesehen von der schon in der Benennung erkennbaren Tautologie - auch deswegen nicht allzu viel an Klarheit gewonnen ist, da die Begriffe *Fach* und *Fachsprache* genauso diffus sind wie diejenigen von *Wirtschaft* und *Wirtschafts(fach)sprache.*

Die Bezeichnung *Fachsprache* deutet zunächst darauf hin, dass es sich um einen Sprachbereich handelt, der irgendwie anders ist als "normale" Sprache, womit die Problematik im größeren Rahmen der Sprachvariation zu sehen ist. Eine Fachsprache stellt eine Sprachvarietät einer Sprache dar. Wie diese zu bestimmen ist, welcher linguistische Status ihr zukommt und welche Beziehung zu anderen Typen von Sprachvarietäten bestehen, soll im folgenden diskutiert werden, um derart für die nachfolgenden Analysen die entsprechende theoretische Basis zu schaffen. In der Behandlung dieser Fragen wird es notwendig sein, auf die tatsächlichen oder vermeintlichen Charakteristika von Fachsprache(n) einzugehen, um auch diesbezüglich zu einer - m.E. notwendigen - differenzierteren Sichtweise zu gelangen. Es müssen daher in diesem Zusammenhang auch ihre grundlegenden Wesenszüge thematisiert werden. Ausgehen möchte ich dabei von allgemein definitorischen Überlegungen zur Sprachvariation. Anschließend soll der Terminus *Fachsprache* behandelt werden, um schließlich am Ende des ersten Teils dieser Arbeit zu bestimmen, was unter *Wirtschafts(fach)sprache* und *Börsensprache* zu verstehen ist. Die folgenden Festlegungen sind kein Selbstzweck, sondern stellen den, wie man sehen wird, notwendigen Hintergrund dar, vor dem die Analyse der vertikalen Wortschatzvariation erst argumentier- und verstehbar wird.

1.1. ALLGEMEINE ASPEKTE DER SPRACHVARIATION

Eine Sprache ist kein homogenes Ganzes, sondern erfährt die verschiedensten Ausprägungen, die ihrerseits durch eine Vielzahl von Faktoren bedingt sind. Spricht man von einer bestimmten Sprache (*das Spanische*), so kann man sich damit auf zumindest zwei unterschiedliche Größen beziehen: Zum einen auf eine bestimmte Varietät, die aus bestimmten sozialen und historischen Gründen besondere Geltung erlangt hat und daher als Standard bzw. Norm erachtet wird, zum anderen auf die Gesamtheit aller möglichen Realisierungsformen dieser Sprache (vgl. Klein 1976:29f.) In beiden Fällen handelt es sich um Abstraktionen, um abstrakte Systeme, die aus unzähligen sprachlichen Äußerungen, die den eigentlichen Realisierungsmodus darstellen, (re)konstruiert werden können. Jede Varietät einer Sprache kann als System beschrieben werden, ihr prototypischer Sprecher wird allerdings - natürlich mit der Ausnahme idiolektaler Systeme - kaum real existieren. Die individuelle Sprache eines Sprechers wird vermutlich nie mit der durch Abstraktion gewonnenen Beschreibung des Sprachsystems einer Sprechergruppe identisch sein.
Es drängt sich die Frage auf, wie das Verhältnis zwischen den einzelnen individuellen Systemen der Sprecher und dem jeweiligen allgemeinen Sprachsystem (Standard oder auch jede andere Varietät, als deren Sprecher das Individuum bestimmt werden kann) beschaffen ist. Klarerweise muss zwischen den beiden in weiten Bereichen Übereinstimmung vorliegen, denn nur so kann Kommunikation funktionieren. Allerdings wäre es auch verfehlt, das allgemeine System als reine Durchschnittsmenge aller individuellen zu sehen, denn dann wäre es sozusagen auf den kleinsten gemeinsamen Nenner aller individuellen Sprachkompetenzen reduziert. Rein Individuelles ist zwar per definitionem aus der Sprache als sozialer Größe auszuschließen (bzw. nur soweit zu akzeptieren, als es aufgrund von Gemeinsamem interpretierbar bleibt), das System einer Sprache umfasst hingegen Einheiten und Strukturen, die vielen Sprechern (in vielen Fällen der Mehrzahl) nicht zugänglich sind. Kein Sprecher kennt alle Wörter (s)einer Sprache, um nur das augenfälligste Beispiel anzuführen. Das Sprachsystem geht somit über die reine Durchschnittsmenge individueller Sprachkompetenzen weit hinaus.
Nun lassen sich innerhalb einer Sprachgemeinschaft Gruppen von Sprechern definieren, deren individuelle Systeme (deren Sprachkompetenz) untereinander größere Übereinstimmungen und Ähnlichkeiten aufweisen, als dies in Hinblick auf Sprecher, die nicht der jeweiligen Gruppe angehören, der Fall ist. Die Aufgabe der Forschung zur Sprachvariation besteht folglich darin, diese einzelnen Gruppen zu isolieren, zu bestimmen, welche Faktoren die Gruppenbildung bewirken, und die jeweiligen durch diese Faktoren bedingten Varietäten zu beschreiben.
Die drei Hauptparameter, die traditionellerweise diesbezüglich genannt werden, sind:

- Zeit (das Leben in einer bestimmten Epoche),
- Raum (geographische Herkunft) und
- soziale Schicht.

Dementsprechend wird dann von diachroner, diatopischer und diastratischer Variation gesprochen. Dies sind jedoch noch nicht alle Bedingungen, die für derartige "natürliche" (vgl. Cabré 1993:77), durch Kontaktphänomene zwischen Sprechern verursachte Varietäten ausschlaggebend sind. Ergänzend angefügt werden müssen zumindest die Einflussgrößen Gruppe (z.B. Berufsgruppe, Familie, etc.),[1] Geschlecht, Lebensalter, Art und Grad des Spracherwerbs (Erst- oder Fremdsprache; vgl. Klein 1976:29) sowie der Kontakt mit anderen Sprachen, der sich besonders bei Pidgins und Kreolsprachen auswirkt.

Damit ist allerdings erst EIN Aspekt von Sprachvariation angedeutet. Ein zweiter steht in unmittelbarem Zusammenhang mit der Funktion von Sprache.

Bisher war von Sprache immer nur als mehr oder minder statischem System die Rede. Es darf jedoch nicht vergessen werden, dass Sprache nicht als Selbstzweck existiert, sondern dass sie als Kommunikationsmittel dient.[2] Für den Bereich der Sprachvariation ist nun wesentlich, dass das "Werkzeug" Sprache sich in der Kommunikation nicht immer gleichförmig präsentiert, sondern in der konkreten Verwendung den jeweiligen Situationen angepasst werden muss. In der Sprachkompetenz eines Sprechers (in seinem individuellen System) müssen Regeln enthalten sein, wie er die sprachliche Anpassung an die jeweiligen kommunikativen Gegebenheiten zu bewerkstelligen hat. Diese Anpassung ist ebenfalls Ursprung sprachvariationeller Phänomene, die somit anders gelagert sind als die oben erwähnten:

> "Insofern haben wir es in der situativen Dimension mit etwas qualitativ anderem zu tun. Während regional und sozial bestimmte Varietäten Gruppen von Sprechern unterscheiden (oder dies zumindest können), sind situativ bestimmte Varietäten auf das Verhalten ein und derselben Sprechergruppe in unterschiedlichen Situationen bezogen. (Das schließt nicht aus, dass der Zugang zu bestimmten Kommunikationssituationen und damit das individuelle Verfügen über situative Varietäten auch wieder eine sozial unterschiedliche Verteilung zeigt, ...)." (Hartung 1981:16)

Das folgende Kommunikationsmodell genügt, um die Parameter zu situieren, die unterschiedliche sprachliche Ausprägungen einer Mitteilung bedingen: Ein Sprecher spricht zu seinem Hörer in einer konkreten Situation über ein Thema und mit einer

---

[1] Die Bezeichnung *Gruppe* ist mehrdeutig und schwer zu bestimmen. Im einem weiten Sinn ist jede Sprachgemeinschaft eine Gruppe und somit jede der bisher genannten Sprachvarietäten eine Gruppensprache. Gemeint sind hier Gemeinschaften, die sich durch spezifische Interessen und/oder Einstellungen bzw. durch besondere soziale Beziehungen auszeichnen.

[2] Andere Funktionen von Sprache, wie die kognitive oder diejenige, Mittel der Identitätsfindung und Abgrenzung von Gruppen, etc. zu sein, sollen hier außer Acht gelassen werden.

bestimmten Absicht. Aus den Faktoren Kommunikationssituation, Kommunikationspartner (oben Sprecher bzw. Hörer genannt), Thema und Kommunikationsintention als solche, sowie aus den spezifischen Beziehungen dieser Elemente untereinander ergeben sich eine Fülle von Bedingungen für das sprachliche Verhalten.
Die Kommunikationssituation stellt den raum-zeitlichen und institutionellen Rahmen für den Kommunikationsakt dar. Bei ihrer Charakterisierung sind Fragen zu stellen wie: Wo findet der Kommunikationsakt statt und - damit eng verbunden - welches Medium benützen die Kommunikationspartner, um sich zu verständigen? Wie viel Zeit steht zur Verfügung? Wie verläuft die Kommunikationsrichtung (kann der Hörer reagieren und seinerseits zum Sender werden)? Konnte der Kommunikationsakt vorbereitet werden oder haben wir es mit einer spontanen Äußerung zu tun? Handelt es sich um private Kommunikation oder findet sie in einem öffentlichen Rahmen statt? etc.
In Bezug auf den Kommunikationspartner ist zunächst einmal dessen individuelle Sprachkompetenz zu berücksichtigen. An ein Kind oder einen Lerner einer Sprache wird man sich nicht in der gleichen Form wenden, wie an jemanden, von dem man annehmen kann, dass sein individuelles Sprachsystem größere Deckung mit dem eigenen aufweist. Weiters sind hier Faktoren wie sozialer Status, Autoritätsverhältnisse, etc. zu bedenken - Größen, deren Einfluss in der linguistischen Forschung große Aufmerksamkeit auf sich zieht. Man denke nur an die Vielzahl der Untersuchungen bzgl. Arzt-Patient-, Gerichts-, Schulkommunikation, die - natürlich unter starker Einbeziehung der situativen Komponente - gerade auf diesen Aspekt abzielen. Desgleichen stellen sich hier die Fragen nach dem Bekanntheitsgrad zwischen den Kommunizierenden und nach einem eventuell vorhandenen gemeinsamen Vorwissen hinsichtlich des Themas, die für die Erstellung und Beurteilung der Kohärenz des Gesagten - und damit für dessen Interpretierbarkeit - von enormer Wichtigkeit sind.
Das Thema, über das kommuniziert wird, hat ebenfalls einen offensichtlichen Einfluss auf die sprachliche Ebene. Das Thema *Atomphysik* präsentiert sich sprachlich anders als das Thema *Unterwäsche*, man denke in diesem Zusammenhang nur an das verwendete Vokabular oder die Rolle euphemistischer Strategien.
Auch die Bedeutung des Faktors Kommunikationsintention, d.h. der Funktion, der der Kommunikationsakt dienen soll, ist evident. Man verhält sich nicht auf die gleiche Art und Weise, wenn man jemanden zu Hilfe ruft oder eine Liebeserklärung abgibt.
Die erwähnten Parameter beeinflussen sowohl jeder für sich als auch in ihrem Zusammenspiel das sprachliche Verhalten des Sprechers (und natürlich, wenn auch in anderer Weise, dasjenige des Hörers). Das Bindeglied zwischen all diesen Elementen stellen dann die kommunizierenden Menschen in ihrer individuellen Komplexität dar, weswegen neben den bisher erwähnten, sozusagen objektiven Bedingungen des Kommunikationsaktes auch die emotionalen und intellektuellen Beziehungen, die die Kommunikationspartner untereinander, zu den Gegebenheiten der Kommunikationssituation sowie zu Thema und Funktion haben, ebenfalls einen entscheidenden

Einfluss auf sprachlicher Ebene ausüben. Dieser Bereich scheint mir etwas weniger leicht fassbar und wurde deswegen bisher wohl auch weniger systematisch beschrieben. Trotzdem ist klar, dass Faktoren wie Einstellungen und Werthaltungen zu gewissen Themen, das Interesse, das die Kommunizierenden am Thema und am Gelingen des Kommunikationsakts haben, oder einfach das Wohlbefinden in einer bestimmten Situation auf das sprachliche Verhalten abfärben.
Alle hier genannten vom Kommunikationsakt abhängigen Einflussfaktoren, aber natürlich auch die zuerst erwähnten vom Kommunikationsakt unabhängigen Parameter (Alter, Herkunft, etc.), finden ihren Niederschlag in der sprachlichen Einheit Text, in der sich der Kommunikationsakt realisiert und die zugleich dessen Resultat (z.B. in Form eines Briefes, eines Theaterstücks, etc.) ist.
Demzufolge müssen Texte nach diesen Parametern der Sprachvariation klassifiziert werden können und tatsächlich stellt man bei den verschiedenen Ansätzen zur Unterscheidung von Texttypen bzw. Textsorten fest, dass die Faktoren Kommunikationssituation, Thema und Funktion vielfach Grundgrößen in diesen Klassifikationen darstellen. Typische Situationskonstellationen (z.B. Telefongespräch) und Funktionen (z.B. Bericht) scheinen - wie in den erwähnten Beispielen - für sich allein, in Verbindung untereinander (z.B. Beschwerdebrief) oder mit abstrakten Inhaltsangaben (z.B. Liebesbrief) auch die vorwissenschaftlichen, in der Alltagssprache verwendeten Kategorien der Textklassifikation zu sein. Diese alltagssprachliche Textklassifikation (vgl. Dimter 1981) sollte wohl auch den Ausgangspunkt für die wissenschaftliche Untersuchung darstellen, wenn letztere für die Praxis umsetzbare Ergebnisse erzielen will (vgl. Schnitzer 1994b:31f.).
Fasst man das bisher Gesagte zusammen, so lassen sich die verschiedenen Arten der Sprachvariation folgendermaßen klassifizieren:

A) Die **vom Kommunikationsakt unabhängige Variation** ist als Ergebnis der sprachlichen Sozialisation innerhalb einer Gruppe in den individuellen Sprachsystemen der Sprecher verankert. Es handelt sich dabei um "reasonably permanent characteristics of the *user*" (Gregory/Carroll 1978:10). Die Variation besteht zwischen Sprechern bzw. Sprechergruppen. Als Einflussfaktoren gelten:

a) historische Zeit,
b) geographische Herkunft,
c) soziale Schicht,
d) Gruppenzugehörigkeit,
e) Geschlecht,
f) Lebensalter,
g) Art und Grad des Spracherwerbs,
h) Kontakt mit anderen Sprachen.

B) Die **vom Kommunikationsakt abhängige Variation** ergibt sich aus der Tatsache, dass die Sprachkompetenz eines Sprechers es ihm ermöglicht, seine sprachlichen Äußerungen den kommunikativen Gegebenheiten anzupassen. Sie ist daher an den instrumentalen Aspekt von Sprache gebunden (Gregory/Carroll (1978:10) sprechen diesbezüglich von "characteristics of the user's *use* of language"). Die Variation besteht hier im Prinzip nicht zwischen verschiedenen Sprechern bzw. Sprechergruppen, sondern ein und derselbe Sprecher variiert die Sprache, die er gebraucht, in Abhängigkeit von:

a) Kommunikationssituation,
b) Kommunikationspartner,
c) Thema,
d) Funktion,
e) seinen emotional-intellektuellen Beziehungen zu a) - d).

Das bis hierher Gesagte lässt den Bereich der Sprachvariation nun möglicherweise übersichtlicher erscheinen, als er in Wirklichkeit ist.
Zunächst muss festgehalten werden, dass die Bezeichnung "vom Kommunikationsakt unabhängige Variation" relativ zu sehen ist, das heißt in Bezug auf unmittelbar stattfindende Kommunikation. Mittelbar ist natürlich jede Variation Ergebnis konkreter Kommunikationsakte, und zwar insofern, als erstere immer unter dem Einfluss letzterer entsteht. In letzter Instanz ist das Sprachsystem eines Sprechers und auch einer Sprechergruppe immer von vorhergehenden Kommunikationserfahrungen abhängig. Weiters lassen sich zwischen den einzelnen Einflussfaktoren auf Sprachkompetenz und Sprachverwendung eines Individuums die vielfältigsten Querverbindungen und Überschneidungen feststellen. Man denke in diesem Zusammenhang nur an das oft erwähnte Problem, Dialekt und Soziolekt oder auch Dialekt und vom Kommunikationsakt abhängige Varietäten zu unterscheiden (vgl. z.B. Scherfer 1976:2), das sich eben dann stellt, wenn in einer Sprache eine Standardvarietät als verbindliche Norm gilt und die von dieser abweichenden Dialekte nur mehr oder vorwiegend von bestimmten sozialen Schichten gesprochen werden. Normalerweise üben in diesen Fällen die unter B) genannten Faktoren (insbesondere die Kommunikationssituation und die Beziehung zwischen den Kommunikationspartnern) ebenfalls einen starken Druck auf die Wahl der zu verwendenden Varietät (also der alltagssprachlich als *dialektal* bzw. *nicht-dialektal* bezeichneten) aus. Diese Überschneidung ist nur ein Beispiel für die Komplexität dieser Beziehungen, es lassen sich unschwer weitere Verbindungen aufzeigen (man denke an schichtspezifisches Sprachverhalten in bestimmten Situationen, geschlechts- oder altersspezifische Themen, etc.). Auf weitere Schwierigkeiten, die sich in Zusammenhang mit dieser Klassifikation stellen und die in erster Linie die Zuordnung bestimmter, in der Sprachwissenschaft üblicherweise behandelter Typen von Sprachvarietäten zu den genannten Parametern betreffen,

werde ich weiter unten eingehen, sofern sie für das hier zur Diskussion stehende Thema relevant sind. Sicher ist, dass die einzelnen Parameter nicht für sich allein und voneinander unabhängig klar differenzierte Sprachvarietäten konstituieren, weswegen "... die Trennung der verschiedenen Dimensionen nur heuristischen Wert haben kann und eine reinliche Scheidung verschiedener Dimensionen und sprachlicher Varietäten recht problematisch ist" (Nabrings 1981:89).
Es sollten hier denn auch in erster Linie Perspektiven aufgezeigt werden, unter denen man Sprachvariation jeweils betrachten und zu außersprachlichen Faktoren in Beziehung setzen kann, wobei klar ist, dass dabei die anderen Einflussgrößen nicht völlig außer Acht gelassen werden können.
Es mag vielleicht auch aufgefallen sein, dass ich bisher die in der Literatur verwendete Terminologie - z.B. *Register*, *Stil*, etc. - mit größter Sparsamkeit verwendet und manche oft genannte Varietätentypen - z.B. Sonder- und Berufssprachen, Hochsprache und Umgangssprache, etc. (vgl. Radtke 1973) - nicht einmal erwähnt habe. Dies hat seinen Grund darin, dass es bisher ausschließlich darum ging, eine kurze Orientierung über das Phänomen Sprachvariation vorzunehmen. Die existierende Terminologie ist darüber hinaus dermaßen uneinheitlich, dass ihre Verwendung einen größeren und für meine Zwecke bisher nicht notwendigen Erklärungsbedarf hervorgerufen hätte. Allerdings ist der Terminus, der eigentlich im Zentrum meiner Überlegungen stehen sollte, in diesem allgemeinen Überblick bisher ebenfalls noch nicht aufgetaucht. Es stellt sich nunmehr die Frage, wo in meinem Schema nun die Fachsprache ihren Platz hat. Diese Frage ist - wie man gleich sehen wird - nicht leicht zu beantworten, denn der Status, der ihr zugesprochen wird, ist stark von der jeweils verwendeten Fachsprachendefinition abhängig. Eine Zuordnung zu einer gewissen Art von Sprachvariation stellt denn auch einen wichtigen Schritt zu ihrer Definition dar.

1.2. ZUM BEGRIFF 'FACH'

Ein erster Schritt in der Bestimmung von *Fachsprache* ist logischerweise die Frage nach der Bedeutung von *Fach*, die allerdings nach wie vor äußerst vage zu sein scheint:

> "Um so merkwürdiger ist es dann, dass 'Fach' und 'Fachlichkeit' zwar in aller Munde und mit achtbarer Reputation in der Öffentlichkeit behaftet sind, dennoch aber immer noch nicht von den Wissenschaften (den einzelnen Sachfächern ebenso nicht wie von der Linguistik), auch nicht vom Handwerk und Industrie wie auch nicht von den Nutzer- und Anwendungs-Organisationen (wie z.B. Normungsinstitutionen, Terminologiebanken, Dokumentationszentren u.a.) näher betrachtet, geschweige denn problematisiert, begrifflich geklärt werden oder sogar definiert sind." (Kalverkämper 1998a:1)

In der Festlegung von Untersuchungsgebieten und deren Benennung scheint zumeist ein intuitiv und unreflektiert vorhandener Begriff von *Fach* und *Fachlichkeit* als

Basis zu fungieren, selbst in jenen Arbeiten, in denen der Hinweis, dass sich Fächer und Fachbereiche ändern, verschwinden und neu entstehen können, nicht fehlt:

> "Und so finden sich dann Untersuchungen zur 'Wissenschaftssprache', zur 'naturwissenschaftlichen Fachsprache', zur 'Wirtschaftsfachsprache', zur 'Fachsprache des Sports', 'des Tennis', zur 'Fachsprache der Proben an der Oper', zur 'Fachsprache der Fabrikarbeiter an der elektronisch gesteuerten Buntmetallsäge' - wir sehen, wohin der Weg vom umfassenden hochabstrakten Fachgebiet zum niederhierarchischen konkreten führt. Hier sind bislang keine methodischen Bremsen erarbeitet, um die reductio ad absurdum im gewählten Fachgebiet und in dessen Grenzziehungen aufzuhalten." (Kalverkämper 1992a:33)

Gerade für die deutschsprachige Forschung ist dieses Vertrauen auf die unmittelbare Verständlichkeit der verschiedenen Bezeichnungen als ausreichende Basis für wissenschaftliche Beschäftigung bemerkenswert. Der Terminus *FACHsprache* müßte meiner Meinung nach eher noch Anlass zur Reflexion geben als z.B. *language for special/specific purposes* oder *lenguaje especializado/de especialidad. Special purposes* oder *especialidad* scheinen mir auf den ersten Blick noch stärker zu suggerieren, hier mit einem rein intuitiven Verständnis das Auslangen finden zu können.
Wie kann nun also der Terminus *Fach* spezifiziert werden? Meiner Meinung nach bieten sich in unserem Zusammenhang zunächst zwei Perspektiven an.
Zum einen lässt er unmittelbar an ein Schulfach oder ein universitäres Fach, etc. denken. Hier handelt es sich ganz offensichtlich um Wissensgebiete, die traditionellerweise voneinander getrennt erforscht und präsentiert werden. Üblicherweise scheint mir in dieser Verwendung auch eine gewisse institutionelle Einbettung (eben Schule, Universität, etc.) eine Rolle zu spielen. Nachdem es aber nicht sinnvoll wäre, terminologisch zwischen der Beschäftigung mit Wissensgebieten innerhalb und außerhalb von Institutionen zu unterscheiden, kann der Begriff *Fach* in diesem Sinne einfach thematisch verstanden werden, so wie es sich auch den Ausführungen Kalverkämpers entnehmen lässt:

> "Fachliches Sprechen und Schreiben heißt Kommunizieren über fachliche Inhalte auf eine Art und Weise, die von Konventionen, Traditionen, Normen und Ökonomien des Faches vorgegeben und erwartbar sind. Was hier primär interessiert, sind die fachlichen Inhalte, die ja Bestandteile eines Faches sind." (Kalverkämper 1983:128)[1]

Der thematische Aspekt ist denn auch tatsächlich ein wesentliches Element in der Definition von *Fachsprache* (siehe 1.3.1. und vgl. z.B. Cabré 1993:135).
Zum anderen impliziert der Terminus *Fach* auch die Umsetzung von Wissen in Handlungen. Wissen existiert ja nicht für sich alleine, sondern findet seine Anwendung in den verschiedensten gesellschaftlichen Bereichen, die durch je spezifische Funk-

---

[1] Auch in Wahrigs Deutschem Wörterbuch wird als EINE Erklärung von *Fach* schlicht "Wissensgebiet" angegeben. (1989:449)

tion(en) charakterisiert sind. Als *Fach* wird dann ein Handlungsbereich verstanden, ein "relativ selbstständige[r] Tätigkeitsbereich, welcher sich ... im Prozess der zunehmenden Arbeitsteilung herauskristallisiert hat" (Baumann 1994b: 69). Der oben angeführte englische Terminus *language for special/specific purposes* erlangt wohl erst in dieser Perspektive seinen vollen Sinn.
Auch dieser funktionale Aspekt in der Bedeutung von *Fach* ist in der Alltagssprache gegenwärtig, man denke nur an *Fach* als Synonym für *Berufszweig* (vgl. Wahrig 1989:449). Gerade in der Fachsprachenforschung hat diese Verwendungsweise von *Fach* große Bedeutung, werden doch Arbeiten zur Wissenschaftssprache, zur Sprache der Verwaltung und Institutionen, etc. als fachsprachliche Forschung bezeichnet. Weitere Beispiele für derartige Handlungsbereiche sind dann die großen gesellschaftlichen, nach funktionalen Kriterien voneinander separierbaren Tätigkeitsfelder wie Politik, Sport, Kunst, etc.
Mit dem Terminus *Fach* bezieht man sich also in alltäglicher Kommunikation aber auch in der einschlägigen wissenschaftlichen Literatur unterschiedslos sowohl auf thematisch als auch auf funktional bestimmte gesellschaftliche (Handlungs-)Bereiche.[1] Die Botanik beispielsweise ist somit genauso ein Fach wie der Bereich der öffentlichen Verwaltung, auch wenn letzterer Fall dem alltäglichen Sprachgebrauch eigentlich nicht mehr entspricht.[2]
Die von mir angesprochene Unterscheidung, die - so glaube ich - in der wissenschaftlichen Diskussion für ein größeres Maß an Klarheit und Systematik sorgen würde, ist allerdings selbstverständlich nur auf analytischer Ebene akzeptabel, denn in der konkreten fachlichen Tätigkeit kombinieren und bedingen sich die beiden Aspekte. Die Trennung der beiden Perspektiven wird wohl erst auf einer gewissen Abstraktionsstufe sinnvoll. Auf ganz konkretem Niveau, z.B. einer ganz bestimmten Berufsbezeichnung (Rauchfangkehrer, etc.), ist die Trennung von Funktionalem und Thematischem wohl kaum praktikabel.
Wozu dient nun aber diese Unterscheidung? In erster Linie hilft sie zu erklären, in welchem Verhältnis diverse *Fächer* im soeben skizzierten weiten Sinne (also sowohl im alltagssprachlichen als auch im primär in der Fachsprachenforschung verwendeten) zueinander stehen. Zoologie, Botanik und Geologie sind sozusagen zueinander parallele

---

[1] Kalverkämper spricht in diesem Zusammenhang von "Handlungsgemeinschaft und Sachwelt" (1992a:41); Gläser von einer "strukturierten Menge von Wissensbeständen und Kenntnissystemen sowie von gegenstandsbestimmten und zielgerichteten Handlungsweisen in einer bestimmten Sphäre der gesellschaftlichen Tätigkeit" (1990:14).

[2] Dass die konkreten Verwendungsweisen von *Fach* in der Alltagssprache bestimmten Restriktionen unterliegen (eben z.B. die erwähnte institutionelle Einbettung eines Wissensgebiets oder die Beschränkungen hinsichtlich der ausgeführten Tätigkeiten - ein Handwerk wird man eher als Fach bezeichnen können als eine Sportart, etc.) braucht uns in diesem Zusammenhang nicht weiter zu beschäftigen. Wesentlich ist die Herausarbeitung der beiden Aspekte.

Wissensgebiete (sicherlich mit den verschiedensten Querverbindungen), Wissenschaft und Journalismus sind hingegen Handlungsbereiche, die unter anderem die vorher erwähnten Gebiete als Objekt ihrer Beschäftigung - also "zum Thema" - haben können. Eine Untersuchung zur Sprache der Wissenschaft(en) liegt somit quer zu den einzelnen Disziplinen und hat z.B. unter anderem die Sprache der Zoologie als wissenschaftlichen Bereich zum Untersuchungsgegenstand, nicht jedoch diejenige der Hundebesitzer in der tierärztlichen Praxis (auch wenn sich die Kommunikation dort auf den entsprechenden Themenbereich bezieht). Eine Untersuchung über die Sprache zum Themenbereich *Tierwelt* (ich vermeide den Terminus *Zoologie*, da dieser eben die wissenschaftliche Tätigkeit bezeichnet) müßte jedoch strenggenommen auch letzteren Bereich berücksichtigen. Graphisch lässt sich das Geflecht von thematischen und funktionalen Bereichen in Form einer Matrix darstellen:

Themenbereich: *Handlungsbereich:*	*Wirtschaft*	*Sport*	*Tierwelt*	*Politik*	...
Wissenschaft	Wirt.-Wiss.	Sportwiss.	Zoologie	Politikwiss.	...
Journalismus	Wirt.-Jour.	Sportjour.	Tier-journalismus	polit. Jour.	...
Politik	Wirt.-Pol.	Sportpol.	z.B. Tier-schutzgesetz	z.B. Diskussion über Rolle d. Politik	...
Wirtschaft	konkrete wirt. Tätigkeiten	z.B. Sport-management	z.B.Vieh-zucht	z.B. Parteien-finanzierung	...
...	...	...	...	...	...

Aus der Graphik geht zum einen hervor, dass ein und dasselbe Fach (verstanden als Themenbereich) in ganz verschiedenen Zusammenhängen (d.h. Handlungsbereichen) behandelt werden kann und dort auch eine jeweils andere Umsetzung erfahren wird (vgl. Reinhard/Köhler 1986:469). Zum anderen geht aus ihr hervor, dass in einem Fach (verstanden als Handlungsbereich) die verschiedensten Themen zur Sprache kommen können. Es geht hier ausschließlich um das Aufzeigen dieser beiden Perspektiven und nicht um den Versuch, Fächer zu isolieren und zu klassifizieren - eine Aufgabe, die auch nicht unmittelbar in den Bereich der Linguistik fällt (vgl. Kalverkämper 1998a:10).
Die Darstellung macht auch deutlich, dass jeder Handlungsbereich, aber auch jede sich aus Handlungsbereich und Thema ergebende Schnittstelle ihrerseits Thema

sein kann, das dann wiederum in den verschiedensten Zusammenhängen behandelt wird. Umgekehrt wird jedoch nicht jedes theoretisch denkbare Thema sinnvollerweise als Handlungsbereich angesetzt werden können (das Thema "Zündhölzer" wird an sich keinen Handlungsbereich darstellen, die Zündholzproduktion hingegen schon, etc.).

Die exemplarisch aufgezählten Themen- und Handlungsbereiche[1] sind hochabstrakte Größen, die jeweils in sich vielfach zu unterteilen und hierarchisch zu ordnen wären und zwischen denen in Wirklichkeit oftmals keine klaren Grenzen gezogen werden können. Man denke in diesem Zusammenhang z.B. an Fächerkombinationen wie Wirtschaftsgeschichte, Psycholinguistik, etc., die eben traditionell getrennte Fächer verbinden und deren Zuordnung zu einem Themenbereich (also entweder Wirtschaft oder Geschichte bzw. Psychologie oder Linguistik) letzten Endes unmöglich sein dürfte.[2] Wahrscheinlich kann für jede derartige Kombination - aber auch für jede Subthematik (Wasseraufbereitung, etc.), so sie auch nur einigermaßen sinnvoll ist, der Anspruch erhoben werden, ein eigenes "Fach" darzustellen. Tatsächlich werden ja im akademisch-universitären Alltag Überlegungen dieser Art immer wieder angestellt, wenn es z.B. darum geht, die Wichtigkeit eines neuen Lehrstuhls zu argumentieren. "Die 'Fachgebiete' sind ... nicht objektiv vorgegeben..." (Drozd/Seibicke 1973:2), sondern entspringen dem Versuch, Realität zu strukturieren. Je nach Perspektive, Zielvorstellung und Tiefe der Klassifikation wird das Ergebnis anders aussehen.

Wenn man nun dazu noch bedenkt, dass Fächer selbstverständlich auch der historischen Entwicklung unterworfen sind, "dass neue Fachgebiete entstehen, schon bestehende sich erweitern oder verengen, aufspalten oder zusammenschließen können." (Drozd/Seibicke 1973:2), so kann mit Berechtigung angenommen werden, dass eine wirklich allumfassende Klassifikation kaum zu finden sein wird, ja dass eine solche unmöglich ist (siehe auch Cabré 2002:48).

Bisher ist möglicherweise der Eindruck entstanden, dass die hier angesprochenen Schwierigkeiten ausschließlich Fächer im Sinne von Themenbereichen betreffen, sie ergeben sich aber genauso in Hinblick auf die Handlungsbereiche:

---

[1] Die Tatsache, dass in manchen der angeführten Handlungsbereiche nur oder vorwiegend sprachlich gehandelt wird (Journalismus, Wissenschaft, etc.), in anderen hingegen sprachliche und nicht-sprachliche Handlungen einander ergänzen (Wirtschaft, Politik, etc.), ist in diesem Kontext unerheblich. Es wird jedenfalls kaum ein Handlungsbereich existieren, in dem Sprache überhaupt keine Rolle spielt.

[2] Die jeweiligen Bezeichnungen geben in den meisten Fällen allerdings einen Hinweis auf die Perspektive, unter der ein bestimmtes Thema behandelt wird. So wird Soziolinguistik als Teil der Linguistik, Sprachsoziologie hingegen als Teil der Soziologie erachtet. Ein besondere krasses Beispiel, in der auch diese perspektivische Zuordnung kaum mehr möglich erscheint, ist "Infotainment".

"Während sich die früheren Fachsprachen mindestens im Rückblick als verhältnismäßig enge, selbständige, sich nicht überschneidende Ausdifferenzierungen aus der Gemeinsprache darstellen, kann man von der jetzigen Sprache Deutsch behaupten, dass sie sehr viel weitergehend in Teilsprachen 'zerfällt', und man muss dieses Bild dann sofort wieder korrigieren und differenzieren, indem man feststellt, dass die einzelnen Teile keineswegs selbständig und abgetrennt voneinander existieren, sondern in komplizierten Abhängigkeits- und Beeinflussungsverhältnissen stehen. Charakteristisch für das sehr viel intensivere Ineinander ist die Durchdringung von Wissenschaft, Technik, Produktion und Gesellschaft. Während die *wissenschaftliche* Fachsprache früher *neben* den Fachsprachen der verschiedenen Handwerke und anderer produzierender Berufe stand, greift sie heute sowohl auf die industrielle Produktion wie auf die gesellschaftlichen Institutionen sehr viel stärker über." (Bausinger 1972:72)

Auch bezüglich der Handlungsbereiche lassen sich also mannigfache Überlappungen und Durchdringungen feststellen und selbstverständlich unterliegen auch sie der historischen Entwicklung. Von beispielsweise einem Handlungsbereich *Journalismus* zu sprechen, macht erst seit der Erfindung und dem massiven Gebrauch modernerer Druck- und Verteilungstechniken Sinn.

Aus derartigen Überlegungen heraus erklärt sich, warum dem Terminus *Fach* in immer stärkerem Ausmaß ein rein heuristischer Wert zugesprochen wird und "die Vorstellung von einem weitgehend autonomen, in seinem etymologischen Sinn 'eingezäunten' und 'abgeteilten' wissenschaftlichen *Fach* ... kaum mehr zeitgemäß sein [dürfte]" (Bolten 1992:57f.).

Es ist durchaus sinnvoll, ein Fach nicht als ein von vornherein existierendes Etwas zu sehen, sondern vielmehr als einen zu Zwecken der Kategorisierung der sich wandelnden Realität geschaffenen Begriff zu verstehen, "denn es gibt keine 'natürlichen', keine A-priori-Fächer; vielmehr sind sie Festlegungen, Konventionen, Weltausschnitte in sozialer Setzung" (Kalverkämper 1989:33).

Ein Problem in diesem Zusammenhang ergibt sich aus der Tatsache, dass man üblicherweise nicht jeden beliebigen Handlungsbereich und nicht jedes Thema als " fachlich" erachtet. Schwelge ich z.B. mit einem mir nahestehenden Menschen bei einem Abendessen in Erinnerungen, so befinde ich mich in einem Handlungs- und einem Themenbereich, der mit Fachlichkeit wohl nichts zu tun hat.

Das Modell muss also um den Bereich des Nicht-Fachlichen ergänzt werden.

Themenbereich: *Handlungsbereich:*	*Wirtschaft*	*Sport*	*Tierwelt*	*Politik*	...	nicht-fach-lich
Wissenschaft	Wirt.-Wiss.	Sport-wiss.	Zoologie	Politikwiss.	...	
Journalismus	Wirt.-Jour.	Sport-jour.	Tierjour.	polit. Jour.	...	

Politik	Wirt.-Politik	Sport-politik	z.B. Tier-schutz-gesetz	z.B. Disk. ü. Rolle d. Politik	...	
Wirtschaft	konkrete wirt. Tätigk.	z.B. Sport-manage-ment	z.B. Vieh-zucht	z.B. Parteien-finanzierung	...	
...	...	...	...	...	...	
nicht-fachlich						

Es stellt sich die Frage, wie denn dieser nicht-fachliche Bereich vom fachlichen zu trennen ist.

Die oft zitierte "tentative Festlegung von 'Fachlichkeit'" von Hahn (1983:65) als "besonders instrumentelle Handlungen, die in zweckrationaler, d.h. nichtsozialer Absicht ausgeführt werden. .... Fächer sind Arbeitskontexte, in denen Gruppen von fachlichen zweckrationalen Handlungen vollzogen werden" greift sicherlich um einiges zu kurz, würde sie doch z.B. das morgendliche Zähneputzen ebenfalls als fachliche Handlung beinhalten und den Bereich der alltäglichen Körperpflege zum Fach deklarieren.[1]

In diesem Zusammenhang wird vielmehr eine dritte Dimension in der Bestimmung von *Fach*, *Fächern* und *Fachlichkeit* wichtig: *Fach* hat offensichtlich etwas mit Kenntnissen und Fertigkeiten zu tun, die nicht bei jedermann einfach vorausgesetzt werden können. Auch dies zeigt sich an alltagssprachlichen Zusammensetzungen: Ein Fachmann ist ein Experte, jemand, der in seinem Fach mehr weiß und mehr kann als der Nicht-Fachmann, der Laie. Dieses Spezialwissen bzw. diese speziellen Fertigkeiten sind nun nicht einfach gegeben oder nicht gegeben, sondern weisen unterschiedliche Ausprägungen und Grade auf. Ein alltägliches körperliches Leiden, z.B. Kopfschmerzen, kann in vielen Fällen von jedermann selbst behoben werden, in komplizierteren Fällen wird der Hausarzt zu Rate gezogen, dieser rät vielleicht zur Konsultation eines Neurologen. Die Behandlung der Schmerzen erfordert immer spezialisierteres Wissen bzw. immer speziellere Fertigkeiten und damit einen immer fachlicheren Kontext.

Unser Modell muss daher um eine weitere Dimension ergänzt werden, diesmal um eine vertikale Achse, die die verschiedenen Fachlichkeitsgrade anzeigen soll.

[1] Den Bereich der Körperpflege kann man wohl nur dann sinnvoll als Fach bezeichnen, wenn er als solcher - z.B. in einschlägigen Publikationen - thematisiert oder berufsmäßig ausgeübt wird. Die konkret-banale Handlung des Händewaschens oder Zähneputzens eines Individuums wird man hingegen nicht als *fachlich* bezeichnen wollen.

⇑ Zunehmende Fachlichkeit ⇑

⇑ Zunehmende Fachlichkeit ⇑ (vertikal)

Themenbereich: / *Handl.-Bereich:*	*Wirtschaft*	*Sport*	*Tierwelt*	*Politik*	...	nicht-fach-lich
Wissenschaft	Wirt.-Wiss.	Sport-wiss.	Zoologie	Politik-wiss.	...	
Journalismus	Wirt.-Jour.	Sport-jour.	Tier-journalis-mus	polit. Jour.	...	
Politik	Wirt.-Pol.	Sport-politik	z.B. Tier-schutz-gesetz	z.B. Disk. ü. Rolle d. Pol.	...	
Wirtschaft	konkrete wirt. Tätigkeit	z.B.Sport-manage-ment	z.B.Vieh-zucht	z.B.Par-teien-finanz.	...	
...	...	...	...	...	...	
nicht-fachlich						

Die nunmehr inkludierte vertikale Achse der Fachlichkeit ist für *Fach* als Themengebiet unmittelbar einsichtig, die Kenntnisse werden einfach immer spezieller. Sie muss aber ebenso für *Fach* als Handlungsbereich angenommen werden, wo sie sich dann in immer spezifischeren Handlungs- und Verhaltensmustern manifestiert. Ein Beispiel soll dies verdeutlichen: Der höchste Grad an fachlicher Themenbehandlung in der Medizin wird vermutlich im Bereich der Wissenschaft erreicht werden. Die Fachlichkeit in diesem Handlungsbereich ist aber nicht ausschließlich vom Wissen bestimmt, sondern auch davon, inwieweit der Wissenschaftler fähig ist, nicht nur Wissen anzuhäufen, sondern tatsächlich Wissenschaft zu betreiben, also z.B. Neues zu entdecken, Zusammenhänge zu sehen, etc. Deutlicher wird dieser Zwiespalt dann im Handlungsbereich der medizinischen Praxis, wo es eben nicht so sehr darauf ankommen kann, das höchste Maß an fachlichem Wissen zu haben, sondern vielleicht darauf, ein geschickter Operateur zu sein. Im Idealfall sind an dieser Schnittstelle die beiden Kompetenzen in höchster Ausprägung vorhanden. In manchen Handlungsbereichen ist thematische Fachlichkeit in der erwähnten höchsten Ausprägung aber gar nicht notwendig, um als Fachmann bestehen zu können. Man denke nur an den politischen Bereich, in dem politisch Handelnde und auch politisch klug, also fachmännisch, Handelnde unmöglich in allen Themen, über die entschieden werden muss, höchstes Maß an thematischem Wissen aufbringen können.

Nicht-fachliche Handlungs- und Themenbereiche scheinen sich m.E. dadurch auszuzeichnen, dass diese vertikale Achse, die Erlernbarkeit und das Spezialistentum nicht oder nur in sehr geringem Maße gegeben sind. Um auf das Beispiel des gemeinsamen Abendessens zurückzukommen: Es gibt niemanden, der in dieser Situation des vertrauten Zusammenseins "fachlicher" oder "weniger fachlich" agieren (also zu Abend essen und in gemeinsamen Erinnerungen schwelgen) könnte. Diese Kategorie ist in diesem persönlichen Bereich einfach wenig sinnvoll (und eine denkbare wissenschaftliche oder therapeutische Auseinandersetzung mit dieser Situation oder den in ihr thematisierten Erinnerungen würde sie in einen gänzlich anderen situativ-funktionalen Rahmen und damit Handlungsbereich stellen).
Nun ist aber der nicht-fachliche Bereich im Modell nicht nur additiv an den fachlichen angefügt, sondern er fungiert auch als unterste Schicht, sozusagen als Basis, auf dem der fachliche Bereich ruht. Wie ist das zu verstehen? Handlungs- und Themenbereiche sind nicht zwangsläufig auf die fachliche Ebene beschränkt. Wenn wir an das Beispiel des Themenbereichs *Tierwelt* zurückdenken, so wird die Themenbehandlung in der zoologischen Forschung weitgehend hochfachlich, in der Tierarztpraxis weniger und im Gespräch zwischen den wartenden Hundebesitzern vermutlich weitgehend nicht-fachlich erfolgen. Ebenso verhält es sich mit den Handlungsbereichen: Von den wirtschaftlichen Handlungen fällt der tägliche Einkauf im Supermarkt sicherlich nicht unter fachliches Handeln, der Ankauf einer Tankerladung Erdöl durch eine Raffinerie hingegen schon. Potentiell steckt Fachlichkeit überall.[1]

> "Es gibt nämlich nicht a priori hier gemeine, dort fachliche Materie, sondern Materie ist einfacher oder schwieriger zu begreifen und zu handhaben, wird von allen oder nur von qualifiziert befähigten Menschen verstanden. Demnach wäre es folgerichtiger, von gemeiner und fachlicher Handhabung von Materie zu sprechen, oder von fachlichem und nicht-fachlichem Handeln.[2] (Der Sternenhimmel ist nicht fachlich; fachlich ist die wissenschaftliche Beschäftigung mit ihm in der Astronomie.)" (Hohnhold 1998:283)

Der große Unterschied zwischen Nicht-Fachlichem und Fachlichem besteht darin, dass ersteres im Laufe eines allgemeinen Sozialisierungsprozesses erworben wird, während letzteres auf spezifischen Lernprozessen beruht:

> "Die Gemeinwelt ist die Welt der Erfahrungen, des Wissens und der Handlungen, die im wesentlichen allen Personen einer Gesellschaft zur Verfügung stehen bzw. zugänglich sind. Es ist dies der Teilbereich der von einer Kultur entfalteten Gesamtwelt, in der man sich zur Fristung des elementaren Lebens (Ernährung, Kleidung, Wohnen etc.) und zur Erlangung eines kulturellen Minimums zurechtfinden muss, dies aber auch in der Regel ohne unmittelbare

---

[1] Vgl. z.B. auch Kalverkämper (1996:7f.).

[2] Hier erfolgt ein Verweis auf Kalverkämper (1990:95).

> Hilfe eines Experten tun kann, wobei zur Gemeinwelt (einer Technologiegesellschaft) aber auch grundsätzlich die Teilhabe an einer Spezialisierung gehört und mithin ein Wissen vom Prinzip der Spezialisierung aus der Sicht des Spezialisten. Themen der Gemeinwelt können dabei sowohl im Fachkontext als auch im fachfreien Kontext behandelt werden." (Wichter 1994:51)

Die Einbeziehung dieses Aspekts von Wissen und Lernen ist wichtig, wenn die Kategorie *Fachlichkeit* Sinn machen soll. Nur so kann vermieden werden, dass jede Form von Handeln als fachliches Tun gesehen wird, womit der Terminus wohl unnütz wäre.

Die Zuordnung einer konkreten Tätigkeit oder einer konkreten Themenbehandlung zum fachlichen bzw. nicht-fachlichen Bereich wird vermutlich nicht immer eindeutig möglich sein und stark vom subjektiven Empfinden des Beobachters abhängen. Es ist wohl unmöglich, absolut zu bestimmen, wo die allgemeine Sozialisation endet und das spezifische Lernen beginnt, womit z.B. die Ausführung einer Handlung für den einen zum allgemeinen Standard der Fähigkeiten eines Menschen gehört, für einen anderen aber bereits auf Expertenwissen oder speziellen Fertigkeiten beruht. Auch diese Unterscheidung ist historisch bedingt: Das Lenken eines Kraftfahrzeuges war vor noch nicht allzu langer Zeit eine fachliche Handlung, heute wundert man sich über jene Menschen, die diese Tätigkeit nicht beherrschen (sofern es sich dabei nicht um einen Lastkraftwagen, etc. handelt).

Eine weitere Bemerkung soll zu unserem Modell angebracht werden: So wie der nicht-fachliche Bereich auf den höheren vertikalen Ebenen nicht existiert, kommen bestimmte Handlungs- und Themenbereiche auf der niedrigsten - der nicht-fachlichen - nicht vor. Dies trifft vor allem dann zu, wenn man an ganz konkrete Tätigkeiten (z.B. Börsenhandel, dessen konkrete Abwicklung nur einigen wenigen Spezialisten vorbehalten ist) und Themen (z.B. Generative Grammatik) denkt. In der angedeuteten Matrix unseres Modells sind also nicht alle Plätze besetzt (was aufgrund der hohen Abstraktions- und Vereinfachungsstufe des Modells aber graphisch nicht ausgeführt wurde).

Es mag nun vielleicht verwundern, warum ich den Bereich des Nicht-Fachlichen nicht von vornherein als *Alltag* bezeichnet habe. Die Antwort ist einfach: Diese Sichtweise trifft nicht zu. *Alltag* verbindet, so will mir scheinen, Nicht-Fachliches mit den verschiedensten Formen und Ausprägungen von Tätigkeiten, die in fachlichen Kontexten und durch fachliches Wissen charakterisiert sind. Gibt es etwas Alltäglicheres, als seinen Beruf auszuüben? Ist die Lektüre einer Zeitung, so sie nicht nur Gesellschaftstratsch und Fernsehprogramm, sondern auch politische Analysen, wissenschaftliche Meldungen und Wirtschaftsinformationen zum Ziel hat, nicht ein Teilnehmen an fachlichen Themen? Kalverkämper ist zuzustimmen, wenn er auf den fachlichen Charakter vieler, vielleicht sogar der allermeisten, als "alltäglich" eingeschätzten Tätigkeiten verweist:

"Was allgemein und üblicherweise als Prototyp des unspezifischen Handelns, der normalen Tätigkeiten, des interesselos grauen Einerleis, der Routine ohne notwendige Kennerschaft gilt und entsprechend auch in Befragungen eingeschätzt wird, entpuppt sich, empirisch verfolgt, als eine dichte Überschneidung und Abfolge von - gerade gegenteilig - speziellen Arbeiten in den verschiedensten Bereichen und mit unterschiedlichen Zielsetzungen. Immerhin repräsentiert wohl jede dieser im Haushaltsalltag wechselnden Tätigkeiten, außerhalb der Grenzen von Wohnung und Haus, einen eigenständigen Beruf, eine spezialisierte Arbeit, eine fachlich ausgebildete Betätigung: ..." (Kalverkämper 1990:91)

Hinsichtlich der Handlungsbereiche, in denen fachlich agiert wird, finden sich immer wieder Aufzählungen in der einschlägigen Literatur. Gnutzmann erwähnt "die verschiedenen Bereiche von Wissenschaft und Technik, Wirtschaft und Verkehr sowie Politik und Kultur" (1980:50), Kalverkämper "die Wissenschaft(en) und Forschung, die Technik, Industrie, Berufswelt; die Verwaltung und öffentlichen Institutionen mit ihrem amtlichen Verkehr" (Kalverkämper 1988c:311), um nur zwei Beispiele anzuführen (vgl. z.B. auch Capurro 1986:43).
Abgesehen davon, dass hier offensichtlich keine Einigkeit in der Zuordnung besteht, scheinen mir diese Aufzählungen sehr intuitiven Charakter zu haben. Es drängt sich mir der Verdacht auf, dass sie sich auf Bereiche beschränken, denen man gemeinhin besondere Wichtigkeit oder besonderes gesellschaftliches Prestige zuerkennt, und dass andere wie Sport, Militärwesen oder religiöses Leben, in denen zweifellos ebenfalls Fachleute agieren, weitgehend vernachlässigt werden.
Fasst man das bisher Gesagte kurz zusammen, so ergibt sich folgende Charakterisierung von *Fach* und *Fachlichkeit*: Der Terminus *Fach* ist mehrdeutig, wobei sowohl in der Alltagsprache als auch in der Fachsprachenlinguistik jeweils verschiedene, einander nur teilweise überlappende Gebrauchsweisen zu existieren scheinen. Er referiert in erster Linie zum einen auf Themen-, zum anderen auf Handlungsbereiche, die in der jeweiligen konkreten Handlung eine Verbindung eingehen. Für kommunikative Handlungen, um die es hier ja geht, ist diese Verbindung offensichtlich: Man kommuniziert in einer bestimmten Situation und mit einer bestimmten Zielsetzung (diese charakterisieren den Handlungsbereich) über ein Thema. Als *fachlich* kann eine Handlung dann gelten, wenn zu ihrer Ausführung spezifisches Wissen bzw. spezifische Fertigkeiten erforderlich sind.
In der Literatur zur Fachsprachenforschung werden die hier diskutierten Aspekte nicht konsequent auseinander gehalten, wodurch oft sehr Heterogenes unterschiedslos nebeneinander steht. Ziel dieses Abschnitts war es, die notwendigen Differenzierungen einzuführen, um eine brauchbare Ausgangsposition für die eigentliche Beschäftigung mit *Fachsprache* zu schaffen. Die Frage, die es nunmehr zu beantworten gilt, ist, wie denn *Fachsprache* und in der Folge *Fachwortschatz* definiert werden sollen, um in der wissenschaftlichen Analyse einen möglichst klaren Begriffsapparat zu verwenden, mit dessen Hilfe auch interessante und in den generellen Rahmen der Sprachvariation einordenbare Erkenntnisse erzielt werden können.

1.3. PARAMETER ZUR BESTIMMUNG VON *FACHSPRACHE*

Nachdem im vorherigen Kapitel versucht wurde, die Termini *Fach* und *Fachlichkeit* inhaltlich zu bestimmen, soll nun im Lichte des Gesagten eine Annäherung an den Begriff *Fachsprache* in Angriff genommen werden.
Es wird nicht verwundern, dass die Komplexität des Fachbegriffs, die in den obigen Ausführungen deutlich geworden ist, sich auch - vielleicht sogar in gesteigertem Maße - in der Bestimmung von *Fachsprache* niederschlägt. So erklärt sich, dass, obwohl - oder vielleicht gerade weil - die Literatur zum Thema mittlerweile schier unüberschaubare Dimensionen erlangt hat, in der Fachsprachenforschung recht Unterschiedliches behandelt wird und man sich mitunter die Frage stellt, worin eigentlich der gemeinsame Nenner der verschiedenen Sichtweisen und Themenstellungen besteht.
Die Schwierigkeiten in der Bestimmung, was denn nun eigentlich Fachsprache ist bzw. wann ein Text als fachsprachlich zu gelten hat, zeigen sich auch in der Vielzahl von Benennungen des Gegenstandbereiches, die in diesem Zusammenhang immer wieder auftauchen. Je nach Perspektive und untersuchtem Material geht es um Arbeitssprachen, Berufssprachen, Fach- oder Sachprosa, Technolekte, etc. (vgl. Hahn 1983:60), um nur einige Beispiele zu geben.[1]
Aus meinen im vorherigen Kapitel angestellten Überlegungen zu *Fach* und *Fachlichkeit* ergibt sich eine Fülle von Fragen, die eine Fachsprachentheorie beantworten müßte: Sind die erwähnten Aspekte von Fachlichkeit auch für die Bestimmung von *Fachsprache* relevant? Wenn ja, kommt einem dieser Kriterien hierbei eine besondere Wichtigkeit zu? Entspricht jedem Fach eine eigene Fachsprache oder gibt es Fächer ohne jeweils charakteristische sprachliche Merkmale? Welcher Fachsprache ist die Kommunikation zwischen Repräsentanten verschiedener Fächer zuzuordnen? Wie stellt sich das Verhältnis zwischen fachlichem und nicht-fachlichem Bereich im Sprachlichen dar? etc. Auf diese und ähnliche Fragen wird in der Folge eine Antwort gesucht, wobei die bereits vorliegenden Definitionsversuche Ausgangspunkt der Überlegungen sein sollen.
Aufgrund der Tatsache, dass sie die Bestimmung eines Teilbereichs von Sprache zum Ziel haben, basieren diese Definitionen in den allermeisten Fällen auf Größen, die den zentralen Komponenten eines Kommunikationsprozesses entsprechen. Die spezifische Ausprägung einer oder mehrerer dieser Größen im fachlichen (Kommunikations-) Kontext wird dann als das zentrale Element von Fachsprache angesehen. Es bietet sich daher an, die in der Literatur in reicher Zahl anzutreffenden Definitionsansätze zunächst nach den zentralen Elementen eines Kommunikations-

[1] Vgl. auch Bungarten (1993:25), der gleich 29 (!) derartige Bezeichnungen auflistet. Die Situation stellt sich in anderen Sprachen nicht anders dar, vgl. z.B. Cavagnoli (1999:1505) für das Italienische oder Pearson (1998:28) für das Englische.

prozesses (Kommunikationssituation, Kommunikationspartner, Thema und Funktion) zu klassifizieren und anschließend die notwendigen Erweiterungen vorzunehmen. Wie bereits angeklungen ist, decken sich diese Komponenten teilweise (bzgl. Thema und Funktion) mit denjenigen, die bei der Bestimmung von *Fach* und *Fachlichkeit* ausschlaggebend waren. Um diese Parallelität zu unterstreichen, soll die dort gewählte Reihenfolge der Präsentation und Diskussion beibehalten werden.

1.3.1. Fachsprache als thematisch bestimmte Sprachvarietät

Fach wurde in 1.2. zunächst als Themenbereich charakterisiert. Es ist daher naheliegend, *Fachsprache* ebenfalls als thematisch bedingte Sprachvarietät zu definieren. Untersuchungen mit dem Titel "Sprache der ..." mit nachfolgendem Wissensgebiet weisen auch darauf hin, dass gewisse Themenbereiche als fachsprachlich angesehen werden.[1] Dieser Ansatz führt zu einer Definition, die in ihrer extremsten Ausprägung etwa folgendermaßen lautet: "Fachsprache ist Sprache über ein Fachgebiet" (Kalverkämper 1978:425). Der thematische Aspekt scheint jedenfalls den intuitiv naheliegendsten Ausgangspunkt für die Fachsprachendefinition darzustellen: "El criterio temático, que es el factor más clásico de caracterización y clasificación de los textos de especialidad..." (Cabré 1999j:206).
Probleme ergeben sich in diesem Ansatz aus der Tatsache, dass *Fachsprache* abhängig vom Themenbereich definiert wird und dieser bis in die unterste - also nicht-fachliche - Schicht unseres Modells reicht. Ein und dasselbe Thema kann fachlich (und weil es jetzt um die sprachliche Ausformung geht: fachsprachlich) oder nicht-fachlich (nicht-fachsprachlich) behandelt werden.
Der Ersatz von *Fachgebiet* in diesem Definitionsansatz durch "spezielle, ungewöhnliche Gegenstände" (Polenz 1981:85) bringt ganz offensichtlich keine Lösung, sondern umgeht einen unklaren Begriff mittels einer Allerweltsumschreibung. Genauso wenig wie der Faktor *Thema* oder *Themenbereich* für sich allein bei der Bestimmung des Fachbegriffs genügt hat, reicht die Erkenntnis, dass Fachsprache der "Verständigung über bestimmte Gegenstands- und Sachbereiche" (Fluck [3]1985:12) dient, aus, um festzulegen, ob ein Text nun fachsprachlich ist oder nicht - es sei denn, man geht davon aus, dass man immer irgendwie fachsprachlich kommuniziert (womit die Frage der Fachsprachendefinition eigentlich hinfällig wäre).
Der thematische Aspekt ist vielmehr auf einer anderen Ebene von Interesse, insofern als er eine Möglichkeit darstellt, kommunikative Prozesse voneinander abzugrenzen und zu klassifizieren, also Texte "einem bestimmten Sachgebiet oder Kommunikationsbereich ... zuweisen" (Hoffmann [2]1985:47) lässt. Augenfällig ist dabei die Rolle,

---

[1] Vgl. z.B. Cabré : "En aquest sentit, es consideren temàtiques especialitzades totes les que són objecte explícit d'ensenyament acadèmic o professional." (1999h:153)

die dem verwendeten Wortschatz zukommt - ein Aspekt, auf den noch näher einzugehen sein wird (siehe 2.).
Das Thema allein gibt also keinen Aufschluss darüber, ob ein bestimmter Text Fachsprache ist oder nicht, es eröffnet aber eine Möglichkeit, konkrete Sprachverwendung - und damit Fachsprache - zu klassifizieren.

1.3.2. Fachsprache als funktional bestimmte Sprachvarietät

Oft ist im Zusammenhang mit Fachsprache von *Funktion* die Rede:[1] "Bei der Fachsprache handelt es sich primär um eine funktional bestimmte Variante des Sprachgebrauchs." (Baumann 1992a:106)
Dabei stellt sich allerdings das Problem, dass der Terminus *Funktion* recht vielfältige Interpretationen zulässt. So könnte man obiges Zitat zunächst dahingehend deuten, dass sich *funktional* auf die unmittelbaren Kommunikationsabsichten im Sinne eines illokutionären Gehalts bezieht. Bei näherer Betrachtung wird allerdings sehr schnell klar, dass die konkreten Sprechakte, die im fachlichen/fachsprachlichen und im nicht-fachlichen/nicht-fachsprachlichen Bereich vollzogen werden (und mit ihnen die entsprechenden Illokutionen), weitgehend identisch sein dürften. Gibt es z.B. etwas Fachsprachlicheres und zugleich Alltäglicheres als "über etwas berichten"? *Funktional* kann sich von daher kaum auf die unmittelbaren Textintentionen beziehen, selbst wenn sich in der Frequenz und naturgemäß in der spezifischen Ausformung eines konkreten Sprechakttyps Unterschiede zwischen fachsprachlicher und nicht-fachsprachlicher Kommunikation feststellen lassen dürften.
Der hier zum Tragen kommende Funktionsbegriff muss daher auf einer anderen Ebene angesiedelt sein. Möhn/Pelka definieren Fachsprache als "die Variante der Gesamtsprache, die der Erkenntnis und begrifflichen Bestimmung fachspezifischer Gegenstände sowie der Verständigung über sie dient und damit den spezifischen kommunikativen Bedürfnissen im Fach allgemein Rechnung trägt" (Möhn/Pelka 1984:26). Ohne diesen Ansatz hier einer Interpretation bzw. Diskussion zuführen zu wollen, geht aus ihm unmittelbar hervor, dass die Funktion von Fachsprache nicht als unmittelbare Textintention zu verstehen ist, sondern offensichtlich auf sehr abstrakter Ebene (eben: "Erkenntnis und ... Bestimmung fachspezifischer Gegenstände", etc.) angesiedelt wird. Die Funktionen, die in dieser Sichtweise für die Bestimmung von Fachsprache ausschlaggebend sein sollen, sind somit als globale Ziele von Gruppen kommunikativer Handlungen anzusehen, die sehr abstrakten Zwecken dienen. Diese Gruppen von Handlungen sind bei der Diskussion von *Fach* als Handlungsbereich bereits aufgetaucht, denn Fächer in diesem Sinn sind ja gerade durch charakteristische

[1] Dies zeigt sich auch besonders deutlich bei den eher selten gebrauchten Bezeichnungen "Funktiolekt" oder "Zwecksprache" (vgl. Hahn 1983:70).

Funktionen gekennzeichnet. Fachsprache als funktionale Varietät ist dann als die spezifische Form und der spezifische Gebrauch von Sprache im jeweiligen Handlungsbereich (also Wissenschaft, Journalismus, etc.- siehe 1.2.) zu verstehen. Tatsächlich geht es in dieser Perspektive - was im obigen Zitat ja bereits anklingt - bei Fachsprache nicht mehr um Sprache ÜBER ein Fachgebiet (wie in 1.3.1.), sondern um Sprache IN einem Fachgebiet (im Sinne eines Handlungsbereichs), womit "Fachsprache die Gesamtheit all jener Ausdrucksmittel darstellt, welche zu einer eindeutigen Verständigung IN einem gegebenen Fachbereich führen" (Schmitt 1989:175 - Hervorhebung von mir).
Oft werden in diesem Definitionsansatz typische Handlungsbereiche, die über eine eigene Fachsprache verfügen sollen, beispielhaft aufgezählt:

> "Fachsprachen dienen in erster Linie der Kommunikation innerhalb von im weitesten Sinne technisch und wissenschaftlich orientierten Handlungs- und Arbeitssystemen. Häufig wird hierfür auch der etwas speziellere Terminus "Berufssprachen" verwendet. Neben typischen Fachsprachen wie denen der Technik (z.B. Automobilbau, Datenverarbeitung) und Wissenschaften (z.B. Medizin, Linguistik) gelten als Fachsprachen auch die der Verwaltung, der Diplomatie oder die sportlichen Regelsprachen." (Hahn [2]1980:390)

In diesem Zusammenhang wird - insbesondere in den Arbeiten Lothar Hoffmanns und seiner Schüler - oft der Terminus "Kommunikationsbereich" erwähnt. Während dieser z.B. bei Beneš in Opposition zu "Themenkreis" (vgl. 1969:227) verwendet wird, scheint mir bei Hoffmann nicht ganz klar, ob er eher der funktionalen oder der thematischen Perspektive zuzurechnen ist. Einerseits spricht Lothar Hoffmann eindeutig vom "inhaltlich determinierten Kommunikationsbereich" (1988:24), andererseits insistiert er aber auch auf "der fachlichen Verständigung in ... Kommunikationsbereichen wie Wissenschaft, Technik, Ökonomie, materielle Produktion, Kultur usw." (1988:24), was eher auf einen funktional bestimmten Handlungsbereich hinweisen würde. Mir erscheint es sinnvoll, von "Kommunikationsbereich" nur im Sinne von innerhalb eines Handlungsbereichs realisiertem kommunikativen Geschehen zu sprechen und von *Themenbereich*, also den thematisch determinierten Sprachvorkommen abzugrenzen. In diesem Sinne soll der Terminus in der Folge auch verwendet werden.[1]
Es mag nun vielleicht der Eindruck entstehen, dass hier eine Dichotomie konstruiert wird, die realiter nicht existiert, weil in der konkreten Kommunikationssituation

---

[1] Es soll in diesem Zusammenhang nicht vergessen werden, dass in den allermeisten Handlungsbereichen fachliches und nicht-fachliches Agieren koexistieren. Wenn ein Arzt neben seiner Arbeit mit einer Krankenschwester flirtet, so fallen die beiden Tätigkeiten zwar situativ zusammen, das Flirten ist aber jedenfalls kein fachliches Handeln. Im Einzelfall mag die Trennung nicht so einfach durchzuführen sein (banale Gespräche mit Patienten zur Ablenkung, etc.), vom theoretischen Ausgangspunkt her handelt es sich jedoch um etwas qualitativ Anderes.

Funktion und Thema eine Verbindung eingehen und in vielen Fällen der Handlungsbereich die zu behandelnden Themen mehr oder minder bedingt. Ein Computerfachmann wird in seinem Beruf (Fach als Handlungsbereich) hauptsächlich über Computer und alles, was mit ihnen in Verbindung steht (Fach als Themenbereich), kommunizieren. Es kann daher in diesem Fall gleichgültig erscheinen, ob man seine Sprachverwendung als IM Fach oder ÜBER das Fach charakterisiert, es wird vielfach auf das Gleiche hinauslaufen.

Das eben erwähnte Beispiel zeigt, warum Kommunikation in gewissen Handlungsbereichen quasi von vornherein als fachsprachlich gilt: IN diesen Fächern agiert der Fachmann, ÜBER das Fach kann leicht jemand sprechen. Ein typisches Beispiel für das soeben Gesagte wäre z.B. der medizinische Themen- und Handlungsbereich: Jedermann kann (vielleicht nicht sehr fachlich und fachsprachlich) über medizinische Themen reden, das Agieren scheint jedoch zunächst dem Arzt, dem Experten vorbehalten. Dass medizinische Handlungen ebenfalls vom Nicht-Fachmann durchgeführt werden - Versorgung kleinerer Wunden, etc. - ist aber offensichtlich, auch wenn es vielleicht nicht sofort mit dem fachlichem Tun eines Arztes in Zusammenhang gebracht wird. Wir befinden uns hier vor dem gleichen Problem, das wir schon in 1.3.1. bzgl. der Themenbereiche behandelt haben: Auch viele Handlungsbereiche reichen - wie bereits in 1.2. festgehalten - in die nicht-fachliche Ebene hinein, die Festlegung von Fachsprache als Sprache eines Handlungsbereiches ist daher ohne weitere Präzisierung schon aus diesem Grund ungenügend. (Auf die Bedeutung des Fachmanns werde ich im nächsten Kapitel zurückkommen - siehe 1.3.3).

Dazu kommt, dass - wie wir gesehen haben (siehe 1.2.) - Handlungsbereiche existieren, die thematisch nicht festgelegt sind, wie Politik, Verwaltung, Wissenschaft, Werbung, etc., wo also ein Kommunizieren IM Fach sich nicht mit einem ÜBER das Fach deckt. Die spezifische Verwendung sprachlicher Mittel in diesen Bereichen wird auch ohne thematische Eingrenzung (z.B. als Wirtschaftspolitik oder Waschmittelwerbung) als Fachsprache (bzw. konkreter als Wissenschaftssprache, Werbesprache, etc.) bezeichnet. Haben wir es in diesen Handlungsbereichen immer mit fachsprachlichen Texten zu tun? Sprache im Handlungsbereich Kunst manifestiert sich z.B. in einem Roman, im Handlungsbereich Journalismus z.B. in einer alltäglichen Nachricht über einen Verkehrsunfall, in der Politik z.B. in einer Rede in einem Bierzelt. In jedem Fall wird die Sprachverwendung spezifischen Regeln der Textgestaltung, der Wortwahl, etc. folgen, aber ist sie deswegen schon fachsprachlich? Meiner Ansicht nach muss hier zumindest stärker differenziert und die Existenz zweier Perspektiven in Betracht gezogen werden: In Wirtschaftsnachrichten gibt es, auch für den Laien deutlich sichtbar, fachsprachliche (lexikalische) Elemente, die allerdings durch den Themenbereich Wirtschaft vorgegeben sind. Daneben gibt es andere - vielleicht weniger augenfällige - sprachliche Charakteristika (Textaufbau, Satzlänge, etc., aber möglicherweise auch bestimmte lexikalische Formen), die sich aus dem Handlungsbereich ergeben. Es koexistieren somit (fachsprachliche?) Elemente verschiedenen Typs und verschiedenen Ursprungs und es ist eine Frage der terminologischen Festlegung, wie die beiden Typen benannt werden. Auseinanderzuhalten sind sie m.E. nach allemal. Halten wir für den Moment fest, dass man z.B. in Bezug auf Wirtschaftsnachrichten intuitiv geneigt ist, das spezifisch Fachsprachliche primär im Wirtschaftlichen und nicht im "Nachrichtlichen" zu suchen.[1]

Schließlich ist ein dritter Einwand gegen die Definition von Fachsprache als Sprache eines Handlungsbereichs anzubringen: Nicht jede fachliche (im Sinne von ausschließlich durch den Handlungsbereich bestimmte) Kommunikationshandlung ist eine fachsprachliche. Im Handlungsbereich Wirtschaft haben z.B. Verkaufsgespräche einen hohen Stellenwert. In diesen agiert zumindest der Verkäufer, oft aber auch der Käufer in seinem Beruf, in seinem Fach. Diese Gespräche können einen eminent hohen fachsprachlichen Charakter haben, beispielsweise wenn Zahlungsmodalitäten, Lieferbedingungen, etc. ausgehandelt werden müssen, es kann sich in ihnen - z.B. in all jenen Fällen, in denen sich das Gespräch auf rein ästhetische Fragen bezieht - aber auch überhaupt kein fachsprachliches Element finden ("fachsprachliches Element" versteht sich hier noch intuitiv als irgendwie anders als "normale" Sprache). Die Kommunikationsstrategie des Verkäufers allein, selbst wenn man alle denkbaren Marketingtricks mitbedenkt, ist für die Charakterisierung des Gesprächs als fachsprachlich zu wenig, entspricht sie doch weitgehend dem Sprechakt des Überzeugens, der wohl einen der alltäglichsten darstellt (und von der alltäglichen, nicht-fachlichen Form auch nicht wesentlich abweichen muss).

Aus all diesen Gründen kann m.E. *Fachsprache* nicht mit *Sprache im Fach* gleichgesetzt werden, wenn auch manche Handlungsbereiche, wie Medizin, etc., thematisch mehr oder minder festgelegt oder zumindest stark mitbestimmt sind, woraus sich das Naheverhältnis zwischen Thema und Handlungsbereich ergibt.

Allerdings ist - was ja bereits angeklungen ist - zu bedenken, dass es jedenfalls die Kommunikationserfordernisse in einem Handlungsbereich - also IM Fach - sind, die zur Entstehung bestimmter Textsorten mit ihrer charakteristischen stilistisch-grammatikalischen Ausprägung führen (Cabré 1993:135) und manchen Sprechakten eine über das normale Maß hinausgehende Wichtigkeit verleihen. So ist beispielsweise außerhalb des Wissenschaftsbetriebes die Textsorte *Abstract* wenig bedeutend und auch der stringenten Ausführung von Sprechakten wie DEFINIEREN oder ARGUMENTIEREN wird vermutlich in spontaner, "alltäglicher" Kommunikation weniger Bedeutung zuerkannt. Die Kommunikationserfordernisse in einem Handlungsbereich haben somit einen erheblichen Einfluss auf Existenz und Gestaltung realer Sprachvorkommen. Es ist daher verständlich, dass die Sprache in den diversen Handlungsbereichen zum Gegenstand wissenschaftlicher Reflexion wird, womit

---

[1] Natürlich kann es auch thematisch induzierte fachsprachliche Elemente über Nachrichten geben, z.B. in Texten der Publizistik über Gestaltungsformen von Nachrichtentexten, etc.

eine Bezeichnungsnotwendigkeit für diese Perspektive und dieses Untersuchungsinteresse gegeben ist. Meiner Meinung nach ist allerdings die Verwendung von *Fachsprache* in diesem Sinne aus den angeführten Gründen nicht unproblematisch und trägt, selbst wenn man fachliche von nicht-fachlicher Kommunikation in ein und demselben Handlungsbereich auseinander hielte, erheblich zur Mehrdeutigkeit des Terminus bei. *Sprache IN einem Handlungsbereich* deckt sich jedoch mit einer der Verwendungsweisen des Terminus *Diskurs*:

> "Finally, 'discourse' is also used for different types of language used in different sorts of social situation (e.g. 'newspaper discourse', 'advertising discourse', 'classroom discourse', 'the discourse of medical consultations')." (Fairclough 1992:3)

Es wäre möglich, diesen Umstand zu nutzen und der terminologischen Klarheit willen in Bezug auf Handlungsbereiche tatsächlich nicht von *Fachsprache*, sondern von *Diskurs* zu sprechen. Die Wissenschaftssprache wäre dann keine Fachsprache, sondern ein Diskurstyp mit wahrscheinlich stark (primär themenbedingtem) fachsprachlichem Charakter, die Werbesprache ein anderer - mit fachsprachlichem Charakter in gewissen Texten - und die Sprache im Kindergarten ein dritter - höchstwahrscheinlich ohne fachsprachliche Elemente. Der von mir in diesem Sinne bereits gemachte Vorschlag (vgl. Schnitzer 2000:51ff.) krankt allerdings ganz offensichtlich daran, dass *Diskurs* kaum weniger mehrdeutig ist als *Fachsprache,*[1] womit eine gewisse Verwechslungsgefahr mit konkurrierenden Verwendungen gegeben ist.
Ähnlich verhält es sich m.E. mit dem Begriff des *Registers*, der gewisse Affinitäten zu der hier herausgearbeiteten Perspektive aufweist:

> "Die weite Verbreitung und vielfältige Anwendung des Begriffs mag in seiner mangelnden Randschärfe begründet sein. Die Allgemeinheit seiner Definitionselemente wie situationsgemäßes oder rollenspezifisches Sprachverhalten, seine problemlose Verwendung in unterschiedlichen Sparten der Disziplin, seine Nähe zum alltagssprachlichen Gebrauch des Wortes ("der zieht ja alle rhetorischen Register") lassen ihn ebenso diffus wie beliebt erscheinen." (Hess-Lüttich 1998:209)

Auch der Terminus *Stil* bietet keine Lösung, ist er doch ein Paradebeispiel an semantisch-begrifflicher Unbestimmtheit und im Laufe seiner Geschichte in so vielen unterschiedlichen Bedeutungen, Zusammensetzungen und Kontexten verwendet worden (vgl. Porsch 1981:296), dass es oft schwierig ist, überhaupt zu verstehen, was mit ihm nun konkret bezeichnet wird. In diesem Zusammenhang drängt sich ein Verweis auf den Terminus *Funktionalstil* auf, der allerdings eng an die durch

---

[1] Vgl. z.B. Fraas (1996:4), die *Diskurs* als "Menge von Texten, die unter dem Aspekt einer gemeinsamen Einordnungsinstanz - eines gemeinsamen globalen Themas - aufeinander bezogen sind" versteht und somit eine Perspektive einnimmt, die das genaue Gegenteil der von mir vorgeschlagenen Verwendung (*Diskurs* als Sprache im Handlungsbereich) darstellt.

ihn bezeichnete sprachwissenschaftliche Schule ("Funktionalstilistik") gebunden ist, die zwar ebenfalls Berührungspunkte mit der kommunikationsbereichsorientierten Sichtweise hat, der aber - selbst wenn ihr bisweilen noch ein gewisser Platz in der Fachsprachenlinguistik eingeräumt wird (vgl. Bungarten 1981:28f.) - ein eher "wissenschaftsgeschichtliches Interesse" (Gläser 1998:199) zukommt.
Aufgrund dieses - sich aus diffusen Begrifflichkeiten ergebenden - "Bezeichnungsnotstands" von *Sprache IN einem Handlungsbereich (Kommunikationsbereich)* werde ich in der Folge dort, wo mir die Gefahr von Missverständnissen und Fehlinterpretationen gegeben scheint, diese etwas schwerfällige Benennung verwenden, ansonsten aber von *Diskurs* im dargelegten Sinn sprechen.

1.3.3. Fachsprache als Gruppensprache

Neben Thema und Funktion wird als weiteres Bestimmungskriterium von *Fachsprache* vielfach der Parameter *Kommunikationspartner* herangezogen. In dieser Perspektive wird die Fachsprache in enger Verbindung mit dem Gebrauch von Sprache durch Fachleute gesehen:

> "Man redet/schreibt über spezielle, ungewöhnliche Gegenstände, und es sind nur bestimmte, fachspezifisch erfahrene Leute, nämlich Experten, die über diese Gegenstände reden/schreiben bzw. darüber zu reden/schreiben in der Lage sind. Fachsprache ist also als Spezialsprache ... gegenstandsgebunden und zugleich, aber sekundär, als Soziolekt gruppengebunden." (Polenz 1981:85)

Diesem Ansatz entsprechend wird Fachsprache dann bisweilen überhaupt als Gruppensprache[1] ohne die in obigem Zitat enthaltene Einschränkungen definiert: "Fachsprachen sind ... Gruppensprachen von Experten" (Möhn 1998b:117).
Eine erste Einschränkung erfährt diese Definition bereits dadurch, dass vielfach angemerkt wird, dass nur der Sprecher/Schreiber zur Gruppe der Fachleute zählen muss, widrigenfalls ja jedwede fachexterne Kommunikation, also z.B. auch Lehrwerke, etc. nicht als fachsprachlich gelten könnte:

> "El segon element que confereix especificitat a la comunicació especialitzada són els seus interlocutors, bàsicament els emissors. En efecte, els qui tenen els coneixements especialitzats són els que en són especialistes, que actuen en tots els casos d'emissors de la comunicació especialitzada. Només poden ser productors de comunicacions tècnico-científiques o

---

[1] Die Bindung von Fachsprache an eine bestimmte soziale Schicht, die sich ansatzweise bei Badura findet, wird in der eigentlichen Fachsprachliteratur m.E. zu Recht nicht diskutiert und sei hier nur als Kuriosum erwähnt: "...'Fachsprachen' ... Sprachen also, die die Mitglieder der Mittel- und Oberschicht auf den Gymnasien, den Universitäten und schließlich in ihrer beruflichen Sozialisation erlernen." (1971:90)

professionals de nivell restringit els que tenen un coneixement específic de la temàtica, coneixement adquirit prèviament per aprenentatge acadèmic o professional; poden ser-ne receptors els especialistes del tema, que alhora poden actuar interactivament com a emissors en qualsevol acte comunicatiu, els aprenents d'especialista, i el públic en general, que cap passivament en qualitat d'aprenent molt genèric las comunicacions especialitzades." (Cabré 1999h:153f.)

Das eigentliche Problem ergibt sich in diesem Ansatz jedoch aus der Tatsache, dass DIE Experten eine recht heterogene "Gruppe" bilden. Vergegenwärtigen wir uns eine dialogische fachliche Kommunikationssituation, beispielsweise ein Beratungsgespräch bei einem Rechtsanwalt, eine ärztliche Konsultation oder ein wissenschaftliches Seminar. In diesen Konstellationen kommuniziert ein Fachmann (der Rechtsanwalt, Arzt oder Universitätslehrer) mit einem oder mehreren Laien. Letztere werden in vielen Fällen ihre Ausdrucksweise bedingt durch die Situation an diejenige des Fachmanns anpassen (natürlich geschieht dies auch umgekehrt), werden Ausdrücke und Formulierungen übernehmen (vgl. Brinckmann 1981:351) und möglicherweise ist in manchen Fällen rein sprachlich gar nicht mehr festzustellen, wer der Experte ist. Fährt hier der Fachmann fort, fachsprachlich zu sprechen und der Nicht-Fachmann nicht-fachsprachlich, oder ist der Laie plötzlich zum Fachmann geworden und gehört zur selben "Gruppe" der Fachleute? Wie verhält es sich in einer Unterrichtssituation oder einem Kongress bei einem Referat zu einem spezifischen Thema, wo die jeweils Vortragenden in ihrem Spezialgebiet fachlich kompetenter sind (oder zumindest sein sollten) als die zuhörenden Lehrer und Kollegen? Sprechen letztere in der anschließenden Diskussion weniger fachsprachlich als der Vortragende? Man sieht, der Begriff des Fachmanns ist absolut nicht so eindeutig, wie es vielleicht auf den ersten Blick scheinen mag. Erachtet man dann all jene, die miteinander fachsprachlich kommunizieren, als Gruppe, wird die Konstruktion m.E. noch verworrener: Ein Arzt, eine Krankenschwester, ein Apotheker mit abgeschlossenem Hochschulstudium, seine angelernte Verkäuferin, ein Vertreter einer pharmazeutischen Firma und ein Patient, der seit längerer Zeit an seiner Krankheit laboriert, werden möglicherweise durchaus fachlich und fachsprachlich, jeder vor seinem individuellen Hintergrund, ein Thema (z.B. die geeignetste Medikation in einem bestimmten Krankheitsfall) behandeln können. Bilden dann alle diese Menschen eine "Gruppe"? Möglicherweise würden sie mit ihresgleichen (also der Arzt mit einem anderen Arzt, der Apotheker mit einem anderen Apotheker, etc.) irgendwie anders - vielleicht sogar "fachsprachlicher" - kommunizieren, aber dennoch müßte auch in unserem Fall, wenn die Definition von Fachsprache als Gruppensprache Sinn machen soll, eine einigermaßen homogene Gruppe von Fachleuten gegeben sein. Natürlich wird in vielen Fällen ziemlich klar sein, wer die prototypischen Vertreter eines Faches sind (die Fachsprache der Nuklearmedizin wird von einer zahlenmäßig eng begrenzten und hinsichtlich ihres Handlungsbereichs und den zu behandelten Themenstellungen leicht begrenzbaren Gruppe von Sprechern gebraucht werden). Doch in Hinblick auf andere - zumindest traditionell als solche bezeichnete - Fachsprachen wirkt eine Bestimmung als *Gruppensprache* bei näherer Betrachtung doch etwas merkwürdig:

> "Die Sprache der Wirtschaft ist eine Fachsprache.... Die Fachsprachen bilden nur eine Untergruppe innerhalb der verschiedenen ... Gruppensprachen." (Ihle-Schmidt 1983:15).

Wer bildet denn die Gruppe der "Wirtschaftssprachler"? Sind denn all jene Personen, die irgendwie wirtschaftlich tätig sind, also Buchhalter, Transportunternehmer, Bankbeamte, Generaldirektoren, Kleinaktionäre, etc. eine "Gruppe"?
Man sieht, selbst wenn man unter *Gruppe der Experten* auch nur die in einem Handlungsbereich Tätigen versteht (*Fach* also in Bedeutung von Handlungsbereich), erfährt der Begriff der *Gruppe* bei entsprechender Breite des Handlungsbereichs eine begriffliche Unbestimmtheit, die zumindest Zweifel an seiner Brauchbarkeit berechtigt erscheinen lassen. Das Gleiche gilt in Hinblick auf *Fach* als Themenbereich, wo ja bereits festgestellt wurde, dass ein und dasselbe Thema in den verschiedensten Zusammenhängen und Kontexten behandelt werden kann (um bei obigem Beispiel zu bleiben: die über Wirtschaft Sprechenden schließen dann auch Lehrbuchautoren, Journalisten, Sekundarschullehrer, Staatsanwälte, etc. mit ein).
Allerdings, und von daher wird dieser Ansatz verständlich, habe ich bereits bei der Bestimmung von *Fach* und *Fachlichkeit* (siehe 1.2.) den Faktor *spezielles Wissen* (bzw. *spezielle Fertigkeit*) - im Sinne von nicht im Rahmen der allgemeinen Sozialisation, sondern durch spezifische Lernprozesse erworben - als wesentlich bezeichnet. Dies gilt natürlich auch für die Fachsprache:

> "Die Umgangsprache wird 'naturwüchsig' gelernt. In dieser Hinsicht unterscheidet sie sich von Fachsprachen. Eine *Fachsprache* erwirbt man, indem man sich spezielle Kenntnisse aneignet..." (Habermas 1978:328)

Und genau diese speziellen Kenntnisse (die auch sprachliches Wissen und Fertigkeiten inkludieren) besitzen Fachleute, ohne dass sie deswegen eine eindeutig begrenzbare und homogene Gruppe, gleichsam ausgestattet mit einer Art Alleinvertretungsanspruch für eine Fachsprache, bilden würden. Spezielle Kenntnisse zu einem mehr oder weniger eng begrenzten Thema kann sich jedermann aneignen, durch Bildung, durch den Beruf oder aus Liebhaberei. Dann wird die betreffende Person in bestimmten Grad unzweifelhaft ebenfalls zum Fachmann, was aber nicht bedeutet, dass sie deswegen einer konkreten Personengruppe angehören muss, es sei denn man versteht *Gruppe* in einem so weiten Sinn, dass mir der Terminus nur mehr sehr eingeschränkt für die Definition von *Fachsprache* brauchbar erscheint. Nicht-triviale Wissensbestände (fachlicher und in der Folge sprachlicher Art) können in hochspezialisierten Themen- (und auch Handlungs-)Bereichen vielleicht weitgehend mit bestimmten Gruppen zusammenfallen (Fachsprache der Molekularbiologie, etc.), prinzipiell scheinen sie mir aber primär an das jeweilige Individuum gebunden. Eine generelle Festlegung

von *Fachsprache* als Gruppensprache erscheint mir aus der sich ergebenden Heterogenität und Unbestimmbarkeit der jeweiligen Gruppen nicht sinnvoll.
Gemeinsam ist Gruppen- und Fachsprachen, dass der jeweilige Sprachgebrauch dem Außenstehenden (also dem Nicht-Gruppenmitglied bzw. dem Nicht-Fachmann) nicht in der selben Weise zugänglich oder geläufig ist wie dem Eingeweihten. Ein typisches Beispiel wäre auch diesbezüglich der lexikalische Bereich.
Der Ursprung dieser sprachlichen Esoterik ist aber ein jeweils anderer: Ist die Verwendung eines spezifischen Vokabulars in den Fachsprachen "von der Sache her bedingt" (Schmidt/Scherzberg 1968:66) oder sollte es zumindest sein, so ist sie in den Gruppensprachen auf andere Faktoren zurückzuführen:

> "Die Entwicklung und Handhabung einer Fachterminologie dient ... einer genaueren und differenzierteren Betrachtung von Gegenständen und Vorgängen innerhalb eines bestimmten Fachgebietes. Man kann also sagen, dass Fachsprachen der fachbezogenen Verständigung dienen, die Sache oder das Fach im Mittelpunkt stehen, während bei den Sondersprachen die Gruppe, die als solche durch den Sprachgebrauch ausgewiesen wird, zentral ist." (Gnutzmann 1980:53)

Natürlich können gewisse Tendenzen, Sprache gleichsam als Gruppenabzeichen zu gebrauchen, auch in Fachsprachen beobachtet werden (man denke nur an die unterschiedlichen Terminologien einzelner wissenschaftlicher Schulen), doch ist der Wunsch nach Abgrenzung und Kohäsion nach innen in der Regel wohl nicht als primäre Ursache für deren Entstehung und konstitutives Charakteristikum zu sehen, sondern vielmehr als - vielfach auch negativ bewerteter - Nebeneffekt.
Aus der unterschiedlichen Funktion von fach- und gruppensprachlichen lexikalischen Elementen ergibt sich auch, dass erstere bei ihrer Entstehung primär neue, d.h. noch nicht bekannte oder noch nicht unterschiedene Referenten bezeichnen, während letztere Bekanntes mit einer neuen Bezeichnung versehen (vgl. z.B. Haensch 1983:15). Natürlich entstehen auch im Bereich der Fachsprachen ständig Synonymien (vgl. Calvo Ramos 1993:37), doch ist dies ein Phänomen, das ein eigentlich unerwünschter Effekt vielfältigen fach(sprach)lichen Handelns ist. Fachsprachen unterscheiden sich von Gruppensprachen auch dadurch, dass in den Fachsprachen durch bewusste Eingriffe in das verwendete und zu verwendende Vokabular (Terminologienormung, permanente Diskussion um Begriffe und deren Bezeichnung in den Geistes- und Sozialwissenschaften, etc.) versucht wird, eine möglichst brauchbare - d.h. auch synonymfreie - (Fach-)Sprache zu erarbeiten (vgl. Flemming 1974/75:139f.).[1]
Neben den unterschiedlichen Gründen für die Entstehung von Fach- und Gruppensprachen, die außer dem lexikalisch-semantischen Aspekt z.B. auch die bisweilen erwähnten phonetischen Besonderheiten der Gruppensprachen erklären dürften (z.B.

---

[1] Dort wird auch die Neigung zur Internationalität bei Fachsprachen als weiteres Unterscheidungsmerkmal erwähnt.

Lautmalereien, etc.),[1] scheinen auch andere Entstehungs- und Gebrauchsbedingungen - insbesondere der jeweilige typische kommunikative Handlungsbereich - für Differenzen ausschlaggebend zu sein. Die Verwendung in bestimmten Kommunikationssituationen und zu bestimmten Zwecken erklärt, warum für die Fachsprache die schriftliche Kommunikation und das größere Normbewusstsein (vgl. Hoffmann 1986b:81), aber auch z.B. das enge Gebundensein an bestimmte Textsorten (bzw. deren Generierung) ungleich charakteristischer ist als für Gruppensprachen.

Die theoretisch scheinbar klar durchführbare Trennung von Fachsprache (durch die Fähigkeiten in einem Handlungsbereich bzw. durch die Kenntnisse in Bezug auf ein Thema bestimmt) und Gruppensprache (Sprachgebrauch einer Gruppe) wird allerdings in der Praxis dadurch erschwert, dass Fachsprachliches und Gruppensprachliches oft ineinander verwoben und kaum zu trennen sind. Es handelt sich dabei ja nicht um einander ausschließende Phänomene (man erinnere sich daran, dass diese Klassifizierungen darauf beruhen, dass - gleichsam von außen - mit ganz bestimmten Untersuchungsinteressen an konkrete Sprachverwendungen herangegangen wird). Gruppen können fachsprachlich kommunizieren, eine Fachsprache kann an eine Gruppe gebunden sein.[2] Besonders deutlich wird diese Verschmelzung im Bereich der Berufssprachen, die sowohl fachsprachlich (insofern sie durch den Beruf = das Fach bedingt sind) als auch gruppensprachlich (insofern sie für die Angehörigen eines Berufs typisch sind) bedingt werden (vgl. z.B. Nabrings 1981:144).

An der Nahtstelle von Fach- und Gruppensprache wird oft von *Jargon* (oder auch *Fach-* oder *Berufsjargon*, etc.) gesprochen, womit eben eine gruppenspezifische Fachsprache bezeichnet wird. Der Terminus ist allerdings - obzwar nicht einheitlich gebraucht - zumeist negativ konnotiert und bezieht sich bisweilen auch auf eine vorgetäuschte Fachsprachlichkeit.[3] Charakteristisch für den Jargon ist seine "Unangemessenheit im offiziellen Gebrauch" (Müller 1975:173),[4] die wohl einerseits auf gemeinsprachlich - oder vielleicht besser: umgangssprachlich - erscheinende Elemente,[5] andererseits auf seine Unverständlichkeit für den Außenstehenden zurückzuführen ist. Dem Jargon kommen im Gebrauch eine Fülle von verschiedenen Funktionen zu (vgl. Sauer 1992), weswegen er "wohl kaum als einheitliches Gebilde zu fassen"

---

[1] Vgl. Drozd/Seibicke (1973:79) oder Hoffmann (1986b:81)

[2] In diesem Sinne schlagen Becker/Hundt auch vor "... nur dann ... von einer Fachsprache als Gruppensprache zu sprechen, wenn sie primär zur Gruppenbildung eingesetzt wird, wenn sie vorrangig identitätsstiftend wird..." (1998:128)

[3] Nach Gnutzmann ein "vermeintlicher fachsprachlicher Gebrauch" (1980:55).

[4] Müller spricht allerdings, da er sich auf das Französische bezieht, von *Fachargot*.

[5] Seibicke formuliert, "... dass hier Menschlich-Subjektives in die kühle Sachlichkeit der eigentlichen Fachsprache einbricht." (1981:62)

(Seibicke 1981:62) ist. Unter den Gründen, die Ausbildung und Gebrauch von Jargons bewirken, finden sich sowohl tatsächliche kommunikationstechnische Erfordernisse wie z.B. dasjenige einer schnellen und effizienten Verständigung in einer Gruppe (vgl. Sauer 1992:134) - man denke an Labor- oder Werkstättenjargons, etc., bei denen komplizierte Verfahrens- oder Werkzeugbezeichnungen vereinfacht werden -, als auch eher psychologische Faktoren (wenn z.B. Jargon außerhalb seines eigentlichen Bereichs verwendet wird, um eben Zugehörigkeit zu einer Expertengruppe zu demonstrieren). Insbesondere letztere Beweggründe sind denn auch für die erwähnte negative Bewertung des Jargons ausschlaggebend, die sich u.A. daran zeigt, dass zumindest im Deutschen der Terminus primär von Außenstehenden verwendet wird. Was die Behandlung von Jargon im Rahmen dieser Arbeit betrifft, so ist festzustellen, dass nicht zwischen einer gruppenspezifischen und einer "normalen" Fachsprachlichkeit unterschieden wird. Abgesehen von der bereits angesprochenen empirischen Unmöglichkeit einer säuberlichen Trennung, schiene mir eine derartige Unterscheidung hier auch nicht sinnvoll. Jargon ist Fachsprache und hat seinen - teilweise durchaus berechtigten - Platz im kommunikativen Alltag.
Fachsprachliche Elemente können also für den Sprachgebrauch einer Gruppe konstitutiv sein. Trotz dieser Abgrenzungsschwierigkeiten in einzelnen Bereichen scheint es mir jedoch aus den oben genannten Gründen sinnvoll, die Kategorien *Fachsprachen* und *Gruppensprachen* voneinander zu trennen. Es liegen vom theoretischen Herangehen her zwei unterschiedliche Perspektiven vor, die nicht vermengt werden sollten. In der Bestimmung von *Fachsprache* ist der Parameter *Kommunikationspartner* somit weniger aufgrund einer bestimmten Gruppenzugehörigkeit relevant, sondern aufgrund des Aspekts des speziellen Wissens und der speziellen Fertigkeiten, auf die ich in 1.3.7. näher eingehe.

1.3.4. Fachsprache als situativ bestimmte Sprachvarietät

Die situative Komponente wird bisweilen ebenfalls für die Fachsprachendefinition herangezogen. Selten fungiert sie dabei als alleiniges Kriterium,[1] sondern zumeist wird sie in den Definitionsversuchen als einer von mehreren Ansatzpunkten genannt, von denen die Bestimmung ausgehen kann:

> "El tercer factor que caracteriza la comunicación especializada es el tipo de situación en que se produce. En efecto, la transmisión de información especializada no se da en toda clase de situación sino sólo en las circunstancias marcadas por la profesionalización de los conocimientos." (Cabré 1999j:209)

---

[1] Eines der wenigen Beispiele wäre die Definition Brinkmanns: "Fachsprache wird daher im folgenden als eine situationsspezifische Auswahl aus den Möglichkeiten der Umgangsprache, eine den Situationsstrukturen entsprechende Symbolorganisation aufgefasst." (1981:351)

Das Kriterium *Kommunikationssituation* ist ein Aspekt, der - obwohl hier natürlich enge Beziehungen vorliegen[1] - in der Bestimmung von *Fach* und *Fachlichkeit* nicht explizit erwähnt wurde. Dies deswegen, weil ich der Meinung bin, dass er in *Handlungsbereich* implizit enthalten ist bzw. sich daraus ableiten lässt: Handlungen werden in Situationen vollzogen, für fachliche Handlungen bedarf es folglich fachlicher Situationen. Fachliche Handlungen und fachliche Situationen bedingen sich wechselseitig.

Die Beziehung ist so offensichtlich, dass der Erkenntnisgewinn aus dieser Schlussfolgerung relativ gering ist und tatsächlich scheint denn hinter diesem In-Beziehung-Setzen nicht viel mehr zu stecken als der Gedanke, dass Fachsprache (als Sprache im Fach) an eher berufsbedingte und "formale" Kommunikations-situationen, in denen ein Fachmann auch als solcher agiert, gebunden ist.

Interpretiert man hingegen *Fach* als primär themenbestimmt, stellt sich die Sachlage insofern anders dar, als - wie bereits mehrfach gesagt wurde - über ein Thema in den verschiedensten situativen Kontexten (in den verschiedensten fachlichen aber auch nicht-fachlichen Handlungsbereichen) kommuniziert werden kann. Erzählt man im privaten Bereich von seinem Fachgebiet, kann dieses Sprechen fachsprachliche Elemente enthalten (wenn auch vielleicht von geringer Komplexität). *Fachlich* ist dann aber ausschließlich der Themenbezug und nicht die Handlung im Sinne von einem Agieren im eigentlichen Handlungsbereich (der Wissenschaftler betreibt hier keine Wissenschaft, der Börsenmakler wickelt keine Transaktionen ab, der Arzt behandelt keinen Patienten, etc.).

Aus diesen Gründen scheint mir, dass die Fachlichkeit der Kommunikationssituation - deren nähere Bestimmung wohl auch kein leichtes Unterfangen darstellen dürfte - nur bedingt für die Definition von Fachsprache tauglich ist. "Bedingt" ist dabei so zu verstehen, dass die situative Komponente natürlich als ein Aspekt einer sozusagen "prototypischen" fachsprachlichen Kommunikationshandlung gesehen werden muss, dass der Parameter *Kommunikationssituation* die fachsprachliche Sprachvariation aber sicher nicht in dem Maße charakterisiert, wie dies z.B. der Faktor *Zeit* für die diachrone tut.

Zu klären, wann denn nun eine Situation eine fachliche ist, in der auch zwangsläufig fachsprachlich agiert werden muss, und wann dies nicht der Fall ist, erscheint mir de facto kaum möglich. *Fachsprache* kann daher nicht primär durch den situativen Kontext bestimmt werden, wenn dieser auch fachsprachliche Kommunikation in vielen Fällen bedingt. Fachsprache transzendiert einerseits den fachlichen Kontext, andererseits ist (siehe 1.3.2.) nicht jede fachliche Kommunikation, also jedes fachliche sprachliche Handeln, auch fachsprachlich.

---

[1] Kalverkämper z.B. bezeichnet "Fachlichkeit als eine Qualität von Situationen" (1983:130).

1.3.5. Fachsprache als Menge sprachlicher Charakteristika

Versuche, *Fachsprache* über sprachliche Charakteristika der jeweiligen Texte zu bestimmen, finden in der Regel etwa folgende Formulierung:

> "Insgesamt können wir den Begriff der Fachsprachen zunächst beschreiben als die Gesamtheit der grammatischen und lexikalischen Sprachmittel, die zur Verständigung in einem Fach verfügbar sind und in schriftlicher oder mündlicher Form verwendet werden." (Bausch/et al. 1976:11)

Auch die in der deutschsprachigen Literatur vielleicht am häufigsten zitierte Fachsprachendefinition, jene von Lothar Hoffmann, lässt sich in diese Perspektive einordnen:

> "Fachsprache - das ist die Gesamtheit aller sprachlichen Mittel, die in einem fachlich begrenzbaren Kommunikationsbereich verwendet werden, um die Verständigung zwischen den in diesem Bereich tätigen Menschen zu gewährleisten." ([2]1985:53)

Reduziert man obige Definitionen von Fachsprache auf ihre Kernaussage, dann bleibt nicht mehr übrig, als dass Fachsprache Sprache in einem Fach ist, womit eigentlich nichts an Klarheit gewonnen ist (auf die Bestimmung als "Gesamtheit" werde ich noch zurückkommen - siehe 1.3.8.). Die Feststellung, dass sie der Verständigung dient, aus grammatischen und lexikalischen Elementen besteht und in schriftlicher oder mündlicher Form realisiert sein kann, hat m.E. keinen wirklichen Erkenntniswert. Natürlich besteht Sprache, also auch jede Varietät von Sprache und somit auch Fachsprache aus sprachlichen Mitteln, dient der Verständigung, etc. Derartige "Null-Aussagen" scheinen mir denn auch symptomatisch für den Versuch, Fachsprache sprachimmanent, also ohne Bezug zu anderen Komponenten des Kommunikationsprozesses, zu bestimmen. Dieses Vorgehen kann m.E. nur dann der Tautologie entgehen, wenn es gelingt, konkrete Spezifika der Fachsprache festzumachen, die sie gegenüber "normaler", nicht-fachsprachlicher Sprachverwendung abgrenzen. Dies ist in der Beschreibung einzelner Fachsprachen die eigentliche Zielsetzung, taugt aber in der zitierten abstrakten Form nicht für die Bestimmung des Wesens von Fachsprache an sich, denn es ist mit diesem Ansatz nicht zu klären, wodurch das allgemein Fachsprachliche bedingt ist, d.h. welcher kommunikativ relevante Parameter Sprache zu Fachsprache werden lässt. Dieser Definitionsansatz entspringt daher einer grundsätzlich anderen Perspektive als die vorher behandelten. Er erlaubt es, Charakteristika von Fachsprache - bzw. eher einer bestimmten Fachsprache - sozusagen als zusätzliches Kriterium in eine Definition einzubinden, kann jedoch nicht klären, welcher Faktor für die Bestimmung von *Fachsprache* der eigentlich bestimmende und bedingende ist (zu den Charakteristika von *Fachsprache* allgemein siehe 1.4.).

1.3.6. Zwischenbilanz

Möglicherweise ist in meinen bisherigen Ausführungen zur Fachsprachenbestimmung der Eindruck entstanden, dass sich die verschiedenen Ansätze fein säuberlich voneinander trennen ließen, da ich mich bemüht habe, jeweils möglichst typische Definitionsbeispiele anzuführen. Dies ist natürlich nicht der Fall, sondern die verschiedenen Perspektiven finden sich zumeist in unterschiedlicher Gewichtung miteinander kombiniert.

Bemerkenswert erscheint mir in diesem Zusammenhang insbesondere die Definition von Schmidt aus dem Jahr 1969 (!), die von Gnutzmann elf Jahre später als "...auch heute noch ... praktikabler Kompromiss unter den verschiedenen Sichtweisen" (1980:49) bezeichnet wurde und bis dato - vergleicht man sie z.B. mit derjenigen von Figge aus dem Jahre 1989 (1989:302) - noch immer nichts von ihrer Anziehungskraft eingebüßt zu haben scheint. Schmidt definiert *Fachsprache* als

> "...das Mittel einer optimalen Verständigung über ein Fachgebiet unter Fachleuten;
> sie ist gekennzeichnet durch einen spezifischen Fachwortschatz und spezielle Normen für die Auswahl, Verwendung und Frequenz gemeinsprachlicher lexikalischer und grammatischer Mittel;
> sie existiert nicht als selbständige Erscheinungsform der Sprache, sondern wird in Fachtexten aktualisiert, die außer der fachsprachlichen Schicht immer gemeinsprachliche Elemente enthalten." (Schmidt 1969:17)

In andere Versuche, den Fachsprachenbegriff näher zu bestimmen, geht auch der Faktor Kommunikationssituation ein, der ja - obwohl sie viele der bisher genannten Aspekte umfasst - in der Schmidt'schen Definition nicht enthalten ist. So sieht Kalverkämper *Fachsprache*

> "... im Schnittpunkt von gesellschaftlich gegliederter Varietät der Sprache (Soziolekt) und dem an die Sprechsituation gebundenen Sprachgebrauch (Register) sowie dem zweckgebundenen Einsatz von Sprache (Funktiolekt) ..." (1988d:99)

Trotzdem, auch in diesen kompletteren Definitionen, die durchwegs weitgehend richtige und interessante Aspekte der Fachsprachlichkeit betonen, scheint mir immer noch das eigentlich Wesentliche zu fehlen. Welche sind denn nun, wenn wir zur Schmidt'schen Definition zurückgehen, die speziellen Normen für die Auswahl sprachlicher Mittel? Was ist denn das Spezifische am Fachwortschatz, wodurch ist es bedingt? Keine der bisher behandelten Komponenten unseres Kommunikationsmodells scheint mir für sich allein, noch in einer additiven Kombination geeignet, *Fachsprache* zufriedenstellend zu definieren.

Rekapitulieren wir, was unsere Diskussion bisher an Erkenntnissen erbracht hat:

- Die thematische Komponente ermöglicht eine Zuordnung eines Textes zu einem bestimmten - eben thematisch festgelegten - Fach und damit, so man diese

Perspektive beibehält, zu einer als Sprache eines Themenbereichs verstandenen Fachsprache. Das Thema an sich sagt jedoch noch nichts darüber aus, ob Fachsprache vorliegt oder nicht. Obwohl über gewisse Themen (z.B. Quantenphysik) vermutlich ausschließlich fachsprachlich kommuniziert werden dürfte, ist bei anderen sowohl fachsprachliche als auch nicht-fachsprachliche Kommunikation denkbar (z.B. Kochen).

- Die funktionale Komponente (Funktion verstanden als kommunikative Absicht), wurde auf höherer Abstraktionsebene Handlungsbereichen zugewiesen (eine unmittelbare Textfunktion, wie *informieren*, etc., scheidet ja von vornherein als typisch fachsprachlich aus). Auch hier lassen sich bestimmte Affinitäten feststellen (im Bereich der Wissenschaften wird hauptsächlich fachsprachlich kommuniziert, etc.), es gibt jedoch Handlungsbereiche, in denen fachsprachliche und nicht-fachsprachliche Texte koexistieren, z.B. der Bereich des Journalismus, in dem außerdem zumeist - thematisch bedingt - andere Fachsprachen als die des Journalismus anzutreffen sind. Ferner ist nicht jegliche Kommunikationshandlung in einem Handlungsbereich auch fachlich und/oder fachsprachlich (man erinnere sich an das Beispiel der Verkaufsgespräche).
- Die Komponente *Kommunikationspartner* erweist sich insofern als etwas komplexer, als einerseits festgestellt wurde, dass *Fachsprache* nicht an klar definierbare soziale Gruppen gebunden ist, dass aber dem Faktor des fachlichen und - damit zusammenhängend - fachsprachlichen Wissens der Kommunizierenden eine entscheidende Rolle zukommt.
- Hinsichtlich der Komponente *Kommunikationssituation* wurde wiederum eine Affinität zwischen bestimmten Situationen und fachsprachlicher Sprachverwendung festgestellt (z.B. bei einem wissenschaftlichen Kongress), diese jedoch durch den Handlungsbereich bedingt erachtet. Ein direktes und zwingendes Gebundensein von Fachsprache (verstanden als themabestimmte Sprachvarietät) an konkrete Situationen wurde überhaupt in Abrede gestellt.

Die Frage ist, was die nun immer wieder angeführten "spezifischen" Themen, "gewissen" Handlungsbereiche und "speziellen" Situationen gemeinsam haben, dass sie zu fachlichen werden, in denen dann auch fachsprachlich kommuniziert wird.

1.3.7. Fachsprache als wissensbestimmte Sprachvarietät

In der Bestimmung von *Fach* und *Fachlichkeit* wurde der Aspekt des Könnens und Wissens als zentrales Kriterium festgehalten (siehe 1.2.). Meines Erachtens ist es naheliegend, diese Charakterisierung auch für eine Definition von *Fachsprache* zu nutzen und davon auszugehen, dass es sich dabei um Sprachvorkommen handelt, in denen Wissen aktiviert wird, das über ein allgemein voraussetzbares Maß hinausgeht und durch spezifische Lernprozesse erworben werden muss:

> "A message is special when what society considers as special education or training is required to understand it [und wohl noch viel mehr: to produce it - Anmerkung von mir]." (Sager/et al.1980:68)

Als *fachsprachlich* können somit jene sprachlichen Elemente bezeichnet werden, die auf spezifisches, d.h. nicht allgemein voraussetzbares Wissen bzgl. Inhalte und deren sprachliche Darstellung verweisen. Es handelt sich also um die

> "... Menge von Kenntnissen und Fertigkeiten, die gesamtgesellschaftlich erarbeitet worden sind, die aber nicht an alle Mitglieder der Gesellschaft (in den allgemeinen Ausbildungssituationen) weitergegeben werden. Eine solche Bindung des Konzepts von Fachlichkeit an das in einer Gesellschaft jeweils geltende "Elementarcurriculum" erlaubt es, den erheblichen Schwankungen in bezug darauf Rechnung zu tragen, was noch/schon zum Allgemeinwissen bzw. bereits/noch zu Fachwissen gehört." (Adamzik 1998:184f.)

Fachsprachlich referiert in dieser Perspektive sowohl auf das Wissen der Kommunikationspartner hinsichtlich des Themas des Kommunikationsakts einerseits als auch auf das Wissen hinsichtlich dessen adäquater sprachlicher Umsetzung in einem Handlungsbereich andererseits.

Fachsprache - und ich füge gleich hinzu: *Fachsprache* in einem weiten Sinn, der m.E. noch einzuschränken sein wird - ist die Gesamtmenge von Sprachelementen, deren Kenntnis nicht bei jedem Mitglied einer Sprachgemeinschaft voraussetzbar ist, sondern deren aktive und/oder passive Beherrschung spezielle Lernprozesse erfordert. So wie z.B. diatopische Sprachvarietäten durch den Faktor *Raum*, diachrone durch den Faktor *Zeit* oder Werbesprache primär durch denjenigen der *Funktion* bestimmt sind, ist die Fachsprache durch den Parameter *Wissen der Kommunikationspartner hinsichtlich des behandelten Themas und dessen sprachliche Darstellung* bedingt. Es ist klar, dass in fachlicher und fachsprachlicher Kommunikation Wissen aktiviert werden muss, das über den sprachlichen Bereich hinausgeht (eben Wissen über die Gegebenheiten im Fach, also z.B. Beziehungen zwischen fachlich relevanten Phänomenen, etc.), und dass dieses fachliche Wissen für die Erstellung und Rezeption der entsprechenden Texte von herausragender Bedeutung ist. Es ist jedoch auch klar, dass zur sprachlichen Behandlung fachlicher Themen spezifische Elemente existieren müssen, die die Kommunikation erst ermöglichen:

> "Voraussetzung für diese Verständigung im Rahmen der Fachkommunikation sind das Vorhandensein fachlicher Kenntnisse und die Beherrschung fachsprachlicher Gepflogenheiten, beide gewöhnlich beschränkt auf ein spezielles Fach oder eine begrenzte Anzahl von Fächern. ... Die Spezifik der Fachsprachen gegenüber anderen Sub- oder Fachsprachen äußert sich besonders deutlich auf der Ebene der Lexik, d.h. im Fachwortschatz bzw. in der Terminologie und darüber hinaus in der Verwendung grammatischer Kategorien, syntaktischer Konstruktionen und Textstrukturen; gewisse Besonderheiten gibt es bei den Wortformen, ihrer Schreibung und Lautung sowie im Bestand der graphischen Zeichen." (Hoffmann 1998b:190f.)

Diese Elemente sind - in durchaus strukturierter Form - im Sprachsystem vorhanden. Sie müssen von den Kommunikationspartnern eigens erlernt werden, um denjenigen kognitiven (z.B. Benennung, Klassifizierung, etc.) und kommunikativen Ansprüchen einer fachlichen Sprachhandlung entsprechen zu können, die über das von jedermann zu bewältigende Maß hinausgehen.
Allerdings, und dieser Aspekt scheint mir in der Fachsprachenforschung schlichtweg übersehen zu werden, haben wir es, wenn wir *Fachsprache* weiter im bis hierher beschriebenen Sinne verstehen, mit einer sehr heterogenen Menge an sprachlichen Mitteln zu tun, die als *fachsprachlich* zu kategorisieren wären. Dabei handelt es sich weniger um das Faktum, dass prinzipiell alle sprachlichen Ebenen potentiell zur Fachsprachlichkeit eines Textes beitragen können (siehe obiges Zitat), sondern vielmehr um die Tatsache, dass die Verwendung der als fachsprachlich bestimmten Elemente und Formen auf zwei verschiedenen Ursachen beruht: themenbedingte sprachliche Einheiten auf der einen Seite, durch den Handlungs-/Kommunikationsbereich bedingte Einheiten auf der anderen Seite. Die in 1.2. konstatierte Mehrdeutigkeit von *Fach* findet so in *Fachsprache* ihren logischen Niederschlag.
Die aus diesem Mangel an Differenzierung resultierende Konfusion trägt m.E. in einem gehörigen Ausmaß dazu bei, dass unter Fachsprache recht Unterschiedliches subsumiert wird: Themenbezogenes ("Die Fachsprache der Verfahrenstechnik"), Sprache einzelner Handlungsbereiche ("Fachkommunikation im Betrieb"), einzelne Textsorten ("Die Patentschrift") (alle Beispiele aus Hoffmann/et al. 1998). Um mehr begriffliche Klarheit zu schaffen und die unterschiedlichen Perspektiven zu trennen, wäre es m.E. günstig, die Vagheit des Begriffs *Fachsprache* wenn schon nicht aufzubrechen, so doch zumindest klarzustellen:
Fachsprache^{a}: Menge der nicht allgemein bekannten, auf spezifischem Wissen beruhenden sprachlichen Elemente bezogen auf einen Themenbereich;
Fachsprache^{b}: Menge der nicht allgemein beherrschten, auf spezifischem Wissen beruhenden sprachlichen Elemente in einem Kommunikationsbereich.
Die gewählten Formulierungen sollen den grundlegenden Unterschied zwischen den beiden Bedeutungen widerspiegeln: "bekannte Elemente" verweist hier auf fachliches (fachspezifisches) Wissen, das sich wohl primär auf lexikalischer Ebene manifestieren wird; unter "beherrschte Elemente" sind hingegen Elemente zu verstehen, die durch die kommunikativen Bedingungen in einem Handlungsbereich vorgegeben sind (z.B. durch die primären Funktionen der Kommunikationshandlungen, Rolle und Status der Kommunikationspartner, etc.) oder traditionell in ihm eingeführt sind (Textsortenkonventionen, etc.). Auf diese Weise erklärt sich auch die Tatsache, dass vielfach, vor allem in der älteren Fachsprachenforschung, der Wortschatz als DAS Charakteristikum der Fachsprache schlechthin gilt, ist er doch die Manifestation des fach(sprach)lichen Wissens im Sinne von Fachsprache^{a}.
Welchen Nutzen bringt nun die vorgeschlagene Unterscheidung? Ich meine, dass dadurch auf theoretischer Ebene ein Fundament gelegt wird, das es uns erlauben

sollte, Erscheinungen in Fachtexten einer der beiden Bedeutungen zuzuordnen, wodurch in vielerlei Hinsicht ein größeres Maß an Klarheit und Konsistenz in der Realisierung empirischer Analysen und in der Darstellung und Erklärung ihrer Ergebnisse ermöglicht werden wird. Es ist dies ein Aspekt, der mir in mancher Hinsicht so wesentlich erscheint (z.B. bei der Unterscheidung fachspezifischer und allgemein-wissenschaftssprachlicher Elemente eines Textes des Handlungsbereichs Wissenschaft), dass - auch wenn sich die beiden Perspektiven im konkreten Kommunikationsakt, d.h. im Text, zu einer Einheit verbinden - eine terminologische Trennung durchaus sinnvoll ist. Aus diesem Grund wird in der Folge von *Fachsprache* (bzw. *fachsprachlich*) im Sinne von *Fachsprache*^{a} gesprochen (also als themenbedingte Sprachvarietät), für *Fachsprache*^{b} hingegen der Terminus *(Fach)Diskurs* verwendet, trotz der in 1.3.2. angesprochenen Problematik. Verbindendes Element die Fachlichkeit betreffend ist jedenfalls der Aspekt des spezifischen Wissens, der Unterschied ergibt sich aus den Ursachen und Notwendigkeiten für den Einsatz der jeweiligen spezifischen sprachlichen Mittel (anders formuliert: Man kann beispielsweise mit der Terminologie der anorganischen Chemie bestens vertraut sein, aber trotzdem größte Schwierigkeiten mit dem Verfassen eines Abstracts, eines popularisierenden Zeitungsartikels, einer Patentschrift etc. aus diesem Themenbereich haben.).
Das angesprochene (themenbezogene) Wissen kann seitens der Kommunikationspartner entweder vorhanden sein (ist es nur einseitig vorhanden, werden sich früher oder später Kommunikationsschwierigkeiten einstellen, wenn nicht - wie im didaktischen Diskurs - darauf Rücksicht genommen wird), es kann gerade erworben werden, es kann im Extremfall aber auch nur vorgetäuscht werden (in diesem Fall bezieht sich das Wissen bloß auf die Form und nicht auf die Inhalte, was letzten Endes wohl auf eine gewisse Pervertierung von Fachsprache hinausläuft).[1]
Fachsprachliche Elemente manifestieren sich primär in Texten, in denen Themenbereiche behandelt werden, über die allgemein nichts - allenfalls wenig - gewusst wird oder deren theoretische Durchdringung über das alltägliche Maß hinausgeht. Sie können jedoch prinzipiell in jedem Text auftreten, man denke z.B. an Werbetexte, in denen diese Elemente gleichsam als Imponiergeste eingesetzt werden. An diesem Punkt unserer Überlegungen angelangt, stellt sich die Frage, wann nun ein Text das Prädikat *fachsprachlich* verdient. Meiner Meinung nach ist dies dann der Fall, wenn in einem Text die oben angesprochenen, auf spezifischem thematischem Wissen basierenden Elemente in relevanter Zahl und Textfunktion auftreten. Wird, um auf obiges Beispiel zurückzukommen, in einem Werbetext ein Fachterminus, dessen vollständige und korrekte Dekodierung durch die Empfänger nicht einmal vorgesehen ist, als Signal für die Forschungsarbeit, die hinter dem beworbenen Produkt steht, verwendet, so wird man deswegen nicht den Text als fachsprachlich

[1] Vgl. die köstlichen Ausführungen von Fricke (1986:68f.) bzgl. der inhaltlichen Tiefe einer Definition von "Ästhetische Kommunikationshandlung".

charakterisieren (damit soll nicht gesagt werden, dass Werbetexte nicht auch fachsprachliche Texte sein können, man denke an Werbungen für technische Produkte, die sich an ein Spezialisten-Publikum wenden). Daraus kann der Schluss gezogen werden, dass ein Text dann ein fachsprachlicher ist, wenn zu seiner intentionsgemäßen Dekodierung spezifisches Wissen auf Rezipientenseite erforderlich ist oder dieses gerade erworben wird. Es wäre jedoch sicherlich falsch, eine scharfe Trennlinie zwischen fachsprachlichen und nicht-fachsprachlichen Texten ansetzen zu wollen. Dafür ist in einem hohen Maß die Tatsache ausschlaggebend, dass schon die Charakterisierung eines sprachlichen Elementes, also z.B. eines Lexems, als *fachsprachlich* nicht wirklich objektiv möglich ist, sondern immer der subjektiven Beurteilung durch die Sprecher unterliegt. In gewissen Fällen wird dabei eine große Übereinstimmung zwischen den jeweils Beurteilenden festzustellen sein, in vielen anderen Fällen wird hingegen nur schwer eine einheitliche Meinung vorherrschen. Normalerweise wird man in Bereichen, mit denen man gut vertraut ist, eher dazu tendieren, das Wissen um die Bedeutung eines Terminus als *allgemein voraussetzbar* (und damit *nicht-fachsprachlich*) zu beurteilen, und wundert sich dann, wenn dies nicht wie erwartet der Fall ist.
Ich habe bisher nur von fachsprachlichen Elementen und fachsprachlichen Texten gesprochen, wobei in beiden Fällen *fachsprachlich* auf die Beziehung zwischen der Themenbehandlung und dem Wissen der Kommunikationspartner Bezug nimmt. In der Fachsprachen-Linguistik wird jedoch zumeist nicht von *fachsprachlichen Texten*, sondern von *Fachtexten* gesprochen. Es ist nun zu klären, wie die Beziehung zwischen diesen beiden Begriffen zu sehen ist.
Ausgehend von unserem Kommunkationsmodell in 1.1. und unseren Überlegungen zur Fachlichkeit lässt sich ein einfaches Textproduktionsmodell erstellen:
Ein Kommunikator kommuniziert mit seinem Rezipienten in einer konkreten Situation über ein fachliches bzw. nicht-fachliches Thema mit einer gewissen Zielsetzung, die wir ihrerseits bestimmten fachlichen oder nicht-fachlichen Handlungsbereichen zuordnen können. Abhängig von diesen Größen wird er fachsprachlich oder nicht-fachsprachlich agieren, wobei ich zunächst davon ausgehen will, dass in jeder der sich ergebenden Konstellationen beide Alternativen offen stehen.

spricht über: **Sender** agiert in:	fachliches **Thema**	nicht-fachliches **Thema**
fachlichem **Handlungsbereich**	fachsprachlich (a) vs. nicht-fachsprachlich (b)	fachsprachlich (g) vs. nicht-fachsprachlich (e)
nicht-fachlichem **Handlungsbereich**	fachsprachlich (c) vs. nicht-fachsprachlich (d)	fachsprachlich (h) vs. nicht-fachsprachlich (f)

Um festzustellen, ob tatsächlich die angeführten acht Möglichkeiten existieren oder zumindest existieren könnten, will ich versuchen, je ein Beispiel zu geben:

a) In einem fachlichen Handlungsbereich wird ein fachliches Thema fachsprachlich behandelt: Es handelt sich dabei wohl um eine klassische fachliche Situation. Als Beispiel kann ein beliebiger Beitrag zu einem wissenschaftlichen Kongress dienen.
b) In einem fachlichen Handlungsbereich wird ein fachliches Thema nicht-fachsprachlich behandelt: Diese Konstellation wird man zunächst vielleicht als irreal einstufen wollen. Man denke aber beispielsweise an einen Diskussionsbeitrag vom Typ: "Verehrter Herr Kollege, ich stimme mit ihnen völlig überein, dass das von Ihnen behandelte Problem hochinteressant und einer weiteren Beschäftigung wert ist. Allerdings glaube ich, dass man dazu auch die Meinung von XY hören sollte, die Sie uns leider verschwiegen haben, wie ich überhaupt den Eindruck gewonnen habe, dass Ihre Kenntnisse in Bezug auf dieses Thema nicht ganz dem letzten Stand der Dinge entsprechen..." In dieser fiktiven, doch durchaus real möglichen Reaktion auf einen Vortrag ist m.E. kein einziges fachsprachliches Element enthalten. In der Diskussion eines privaten Problems könnte völlig gleich gesprochen werden. Ein anderes Beispiel in diesem Zusammenhang wären populärwissenschaftliche Texte (psychologische Ratgeber, etc.), die sich ebenfalls stark diesem Schema nähern.
c) In einem nicht-fachlichen Handlungsbereich wird ein fachliches Thema fachsprachlich behandelt: Für diese Konstellation könnte z.B. ein Gespräch zwischen zwei Börsenmaklern, die bei einem gemeinsamen Abendessen unter anderem auch über ihre letzten Transaktionen reden, als Illustration dienen. Da es sich um zwei Fachleute handelt, ist anzunehmen, dass sie auch die ihnen vertrauten fachsprachlichen Mittel verwenden. Die Situation ist dennoch nicht fachlich, da zum Wesen des Agierens in einem Handlungsbereich auch eine einschlägige funktionale Komponente gehört, die in diesem Beispiel nicht gegeben ist (oder zumindest nicht gegeben sein muss).
d) In einem nicht-fachlichen Handlungsbereich wird ein fachliches Thema nicht-fachsprachlich behandelt: Hier kann dieselbe Situation wie in c) als Beispiel dienen, bloß dass ein Börsenmakler vielleicht mit einem Nicht-Fachmann kommuniziert, weswegen er auf die Verwendung der einschlägigen Fachterminologie verzichten wird.
e) In einem fachlichen Handlungsbereich wird ein nicht-fachliches Thema nicht-fachsprachlich behandelt: Man denke an den Arztbesuch, in dem vom Arzt banale Dinge erzählt werden, um den Patienten abzulenken, oder auch an einen Zeitungsbericht über ein banales Thema, in denen ein Journalist in seinem Fach (also fachlich), aber nicht fachsprachlich tätig ist.
f) In einem nicht-fachlichen Handlungsbereich wird ein nicht-fachliches Thema nicht-fachsprachlich behandelt: Es handelt sich um die typische Situation für

Alltagskommunikation, also z.B. das Gespräch mit dem Hauswart über die Mitbewohner, etc.

g-h) In einem fachlichen oder nicht-fachlichen Handlungsbereich wird ein nicht-fachliches Thema fachsprachlich behandelt: Diese Konstellation ist wohl nur in ganz seltenen Fällen anzutreffen. Ausgeschlossen ist aber auch sie nicht völlig, wenn man an bestimmte Arten von Sketches, Witzen, Parodien (juristischer Kommentar zu Max und Moritz, etc.) denkt.

Die Frage, die sich nunmehr aufdrängt, ist, wo in diesem Schema der Fachtext anzusiedeln ist.

Meiner Meinung nach wird man sinnvollerweise nur dann von *Fachtexten* sprechen, wenn in ihnen eine fachliche Thematik in einem fachlichen Handlungsbereich fachsprachlich behandelt wird. Den oben erwähnten Zeitungsbericht, obwohl von einem Fachmann in Ausübung seines Berufes geschrieben, oder das Gespräch der beiden abendessenden Börsenmakler, obwohl es eine durchaus fachliche, sogar hochspezialisierte Thematik betreffen kann, wird man kaum als Fachtexte bezeichnen wollen.

Als schwieriger erweist sich die Frage, ob nur dann, wenn fachsprachlich kommuniziert wird, oder auch dann, wenn nicht-fachsprachlich kommuniziert wird, ein Fachtext vorliegt. Man kommt m.E. nicht darum umhin, von Fachtexten dann zu sprechen, wenn sie sowohl einem Fachdiskurs zugerechnet werden können als auch fachsprachlichen Charakter haben. Jede andere Festlegung würde dem Sprachgebrauch widersprechen und schwer nachvollziehbar sein. Würde man anders verfahren, müssten banalste Texte - man denke nur an die bereits des öfteren erwähnten Verkaufsgespräche, Horoskope in Tageszeitungen, einfachste Kochrezepte, etc. - als Fachtexte interpretiert werden. Dieses Vorgehen hat zwar den Nachteil, dass somit Texte ein und derselben Textsorte Fachtexte sein können oder auch nicht, erlaubt es aber, ein Ausufern der Fachtextlinguistik in Bereiche, in denen überhaupt nicht mehr fachsprachlich kommuniziert wird, zu verhindern oder zumindest einzudämmen.

Ich habe oben *Fachsprache* als Gesamtmenge spezifischer wissensabhängiger Sprachelemente sowohl fachlich-inhaltlicher als auch formallinguistischer Art in Bezug auf einen bestimmten Themenbereich definiert.

Daraus geht in erster Linie bereits hervor, dass es die Fachsprache eines Faches im Sinne eines autonomen Kommunikationsmittels nicht gibt, da sie immer in mehr oder minder starkem Ausmaß mit gemeinsprachlichen Elementen vermischt auftritt (siehe 1.3.8.).

Aus dem Zusatz "in Bezug auf einen Themenbereich" lässt sich weiters ableiten, dass es nicht eine einzige Fachsprache geben wird, sondern dass mehrere bzw. viele unterschiedliche Fachsprachen existieren.

Die Kriterien, die üblicherweise angeführt werden, wenn für eine einheitliche fachsprachliche Sprachschicht argumentiert wird, sind so allgemein, dass sie sich - ähnlich wie DAS Dialektale oder DAS Gruppensprachliche - nur für eine Charakterisierung zu Definitionszwecken eignen.[1] Vergleicht man hingegen Texte aus völlig unterschiedlichen Fachgebieten wie z.B. die Bilanz eines Unternehmens und die Beschreibung eines chemischen Experiments, so ist offensichtlich, dass die verwendeten fachsprachlichen Elemente kaum Gemeinsames aufweisen. Die Unterschiede sind, was den jeweiligen Wortschatz betrifft, augenfällig, sie können aber potentiell auf jeder sprachlichen Ebene (mit Ausnahme vielleicht der phonologisch-graphematischen) festgestellt werden. Als Beispiele hierfür seien die je nach Fach (Themenbereich) verschiedenen Textbaupläne oder Wortbildungsmuster (z.B. im medizinischen Bereich) genannt (siehe 1.4.). Dementsprechend schreibt Spillner:

> "Es gibt keine Fachsprache, sondern nur Fachsprachen einzelner Disziplinen. Vergleichsuntersuchungen,..., haben ergeben, dass Texte aus unterschiedlichen Fachdisziplinen erheblich im Hinblick auf ihren Terminologisierungsgrad, ihre grammatische Struktur und ihre stilistischen Konventionen voneinander differieren können. Dies betrifft vor allem Unterschiede im Sprachgebrauch zwischen naturwissenschaftlich-technischen Fächern und den sogenannten Geistes- und Sozialwissenschaften." (Spillner 1983a:25)

Spillner geht in seiner Argumentation sogar noch einen Schritt weiter und weist darauf hin, dass "...davon auszugehen [ist], dass innerhalb einer "Fachsprache" beträchtliche Binnendifferenzierungen nach unterschiedlichen Fachtextsorten, Kommunikationsverfahren o.ä. bestehen können" (Spillner 1996:105). Abgesehen von den Unterschieden, die durch die diversen Textsorten bedingt sind, lassen sich unschwer andere Gründe finden, die die Einheitlichkeit der Sprache eines Faches illusorisch erscheinen lassen. Man denke nur an die Existenz verschiedener "Schulen" in einer wissenschaftlichen Disziplin,[2] wofür ja auch die Linguistik ein gutes Beispiel darstellt, oder unterschiedliche Benennungen für Verfahren und Produkte in den einzelnen Abteilungen eines Großunternehmens.

Aus diesen Gründen wird - abgesehen von den Schwierigkeiten der Festlegung von Fächern allgemein (siehe 1.2.) - auch die Beantwortung der Frage, wie viele verschiedene Fachsprachen es eigentlich gäbe, zu einem ziemlich hoffnungslosen Unterfangen. Diese Unsicherheit bezüglich ihres eigenen Gegenstandes stellt für die Fachsprachenforschung ein Dilemma dar, denn "...; sollen wir etwa tatsächlich

---

[1] Vgl. z.B. Seibicke: "Und doch gibt es etwas, das allen diesen 'Sprachen' gemeinsam ist: nämlich dass sie fachbezogen, 'spezial' sind. Durch ihre enge Verbundenheit mit den besonderen Betrachtungsweisen, Aufgaben und Methoden des jeweiligen Faches unterscheiden sie sich allesamt grundsätzlich von der Gemeinsprache, die 'universal' ist und solche Einsträngigkeit nicht kennt." (1981:41); oder - ausführlicher - Cabré (1993:141-148).

[2] Tlw. wird aus genau diesem Grund der "fehlenden sprachlichen Einheitlichkeit" die Existenz einer Fachsprache im Bereich der Geistes- und Sozialwissenschaften überhaupt geleugnet (vgl. Fricke 1986:63).

300 oder etliche tausend Fachsprachen oder selbst auch nur so viele Fachwortschätze annehmen?"(Kalverkämper 1990:100). Irgendwo, so scheint es, muss in dieser Frage wohl eine Grenze nach unten gezogen werden, um nicht einer unübersehbaren Zahl von einzelnen Fachsprachen gegenüberzustehen. "Es ist zu fragen, ..., auf welcher Stufe einer solchen Partikularisierung denn dann angehalten werden muss, wenn der Begriff der Fachsprache noch etwas an Typisierendem leisten soll, ..." (Kalverkämper 1978:423).

Das Problem präsentiert sich allerdings nicht ganz so schlimm, wenn man bedenkt, dass sich die sich ergebenden Unter- und Kleinstfächer immer zu den jeweils übergeordneten in eine hierarchische Beziehung stellen lassen, womit ein gewisser Bezugsrahmen gewahrt bleibt. Die Fachsprache der Generativen Grammatik und selbst diejenige des Minimalismus sind immer noch als Teilsprachen der Sprachwissenschaft zu sehen. Wo für konkrete Untersuchungsarbeit ein lohnendes Gebiet zu finden ist und in welchen Bereichen empirische Arbeit reiner Selbstzweck ist, wird man wohl unter pragmatischem oder - wenn man so will - praktischem Blickwinkel zu entscheiden haben. Eine Studie über die Unterschiede in den Fachwortschätzen aller Tischlereien Wiens wird für sich, d.h. wenn man sie nicht in einen größeren theoretischen Rahmen stellt (beispielsweise in eine Arbeit zur Metaphernbildung, etc.), wenig interessante und für ein weitergehendes Erkenntnisinteresse brauchbare Resultate bringen, genauso wie z.B. eine mit größter Akribie durchgeführte Beschreibung der Dialekte jeder einzelnen Ansiedlung Westaustraliens für sich allein nur von geringem Wert sein dürfte.

1.3.8. Fachsprache und Gemeinsprache

Grundlegend für die Bestimmung und das Verständnis von *Fachsprache* ist naturgemäß ihr Verhältnis zur - zumeist als *Gemeinsprache* (aber auch *Alltagssprache*, *Standardsprache*, etc.) bezeichneten - *Nicht-Fachsprache*.

Ausgehen wollen wir in unseren Überlegungen von der Annahme, dass einigermaßen klar und eindeutig bestimmbare Einzelsprachsysteme existieren, auf die sich ihre verschiedenen Ausprägungen und Manifestationsformen beziehen lassen. Ein solches abstraktes System, das also alle Varietäten umfassen muss, nenne ich *Gesamtsprache*. Dass derartige Systeme real nicht wirklich klar voneinander abgegrenzt vorkommen, sondern bis zu einem gewissen Grad auf Interpretation und Klassifikation eines Kontinuums beruhen (Wo endet Latein und beginnen die romanischen Sprachen? Existiert ein einheitliches Chinesisch oder Baskisch? etc.), soll nicht vergessen werden, braucht uns aber in diesem Argumentationszusammenhang nicht weiter zu beschäftigen. Klar ist, dass diese Gesamtsprache sich nie als solche manifestiert, sondern in diverse Subkategorien zerfällt, die ihrerseits ebenfalls durch Abstraktion aus konkreten Sprachvorkommen, d.h. Texten, gewonnen werden. Die Frage, die sich für die Sprach-

variationsforschung stellt, ist nun zunächst, ob es sinnvoll ist, zwischen oder neben den einzelnen Varietäten eine Ebene anzunehmen, die allen Sprechern der Gesamtsprache gemein ist. Wenn man dies z.B. für den Bereich der regionalen Variation bedenkt, so stünde man hier vor der Frage, ob neben den einzelnen Dialekten auch so etwas wie eine überregionale Umgangssprache existiert. In Bezug auf die Fachsprache(n) wäre dann zu klären, ob es Sinn hat, auch eine eigene Gemeinsprache[1] anzunehmen, die nach DIN 2342 folgendermaßen definiert wird: "Der Kernbereich der Sprache, an dem alle Mitglieder einer Sprachgemeinschaft teilhaben, wird als Gemeinsprache bezeichnet" (zitiert nach Arntz/Picht 1989:10).
Es wäre dies also - bezogen auf die Fachsprachenproblematik - die "...allen Angehörigen der Sprachgemeinschaft verständliche und zum allgemeinen, nicht speziell fachgebundenen Gedankenaustausch gebrauchte Form..." (Schmidt/Scherzberg 1968:65) einer Sprache.
Bejaht man die Existenz einer solchen Gemeinsprache, so stellt sich als nächste Frage diejenige nach ihrem Status im Hinblick auf die anderen Subsprachen, d.h. in unserem Zusammenhang Fachsprachen: Handelt es sich um eine weitere Subsprache, die neben den Fachsprachen existiert, oder stellt sie vielmehr eine Art Durchschnittsmenge dar, die sich aus allen Fachsprachen gemeinsamen sprachlichen Elementen ergibt (vgl. Hoffmann ^{2}1985:48-52)?
Für die Annahme einer Gemeinsprache spricht nun die ganz alltägliche Erfahrung, dass es möglich ist, sich über Fachgrenzen hinweg zu verständigen, dass gewisse sprachliche Kenntnisse bei jedem ("normalen") Sprecher einer Sprache vorausgesetzt werden können und tatsächlich existieren. Die Probleme stellen sich jedoch bei der Frage ihrer Abgrenzung:

> "Ginge man aber nun daran, ein vollständiges Verzeichnis der Mittel der Gemeinsprache aufzustellen, so geriete man in gewisse Schwierigkeiten; denn zwischen dem Sprachbesitz der einzelnen Individuen bestehen erhebliche Unterschiede, selbst in Sprachgemeinschaften mit einem hochentwickelten Bildungswesen und modernen Kommunikationsmitteln." (Hoffmann ^{2}1985:48)

Die Schwierigkeiten, *Gemeinsprache* zu bestimmen und sie von den Fachsprachen abzugrenzen, führten denn auch dazu, dass sie als "Allerweltskategorie" (Kalverkämper 1990:105) abgelehnt und für ihre Abschaffung plädiert wird (vgl. auch Hartmann 1980:30-34). Die Lösung Hoffmanns für dieses Problem "... ist eine möglichst vollständige Einteilung der gesamten sprachlichen Kommunikation in eine bestimmte Anzahl von Kommunikationsbereichen mit ihren jeweiligen Subsprachen" (^{2}1985:52). Als Konsequenz daraus ergibt sich folgerichtig die - bereits zitierte - Definition von Fachsprache als "Gesamtheit aller sprachlichen Mittel, die in einem fachlich begrenz-

---

[1] Umgangssprache und Gemeinsprache werden oft synonym verwendet - vgl. z.B. Hoffmann (^{2}1985:48), mir scheinen die Termini jedoch für jeweils andere Kontexte typisch zu sein.

baren Kommunikationsbereich verwendet werden" (Hoffmann ^{2}1985:53) und in letzter Instanz "...wäre alles Kommunizieren über die Gegenstände, Sachverhalte und Handlungszusammenhänge - kurz: über "die Welt" - als fachsprachlich anzusehen..." (Kalverkämper 1990:112). Eigentlich hätte, pointiert formuliert, die Fachsprachenlinguistik hiermit ihre Existenzberechtigung verloren, da sich aus dieser Sicht die gesamte Sprachwissenschaft schon seit jeher ausschließlich mit Fachsprache beschäftigt hätte. In welchem Fach bewege ich mich aber, wenn ich zu meinem Hauswart sage: "Guten Morgen. Was für ein schöner Tag heute." - etwa in der Meteorologie?[1] Nicht alles Handeln ist, wie ich darzulegen versucht habe, fachliches Handeln und nicht alles Kommunizieren ist fachsprachliches Kommunizieren.

> "Man kann auch nicht-fachsprachlich über ein Fachgebiet sprechen. Schon aus diesem Grund ist der Begriff der Gemeinsprache als Gegenbegriff zum engeren Begriff von Fachsprache unverzichtbar. Daran ändert auch der Umstand nichts, dass die explizite Definition des Begriffs Gemeinsprache, ebenso wie die des Begriffs Fachsprache, und erst recht deren valide und reliable Operationalisierungen, erhebliche wissenschaftliche Herausforderungen darstellen." (Ammon 1998:221f.)

Durch eine allumfassende Auffassung von *Fachsprache* wird, so scheint mir, erst recht eine "Allerweltskategorie" (siehe oben) geschaffen.
Würde man nun den Hoffmann'schen Überlegungen folgen, so ergäbe ein Vergleich der verschiedenen Subsprachen (hier: Fachsprachen), dass zwischen ihnen in weiten Bereichen Übereinstimmung herrscht. Ein erheblicher Prozentsatz an sprachlichen Einheiten kommt wohl in so gut wie allen Fachsprachen zur Anwendung, weswegen ihre Charakterisierung als *Gemeinsprache* sinnvoll ist:

> "...: la realidad de la comunicación especializada y de los textos especiales muestra que los signos y las construcciones utilizadas en ambos casos son, en gran parte, idénticos, aún en los textos de las ciencias exactas y de la técnica. Efectivamente, la intersección entre lengua común y lenguajes de especialidad es (en grados distintos) considerable, dado que se trata de toda la gramática (morfología y sintaxis) y gran parte del vocabulario aunque se utilicen con frecuencias e intensidades divergentes." (Schifko 2001:23)

Man denke nur an den Bereich der - im Zitat nicht erwähnten - Phonologie, der Verbalmorphologie oder selbst auf lexikalischer Ebene an Konjunktionen, Präpositionen, etc., um nur ganz augenfällige Beispiele zu erwähnen.
Diese Gemeinsamkeiten müssen auch existieren, wenn die verschiedenen Sprachen ein - wenn auch (hoch)abstraktes - Gesamtsystem bilden sollen. Gäbe es sie nicht, wäre es unmöglich, ein solches anzunehmen. Welchen Sinn hätte es dann aber, in der Untersuchung der diversen Fachsprachen immer wieder die stets gleichen Elemente

---

[1] Selbst wenn man anerkennt, dass es nicht die primäre Kommunikationsintention ist, kann doch nicht bestritten werden, dass in meinem Beispiel auch etwas "über die Welt" ausgesagt wird.

zu beschreiben, die darüber hinaus - weil universell - für die einzelne Fachsprache überhaupt nicht charakteristisch sind? Ist es nicht - gerade im Licht des im vorigen Kapitel Gesagten - vernünftiger und für die Forschung wesentlich rationeller, die für eine Themenbehandlung wirklich charakteristischen, da eben in der Gemeinsprache nicht existierenden oder allenfalls in anderer Frequenz auftretenden sprachlichen Mittel als fachsprachliche anzusehen? Fachsprachliches würde dann im konkreten Kommunikationsakt immer nur in Kombination mit anderen, nicht-fachsprachlichen Mitteln gemeinsam auftreten, eine das System erhaltende Basis mit jeweils spezifischen Elementen in der realen Manifestation ein nur theoretisch separierbares Ganzes bilden. Meines Erachtens kann gerade auf diese Weise der permanente Austausch zwischen Fachsprache und Gemeinsprache (Terminologisierungen, etc.) erklärt werden, während die von Hoffmann ebenfalls erwähnte Vorstellung einer Gemeinsprache als eigene Subsprache der Gesamtsprache, die mehr oder minder auf demselben Niveau wie die einzelnen Fachsprachen angesiedelt ist (vgl. Hoffmann ^{2}1985:50f.), diese Erklärung wohl nicht leisten kann. Schließlich trifft sich die Annahme einer allen Subsprachen gemeinen und mit ihnen im Gebrauch verwobenen Basis mit der völlig zutreffenden Kalverkämperschen Idee eines "skalaren Gleitens" von "fachsprachlich (extrem) merkmalarm[em] über fachsprachlich merkmalangereichert[em] zu fachsprachlich (extrem) merkmalreich[em]" (Kalverkämper 1990:118) Sprachgebrauch. Es existiert keine hundertprozentig von allen Varietäten abgrenzbare Subkategorie *Gemeinsprache*, es existiert vielmehr in der Gesamtsprache eine Integrationsinstanz, die alle Bereiche durchdringt. Diese Durchdringung wird nicht immer gleich stark sein - man denke z.B. an diachrone Sprachvarietäten - es muss sie jedoch geben, denn sonst zerfällt das System. Wird sie zu schwach, wird man sinnvollerweise irgendwo die (natürlich künstliche) Trennung durchführen müssen und von einem anderen (Gesamt)System sprechen. Wie subtil diese Durchdringung sein kann, soll an einem Beispiel verdeutlicht werden: Jemand, der Wale für Fische hält, und ein Meeresbiologe, für den *Wal* einen klar definierten Terminus darstellt, werden sich durchaus über diese Säugetiere unterhalten können, möglicherweise ohne den grundlegenden Begriffs- und Bedeutungsunterschied auch nur zu bemerken. Fachsprachlich ist in diesem Fall das Wissen des Biologen um den genau umrissenen Platz, der diesen Tieren in der zoologischen Systematik zukommt, gemeinsprachlich sind hingegen jene Bedeutungselemente, die die Verständigung trotzdem ermöglichen. Von der Warte des Fachmanns handelt es sich um einen Fachterminus, von derjenigen des Laien um Gemeinsprache, weil eben die entsprechenden Kenntnisse fehlen (vgl. Ammon 1973:90). Wenn die Gemeinsprache die Basis für die verschiedensten Varietäten darstellt, so "... ist auch die Fachsprache nicht ohne die Gemeinsprache denkbar; dagegen kann die Gemeinsprache durchaus für sich allein existieren" (Arntz/Picht 1989:21).

1.3.9. Fachsprache zwischen Sprachsystem und Sprachverwendung

Nachdem im vorherigen Abschnitt das Verhältnis zwischen Fachsprache und Gemeinsprache im Mittelpunkt des Interesses stand, soll nun auf noch höherer Abstraktionsstufe der Frage nachgegangen werden, auf welcher Ebene wissenschaftlicher Sprachbetrachtung wir uns bewegen. Prinzipiell handelt es sich dabei darum herauszufinden, ob *Fachsprache* sinnvollerweise als eigenes autonomes System, als Subsystem oder als Kategorie der Sprachverwendung, also als reine Realisierung von Systemhaftem angesehen werden soll. Mit diesen Bezeichnungen sind nun allenfalls die Pole der in die Diskussion eingebrachten Ansätze skizziert, denn in der Literatur finden sich neben einigermaßen klaren Aussagen hinsichtlich des Status von Fachsprache auch die verschiedensten, teils wohl auch nicht besonders reflektierten Kombinationen (vgl. die Zusammenstellung bei Kohn 1987:6).

> "In diesen begrifflichen Pendelschwüngen zwischen Sprachsystem und Sprachgebrauch zeigt sich ein die Fachsprachenforschung belastendes Problem. Fachsprache ist paradoxerweise mal dies, mal jenes: mal erscheint sie als Sprachsystem, mal als Sprachverwendung; mal ist sie die Menge der verwendeten sprachlichen Mittel, mal eine typische Verwendungsart; meistens aber ist sie alles zugleich und was genau gemeint ist, bleibt ohnehin unklar. Etwas zugespitzt könnte man sagen, dass unser fachsprachliches Reden über Fachsprache doch eher umgangssprachlich ist." (Kohn 1987:6f.)

Allerdings - und darauf wird noch zurückzukommen sein (siehe unten) - darf nicht übersehen werden, dass die Pluralität der Ansätze bisweilen schlicht darauf zurückzuführen ist, dass Sprache generell mehrere essentielle Wesenszüge aufweist und damit unter verschiedenen Blickwinkeln betrachtet werden kann. Sprache ist nicht *System* oder *Verwendung*, sie ist notwendigerweise beides zugleich und vereint in ihrem Funktionieren diese beiden Aspekte.
Von den oben angeführten Möglichkeiten, Fachsprache zu interpretieren, kann im Lichte des in 1.3.8. Gesagten sicherlich die Bestimmung als eigenes autonomes System als erstes ausgeschieden werden:

> "Es besteht heute wohl weitgehend Übereinstimmung darin, dass Fachsprachen nicht selbständige Sprachen sind, sondern Teil- oder Subsysteme bestehender Sprachen. Jede zusammenhängende fachsprachliche Äußerung kann einer bestimmten natürlichen Sprache zugewiesen werden, auch wenn in einem solchen Text Elemente wie Formeln, Zeichen, Symbole enthalten sind, die in mehreren Sprachen übereinstimmen, oder solche, die in der natürlichen Sprache außerhalb der fachsprachlichen Kommunikation nicht vorkommen, womöglich sogar unverständlich sind. Die Normen der jeweiligen Standardsprache gelten stets auch für die zugehörigen Fachsprachen, ..." (Seibicke 1975:66)

Diese Feststellung können auch die von Bungarten angeführten "Indikatoren für die Existenz von Fachsprachen als autonome Sprachsysteme", die Aspekte wie "die

Homographie bzw. Homonymie von Termini in verschiedenen Fachsprachen" oder "die vielfältigen, differenzierten fachlichen Textsorten" (Bungarten 1993:31f.), etc. umfassen, nicht grundlegend korrigieren. Die japanische Beschreibung eines chemischen Experiments ist in letzter Instanz immer noch Japanisch, weswegen in Bezug auf Fachsprachen oft von *Subsystemen* oder *Subsprachen* gesprochen wird:

> "Fachsprachen bilden innerhalb der Gesamtsprache auf einzelne Fachgebiete bezogene, in sich differenzierte Subsysteme, die durch eine charakteristische Auswahl, Verwendung und Frequenz sprachlicher Mittel definiert sind." (Möhn 1975:171f.)

Für die Bestimmung von Fachsprache als eigenes Subsystem spricht auch die Tatsache, dass nicht nur Frequenzunterschiede im Hinblick auf Nicht-Fachsprache festzustellen sind (in dieser Hinsicht bleibt die soeben zitierte Definition in ihrer Argumentation eigentlich sogar auf halbem Weg stecken), sondern dass durchaus auch "qualitative Unterschiede" (Beier 1980:24), also Formen, die nur in Fachsprachen vorkommen, festgestellt werden können. Diese beschränken sich nicht nur auf den lexikalischen Bereich (wenn sie vielleicht dort auch besonders augenfällig sind), sondern können sich, wie bereits erwähnt, in mehr oder minder starker Ausprägung auch in anderen Sprachschichten (Wortbildungsmorpheme, Textbaupläne) finden.[1]

Allerdings ist, wenn man Fachsprache nicht als "GESAMTHEIT aller sprachlichen Mittel in einem fachlich begrenzbaren Kommunikationsbereich" (Hoffmann ^{2}1985:53; Hervorhebung von mir) versteht, sofort klar, dass es sich bei diesen Phänomenen nicht um ein in sich geschlossenes System handelt, sondern um Einzelerscheinungen, die aus den spezifischen Kommunikationsbedingungen und -erfordernissen im Fach resultieren, die aber immer nur in Kombination mit der Allgemeinsprache und auf deren Basis verwendet werden können:

> "L'idée qu'il s'agit de 'sous-systèmes' est à la fois courante et fausse: il ne saurait s'agir de 'sous-langues' (ou alors ce seraient des dialectes, avec une phonétique et une flexion propres, ce qui n'est évidemment pas le cas)." (Lerat 1995:11)

Es ist dies ein Faktum, das die Fachsprachen mit (vermutlich den meisten) anderen Sprachvarietätsformen teilen: Auf Basis einer Gemeinsprache können Einzelerscheinungen festgestellt werden, die für verschieden (durch Geschlecht, Alter, soziale Schicht, etc.) bestimmte Sprechergruppen charakteristisch sind. Es handelt sich dabei aber jedenfalls nicht um eigene *Sprachen* im Sinne von eigenständigen, geschlossenen und autonomen Systemen.

---

[1] Umgekehrt kann man auch davon ausgehen, dass gewisse gemeinsprachliche Elemente in Fachsprachen, sogar wenn man den Terminus sehr weit fasst, keine Rolle spielen, d.h. nie fachsprachlichen Charakter haben können. Man denke nur, um ein extremes Beispiel zu geben, an Interjektionen.

"Si se enfocan únicamente los elementos y las reglas de uso exclusivo en las lenguas especiales, entonces las llamadas LE [lenguas de especialidad] no son *lenguas*, en el sentido saussureano de la palabra, sino solamente fragmentos que necesitan la unión con la LC [lengua común] para poder funcionar." (Schifko 2001:26)

Cabré spricht in diesem Zusammenhang von einem "ús abusiu del terme llenguatge" (1999h:152) und eigentlich wäre es zutreffender von "... verschiedenen Fachvarietäten als von verschiedenen Fachsprachen" (Gunnarsson 1993:633) zu sprechen. Damit ist allerdings nicht gesagt, dass innerhalb der fachsprachlichen Elemente nicht systemhafte Beziehungen auftreten können (z.B. in der Lexik), die jedoch auf einer anderen Ebene angesiedelt sind. Generell scheinen die meisten Formen der Sprachvariation primär auf einem spezifischen Auswahlprozess aus einem ihnen logisch übergeordneten und zugleich ihre Basis darstellenden Gesamtsystem zu beruhen:

"Wenn man davon ausgeht, dass sich die verschiedenen Varietäten vor allem dadurch voneinander unterscheiden, dass sie in jeweils verschiedener Weise die vom System der Sprache gegebenen Möglichkeiten nutzen und nicht in erster Linie durch qualitative Besonderheiten gegeneinander abgrenzbar sind, scheint zudem die Rede von verschiedenen **Systemen** oder **Subsystemen** kaum angemessen." (Nabrings 1981:180)

Nabrings spricht deswegen von "Realisationsmuster des Sprachsystems" bzw. "typische[n] Verwendungsweisen eines sprachlichen Systems" (Nabrings 1981:180) - zu denen ihrer Meinung nach auch die Gemeinsprache zu zählen wäre. Tatsächlich finden sich in der Literatur Bestimmungen von Fachsprache als reine Sprachverwendung. So schreibt z.B. Beier: "Unter 'Fachsprache' verstehe ich einen komplexen Bereich (einen Ausschnitt, eine Varietät) der Sprachverwendung, ..." (Beier 1980:13), um diese Bestimmung in der Folge dann aber selbst zu relativieren (siehe oben). In diesem Zusammenhang wird oft von Fachsprache als "funktionalem Register" (vgl. z.B. Cabré 1999h:152) oder als "Kategorie der Sprachverwendung" (Gläser 1993b:568) gesprochen. Diese scheint auf den ersten Blick mit den von mir in 1.1. unterschiedenen unmittelbar *vom Kommunikationsakt abhängigen Sprachvariationstypen* zusammenzufallen, doch stellt sich diese Gleichsetzung m.E. bei näherem Betrachten als nicht zulässig heraus. *Vom Kommunikationsakt abhängig* bedeutet nicht, dass die durch die Parameter des Kommunikationsakts bestimmten Varietätstypen nicht im Sprachsystem angelegt wären:

"Es dürfte nach einigem Nachdenken einleuchten, dass stilistische und andere Gebrauchsbedingungen sowohl in der 'langue' wie in der 'parole', und außerdem sowohl in der 'Kompetenz' wie in der 'Ausführung' vorausgesetzt werden können. ... Eine Person, die es schafft, in ihrem Sprachgebrauch zwischen verschiedenen Stilregistern für verschiedene Situationen zu unterscheiden, muss auch irgendeine Kompetenz dafür besitzen. Dies ist zwar auch eine Frage der Definition von 'Kompetenz': eine solche muss ja nicht nur grammatisch relevant sein." (Rossipal 1973:11)

Auch vom Kommunikationsakt abhängige Variationstypen (bzw. Register) können also nicht als rein konkrete Sprachverwendung angesehen werden, sondern sind Realisierungen eines sprachlichen Systems, die durch bestimmte, den Kommunikationsakten inhärente Bedingungen regelhaft bestimmt sind. Ob man nun davon ausgeht, dass das Sprachsystem auch Sprachverwendungsregeln umfasst oder ob man in Anschluss und Erweiterung Coserius (vgl. Coseriu 1975 bzw. Nabrings 1981:240-249) eine dritte Ebene, diejenige der sprachlichen Norm(en), anzusetzen geneigt ist, hängt wohl in erster Linie von der Definition von *System* (bzw. *Kompetenz*) ab und ist hier nicht von entscheidender Bedeutung. Fest steht, dass Fachsprache nicht als reines parole-Phänomen zu behandeln ist.
Die Frage, die sich an dieser Stelle aufdrängt, ist, wo denn in unserem in 1.1. erstellten Schema der Sprachvariationstypen die Fachsprache(n) anzusiedeln sind. Dort wurden zwei primäre Klassifikationskriterien für Sprachvariation festgehalten:

- Variationsformen, die eine Unterscheidung von Sprechergruppen leisten (vom Kommunikationsakt unabhängige Variationsformen), und
- solche, die die Anpassung des Sprachverhaltens eines Sprechers an die Bedingungen des jeweiligen Kommunikationsakts umfassen.

In Anbetracht der Tatsache, dass *Fachsprache* gemäß meinen Ausführungen in 1.3.7. in unmittelbarer Abhängigkeit vom jeweils in der Kommunikation behandelten Thema und dem Wissen der Kommunikationspartner in Bezug auf dieses Thema steht, sowie primär nur in bestimmten Kommunikationssituationen und Textsorten Verwendung findet, kann es sich nur um eine Form von vom Kommunikationsakt abhängiger Sprachvariation handeln. Cabré spricht in diesem Zusammenhang von "subsistemas funcionales" (19991:297). Außerhalb der entsprechenden Situation hört ein Sprecher auf, fachsprachlich zu sprechen, er wird aber die sprachlichen Spuren seiner Herkunft, seines Geschlechts oder seines Lebensalters nicht verbergen können. Tut er dies dennoch, so handelt es sich um ein anders geartetes Phänomen, das mit gesellschaftlichen Bewertungen zu tun hat und nicht mit dem kommunikativen Funktionieren von Sprache.
Allerdings sagt die Kompetenz zur fachsprachlichen Kommunikation natürlich auch etwas über den Sprecher aus und weist ihn einer bestimmten Kategorie von Menschen zu. Es ist dies ein ähnliches Phänomen wie es - allerdings mit umgekehrten Vorzeichen - z.B. bei den Gruppensprachen zu beobachten ist: Diese wurden, da primär Sprechergruppen unterscheidend, in 1.1. unter den vom Kommunikationsakt unabhängigen Variationstypen angeführt. Zugleich sind sie jedoch an die Kommunikation in der Gruppe (und damit an einen Faktor des Kommunikationsprozesses) gebunden, denn mit einem Partner, der nicht der Gruppe angehört, wird man wohl auch nicht gruppensprachlich verkehren. Es zeigt sich auch hier, dass eine Zuordnung konkreter Variationsformen zu vom Kommunikationsakt unabhängigen oder vom Kommunikationsakt abhängigen Typen auch eine Frage der Perspektive und des jeweiligen Erkenntnisinteresses ist.

1.4. CHARAKTERISIERUNG VON FACHSPRACHE(N)

Fachsprache wurde in 1.3.7. als die Menge jener sprachlichen Elemente bezeichnet, die auf spezifischem Wissen betreffend eines bestimmten Themas bzw. Themenbereichs und dessen sprachlicher Darstellung beruhen. Diese allgemeine Feststellung soll in der Folge konkretisiert werden, das heißt, es soll der Frage nachgegangen werden, wie diese Mittel beschaffen sein können. Wir stehen damit praktisch vor der Frage nach den eigentlichen sprachlichen Charakteristika von Fachsprache(n). Selbstverständlich handelt es sich dabei um das zentrale Anliegen jeder fachsprachlichen Untersuchung, doch zielt dieser Abschnitt nicht auf spezielle Eigenheiten einer bestimmten Fachsprache oder Fachtextsorte, sondern auf allgemeine Wesenszüge von Fachsprache ab.[1]

Bevor man auf diese Frage jedoch näher eingeht, ist eine kurze Überlegung angebracht, ob und auf welcher Ebene sie überhaupt sinnvollerweise gestellt werden kann. Für welche Antwort man sich letzten Endes entscheidet, hängt m.E. davon ab, wie man *Fachsprache* bestimmt, d.h. welche Bereiche man in die Betrachtung einbezieht (Ist oder kann eine Sportberichterstattung ein fachsprachlicher Text sein?) und mit welchem Abstraktionsgrad man sich zufrieden gibt.

So finden sich in der einschlägigen Literatur denn auch einerseits Meinungen, die die Existenz allgemeiner Charakteristika eher skeptisch beurteilen:

> "...wenn man bedenkt, dass der Begriff 'Fachsprache' von den alten Handwerkersprachen bis zu den neuesten Wissenschaftssprachen reicht, wird man kaum erwarten können, dass all diese verschiedenen Fachsprachen gemeinsame sprachliche Charakteristika aufweisen, mit der einen Ausnahme, dass sie alle eine mehr oder minder feste Terminologie besitzen." (Hoberg 1979:13)

Andererseits spricht z.B. Fluck davon, dass "...sich aus einzelnen fachsprachlichen Bereichen wie 'Technik' oder 'Wissenschaft' eine Art technisches oder wissenschaftliches Basisdeutsch herausdestillieren [ließe]..." (Fluck[3]1985:60), und offensichtlich lassen sich in bestimmten Bereichen sogar über-einzelsprachlich gültige Phänomene feststellen,[2] wobei mit zunehmender Allgemeingültigkeit der Aussage diese naturgemäß

---

[1] Kurioserweise kann man feststellen, dass auch in jenen Arbeiten, die *Fachsprache* als Gesamtheit **aller** sprachlichen Mittel in einem Fachgebiet definieren (die also jenem Ansatz folgen, den ich hier verwerfe), immer **nur bestimmte** sprachliche Phänomene als für Fachsprache charakteristisch angeführt werden. Der Vergleich mehrerer Fachsprachen bzw. einer/der Fachsprache mit der Nicht-Fachsprache (Gemeinsprache) muss also ein hohes Maß an Deckung als Resultat ergeben. Gerade dies spricht (wie in 1.3.8. dargelegt) m.E. für eine gemeinsame Basis und nicht für voneinander unterschiedene Subsprachen.

[2] Vgl. z.B. Sachtleber, die von "Universalien der Fach- oder Wissenschaftssprache" (1993a:30) spricht.

immer abstrakter wird. Arntz/Picht nennen unter 6 morphosyntaktischen Merkmalen, "die allen oder einer großen Anzahl von Fachsprachen gemeinsam sind", z.B.: "4. das Substantiv spielt eine wichtige Rolle" oder "6. das Adjektiv tritt verhältnismäßig häufig auf" (Arntz/Picht1989:24f.).
Man fragt sich unwillkürlich, ob mit derartigen Charakterisierungen tatsächlich irgendetwas an Einsicht gewonnen ist.
Der häufig postulierte generelle Charakter mancher Erscheinungen und die auffallende Parallelität in den diversen Beschreibungen mag möglicherweise auch auf einen recht banalen Umstand zurückzuführen sein, der von Spillner - m.E. sehr treffend - folgendermaßen beschrieben wird:

> "Die bislang unternommenen Versuche, Fachsprache von Gemeinsprache statistisch aufgrund von sprachlich-stilistischen Merkmalen abzugrenzen, gehen zudem von einem unzulässig reduzierten Fachsprachenbegriff aus. Sie stützen sich in der Regel auf schriftsprachlich fixierte, monologische, wissenschaftlich beschreibende, an Fachwissenschaftler gerichtete Textsorten, also z.B. auf wissenschaftliche Monographien und Aufsätze." (Spillner 1983a:19)

Diese Situation dürfte sich bis jetzt nicht grundlegend geändert haben. So beklagt z.B. Brünner in einem 1993 erschienen Aufsatz "die Orientierung auf Schriftlichkeit ..., die in der Fachsprachenforschung bis heute dominiert" (1993:733) und bringt beispielhaft eine Reihe von Kennzeichnungen, die "nicht oder nur eingeschränkt für mündliche Kommunikation in Fach und Beruf" (1993:751f.) gelten.[1] Und erst in jüngster Vergangenheit konstatiert Ciapuscio eine "tendencia a la homogeneización" in der Charakterisierung der Fachsprachen (2000:39).
Mir scheint, man sollte mit Aussagen über DIE Fachsprache generell sehr vorsichtig sein, vor allem, wenn man einen so weiten Fachsprachenbegriff vertritt, wie ich es in gewisser Hinsicht tue (also *Fachsprache* nicht nur auf gewisse, in der Literatur vorzugsweise behandelte Kommunikationsbereiche wie Wissenschaft, Rechtswesen, Technik, etc. anwendet).
Die folgenden Ausführungen verstehen sich daher nicht als Charakterisierungen DER oder aller Fachsprache(n), sondern sollen in den beschreibenden Teilen darlegen, was üblicherweise als besonders charakteristisch angesehen wird und in welchen sprachlichen Bereichen man auf Fachsprachliches stoßen kann.
Wenn dabei noch nicht direkt auf das Spanische eingegangen wird, so ist dies auf zwei Gründe zurückzuführen:
Zunächst besteht die Zielsetzung hier darin, einen sehr allgemeinen Überblick zu geben, ohne Spezifika einer bestimmten Sprache oder einer bestimmten Fachsprache zu beleuchten.

---

[1] Als Beispiele bringt sie u.a. die in mündlichen Texten deutlich geringere Frequenz von Termini, Nominalisierungen, Passivgebrauch, die "stärkere Annäherung an die Umgangssprache", etc.

Der zweite Grund hat mit der Forschungslage in Bezug auf das Spanische zu tun:

> "Der derzeitige *Forschungsstand* spiegelt die insgesamt problematische Situation der spanischen Fachsprachen deutlich wider. Von einer koordinierten arbeitsteiligen Strategie auf dem Gebiet der beschreibenden und anwendungsorientierten Fachsprachenforschung kann bislang nicht die Rede sein; ähnlich ist die Lage im Bereich der *Fachsprachenlehre*. Es gibt erst wenige Arbeiten, die die spanischen Fachsprachen bzw. einzelne fachsprachlich relevante Aspekte des Spanischen beschreiben, und auch diese Arbeiten sind in ihrer Struktur und ihrer Zielsetzung keineswegs homogen." (Arntz/Arranz 1999:1515)

In der Beschreibung der spanischen Fachsprachen ist, insbesondere im Vergleich mit Sprachen wie dem Englischen, Deutschen oder Russischen (vgl. Schifko 2001:24) ganz offensichtlich noch einiges zu tun.
In welchen sprachlichen Bereichen sind nun jedoch typische fachsprachliche Elemente zu erwarten? In diesem Zusammenhang ist es zielführend, von Beginn an auch die Frage zu stellen, auf welche Art und Weise sich die Unterschiede zwischen Fach- und Gemeinsprache überhaupt manifestieren können:

> "Es ist davon auszugehen, dass sich eine Fachsprache durch spezifische Merkmale auf prinzipiell allen Sprachebenen von der Gemeinsprache unterscheiden kann. Es können also ggf. morphologische, syntaktische, phraseologische, textlinguistische, phonetisch-prosodische, typographische etc. Divergenzen analysiert werden. Unterschiede lassen sich dabei vor allem im Hinblick auf folgende Kategorien ermitteln:
> - Existenz sprachlicher Elemente
> Es gibt in der Fachsprache Lexeme, Strukturen, die in der Gemeinsprache nicht vorkommen bzw. umgekehrt: Es gibt in der Gemeinsprache Lexeme, Strukturen, die in der Fachsprache nicht vorkommen.
> - Frequenz sprachlicher Elemente
> Sprachliche Elemente kommen sowohl in der Fachsprache als auch Gemeinsprache vor, jedoch in deutlich unterschiedlicher Häufigkeit.
> - Distribution sprachlicher Elemente
> Sprachliche Elemente kommen sowohl in Fachsprache als auch Gemeinsprache vor, jedoch in unterschiedlicher syntaktischer Position, in unterschiedlichen Teiltexten, in unterschiedlichen Textsorten etc.
> - Funktion sprachlicher Elemente
> Sprachliche Elemente kommen sowohl in Fachsprache als auch Gemeinsprache vor, jedoch meist in unterschiedlicher syntaktischer, stilistischer, textueller oder argumentativer Funktion.
> Sowohl quantitative als auch qualitative Aussagen zu Fachsprachen sind also prinzipiell nur nach einem methodischen Vergleich mit den entsprechenden Kategorien und Strukturen der Gemeinsprache legitim." (Spillner 1986:83)

Die erste Einschränkung, die in Bezug auf diese Aussagen notwendig ist, besteht darin, dass hier ganz offensichtlich von einer Dichotomie *Fachsprache* vs. *Gemeinsprache* ausgegangen wird, die m.E. in dieser Form nicht existiert. Ich habe bereits darauf hingewiesen (siehe 1.3.8.), dass ich davon ausgehe, dass Fachsprache die

Existenz einer *gemeinsprachlichen* Basis voraussetzt und im konkreten Kommunikationsakt Gemeinsprachliches und Fachsprachliches eine untrennbare Einheit bilden. Gegenüberstellen muss man daher Gemeinsprache einerseits und die Kombination Gemeinsprache-Fachsprache andererseits, was die erzielbaren Antworten naturgemäß relativiert. Trotzdem scheint es mir der Mühe wert zu sein, die von Spillner aufgezählten Kategorien Existenz, Frequenz, Distribution und Funktion dahingehend zu überprüfen, ob sie auch für unseren Ansatz der Bestimmung von *Fachsprache* als Elemente, die auf spezifisches Wissen bezüglich eines Themenbereiches schließen lassen, brauchbar sind.

Am offensichtlichsten ist dies naturgemäß hinsichtlich des Kriteriums der Existenz einer sprachlichen Form der Fall. Ein Element, für dessen kommunikativen Gebrauch spezifisches Wissen unabdingbar ist, das also für den Nicht-Initiierten vielleicht nur als leere Form existiert oder überhaupt unbekannt ist, muss per definitionem als fachsprachliches interpretiert werden. Fachtermini, die das Verständnis eines Textes erschweren oder verunmöglichen, sind dafür wohl das beste Beispiel.

Hinsichtlich der Kategorie der Frequenz, die oft als besonders wesentlich für die Charakterisierung von Fachsprache(n) gesehen wird,[1] muss man sich jedoch bereits die Frage stellen, ob die Gebrauchshäufigkeit eines Elements tatsächlich auf das von mir als entscheidend erachtete Kriterium des spezifischen Wissens schließen lässt.

Nun ist es zweifellos so, dass eine Analyse konkreter Fachtexte nicht nur fachsprachliche Elemente im hier verwendeten Sinne (also spezifisches Wissen voraussetzende Elemente) ergeben wird, sondern dass darüber hinaus auch durchaus gemeinsprachliche Formen und Aspekte in signifikant höherer Frequenz festgestellt werden können als dies in Vergleichstexten der Fall sein wird. Neben anderen Gründen für dieses verstärkte Auftreten (Traditionen des Kommunikationsbereichs, der Textsorte, Situation, etc.) kann dies durchaus auch auf das behandelte Thema zurückzuführen sein, wodurch ein besonderes Naheverhältnis zu den genuin fachsprachlichen Elementen vorzuliegen scheint. So ist ziemlich klar, dass z.B. in der Behandlung historischer Themen der Gebrauch der Vergangenheitszeiten naheliegend ist. Ähnliches lässt sich von der Verwendung von Zahlen- und Mengenangaben in diversen technischen oder wirtschaftlichen Zusammenhängen voraussagen. Es schiene mir nun einigermaßen einer Verwässerung des bis hierher erarbeiteten Fachsprachenbegriffs gleichzukommen, würde man, rein aufgrund der thematisch geradezu erzwungenen hohen Frequenz bestimmter gemeinsprachlicher Mittel, diese deswegen als *fachsprachlich* ansehen wollen. Vergangenheitszeiten und Zahlenangaben sind m.E. nicht fachsprachlich. Sie können zwar für bestimmte Themenbereiche hochgradig typisch sein (und haben deswegen ihren Platz in der

---

[1] Vgl. Hoffmann: "Die Spezifik der Fachsprachen ist vor allem quantitativer Natur ..." (^{2}1985:77).

Beschreibung der entsprechenden Textsorten), trotzdem sind sie auf einer anderen Ebene als der streng fachsprachlichen angesiedelt. Frequenzunterschiede sind kein exklusives Charakteristikum von Fachsprachen, sondern können, wie Beier richtig festhält, im Prinzip für jede Art von Sprachverwendung geltend gemacht werden:

> "Zahlreiche Einzeluntersuchungen belegen eine spezifische Auswahl, Frequenz und Verwendung syntaktischer Mittel aus dem sprachlichen Gesamtinventar, ein Befund, der auf den qualitativen Unterschied zu (fachspezifischen) terminologischen Mitteln abhebt, in dieser Formulierung aber nicht exklusiv für Fachsprache, sondern für jede Verwendungsweise von Sprache (letztlich für jede Textsorte) zu reklamieren ist." (Beier 1999:1407)

Ähnlich scheint es sich mit den Kategorien Distribution und Funktion zu verhalten. Es scheinen sich zunächst ebenfalls sehr rasch Beispiele zu finden, die als fachtextspezifische Erscheinungen gelten können. So ist im Spanischen die Nachstellung des Possessivpronomens in Konstruktionen wie *esta sentencia nuestra* (anstatt der normgemäßen Vorstellung des Possessivums) typisch für juristische Texte (vgl. Calvo Ramos 1980:180) oder erfüllt in ebendiesen Texten das Gerundio eine andere, ebenfalls nicht der gemeinsprachlichen Norm gemäße Funktion, wie in *decreto disponiendo...* (vgl. Calvo Ramos 1980:135). Allerdings handelt es sich bei diesen Beispielen nicht um Erscheinungen, die für eine Fachsprache im oben definierten Sinne typisch sind, sondern um Phänomene, die in bestimmten funktional bestimmten Sprachbereichen, hier in der Sprache der Verwaltung bzw. des Rechtswesens, festgestellt werden können. Auch hinsichtlich dieser beiden Kategorien soll also deren Relevanz für das Fachsprachliche in unserem Sinn zunächst mit einem Fragezeichen versehen werden. Die von mir getroffene Unterscheidung von thematisch bestimmten Fachsprachen und funktional bestimmten Diskurstypen erlangt, so scheint mir, bei der konkreten Beschreibung von Fachsprache(n) eine besondere Wichtigkeit. In der bisherigen Forschung ist meines Wissens diese Differenzierung nicht - oder zumindest nicht explizit - getroffen worden. Die in der Literatur anzutreffenden Charakterisierungen von Fachsprache(n) beziehen sich somit zumeist unterschiedslos auf beide Bereiche sprachlicher Variation. Es wird daher in der Folge auch darum gehen, in der Diskussion der vorliegenden Grobcharakterisierungen von *Fachsprache* zu versuchen, thematisch und funktional Bedingtes auseinanderzuhalten, und zu zeigen, welche Phänomene für Fachsprache(n) in unserem Sinne und welche für funktional bzw. durch den Handlungsbereich bestimmte Diskurstypen typisch sind.
Ausgehen möchte ich dabei von allgemein pragmatischen Beschreibungen, um anschließend die verschiedenen sprachlichen Ebenen zu behandeln. Es versteht sich von selbst, dass in diesem Rahmen keine ausführliche und ins Detail gehende Beschreibung einzelner sprachlicher Phänomene geleistet werden kann, es geht vielmehr darum, einen allgemeinen Überblick über immer wieder erwähnte Charakteristika zu geben und diese zu diskutieren.

1.4.1. Charakteristika auf pragmatischer Ebene

Im Laufe der bisherigen Diskussion sind einige grundlegende pragmatische Aspekte der fachlichen und fachsprachlichen Kommunikation bereits zur Sprache gekommen. So wurde die Bedeutung des Fachwissens und somit die Rolle des Fachmanns als Kommunikationspartner (zumindest in seiner Eigenschaft als Sender im Kommunikationsprozess) eingehend thematisiert. Ebenso müsste deutlich geworden sein, dass *Fachsprache* üblicherweise im Zusammenhang mit ganz bestimmten Realitätsbereichen gesehen wird: Beruf, Ausbildung, Wissenschaft stellen einige der typischen Ausschnitte des menschlichen Lebens dar, in denen nach gängiger Meinung fachsprachlich kommuniziert wird. Dementsprechend bestünde die grundlegende Funktion von *Fachsprache* darin, die Kommunikation in diesen wichtigen und "ernsten" Bereichen zu ermöglichen, wobei oftmals die Meinung vertreten wird, dass es in ihr mehr oder minder ausschließlich um die Behandlung von Sachproblemen gehe:

> "Fachsprachen sind sachorientiert: Sie sind gekennzeichnet, ja definiert, durch ihre Funktion, fachlichen (technischen, wissenschaftlichen, beruflichen) Sachverhalten neutralen Ausdruck zu verleihen, 'situationsentlastet', dem Gegenstande angemessen, dem Thema, Problem, dem Arbeitsprozess, dem Produkt und Objekt, nicht so sehr der Person, dem Subjekt, dem Individuum und seiner Gruppe." (Hess-Lüttich 1986:134)

Zentralfunktion von Fachsprache wäre "informar e intercambiar información objetiva sobre un tema especializado"(Cabré 1993:155), die Texte, in denen sie sich manifestiert, "esencialmente referenciales y básicamente denotativos", "presentan una distribución sistemática de la información", und verfolgten "unos pocos propósitos comunicativos: describir, argumentar, clasificar y evaluar" (Cabré 1999j:212). Dementsprechend wären die grundlegenden stilistischen Charakteristika von *Fachsprache*: Präzision, Unmissverständlichkeit, Kürze und Sprachökonomie, Sachlichkeit, Objektivität und Neutralität, Logik, Abstraktheit, Lakonik, Informationsfülle und -dichte, fehlende Expressivität und Emotionalität, etc. (vgl. Ihle-Schmidt 1983:22-24 bzw. Hoffmann [2]1985:42). Zu diesem Bild passt die ebenfalls immer wieder anzutreffende Meinung, dass *Fachsprachlichkeit* sich hauptsächlich in schriftlichen Texten manifestiere: "...els llenguatges d'especialitat ... prioritzen l'escrit per damunt de l'oral..." (Faura i Pujol 1994.75). Überraschend erscheint mir bei der Lektüre derartiger Charakterisierungen, dass sprachwissenschaftlich (!) tätige Menschen derartige Pauschalurteile nicht nur von sich geben, sondern in der Folge offensichtlich unreflektiert übernehmen und wiederholen, sodass schließlich der Eindruck entsteht, dass "...die Sprachwissenschaftler sich einig [sind], dass Präzision, Eindeutigkeit, Sprachökonomie und Streben nach Objektivität auffallende fachsprachliche Textqualitäten bilden" (Uleer 2000:19). Ich maße mir nicht an, Urteile über sprachliche bzw. allgemein kommunikative Gepflogenheiten in von mir nicht untersuchten und nur als Laien zugänglichen Fächern abzugeben. Gehe ich jedoch davon aus, dass beispielsweise die Linguistik ebenfalls

über eine eigene Fachsprache verfügt, so sagt mir meine Erfahrung, dass die oben genannten Charakteristika wohl bestenfalls Idealvorstellungen sein können, die offensichtlich nicht so ohne weiteres auch in den konkreten fach(sprach)lichen Texten umsetzbar sind.[1] Wie viele Aufsätze, Bücher, Vorträge, etc. werden von uns nicht tagtäglich rezipiert, die alles andere als präzis, klar, logisch, informativ, usw. sind? Ich beziehe mich dabei auch beileibe nicht ausschließlich auf Texteigenschaften, sondern durchaus auch auf einzelne, ganz konkrete sprachliche Erscheinungen, wie z.B. Fachtermini, die zu unser aller Leidwesen eben nicht wohldefiniert oder gar normiert, präzis und unmissverständlich sind (man denke an Termini wie *Bedeutung*, *Konnotation*, *Referenz* oder auch - *Fachsprache*). Selbst in naturwissenschaftlich-technischen Bereichen, die zuweilen als diejenigen genannt werden, in denen diese Charakterisierungen in ganz besonderem Maße zutreffen sollen (vgl. z.B. Cabré 1993:155), scheint die Wirklichkeit nicht ganz so ideal zu sein: "Dies wird deutlich an einem Begriff wie Atom, der nur dem präzise scheint, der keine genaue Vorstellung hat von der damit verbundenen Problematik" (Bausinger 1972:73).
Verschiedentlich wird denn an derartigen Charakterisierungen auch harsche Kritik geübt:

> "Zunächst einmal ist festzuhalten, dass es sich um generalisierende Abstraktionen handelt, die für eine linguistische Analyse konkreter Textelemente wenig hergeben. Weiterhin ist zu bedenken, dass solche Aussagen in aller Regel deduktive Ableitungen aus einer apriorischen Konzeption von 'Fachsprache' sind, nicht jedoch induktiv gewonnene Erkenntnisse aus einer empirischen Analyse eines umfangreichen Corpus von Fachtexten." (Spillner 1989:3)

Nach einer detaillierteren Kritik an solchen Ausführungen (ähnliche Einwände äußern z.B. auch Hoffmann 1986a:464f. oder Beier 1999:1408) kommt Spillner zum Schluss:

> "Allgemeinaussagen zur Fachsprachlichkeit können also in der zitierten undifferenzierten Form nicht aufrecht erhalten werden. Es ist vielmehr mit nicht erheblichen Unterschieden zwischen einzelnen Fachsprachen, mit Varietäten innerhalb von Fachsprachen und Fachtextsprachsorten, mit konkurrierenden sprachlichen Realisierungsmöglichkeiten im fachlichen Diskurs zu rechnen." (Spillner 1989:4)

Abgesehen davon, dass sich Charakterisierungen in der erwähnten verabsolutierenden Form nicht halten lassen und zu jeder einzelnen leicht ganz konkrete Gegenbeispiele gefunden werden können, müssen von dem in dieser Arbeit gebrauchten Ansatz der Fachsprachlichkeit her zwei weitere Einwände formuliert werden:
Zum einen entspringen diese Beschreibungen offensichtlich einem eigentlich sehr eingeschränkten Fachsprachenbegriff, der primär auf wissenschaftliche und vielleicht

---

[1] Fairerweise soll angefügt werden, dass z.B. Ihle-Schmidt in ihrer Beschreibung immer von "Streben nach ..." spricht (1983:22-24). Als anzustrebende Ziele haben die genannten Eigenschaften natürlich ihre Berechtigung.

noch gewisse berufliche Kommunikationshandlungen abzielt. Würde man - so wie ich es tue - anerkennen, dass beispielsweise auch ein Verkaufsgespräch fachsprachliche Elemente beinhalten kann, ja einen Fachtext darstellen kann, so wäre offensichtlich, dass Charakterisierungen obiger Art in dieser Form nicht aufrechtzuerhalten sind, denn dort geht es wohl absolut nicht darum, möglichst abstrakt, objektiv oder lakonisch zu agieren:

> "Auch pauschale Charakterisierungen (z.B. als 'exakt, eindeutig, ökonomisch, systematisch, emotional/expressiv neutral', ...) greifen zu kurz und sind selbst dann, wenn man sie nur als Forderungen an Fachwörter begreift, in bestimmten fachlichen Situationen weder sinnvoll noch durchsetzbar." (Beier 1999:1406)

Mein zweiter Einwand ist noch grundsätzlicherer Natur: Charakterisiert werden hier oft nicht themenbestimmte Fachsprachen, sondern funktionsbestimmte Diskurstypen. Logik, Abstraktheit, fehlende Emotionalität sind Eigenschaften, die in speziellen Handlungsbereichen spezielle Bedeutung haben und deswegen gefordert werden, sie haben jedoch recht wenig mit Fachsprache in meinem Sinne zu tun. Ein Finanzmakler, der in einem riskanten Termingeschäft eine enorme Menge Geld umsetzt, wird vermutlich wenig distanziert und abstrakt, sondern im Gegenteil sehr emotional und konkret auch (fach)sprachlich agieren.

1.4.2. Charakteristika auf textueller Ebene

Die Hinwendung der Linguistik im Allgemeinen zur sprachlich-kommunikativen Größe *Text* wurde auch in der Fachsprachenforschung nachvollzogen:

> "Vor allem seit Ende der sechziger Jahre zeichnet sich bei der Erforschung der Fachsprachen im nationalen wie im internationalen Rahmen eine Entwicklungsrichtung ab, welche sich nicht länger auf die Betrachtung lexikalischer Merkmale beschränkt. In der nachfolgenden Zeit wurde immer deutlicher, dass ein Verständnis für den Gesamtzusammenhang zwischen fachsprachlichen Einzelphänomenen nur dann erzielt werden kann, wenn die Ebene des *Textes* in die fachsprachlichen Untersuchungen einbezogen wird. Fachsprache existiert somit nicht als selbständige Erscheinungsform der Sprache, sondern wird in Fachtexten aktualisiert.
> Dabei wollen wir den Fachtext als Ergebnis der in Verbindung mit einer bestimmten produktiven Tätigkeit ausgeübten sprachlich-kommunikativen Tätigkeit verstehen." (Baumann 1992a:2)

Nun lässt die obige Bestimmung von Fachtext (auf den auch schon in 1.3.7. eingegangen wurde) bereits die Schwierigkeiten erahnen, die sich im Lichte meiner bisherigen Argumentation in Bezug auf Fachsprache ergeben. Zunächst erscheint mir das Kriterium der "Verbindung mit einer bestimmten produktiven Tätigkeit" als Abgrenzung von *Fachtext* und *Nicht-Fachtext* äußerst vage und schwer zu operationalisieren. "In Verbindung mit" kann schließlich vielerlei bedeuten. Auch andere, oft zitierte Definitionen von *Fachtext* bringen kaum präzisere Aussagen:

> "Der *Fachtext* ist Instrument bzw. Resultat der im Zusammenhang mit einer spezialisierten gesellschaftlich-produktiven Tätigkeit ausgeübten sprachlich-kommunikativen Tätigkeit. Er bildet eine strukturell-funktionale Einheit (Ganzheit) und besteht aus einer endlichen geordneten Menge pragmatisch, semantisch und syntaktisch kohärenter Sätze (Texteme) oder satzwertiger Einheiten, die als komplexe sprachliche Zeichen komplexen Aussagen im Bewusstsein des Menschen und komplexen Sachverhalten in der objektiven Realität entsprechen." (Hoffmann 1987:93)

Kürzt man an dieser Definitionen alles weg, was für jeden beliebigen Text gilt, so bleibt wiederum nur die Schlussfolgerung, dass das Spezifische am Fachtext darin besteht, dass er irgendwie mit einer "gesellschaftlich-produktiven Tätigkeit" in Zusammenhang steht. Man beginnt sich zu fragen, was denn eigentlich kein Fachtext ist, wenn man von rein persönlichen Mitteilungen, die außer den unmittelbar sozialen keine anderen Zwecke erfüllen, absieht. Selbst Texte, die z.B. der Kontaktaufnahme oder der Unterhaltung dienen, können schließlich durchaus im Kontext einer Produktionstätigkeit geschaffen und rezipiert werden.
Durch diese Schwierigkeiten zu bestimmen, worin das Wesentliche des Fachtexts liegt, ist vermutlich auch der Eindruck verursacht, der einen bei der Lektüre fachtextlinguistischer Arbeiten bisweilen befällt: Der Zusatz *Fach* bringt eigentlich kaum ein mehr an Erkenntnis und könnte genauso gut weggelassen werden. So fragt man sich, wenn z.B. als "wesentliche Faktoren von Fachtexten" deren "Situationsbezogenheit" und deren "Funktionalität" (vgl. Liang 1988:92) genannt werden, für welche Art von Texten diese Kategorien denn nicht wesentlich sind.
Nun habe ich in 1.3.7. abgesehen vom Vorkommen fachsprachlicher Elemente zwei weitere Aspekte für die Bestimmung von *Fachtext* als wesentlich bezeichnet: die Behandlung einer fachlichen Thematik und das Eingebundensein in einen fachlichen Kommunikationsbereich (Fachdiskurs). Beide implizieren (siehe 1.2. und 1.3.6) die Notwendigkeit spezifischen Wissens. Hoffmann formuliert in Bezug auf Fachtexte: "Fachtextsorten sind eine spezielle Klasse von Textsorten, für deren Produktion und Rezeption zusätzlich zum Alltagswissen noch Fachwissen nötig ist" (Hoffmann 1998c:476).
Das angesprochene Wissen ist allerdings unterschiedlicher Art, insofern sich - wie ebenfalls bereits mehrfach angesprochen - die Fachlichkeit der Thematik primär im Vokabular, die Fachlichkeit der Textsorten eines Kommunikationsbereichs hingegen in Textsortenmustern und damit im Zusammenhang in syntaktischen Charakteristika niederschlägt. Die grundlegende Frage, "ob die Wahl der sprachlichen Mittel in erster Linie durch das kommunikative Anliegen (...) oder durch den Inhalt (...) der Mitteilung bestimmt wird" (Hoffmann 1984c:359), ist somit relativ leicht zu beantworten: notwendigerweise durch beide, allerdings in unterschiedlichen sprachlichen Bereichen.

Die Unterscheidung von Thematischem und Diskurshaftem ist auch in diesem Zusammenhang hilfreich:

> "Eine minimale Differenzierung, die aber bereits weiterhilft, trennt Textduktus und Texttradition auf der einen von Textgegenstand auf der anderen Seite. Eingestellt sind wir zwar auf konventionelle Passformen zwischen Duktus und Gegenstand (wie jeder Parodist weiß), aber im Prinzip variieren sie unabhängig voneinander. So kann man mit unspezifischen Fachwörtern (Struktur, Funktion, System und Verwandtes) und gewichtigen Nominalkonstruktionen Wissenschaftlichkeit simulieren, auch wenn man von den Ferien erzählt, und mancher Roman (Fachtext oder nicht?) wimmelt von expliziten und impliziten Bezugnahmen auf fachliche Gegenstände. Es ist also jenseits der schlichten subsumtiven Intuition nicht leicht, *Fachlichkeit* von Texten begrifflich zu definieren." (Knobloch 1998:446)

Ich meine, dass durch die von mir vorgeschlagene Einbeziehung von Thema und Kommunikationsbereich - beides in fachlicher Ausprägung - die von Knobloch angesprochene Schwierigkeit in den Griff zu bekommen ist. Die beiden von ihm gebrachten Beispiele wären demzufolge keine Fachtexte, da in ihnen entweder keine fachliche Thematik angesprochen wird (Ferien) oder sie außerhalb eines fachlichen Handlungskontextes zu situieren sind (Romanlektüre). Der prototypische Fachtext erfordert einen funktional bestimmten fachlichen Kontext und die Behandlung eines fachlichen Themas.

Wenn man die hier getroffene Festlegung akzeptiert, könnte man sich der zweiten - und im Rahmen dieses Kapitels eigentlich zentralen - Frage der Fachsprachenlinguistik nach den Charakteristika des Fachtexts zuwenden und untersuchen, inwieweit diese für unsere Bestimmung von Fachsprache als wissensabhängige und themenbedingte Sprachvarietät fruchtbar sind.

Allerdings - und dies müsste in meinen bisherigen Ausführungen bereits deutlich geworden sein - ist die Perspektive der textlinguistisch orientierten Fachsprachenforschung logischerweise diejenige unserer Fachdiskurses, nimmt also Textsorten- und Diskurshaftes ins Visier. Man untersucht den "wissenschaftlichen Zeitschriftenartikel", das "Abstract", das "Sachbuch" oder den "Ratgebertext" (Beispiele aus Gläser 1990) und analysiert die "Patentschrift", den "Konferenzbericht" oder die "Bedienungsanleitung" (Beispiele aus Göpferich 1995). Im Mittelpunkt des Interesses stehen Aspekte wie die "Makrostruktur der Texte", die "Art und Verwendungshäufigkeit unterschiedlicher Sprechakte und ihre sprachliche Realisierung", die "Art der Einbeziehung des Rezipienten ... und die Mitteilungsperspektive des Autors", etc. (Beispiele aus Göpferich 1995). Dabei werden natürlich auch Unterschiede zwischen einzelnen Fachsprachen herausgearbeitet, der Ausgangspunkt und die Perspektive ist jedoch nicht eine konkrete Fachsprache in meinem Sinne, sondern eine diskurstypische Textsorte. Der eigentlich fachsprachliche Ansatz wäre m.E. hingegen derjenige, der das Charakteristische einer Fachsprache in verschiedenen Textsorten untersucht, der also nicht auf das "Lehrbuchhafte" in Lehrbuchtexten verschiedener

Fachsprachen abzielt, sondern z.B. auf das Wirtschaftliche in verschiedenen Textsorten (darunter der Lehrbuchtext). Die Herausarbeitung "eine[r] starke[n] Tendenz zur Standardisierung der Oberflächengliederung", die "dem wissenschaftlichen Usus entspringt" (Hoffmann 1988:164), die Feststellung einer "hohe[n] und meist explizit gekennzeichnete[n] Kohärenz" (Ide 2000:46) ergibt - um ganz konkrete Beispiele zu geben - eher Diskurse und Textsorten denn Fachsprachen charakterisierende Ergebnisse. Für die Beschreibung einer Fachsprache wäre wohl von größerer Bedeutung, ob einzelne Fachsprachen ganz bestimmte Mittel haben, ihre Texte zu strukturieren (also z.B. das für die Sprache der Medizin Typische im Krankenbericht im Gegensatz zum für die Sprache der Chemie Typischen im Laborbericht zu ergründen), womit man sich dann auf einer Ebene findet, auf der die beiden Ansätze dermaßen ineinander verwoben sind, dass für eine adäquate Text-Beschreibung die Analyse ihres Zusammenspiels unerlässlich ist, um eben auch das Spezifische einer Fachsprache zu ergründen. In der Praxis und im konkreten Text wird Fachsprachliches und Diskurshaftes daher oft schwer voneinander zu trennen sein. Vom theoretischen Standpunkt aus müssen jedoch die beiden Perspektiven unterschieden werden, um nicht Textsorten- oder Diskursspezifisches mit eigentlich Fachsprachlichem (eine Fachsprache Betreffendem) zu vermengen.
Bedenkt man nun, dass in der Fachtextlinguistik vielfach eben nicht das Fachsprachen-Spezifische in meinem Sinne gesucht wird, und die Tatsache, "... dass sich in der fachusuellen Verwendung der Gesellschafts-, Natur- und Technikwissenschaften mehrere hundert Fachtextsorten herausgebildet haben..." (Blei 1988:81), so wird klar, dass in diesem Bereich noch einiges an Forschungsarbeit zu leisten sein wird. Es wird darüber hinaus gerade auf Grund der großen Zahl an Textsorten und ihrer starken Heterogenität vermutlich kaum je möglich sein, DEN Fachtext aufgrund seiner textuellen Gestaltung zu charakterisieren:

> "Wer sich vornimmt, auf der Grundlage konkreter Materialuntersuchungen etwas Allgemeingültiges über die Fachtexte zu sagen, der erkennt schon bei der Auswahl seiner Textstichproben, dass es so etwas wie DEN Fachtext nicht gibt. Er hat es mit einer Vielzahl von Varietäten zu tun, die wohl gewisse Gemeinsamkeiten, gleichzeitig aber auch signifikante Unterschiede aufweisen." (Hoffmann 1984a:357; Hervorhebung von mir)

Das Gemeinsame wird sich dabei vermutlich immer auf eine Textsorte, allenfalls einen bestimmten Diskursbereich (z.B. Textstrukturen im Abstract, Kommunikationsverfahren in der Wissenschaftssprache, etc.) beziehen, die Unterschiede durch die verschiedenen Textsorten und Diskursbereiche einerseits, aber eben auch durch die verschiedenen Fachsprachen andererseits hervorgerufen werden. Dabei handelt es sich aber um ganz konkrete Ausformungen einzelner über-einzelfachsprachlicher Textsorten (also z.B. Kochrezepte oder Gebrauchsanweisungen bei Elektrogeräten, der Textsorte Handlungsanleitung), die dann auf so niedriger Abstraktionsebene anzusiedeln sind, dass die Angabe allgemeinerer Charakteristika zwangsläufig immer eher Diskurshaftes beinhalten muss. Die durch den Themenbereich bedingten textuellen Elemente (also z.B. spezielle Textbaupläne, die in den Zeitschriften eines Faches vorgegeben werden) sind ganz konkrete Erscheinungen, die sich kaum als Charakteristika der jeweiligen Fachtextsorte an sich generalisieren lassen. Gleiches gilt für jene Textsorten, die nur in einem thematisch bestimmten Bereich existieren (Unternehmensbilanzen, etc.). Für die Charakterisierung von Fachtexten erscheint mir aus diesen Gründen die Perspektive unseres Fachdiskurses als wesentlich ergiebiger als der - von mir verfolgte - Ansatz der themenbezogenen Fachsprache.

1.4.3. Charakteristika auf morpho-syntaktischer Ebene

Morphologische und syntaktische Charakteristika sollen hier zusammengefasst werden, weil bei der überwiegenden Mehrzahl der hier zu nennenden Spezifika eine Trennung nicht besonders sinnvoll erscheint.
Was die rein morphologischen Erscheinungen betrifft, so wird in der Literatur - abgesehen von Wortbildungsaspekten - zumeist nur die Existenz von neuen bzw. in der Gemeinsprache nicht gebräuchlichen Pluralformen, wie z.B. die Pluralbildungen bei unzählbaren Lexemen (*Böden*, etc. im Sinne von 'Arten von Böden', etc. - vgl. Hüllen 1981:59) oder eventuell von speziellen Pluralformen bei Fachtermini erwähnt, die - da nicht erbwörtlich übernommen - von den gemeinsprachlich geltenden Regeln abweichen können (vgl. spanisch *el déficit - los déficit*, etc.). Selbst in diesen beiden Fällen muss aber der morphologische Aspekt in engem Zusammenhang mit dem lexikalischen gesehen werden.
Was nun den morphosyntaktischen bzw. rein syntaktischen Bereich betrifft, ist zunächst zu klären, ob es typisch fachsprachliche Strukturen gibt, die qualitativ anders sind als die gemeinsprachlichen, oder ob sich die Fachsprachen vielmehr bloß bestimmter Muster mit besonderer Vorliebe bedienen, es sich also um rein quantitative Unterschiede handelt. Üblicherweise herrscht die Meinung vor, dass Fachsprachen über keine (allenfalls wenige - vgl. z.B. Beneš 1968:130) eigenen Strukturen verfügen, sondern aus dem Formenschatz der jeweiligen Sprache die jeweils adäquatesten auswählen:

> "Im Gegensatz zur Entwicklung auf der lexikalischen Ebene hat die fachsprachliche Syntax keine vom bekannten Inventar an Satzbaumustern abweichenden Strukturen ausgebaut. Fachsprachliche und nicht-fachsprachliche Formulierung bedient sich also im Prinzip identischer syntaktischer Mittel. Nur die Frequenz und die Verwendungsweise dieser Mittel sind je nach dem Bereich verschieden und die Auswahl ist weitgehend von den jeweiligen Inhalten und Funktionen der Fachsprachen abhängig." (De Cort 1983:51)

Aufgrund der Tatsache, dass in diesem Bereich aus den vielfältigen Möglichkeiten der jeweiligen Sprache ausgewählt wird, wird dann vielfach der Schluss gezogen,

dass Fachsprachen eben über einen eingeschränkteren Schatz an syntaktischen Strukturen verfügen: "Morphosyntaktisch kennzeichnet die Fachsprachen eine ungewöhnliche Reduktion der systematischen Ausdrucksmöglichkeiten auf relativ wenige, ziemlich stereotype Sprachmuster..." (Müller 1975:150).
Die zweite Frage, die in diesem Zusammenhang zu klären ist, betrifft die Berechtigung, mit der man von DEN fachsprachlichen morphosyntaktischen Spezifika sprechen kann. Verwenden denn all die verschiedenen Fachsprachen tatsächlich gleiche oder einander ähnliche Strukturen?

> "...; man spricht dann von der Sprache der Politik, der Sprache des Rechts und der Verwaltung, der Sprache der Medien, der Sprache der Wissenschaft. Ihre syntaktischen Strategien aber, die meist weniger im Blickfeld stehen als ihre speziellen lexikalischen Bestände, sind von einer frappierenden Einheitlichkeit, so dass man geneigt ist, bei all den verschiedenen 'Sprachen' von einer einzigen 'Sprache', d.h. einem gemeinsamen Sprachverwendungssystem zu sprechen." (Schepping 1979:37)

Beier spricht in seinem Aufsatz "Zur Syntax in Fachtexten" sogar davon, dass

> "...Untersuchungen der syntaktischen Charakteristika deutscher, englischer und russischer Fachtexte eine Reihe bemerkenswert paralleler Tendenzen zutage gefördert [haben], die die Annahme geradezu international wirkender Stilprinzipien nahelegen." (Beier 1979:277)

Zuvor schränkt er allerdings ein, dass sich seine Ausführungen nur auf "verschiedene wissenschaftliche und technische Disziplinen auf der Ebene der Wissenschaftssprache" (Beier 1979:277) beziehen, was ihn in der Folge aber nicht hindert, von fachsprachlicher Kommunikation ohne Einschränkung zu sprechen.[1] Welches sind nun aber die fachsprachlichen Charakteristika auf morphosyntaktischer Ebene?

- In Bezug auf die Wortarten wird immer wieder auf die Rolle des Substantivs bzw. Nominalsyntagmas hingewiesen, dem eine "Funktionsreduktion des Verbs" (Pöckl 1990:269) gegenübersteht. "Die Nomina [sind] die Hauptinformationsträger im Satz." (Buhlmann 1985:99), Verben und Adjektiva häufig nominalisiert. Die Substantiva treten "überwiegend im Singular sowie im Nominativ und Genitiv" (Hoffmann 1984a:358) auf, die Nominalsyntagmen werden "durch Attribute und Appositionen mannigfaltig erweitert" (Beneš 1981:200).
- Das Verb ist in fachsprachlichen Texten üblicherweise im Indikativ, Präsens und in der 3. Person Singular bzw. Plural anzutreffen (die 1. Person Plural wird jedoch

---

[1] Die Tatsache, dass die Werke der von mir zitierten Autoren nun schon über zwanzig Jahre alt sind, soll nicht zum Schluss verleiten, dass die Stellungnahmen mittlerweile zumindest in Überblicksdarstellungen womöglich gänzlich anders aussehen. So spricht z.B. Schmitt von der "reducción a unos pocos esquemas de expresión y estructuras estereotipadas, que hacen parecer monótonos y austeros a la mayoría de los textos técnicos..." (1992b:316) oder Cabré vom "carácter restrictivo" (1999i:190) der Strukturen des Fachtexts.

als "fórmula de cortesía" (Cabré 1993:155) verwendet). Neben Partizipialkonstruktionen, sind Passivkonstruktionen und andere unpersönliche Ausdrucksformen (Infinitivkonstruktionen, etc.) von besonderer Bedeutung, die zur Entpersönlichung und Deagentivierung der Fachsprache(n) beitragen (vgl. Ide 2000:44).

- Die Rolle des Adjektivs (und auch der Präpositionen) ergibt sich aus der "starken Attribuierungstendenz" (Buhlmann 1985:100) und aus seinem häufigen Auftreten als "Bestandteil des nominalen Prädikats" (Buhlmann 1985:101).
- Bei den Satzarten überwiegt der Hauptsatz (zumeist als Aussagesatz), als Nebensätze erscheinen in erster Linie Relativ-, Konditional-, und Kausalsätze.
- Die Satzlänge ist zumeist kürzer als in der Gemeinsprache, komplexe Satzgefüge eher selten, "der Satzbau [ist] einfach und schmucklos" (Uleer 2000:21), "in den Satz werden [jedoch] zahlreiche und vielgestaltige Einschübe (Parenthesen) eingeflochten" (Beneš 1981:201).
- "Hingegen gibt es zahlreiche gemeinsprachliche Strukturen, die in fachsprachlichen (schriftlichen) Äußerungen kaum realisiert sind" (Pöckl 1999:1498). Beispiele wären Fragesätze (nur "in Gestalt rhetorischer Fragen oder in populärwissenschaftlich formulierten Aufsatztiteln" (ebenda) oder Aufforderungen, die "immer öfter im neutral wirkenden Infinitiv" (ebenda) stehen.

Zu dieser - hier natürlich bewusst verkürzt dargestellten - Liste sind einige kritische Bemerkungen angebracht:
Zunächst muss an dieser Stelle noch einmal darauf hingewiesen werden, dass in der Literatur der für mich wichtige Unterschied zwischen Fachsprache und Fachdiskurs nicht gemacht wird. Viele, ja die allermeisten oder - in der Allgemeinheit, in der sie oftmals behandelt werden - vermutlich sogar alle aufgezählten Charakteristika beziehen sich primär auf Diskurstypen (allenfalls einzelne Textsorten) und nicht auf Fachsprachen in meinem Sinne. Es erübrigt sich darüber hinaus fast anzumerken, dass sie in erster Linie für (schriftlich fixierte) Wissenschaftssprache gelten:

> "Die erwähnten, allgemein bekannten Daten sind an schriftlichen und zumeist hochspezialisierten Texten erhoben worden. Sie müßten modifiziert werden, wenn man mündliche Fachkommunikation (z.B. Vorlesung) oder populärwissenschaftliche Texte miteinbeziehen würde; letztere benützen schon im Titel gerne Satztypen, die in theoriesprachlichen Texten ganz ausgespart bleiben ..." (Pöckl 1990:269)

Es soll auch erwähnt werden, dass in den letzten Jahren mit der ständig zunehmenden Anzahl diskursanalytischer Arbeiten die Charakterisierungen von Fachsprache zunehmend vorsichtiger und differenzierter erscheinen. Es wird immer offensichtlicher, dass Beschreibungen obiger Prägung (deren Aussagekraft von eher generativistisch orientierten Autoren übrigens von jeher bestritten wurde - vgl. z.B. Littmann 1979 oder Forner 1992) nur auf einen kleinen Bereich von Diskurstypen (oder - wenn man meiner Definition nicht folgt - von Fachsprachen) zutrifft:

> "Allerdings ist nach wie vor nicht völlig geklärt, ob und inwieweit als typisch für Fachsprache geltende syntaktische Mittel ... tatsächlich in allen Fachsprachen und Textsorten gleichermaßen häufig verwendet werden oder ob nicht doch intralinguale Unterschiede zwischen einzelnen Fachsprachen und Textsorten bestehen. ... Der Grund hierfür liegt in der Tatsache, dass intralinguale Untersuchungen der Frequenz und Funktion syntaktischer Mittel, die nach Kommunikationsbereichen und Fachtextsorten differenzieren, bisher eher selten sind. Die vorliegenden Untersuchungen deuten jedoch darauf hin, dass nicht nur zwischen Fachtexten aus unterschiedlichen Kommunikationsbereichen, sondern auch zwischen unterschiedlichen Textsorten aus denselben Kommunikationsbereichen zum Teil erhebliche Unterschiede bestehen können." (Oldenburg 1992:12)

Und so ist gerade im Hinblick auf die syntaktische Komponente Spiegel zuzustimmen, der ausgehend von den Ergebnissen einiger Untersuchungen zum Schluss kommt,

> "... dass wir den Gegenstand Fachsprache in vielerlei Hinsicht differenziert zu sehen haben. So wie es nicht nur *ein Fach* gibt, so gibt es nicht *den Fachstil* oder *die Fachsprache*. Man muss vielmehr - nach Fächern unterschieden - vielfältige Gebrauchssituationen von Fachsprachen unterscheiden. Die Formen sprachlicher Kommunikation im Fach können je nach Handlungssituation sehr unterschiedlich gestaltet sein." (Spiegel 1988:80)

Sogar zwischen den Stilen einzelner Wissenschaftssprachen lassen sich bei näherem Hinsehen sehr wohl gravierende Unterschiede feststellen.[1]
Dass andererseits gewisse Erscheinungen auch übereinzelsprachlichen Charakter haben, verwundert dann nicht, wenn man bedenkt, dass - abgesehen von Lehneinflüssen vor allem bei international orientierten Diskurstypen (die Wissenschaftssprache ist hier ein gutes Beispiel) - zu gleichen Funktionen gebrauchte Sprachen naturgemäß Parallelen aufweisen werden, was sich neben der allgemein textuellen Gestaltung eben insbesondere auch in der syntaktischen Komponente niederschlägt:

> "Los propósitos comunicativos de los textos especializados determinan la selección de estructuras sintáctico-textuales. Así los textos de carácter argumentativo, descriptivo, ordenativo, evaluativo, enumerativo, etc. presentarán las formas más adecuadas para conseguir sus propósitos." (Cabré 1999i:191)

Die grundsätzliche Frage, die sich uns in diesem Zusammenhang jedoch stellt, ist, ob denn nun auch thematisch bestimmte Fachsprachen und nicht funktional bestimmte Diskurstypen charakteristische morphosyntaktische Strukturen aufweisen können. Diese Frage wäre dann zu bejahen, wenn es gelänge, Muster, die in Frequenz und Funktion vom Thema mitbestimmt sind, auszumachen. In Anlehnung an meine Ausführungen in 1.4.3. bezüglich allgemein textueller Charakteristika kann man

---

[1] So ist die Tendenz zur Vermeidung der Hypotaxe wohl nur für naturwissenschaftlich-technische Wissenschaften gültig, während bei geisteswissenschaftlichen Texten andere Regeln (auch hinsichtlich der Verwendung finiter Verben) gelten - vgl. Krischel-Heinzer (1987:101).

auch in Hinblick auf die syntaktischen Strukturen davon ausgehen, dass dies nur in sehr begrenzten Bereichen und damit in nur sehr bescheidenem Umfang der Fall sein wird, für eine allgemeine Charakterisierung einer Fachsprache daher vermutlich wenig hergibt. Es lassen sich in der Literatur diesbezüglich einzelne Hinweise finden - man denke z.B. an Formen wie: "Gegeben ist/sind..." in der Mathematik (vgl. Spillner 1981:44 oder Pöckl 1999:1498) -, doch kann man mit Recht davon ausgehen, dass es sich dabei um isolierte Einzelphänomene handelt, für die syntaktische Textgestaltung aber in erster Linie die Traditionen des Diskursbereichs bzw. der Textsorte ausschlaggebend sind.

1.4.4. Charakteristika auf phonologischer und graphematischer Ebene

Geht man davon aus, dass prinzipiell keine sprachliche Ebene von vornherein aus der Fachsprachenuntersuchung auszuschließen ist, so müßte auch die niedrigste, also diejenige der Phoneme bzw. Grapheme, auf entsprechende Spezifika hin untersucht werden, selbst wenn dies von Beginn an relativ unergiebig erscheint. Bei der Lektüre der einschlägigen Literatur fällt rasch auf, dass diese Sprachschicht auch bei umfangreichen Charakterisierungen weitgehend ausgespart bleibt. Wenn sie überhaupt erwähnt wird, so bestenfalls mit dem Hinweis, dass die Unterschiede zur Gemeinsprache "bedeutend weniger stark ausgeprägt sind" (Beier 1980:30) als in anderen Bereichen. Hoffmann erklärt dieses Nicht-Vorhandensein fachsprachlicher Spezifika damit, "... dass innerhalb ein und derselben Sprache überall dieselben Phoneme bzw. Laute und Grapheme bzw. Buchstaben verwendet werden" (Hoffmann [2]1985:75), was seinen Grund in "ihrer kombinatorischen Gebundenheit und ihrer zahlenmäßigen Begrenztheit" (Hoffmann 1988:62) hat. Er verweist zwar auf "einen höheren Durchschnitt an Konsonanten und Konsonantenkombinationen" (Hoffmann 1988:62) in der Wissenschaftssprache, der in sprachstatistischen Untersuchungen nachgewiesen werden konnte und auf die "wichtige Rolle der Termini, besonders der Komposita und Wörter fremder (...) Herkunft" (Hoffmann 1988:96) zurückgeht, schwächt diese Ergebnisse jedoch mit dem Hinweis ab, dass "praktische Schlussfolgerungen ... aus solchen Analysen schwerlich zu ziehen" (Hoffmann 1988:62) sind.
Man kann also bezüglich der phonologisch/graphematischen Ebene davon ausgehen, dass entweder tatsächlich keine nennenswerten Unterschiede zwischen Fachsprache und Gemeinsprache vorliegen oder dass diese bisher noch nicht in ausreichendem Maß in der Forschung berücksichtigt wurden. Analysen in diesem Bereich müßten m.E. jedenfalls in erster Linie lexikalische Aspekte berücksichtigen, da wohl nur in Fachsprachen (oder auch Diskurstypen) mit hohem Fremdwortanteil phonologische Differenzen zur Gemeinsprache auftreten.

1.5. SPRACHVARIATION IN FACHSPRACHEN

In meinen bisherigen Ausführungen zur Bestimmung und Charakterisierung von Fachsprache ist bereits in verschiedenen Zusammenhängen angemerkt worden, dass *Fachsprache* kein homogenes Ganzes darstellt, sondern dass sie vielmehr in der konkreten Verwendung mannigfachen Einflüssen ausgesetzt ist und dadurch die verschiedensten Ausprägungen erfährt.
Zunächst wurde festgehalten (siehe 1.2.), dass es nicht zutreffend ist, von EINER Fachsprache zu sprechen. Verschiedene Fächer verfügen über jeweils verschiedene Fachsprachen, die auch jeweils mehr oder minder unterschiedlich geartet sein können. Man spricht in diesem Zusammenhang zumeist von "horizontaler Schichtung (bzw. Gliederung) der Fachsprache", ein Terminus, der m.E. die Interpretation nahelegt, dass die verschiedenen Schichten doch sehr eng miteinander verbunden sind. Diese Sichtweise ist durch die Tatsache bedingt, dass thema- und diskursbedingte Varietäten nicht säuberlich auseinander gehalten werden. Versteht man Wissenschaftssprache als Fachsprache, so gibt es zwischen den sprachlichen Mitteln, die in den einzelnen Wissenschaften zum Einsatz kommen, naturgemäß Gemeinsames und Unterschiedliches, eine modellhafte Darstellung der Wissenschaftssprache mittels einzelner Schichten drängt sich somit auf. Gehe ich jedoch davon aus, dass Wissenschaftssprache ein Diskurstyp ist, eine Untersuchung daher einer anderen Perspektive als der fachsprachlichen in meinem Sinne entspringt, so macht der Terminus ungefähr so viel Sinn, wie wenn man von den "diversen Schichten des deutschen Dialekts" spräche. Die unzweifelhaft existierenden Gemeinsamkeiten (in erster Linie das Gebundensein an spezifisches Wissen, aber auch z.B. die Bedeutung von begrifflichen Systemen - siehe 2.3.3.2) haben so abstrakten Charakter, dass ich es für zielführender halte, unmittelbar davon auszugehen, dass es mehrere (bzw. viele) Fachsprachen gibt.
Weiters wurde herausgearbeitet, dass die soeben angesprochenen Diskurstypen mit ihren charakteristischen Funktionen und Kommunikationssituationen jener Bereich sind, in dem sich *Fachsprache* konkret manifestiert. Der Einfluss, den die jeweils herrschenden Bedingungen (gesellschaftliche Funktion und Status, im Handlungsbereich tätige Personen, etc.) ausüben, kann folglich gar nicht hoch genug eingeschätzt werden (siehe dazu weiter unten).
Schließlich kam ein weiterer Aspekt von Variation zur Sprache, als das Verhältnis Fachsprache und Gemeinsprache diskutiert wurde und von Übergängen zwischen den beiden die Rede war (siehe 1.3.8.).
Über diese bereits erwähnten Faktoren hinausgehend, muss man in der Frage der Beziehung zwischen Fachsprache und Sprachvariation jedoch davon ausgehen, dass prinzipiell alle Faktoren, die Sprache generell bestimmen können, auch auf die Fachsprache einwirken: "La variación de los lenguajes de especialidad sigue los mismos criterios de diversificación sistemática ..., referidos a la lengua general: ..." (Cabré 1993:157).

Untersucht man nun aber die in 1.1. dargestellten Variationsfaktoren im Hinblick auf ihre mögliche Bedeutung im Bereich der Fachsprachen, so ist der Einfluss mancher dieser Faktoren unmittelbar einsichtig, während bei anderen ein solcher kaum oder allenfalls in sehr bescheidenem Ausmaß anzunehmen ist:
Der Faktor *historische Zeit* ist gerade im Bereich der Fachsprachen evident, unterliegen diese - man denke an die lexikalische Komponente - doch einem bisweilen weit stärkeren Wandel als die Gemeinsprache. Die Geschwindigkeit dieses Wandels ist in manchen Bereichen so hoch anzusetzen, dass - zumindest bezogen auf den lexikalischen Bereich - die Verwendung veralteter Formen auch in Bezug auf die fachliche und fachsprachliche Kompetenz der Sprecher Aussagekraft haben kann:

> "... l'ús d'una terminologia obsoleta tampoc no reflecteix simplement la pertinença a una capa generacional, com és el cas de la comunicació general, sinó que sovint és un indici significatiu del grau de coneixement del progrés de la disciplina per part dels especialistes." (Cabré 1999m:323)

Die *geographische Herkunft* der Sprecher als Variable in den Fachsprachen ist zumindest für jene Sprachen anzunehmen, die in verschiedenen Ländern mit weitgehend eigenständigen gesellschaftlichen Rahmenbedingungen (eigene Entwicklungs-, Forschungs- und Bildungsinstitutionen, eigenständiges Wirtschaftssystem, etc.) gesprochen werden. Vermutlich ist ein derartiger Einfluss nicht in jeder Sprache und in jeder Fachsprache auf gleiche Art und Weise und in gleicher Ausprägung gegeben, doch ist er in vielen Bereichen evident (die spanische Wirtschaftssprache mit ihren unterschiedlichen Ausprägungen in 21 Ländern, in denen das Spanische offiziellen Status hat, ist dafür ein gutes Beispiel).
Die *soziale Schichtzugehörigkeit* der Sprecher ist insofern ebenfalls hier anzuführen, als diese ja gerade anhand von Größen wie Bildungsniveau, Berufsstand, etc. bestimmt ist. Der Zusammenhang deckt sich zumindest teilweise einerseits mit der Tätigkeit des jeweiligen Sprechers in bestimmten Handlungsbereichen, andererseits mit der *Art und dem Grad des Erwerbs* der jeweiligen Fachsprache, ein ebenfalls in 1.1. genanntes Kriterium von Sprachvariation.
Das *Eingebundensein in bestimmte Gruppen* übt wiederum einen unmittelbaren Einfluss auf die Ausprägung von Fachsprache aus, man denke nur an die Sprache innerhalb eines Betriebs, innerhalb einer bestimmten wissenschaftlichen Schule, etc. (siehe dazu auch meine Ausführungen hinsichtlich des Verhältnisses Fachsprache und Gruppensprache in 1.3.3.).
Den Faktoren *Geschlecht* und *Lebensalter* kommt demgegenüber in unserem Zusammenhang vermutlich eine weit geringere Rolle zu, sieht man davon ab, dass bestimmte Fachsprachen vorwiegend von Angehörigen eines Geschlechts (z.B. Militärwesen) oder einer Altersgruppe (z.B. gewisse Sportarten) gesprochen werden. Im letzteren Fall ist auch ein gewisses Naheverhältnis zur Entwicklung der Fachsprache in diachroner Hinsicht anzunehmen.

Der *Kontakt zu anderen Sprachen* schließlich kann innerhalb einer Fachsprache dann für Sprachvariation ausschlaggebend sein, wenn bestimmte Elemente aus anderen Sprachen übernommen werden, dies aber nur durch bestimmte Sprechergruppen geschieht. Dieser Faktor wird zumeist in Verbindung mit anderen Einflussgrößen zu sehen sein, z.B. mit der regionalen, derjenigen des Lebensalters oder der Sprache in beschränkten Gruppen von Sprechern.
Die bisher behandelten (nach 1.1. *vom Kommunikationsakt unabhängigen*) Variationstypen, insbesondere die historische, geographische bzw. gruppenspezifische wurden zwar seit jeher in der Fachsprachenforschung und Terminologiearbeit behandelt - schließlich muss z.B. jede Normierungsinitiative zwangsläufig zunächst die verschiedenen Varianten erheben -, in die Modelle zur Variation bzw. Schichtung der Fachsprachen sind sie jedoch nicht oder allenfalls als Nebenbemerkung eingegangen.[1]
In diesen Modellen sind hingegen in weit stärkerem Ausmaß die (nach 1.1.) unmittelbar *vom Kommunikationsakt abhängigen* Variablen berücksichtigt.
In Bezug auf den Faktor *Kommunikationssituation* ist "als wichtigstes Unterscheidungsmerkmal" (Spillner 1986:85) die Frage nach mündlicher versus schriftlicher Kommunikation zu nennen, die - auch wenn nach wie vor Forschungsdefizite auf diesem Gebiet beklagt werden (vgl. Brünner 1993:730) - immer stärkere Beachtung findet. Abgesehen von diesem Problembereich wird in der Literatur auf weitere, durch situative Faktoren bedingte Einflüsse auf die Manifestation von Fachsprache hingewiesen: "monologisch vs. dialogisch" und "öffentlich vs. privat" (vgl. z.B. Spillner 1986:85f.) oder "Vorhandensein von Vermittlungsinstanzen ..., Zahl der Vermittlungsschritte, Art des Kommunikationskontakts (Kanal), Grad der Ungleichzeitigkeit (zeitliche Dilatation)" (vgl. Hahn 1983:78, der diese Aspekte zusammen mit anderen, die Kommunikationspartner betreffenden als "Kommunikationsdistanz" zusammengefasst), doch scheint die empirische Forschungslage diesbezüglich noch wenig entwickelt zu sein.[2]
Die Rolle der *Kommunikationspartner* ist, sowohl was die Modellbildung als auch die empirische Analyse betrifft, in der Literatur zur Fachsprachenforschung in weit stärkerem Maß präsent, als dies für die soeben angesprochenen Aspekte zutrifft. Zumeist handelt es sich dabei in der einen oder anderen Form um Überlegungen und Analysen zur vertikalen Variation, also zu fachsprachlicher Sprachvariation, die durch den Grad der Fachsprachlichkeit - in meiner Perspektive: den Grad des

---

[1] Vgl. z.B. Baumann, der als einen von vielen Einflüssen auf die "Fachtextvariationen" auch die "Raum-Zeitreferenz der Interaktionsbeziehungen: historische und regionale Besonderheiten" erwähnt (1992a:171f.).

[2] Dies mag allerdings auch darauf zurückzuführen sein, dass Fachsprache oftmals nur in Verbindung mit ganz bestimmten Kommunikationssituationen gesehen wird (in erster Linie schriftliche Texte der Wissenschaftssprache, etc.).

eingebrachten und/oder notwendigen Wissens der Kommunikationspartner - bedingt ist. Diesem Aspekt, der ja die zentrale Fragestellung dieser Arbeit ist, wird eine ausführliche Behandlung in 3. zuteil, weswegen er hier nicht weiter behandelt werden soll.

Andere Aspekte, die an den Parameter Kommunikationspartner gebunden sind und zumindest theoretisch Einfluss auf deren Kommunikationsverhalten haben können, also z.B. deren sozialer Status, Weltanschauungen, Bekanntheitsgrad, etc. (vgl. Baumann 1992a:172), haben in der Fachsprachenforschung noch wenig Eingang gefunden. Es ist allerdings anzunehmen, dass ihnen in den Fachsprachen nur in ganz speziellen Fällen eine größere Bedeutung zukommt.[1]

Die in 1.1. als weitere Sprachvariation bedingende Variablen angeführten Größen *Thema* sowie die Beziehung zwischen diesem und den Kommunizierenden wurden bereits im Laufe meiner Ausführungen als bestimmende Faktoren der Fachsprachendefinition herausgearbeitet. Sie sind also dafür ausschlaggebend, ob überhaupt Fachsprache vorliegt und um welche Fachsprache es sich konkret handelt. Eine weitere Behandlung an dieser Stelle erübrigt sich somit.

Der Einfluss der *Textfunktion* auf die konkrete Manifestation von Fachsprache ist auf theoretischer Ebene sehr bald - man denke an die "Stilverfahren" und "Stilgattungen" der Funktionalstilistik (vgl. z.B. Beneš 1968) - festgestellt worden. Allerdings konzentriert sich auch hier die Forschung - wie bereits dargelegt - zumeist mehr auf die allgemeine Beschreibung funktional (und allenfalls situativ) bestimmter Textsorten (der "Lehrbuchtext", der "wissenschaftliche Zeitschriftenartikel", die "Reden bei Preisverleihungen", etc.; alle Beispiele aus Gläser 1979) als auf die Frage, wie nun der Gebrauch der spezifischen Elemente einer Fachsprache in Abhängigkeit von der Textfunktion variiert. Dass die kommunikative Absicht, die hinter einem Text steht, die verwendeten Mittel - und damit auch die fachsprachlichen - beeinflusst, liegt jedoch auf der Hand. Der bestehende Konnex zwischen Textfunktion und verschiedenen Diskurstypen wurde ebenfalls bereits mehrfach angesprochen.

Die hier nun recht summarisch behandelten sprachvariationsbedingenden Einflussfaktoren (und zwar die von mir als vom Kommunikationsakt abhängige Variablen bezeichneten), die die Ausformung von Fachsprache im konkreten Text bedingen, haben in unterschiedlicher Art und Gewichtung auch Eingang in die diversen Modelle zur vertikalen Variation in Fachsprachen gefunden und werden in diesem Zusammenhang wieder zur Sprache kommen (siehe 3.).

---

[1] Dies ist sicher zu einem bestimmten Grad auch dadurch bedingt, dass Fachsprachen in erster Linie in ihren schriftlichen Manifestationsformen untersucht werden - wohl auch primär schriftlich existieren - und die hier angesprochenen Aspekte eher im Mündlichen (vor allem in privater Kommunikation) zum Tragen kommen (vgl. Göpferich 1995:90).

1.6. WIRTSCHAFTSSPRACHE

1.6.1. *Wirtschaftssprache* versus *Wirtschaftsfachsprache*

Nachdem ich bisher den Begriff *Fachsprache* allgemein problematisiert und versucht habe, ihn einer näheren Bestimmung zuzuführen, will ich nun im Lichte dieser Ausführungen auf *Wirtschaftssprache* bzw. *Wirtschaftsfachsprache* eingehen, um mich anschließend im letzten Schritt der konzeptuellen Annäherung (siehe 1.7.) der Börsensprache, dem eigentlichen Untersuchungsobjekt dieser Arbeit, zuzuwenden. Die Wirtschaftssprache - ich verwende hier noch undifferenziert den wohl gängigeren Ausdruck - ist als Gegenstand sprachwissenschaftlicher Bemühungen sehr früh erkannt worden. Schon in den 30er Jahren entsteht die sogenannte "Wirtschaftslinguistik", die als eine der Wurzeln der modernen Fachsprachenforschung gilt (vgl. z.B. Hoffmann 1984b:32). In der Literatur werden die beiden von mir im Titel dieses Kapitels genannten Termini zumeist unterschiedslos verwendet.[1] Folgt man jedoch meiner Definition von Fachsprache (siehe 1.3.7.) bzw. meinen Ausführungen zu Fachsprachen und Diskursbereichen (siehe 1.3.2.), so ist klar, dass Sprache IN der Wirtschaft und Sprache ÜBER Wirtschaft zwei verschiedene Kategorien sind, die es auseinanderzuhalten gilt:

- *Sprache über Wirtschaft* (*Wirtschaftsfachsprache*) ist eine thematisch bedingte Sprachvarietät, die - sofern sie über gemeinsprachliches Niveau à la "Alles wird immer teurer" hinausgeht, d.h. spezifischere Kenntnisse verlangt - die Fachsprache der Wirtschaft darstellt.
- *Sprache in der Wirtschaft* (*Sprache der Wirtschaftspraxis* oder - nach der Festlegung in 1.3.7. - *Wirtschaftsdiskurs*) ist eine Sprachvarietät, die in einem bestimmten Handlungs- und damit Diskursbereich Verwendung findet.[2]

Die Fachsprache der Wirtschaft kann in verschiedensten Diskurssystemen zum Einsatz gelangen, wobei als besonders typisch wohl der wirtschaftliche, politische, journalistische, wissenschaftliche, didaktische sowie der Diskurs der öffentlichen Verwaltung gelten können. Im Wirtschaftsdiskurs hingegen können verschiedenste Themen behandelt werden (z.B. die Vorzüge verschiedener Automarken im entsprechenden Verkaufsgespräch), darunter natürlich auch wirtschaftliche.

---

[1] Nur selten finden sich Hinweise darauf, dass gewisse Inkongruenzen gesehen werden. So schreibt Bolten bzgl. eines Versuchs, verschiedene Fachsprachendefinitionen auf einen Nenner zu bringen: "Logisch unzulässig ist es jedoch, ein sprachliches Teilsystem (Terminologie) und ein sprachliches Handlungsfeld mit der gleichen Bezeichnung zu versehen." (1992:61)

[2] Interessant ist in diesem Zusammenhang, dass im Englischen terminologisch zwischen economy und economics unterschieden wird, die als Äquivalent zu Wirtschaft (Diskurs; Thema = unbestimmt) und Wirtschaftswissenschaften (Thema; Diskurs = Wissenschaft) anzusehen sind (vgl. Grießhaber 2000:407).

Dass diese beiden Aspekte nicht auseinander gehalten werden, zeigt sich z.B. in der in der Literatur immer wieder erwähnten "Textsortenvielfalt, die innerhalb der Wirtschaftsfachsprache anzutreffen ist" (Buhlmann 1989:89). Die in diesem Zusammenhang gegebenen Beispiele und Aufzählungen umfassen neben Textsorten, die als genuin wirtschaftsfachsprachlich anzusehen sind, da sie außerhalb der Wirtschaftssprache nicht existieren und fachsprachliches Vokabular notwendigerweise beinhalten (Zolldokumente, Bilanzen, etc.), dann alle möglichen Texttypen wie Brief, Telefongespräch, Werbetext, Gespräch, Bericht, Vorlesung, Handbuch, Zeitung, etc. (alle Beispiele aus Buhlmann 1989:89f.), in denen natürlich wirtschaftsfachsprachliche Elemente auftreten können, deren stilistische Analyse im Sinne einer Textsortenanalyse aber kaum spezifisch Wirtschaftsfachsprachliches ergibt. Wenn unter dem Titel "Fachsprache Wirtschaft - gibt es die?" die "Kommunikation in der Ausbildungssituation 'Hochschule'" mit den Merkmalen "Präzision, Eindeutigkeit, Allgemeingültigkeit, Erwartbarkeit und Differenziertheit" (Buhlmann 1989:90) beschrieben wird oder wenn unter dem Titel "Merkmale bestimmter Textsorten ... der Fachsprache Wirtschaft ..." die betriebswirtschaftliche Monographie z.B. in morphologischer Hinsicht mit "Pers./Numerus: 3. Pers.Sg./Pl. (selten 1. Pers.Pl); Tempus: Präsens (selten Perf. Prät.)" (Buhlmann/Fearns 1987:307f.) charakterisiert wird, so ist gerade bezüglich der Fachsprache der Wirtschaft überhaupt nichts gesagt. Sollten diese Merkmale zutreffen (hinsichtlich des ersteren Beispiels dürfte es sich wohl eher um Idealvorstellungen handeln), so kennzeichnen sie Diskurstypen oder Textsorten, die in dieser allgemeinen Form für jede beliebige (oder zumindest für viele) Fachsprache(n) Geltung haben dürften.[1]

Nun mag meine Kritik an diesen Darstellungen möglicherweise den Anschein erwecken, dass ich sie für wertlos halte. Dies trifft absolut nicht zu, ich bin vielmehr der Meinung, dass sie das Fundament für praktische Anwendungen - z.B. Sprachdidaktik - abgeben (und das zitierte Werk von Buhlmann/Fearns ist ja für didaktische Umsetzung konzipiert). Sie behandeln aber nur sehr bedingt das WirtschaftsFACHsprachliche. Das korrekte Führen von Telefonaten und Verhandlungen, das Verfassen von Berichten, etc. sind zweifelsohne von enormer Bedeutung im Handlungsbereich Wirtschaft. Ihre theoretische oder praktische Behandlung impliziert jedoch nicht automatisch Fachsprachliches. In den immer wieder erwähnten Werbetexten beispielsweise wird spezifische Fachsprache der Wirtschaft wohl sogar nur in den allerwenigsten Fällen anzutreffen sein, schließlich will man in der Regel ein Laienpublikum zum Kauf einer Ware oder Inanspruchnahme einer Dienstleistung

---

[1] In der erwähnten Charakterisierung der BWL-Monographie ist das vermutlich einzige wirklich wirtschaftsfachsprachliche Element unter "Herkunftsbereich der Fachlexik" zu finden: "Betriebswirtschaft, Volkswirtschaft, Recht, Mathematik, Politik." (Buhlmann/Fearns 1987:308). Diese Beschreibung überrascht zwar nicht, ist aber wenigstens nicht auf viele andere Fachsprachen übertragbar.

bewegen. Ich meine, dass sowohl zum Zwecke der theoretischen Modellbildung, aber durchaus auch für die praktische Anwendung die Unterscheidung zwischen Fachsprache der Wirtschaft und diversen Kommunikationsformen im Handlungsbereich Wirtschaft konsequent durchgehalten werden sollte. Für die heuristische Tätigkeit braucht dies nicht weiter argumentiert zu werden. Was die Umsetzung im angewandten Bereich betrifft, so trägt sie sicherlich dazu bei, dass klar (und damit argumentierbar) wird, was man eigentlich tut und warum man es tut. Wenn die angewandte Linguistik u.a. deswegen gefordert ist, weil

> "Industrieprodukte ... sprachlich werbewirksam dargestellt und in Verkaufsgesprächen an Interessenten abgesetzt werden [müssen]; ihr Gebrauch ... sprachlich für Bedienungspersonal und Verbraucher sachgerecht und verständlich dargestellt werden [muss]" (Spillner 1992:11),

so bedarf es dazu keiner Fachsprache der Wirtschaft, sondern ganz anderer Fähigkeiten. Gerade im Ausbildungsbereich muss man sich klar darüber sein, worauf man hinaus will und worin die Bedürfnisse der Unterrichteten bestehen. Ist es für den Lerner wesentlich, z.B. Wirtschaftsterminologie in größtmöglicher Breite und Tiefe zu erarbeiten (wirtschaftsfachsprachlicher Aspekt), oder ist für ihn das Erlernen und Üben von Präsentations- und Diskussionstechniken vordringlich (diskursrelevante Fähigkeiten)? Die undifferenzierte und manchmal wohl auch unreflektierte Vermischung der beiden Bereiche bei Seminaren, Fortbildungsveranstaltungen, etc. führt erfahrungsgemäß zu einer gewissen Orientierungslosigkeit und Verlusten an Zeit und Energie. Es ist klar, dass man Fachsprache immer nur innerhalb und in Verbindung mit Diskurshaftem behandeln kann (Man denke z.B. an eine Übungssituation, in der Lieferbedingungen ausgehandelt werden sollen: Man bewegt sich im didaktischen Diskurs, simuliert eine Verhandlungssituation - d.h. man übt Diskurshaftes - und bringt die Fachsprache Wirtschaft durch die spezielle Terminologie und Phraseologie der Lieferbedingungen ein). Die Kombination und Gewichtung der unterschiedlichen Aspekte bedarf jedoch eines gründlich reflektierten Vorgehens, für das die konzeptuelle Trennung der beiden Aspekte Voraussetzung ist.
Was bedeutet diese Unterscheidung nun für die - in meinem Sinne - fachsprachliche Analyse? Ganz allgemein kann gesagt werden, dass Diskurshaftes nur in jenen Fällen berücksichtigt zu werden braucht, in denen es - bedingt durch den thematischen Aspekt - eine spezifische Ausprägung erfährt. Zwei Beispiele mögen dies verdeutlichen: Untersuche ich in einem Unternehmen Telefongespräche mit Kunden (Anfragen, Beschwerden, etc.), so bewege ich mich im Wirtschaftsdiskurs. Selbst wenn in manchen Telefonaten wirtschaftsfachsprachliche Elemente auftreten, werden diese kaum den generellen Charakter (den Textbauplan, die verwendeten syntaktischen Strukturen, etc.) eines Telefongesprächs verändern. Versuche ich hingegen, terminologisch-phraseologische Elemente im Telefonhandel an einer Börse zu beschreiben, so bewege ich mich im Bereich der Wirtschaftsfachsprache. Ähnliches gilt für Zeitungsnach-

richten, denn fachsprachlich wird die Textanalyse von Wirtschaftsnachrichten erst auf Ebene eines konkreten Textbauplans:

> "Ergebnis der Geschäftsentwicklung, Quelle, Umsatz im Berichtszeitraum, Gewinne im Berichtszeitraum, Vergleich von Umsatz und Gewinn aus dem Berichtszeitraum mit Umsatz und Gewinn des vorangegangenen Geschäftsjahres, Unternehmensziele für das/die nächste/n Jahr/e, Investitionsvorhaben, Prognose der Geschäftsentwicklung." (Buhlmann/Fearns 1987:314).

Das allgemeine Funktionieren von Zeitungsnachrichten ist vielleicht bis zu einem gewissen Grad für das Verständnis der Wirtschaftsnachrichten relevant, es stellt aber bestenfalls den Hintergrund für eine Analyse der Wirtschaftsnachrichten dar.

1.6.2. *Wirtschaftsfachsprache* versus *Wirtschaftsfachsprachen*

Nachdem nun geklärt ist, was in dieser Arbeit als *Wirtschaftsfachsprache* (im Gegensatz zur *Sprache in der Wirtschaft* oder *Wirtschaftsdiskurs*) verstanden wird, sind einige kurze Überlegungen darüber angebracht, ob eine solche real überhaupt als einheitliches Faktum existiert oder ob wir es hier mit verschiedenen Fachsprachen zu tun haben. Die Wirtschaft ist bekanntlich ein recht komplexes Phänomen. Schon ein Blick in die Tageszeitung zeigt, welch vielfältige Bereiche unter dieser Rubrik aufscheinen: Da geht es um die wirtschaftliche Situation und Perspektiven einer Region, eines Landes oder eines ganzen Erdteils, um Ergebnisse und Schwierigkeiten von Betrieben, um Probleme von Arbeitslosen, um die Möglichkeit, Geld umzutauschen oder zu veranlagen, um Änderungen im Sozialsystem und vieles andere mehr. Alles hängt irgendwie zusammen und schaut dennoch so verschieden aus. Wirft man dann noch einen Blick in ein wirtschaftliches Handbuch oder Lexikon, tauchen weitere Bereiche auf, die in der Zeitung kaum Niederschlag finden: Betriebslogistik, rechtliche Aspekte der Unternehmensgründung, Buchhaltung und Kostenrechnung, Marketing, etc. In all diesen Bereichen kommen ganz spezifische sprachliche Elemente (eigene Lexik, Phraseologie, Textstrukturen) zum Einsatz. Es ist daher nicht verwunderlich, dass bisweilen der Schluss gezogen wird, dass eine einheitliche Wirtschaftsfachsprache nicht existiert (vgl. z.B. Ide 2000:157), sondern dass es sich dabei um

> "... ein Konglomerat aus einer unendlichen Vielzahl von einzelnen Unter-Wirtschaftsfachsprachen [handelt], die sich parallel zu den jeweiligen Teilgebieten der Wirtschaft und deren Anforderungen ausgebildet haben." (Ihle-Schmidt 1983:54)[1]

---

[1] Die Komplexität des Untersuchungsgegenstands wurde von der Fachsprachenforschung bzw. ihren Vorläufern sehr früh erkannt. So unterscheidet z.B. Gutkind bereits die "Sprache der eigentlichen Handelskorrespondenz", die "kodifizierte Terminologie der Praxis des Geld- und

Diese Vielfalt ist auch der Grund dafür, dass Arbeiten, die mit Recht von sich behaupten können, DIE Wirtschafts(fach)sprache zu beschreiben, nicht vorliegen:

> "Betrachtet man Untersuchungen zu kommunikativen Strukturen im Bereich Wirtschaft, so fällt das fast vollständige Fehlen grundlegender Analysen auf (i.G. zu anderen, z.B. technischen Fachsprachen), die den Sprachbereich Wirtschaft als Gesamtkomplex zum Gegenstand haben. In bezug auf die Wirtschaft liegen bestenfalls Einzeluntersuchungen zu ausgewählten Problemen vor,[1] so dass der Gegenstandsbereich 'Wirtschaftssprache' erst noch zu definieren ist. Bisherige Definitionsversuche verraten eine gewisse Ratlosigkeit: ..." (Höhne 1992:100)

Eine Behebung dieses "generelle[n] Theoriedefizit[s] in der Behandlung des Themas 'Wirtschaftssprache'" (Hundt 1995:13), die es ermöglichen würde, Detailergebnisse in einen größeren systematischen Zusammenhang zu stellen, verlangt in erster Linie nach einem klassifikatorischen Rahmen, der die einzelnen wirtschaftlichen Subfächer auflisten und die Beziehungen zwischen ihnen darstellen müsste. Die Erhebung der verschiedenen, jeweils typischen Sprachformen und ihr Vergleich untereinander (bzw. mit anderen Fachsprachen) würde schließlich klären, für welche Bereiche man sinnvollerweise eigene Fachsprachen anzusetzen hat. Erschwert wird ein solches Unterfangen einerseits dadurch, dass Wirtschaft ein Bereich ist, der mit einer Unzahl anderer Lebensbereiche (und damit Fächer) verwoben ist (z.B. Psychologie, Soziologie, Mathematik, Rechtswesen, etc.; vgl. z.B. Grießhaber 2000:404 oder auch die schematische Darstellung in Hundt 1995:54), wodurch eine saubere und wirklich zufriedenstellende "Eingrenzung ... praktisch unmöglich" (Ihle-Schmidt 1983:53f.) ist. Andererseits entstehen auch im Fach Wirtschaft permanent neue Bereiche (man denke an Controlling, Umweltwirtschaft, etc.), die eine einmal gefundene Klassifikation schnell wieder ungenügend differenziert erscheinen ließen (vgl. Wiese 1993:40f.). Durch diese klassifikatorischen Probleme bedingt, ergeben sich dann forschungspraktische Schwierigkeiten, die eine Gesamtschau DER Wirtschaftsfachsprache äußerst komplex erscheinen lassen oder eben, wie es den Anschein hat, tatsächlich verunmöglichen: "So gleicht die Erhebung repräsentativer Corpora angesichts der Branchenvielfalt und der vielfältigen vertikalen Schichtung der Quadratur des Kreises" (Grießhaber 2000:404).
Macht es nun aber Sinn, angesichts all dieser Umstände weiterhin von einer Fachsprache der Wirtschaft zu sprechen, oder sollte der Terminus durch "Bereichsprache" (vgl. Schaarschuh 1991), also durch eine deutlich gekennzeichnete "Sammel-

---

Warenhandels", die "Sprache der Wirtschaftswissenschaften", die "Börsensprache", die "Annoncen-, Telegramm- und Reklamesprache" (1931:385f.). Auch hier ist bereits die Vermischung von Fachsprachlichem und Diskurshaftem gut zu sehen.

[1] Hier erfolgt u.a. ein Verweis auf Fluck ([3]1985), der sich in seiner Arbeit auf die Börsensprache beschränkt.

bezeichnung für verschiedene Fachsprachen" (Bolten 1991:74) ersetzt oder gar ersatzlos eliminiert werden? Ich meine, dass sowohl aus theoretischen als auch aus pragmatischen Gründen die Bezeichnung *Wirtschaftsfachsprache* beibehalten werden sollte. Zunächst ist vermutlich jede Fachsprache ein Konstrukt, das in eine Vielzahl von Unter- und Teilsprachen zergliedert werden kann. Nehmen wir an, man verzichtet darauf, von Wirtschaftsfachsprache zu sprechen. Mit demselben Argument dürfte man dann auch nicht eine Fachsprache der Betriebwirtschaftslehre annehmen, die ja ihrerseits in viele Teilbereiche zerfällt. Sind wir dann auf Ebene von Marketing, Lagerhaltung und Finanzierung, etc. bereits bei Fachsprachen angelangt oder sollte nicht doch eine weitere Schicht, z.B. Sprache der Produktpolitik versus Sprache der Preispolitik im Marketingbereich oder Sprache der Fremdfinanzierung versus Sprache der Eigenfinanzierung, etc. angesetzt werden? Auch die - da im Standardwerk von Fluck ([3]1985:60-63) behandelt - immer wieder zitierte Börsensprache ist nicht so einheitlich, wie man sich dies vielleicht vorstellen mag. Gibt es nicht vielleicht doch eine eigene Fachsprache der Wertpapierbörsen und eine andere der Rohstoffbörsen? Die Verzahnung zwischen den Bereichen wird auf hierarchisch niedrigerem Niveau vermutlich immer stärker, die Unterschiede somit immer geringer, doch: Wo ist die Grenze, die es erlaubt von einer homogenen Fachsprache zu sprechen? Eine solche könnte jedenfalls erst nach exhaustiven Untersuchungen gefunden werden, aber davon ist die Forschung wohl noch weit entfernt. Natürlich bewegen wir uns mit der Bezeichnung *Wirtschaftsfachsprache* immer noch auf einer sehr hohen Abstraktionsebene, was eine geringere oder größere Heterogenität der logisch nachgeordneten Bereiche geradezu impliziert. Roepke hält zu diesem Problem bereits 1939 fest:

> "Es erscheint mir nicht notwendig, den Begriff der Wirtschaftssprache, ebensowenig wie den der literarischen Sprache, als bedingt aufzufassen durch die Einheitlichkeit seiner sprachlichen Elemente; eine solche Einheitlichkeit lässt sich kaum nachweisen, da ja auch die Wirtschaft selber noch nicht zu einer organischen Einheit gekommen ist." (Roepke 1939:258)

Das verbindende Glied zwischen den verschiedenen Bereichen besteht eben im gemeinsamen Thema, das - bei allen Unterschieden in Teilbereichen - eben traditionell als ein großer Bereich gesehen wird, wodurch automatisch eine gewisse Einordnungsinstanz für Detailergebnisse der einschlägigen Forschung gegeben ist.

1.6.3. Sprachvariation in der Wirtschaftsfachsprache

Fährt man also fort, von *Wirtschaftsfachsprache* zu sprechen, so ist die oben angeführte Vielfalt an Unterbereichen als ein Aspekt von Sprachvariation innerhalb dieser

Fachsprache zu sehen (also als deren horizontale Schichtung). Mit ihrer Verwendung in verschiedenen Diskursbereichen ist ein weiterer Aspekt ebenfalls bereits zur Sprache gekommen. Es ist dies eine Perspektive, die aus naheliegenden Gründen schon in den Klassifikationen der Funktionalstilistik enthalten ist:

> "Die Funktionalstilisten, ..., unterschieden im wesentlichen fünf Typen bzw. Stile der Wirtschaftssprache:
> 1.) Der Geschäftsbriefstil
> 2.) Der theoretisch-wissenschaftliche Stil
> 3.) Der praktisch-belehrende, vermittelnde Stil
> 4.) Die Sprache der Buchhaltung, d.h. die Sprache in Wirtschaftsdokumenten
> 5.) Der Stil der Wirtschaftspresse." (Hundt 1995:50)

Bisweilen wurden in diesem Zusammenhang auch andere Handlungsbereiche (Börsensprache, Werbesprache, etc.) erwähnt (vgl. die Auflistung Vancuras zitiert in Drozd/Seibicke 1973:75), ohne jedoch zu einer theoretisch abgesicherten und exhaustiven Klassifikation zu gelangen. Überhaupt scheint dieser Ansatz, obwohl er auch in modernen Arbeiten immer wieder in den verschiedensten Zusammenhängen als Klassifikationskriterium auftaucht (vgl. z.B. Haensch 1981:135) und - ebenfalls indirekt - auch in den von der Fachsprachenforschung erstellten Unterteilungen nach fachinternen/ fachexternen Texten, etc. enthalten ist, noch einer theoretischen Aufarbeitung zu harren.

Die expliziten Versuche, die Wirtschaftsfachsprache zu untergliedern, konzentrieren sich vielfach auf die horizontale Achse, also fachliche Untergebiete, teilweise unter Einbeziehung vertikaler Elemente (Grad der Fach(sprach)lichkeit), nicht jedoch auf die säuberliche Trennung der Diskursbereiche. Dabei können grosso modo zwei Ansätze unterschieden werden:

Zum einen dient die in den Wirtschaftswissenschaften übliche Unterteilung in Volkswirtschaftslehre und Betriebswirtschaftslehre als Ausgangspunkt der Klassifikation:

> "So gliedert sich die Wirtschaftsfachsprache in die Fachsprache der Betriebswirtschaft und der Volkswirtschaft, die ihrerseits wieder eine Vielzahl von weiteren Untergruppierungen enthalten." (Ihle-Schmidt 1983:54)

Zum anderen wird von Betriebsstrukturen ausgegangen:

> "Als idealtypisch kann in dieser Hinsicht die Kommunikationsstruktur eines beliebigen Großunternehmens der Industrie angesehen werden: Das Unternehmen selbst repräsentiert aufgrund seiner Einbindung in den gesamtwirtschaftlichen Zusammenhang gleichsam in verkleinertem Maßstab das Bezugsfeld von Mikro- und Makroökonomie, von Einzel- und Weltwirtschaft. Entsprechend der üblichen Unternehmensgliederung in die Hierarchiestufen (a) des strategischen, (b) des operativen Managements und (c) der Ausführungsebene erweist es sich gleichzeitig als Substrat sämtlicher Bereiche wirtschaftlichen Denkens und Handelns.

> Das heißt, der mit wirtschaftspolitischen und volkswirtschaftlichen Überlegungen verbundene Wissenschafts- und Theoriebezug spielt in bezug auf die Funktionsfähigkeit des Unternehmens eine ebenso bedeutende Rolle wie die interne Unternehmensorganisation oder die unmittelbare Praxis der Produktion und des Verkaufs.
> Die Kommunikationsstruktur des Unternehmens schließt die genannten Bereiche notwendigerweise ein. Sie repräsentiert demzufolge in vertikaler Hinsicht - und ebenfalls in verkleinertem Maßstab - sämtliche Sprachebenen des gesamtwirtschaftlichen Handlungsfeldes." (Bolten 1991:75)

Nun wird m.E. die Kommunikationsstruktur eines Unternehmens bei weitem überbeansprucht, wenn von ihr erwartet wird, dass sie "sämtliche Bereiche wirtschaftlichen Denkens und Handelns" und "sämtliche Sprachebenen des gesamtwirtschaftlichen Handlungsfeldes" umfassen soll. Wie z.B. Börsenmakler miteinander kommunizieren oder sich die Mitglieder einer landwirtschaftlichen Genossenschaft bei der Gesellschafterversammlung artikulieren, ist sicherlich aus den Kommunikationsprozessen "eines beliebigen Großunternehmens der Industrie" nicht ableitbar.[1] Allerdings kann dies auch eine Klassifikation nach akademischen Teilfächern nicht leisten. Trotzdem haben beide Ansätze ihre Berechtigung, wenn sie nicht absolut gesehen werden, sondern ihre Gültigkeit auf bestimmte Bereiche beschränkt wird. Das Phänomen *Wirtschaft* und damit die mit ihr verbundene Fachsprache ist dermaßen komplex, dass kaum eine von einer bestimmten Perspektive aus erstellte Klassifikation ihrer Teilbereiche allen Ansprüchen genügen kann. Es erscheint mir vom theoretischen Standpunkt aus gesehen vielmehr sinnvoller, anzuerkennen, dass die vielfältige Realität nach unterschiedlichen Erkenntnisinteressen geordnet werden kann (und wohl auch muss).

Konkret bedeutet dies, dass, wenn meine Interessen im Bereich des wissenschaftlichen Diskurses angesiedelt sind, eine Klassifikation nach akademischen Bereichen die sinnvollste sein wird. Untersuche ich hingegen Kommunikationsprozesse in Betrieben, so wird ein Vorgehen nach Unternehmensbereichen oder auch Unter-nehmenstypen angebracht sein (die sprachlichen Verhältnisse in einem Industrieunternehmen sind nicht identisch mit denjenigen in einer Bank oder Versicherung, diejenigen in einem Großbetrieb nicht mit jenen im Kleingewerbe, etc.). Sprachliche Gegebenheiten z.B. in der Börsesprache oder im journalistischen Diskurs wird man schließlich nach gänzlich anderen Kriterien zu klassifizieren haben (Terminologie und insbesondere Textsorten innerbetrieblicher Abläufe finden in der Presse wohl kaum Eingang, etc.). Es ist klar, dass zwischen den sprachlichen Gegebenheiten in den verschiedenen Handlungsbereichen vielfältige Überschneidungen und Deckungen (vor allem in der Lexik) zu finden sein werden. Die Übereinstimmungen und Unterschiede zu

[1] Die Zugehörigkeit von Unternehmen zu den diversen Wirtschaftssektoren ist darüber hinaus ein in manchen Fragestellungen durchaus sinnvolles Kriterium, um auch Wirtschaftskommunikation zu typisieren - vgl. z.B. Hundt (1995:65-67).

erarbeiten, kann jedoch nur Aufgabe empirischer Forschung sein und nicht auf deduktive Weise erschlossen werden.
Die Variation innerhalb der Wirtschaftsfachsprache ist somit einerseits durch das Geflecht aus konkretem Thema und Diskursbereich bestimmt. Nun wirken andererseits naturgemäß die (allgemein) in 1.1. und (spezifisch auf Fachsprachen bezogen) in 1.5. besprochenen sprachvariationsbedingenden Faktoren auch auf die Wirtschaftsfachsprache ein. Zieht man all diese Variablen in Betracht, so ergibt sich ein mehrdimensionales Schema, in dem sich die verschiedenen Ausprägungen der Wirtschaftsfachsprache bewegen:

- zeitliche Faktoren (z.B. Wirtschaftsfachsprache des 20. versus Wirtschaftsfachsprache des 18. Jahrhunderts);
- geographische Faktoren (z.B. argentinische versus venezolanische Wirtschaftsterminologie);[1]
- Schichtzugehörigheit der Kommunikationspartner (z.B. unterschiedliches sprachliches Verhalten der auf verschiedenen Hierarchieebenen Tätigen in einem Großbetrieb, unterschiedliche Benennungen, etc.);
- Gruppenzugehörigkeit (z.B. unterschiedliche Terminologien von wissenschaftlichen Schulen);
- Kommunikationssituation (z.B. gesprochene versus geschriebene Texte);
- Kommunikationspartner (z.B. Kommunikation mit fachlich gleich qualifizierten Kollegen versus Kommunikation mit Fachfremden);
- konkretes Thema (Teilbereiche der Wirtschaft);
- Kommunikationsfunktion (z.B. Rede bei Gewerkschaftskongress versus Stellungnahme für die Presse).

Textsorte und *Diskursbereich* sind in diesem Schema nicht enthalten, was auf ihre höhere Abstraktionsstufe in der linguistischen Theorie- und Modellbildung im Vergleich zu den hier aufgeführten Parametern zurückzuführen ist. Sie ergeben sich jedoch aus der Verbindung der genannten Faktoren in typischen kommunikativen Handlungsbereichen (Diskurs) zu ebenfalls typischen sprachlichen Produkten (Textsorte).

1.7. BÖRSENSPRACHE

Was bisher in Bezug auf *Fachsprache* und *Wirtschaftssprache* gesagt wurde, hat zwangsläufig auch für die Bezeichung *Börsensprache* Gültigkeit und bedarf daher

[1] Räumliche und soziale Einflüsse nicht zu berücksichtigen, "da es sich hier [im Untersuchungsgegenstand der Wirtschaftssprache] ausschließlich um standardsprachliche, also höchstreichweitige Quellen handelt" (Hundt 1995:56), ist m.E. eine unzulässige Einschränkung des Untersuchungsgegenstandes.

an dieser Stelle keiner längeren Erklärung mehr. Auch hier gilt es eine Fachsprache der Börse (Sprache über Börse), die uns in verschiedenen Diskursbereichen entgegentritt (in den Medien, in der Wirtschaftsdidaktik, im Rechtswesen, etc.) von der Sprache an den Börsen (dem eigentlichen Handlungs- und Diskursbereich Börse) zu unterscheiden. Die Kommunikation zwischen Börsenhändlern beim Abwickeln ihrer Transaktionen wird in vielerlei Hinsicht sprachlich gleich, in manchen Eigenheiten aber auch anders verlaufen, als die darüber publizierte Darstellung in einem Börsenbericht oder in einem Lehrwerk. Die Fachsprache der Börse ist als Teilbereich der Fachsprache Wirtschaft und der Börsendiskurs als Teilbereich des Wirtschaftsdiskurses zu sehen.

Ist der Gegenstand der Untersuchung wie in der vorliegenden Arbeit der Fachwortschatz der Börse in Börsenberichten in Tageszeitungen, so hat sie die spezifischen, wissensabhängigen lexikalischen Einheiten in Bezug auf das Thema Börse im Visier. Sie zielt weder auf andere lexikalische Einheiten allgemeiner oder andere Wirtschaftsbereiche betreffender Art ab, noch beschäftigt sie sich mit anderen Phänomenen des journalistischen Diskurses oder der konkreten Textsorte Börsenbericht (Textaufbau, etc.).

Diese Unterscheidung und diese Klarstellung der Perspektive hoffe ich nunmehr klar herausgearbeitet und in ihrer Motivation überzeugend argumentiert zu haben.

2. FACHWORTSCHATZ

Auf lexikalische Charakteristika von Fachsprachen wurde in 1.4. nicht näher eingegangen, da es sich dabei um jenen sprachlichen Aspekt handelt, der in dieser Arbeit im Mittelpunkt des Interesses steht und der demzufolge eine eingehendere Behandlung erfahren soll. Aus meinen bisherigen Ausführungen müsste jedoch bereits klargeworden sein, dass dem Fachwortschatz eine überragende Rolle sowohl in der Fachsprachenforschung allgemein als auch in der von mir vertretenen spezifischeren Perspektive von Fachsprache als Gesamtmenge wissensabhängiger Sprachelemente bezogen auf einen Themenbereich zukommt:

> "Uno de los puntos que nos permiten establecer diferencias claras entre el lenguaje común y el especializado, como entre los distintos lenguajes especializados entre sí es ... el uso de una terminología específica. Podemos afirmar que la terminología desempeña un papel fundamental para caracterizar el lenguaje especializado, y para establecer y clasificar los distintos lenguajes de especialidad." (Cabré 1993:166)

Die Rolle, die der lexikalische Aspekt in der Beschäftigung mit Fachsprache spielt, zeigt sich vielleicht am besten daran, dass *Terminologie* und *Fachsprache* nicht nur in der Vergangenheit bisweilen gleichgesetzt wurden (vgl. Wüster 1973:IX), sondern dass das Verhältnis auch in der Gegenwart zwar vielleicht differenzierter, aber dennoch als jeweils konstitutiv angesehen wird (vgl. Roald 2001:188).
Die Besonderheiten des Wortschatzes sind es auch, die bei der Rezeption eines fachsprachlichen Textes am meisten ins Auge stechen, sei es, dass man auf gänzlich unbekannte Wörter stößt, sei es, dass bekannte plötzlich mit einer anderen Bedeutung versehen sind (vgl. Hoffmann ^{2}1985:75f.).
Der Grund für diese Bedeutung des Wortschatzes liegt - man erinnere sich an meine Bestimmung von Fachsprache - darin begründet, dass

> "... Wissen vor dem kognitiven Hintergrund der Begriffe in erster Linie durch Termini fixiert und weitergegeben wird. Außerdem müssen neue Ideen und neue Fakten als Ergebnis des wissenschaftlich-technischen Fortschritts ständig oder sogar in zunehmendem Maße mit neuen Termini belegt werden.
> Es ist deshalb nicht überraschend, dass das Hauptinteresse der Fachleute und später auch der Linguisten bis in die jüngste Zeit hinein mehr den Problemen der Terminologie als anderen Aspekten der Fachsprachen gegolten hat." (Hoffmann 1988:94)

Der Wortschatz ist demzufolge jene sprachliche Ebene, in der sich das thematisch-fachliche Wissen direkt und unmittelbar niederschlägt. Wichter formuliert lapidar: "Das sprachliche Zeichen des Experten ist der Terminus." (1994:7) und Schmitz, den auch von mir immer wieder in den Vordergrund gestellten Wissensaspekt betonend, schreibt:

> "Der Austausch von Wissen erfolgt in der fachsprachlichen Kommunikation im wesentlichen durch die verwendete Terminologie. Somit kann man sicherlich ohne allzu starke Generalisierung fachsprachliches Wissen mit terminologischem Wissen gleichsetzen. Da ... Terminologie als die Gesamtheit der Begriffe und Benennungen in einem Fachgebiet definiert wird, kann man in einer ersten Annäherung fachsprachliches Wissen als Wissen über Begriffe und Benennungen in der Fachsprache interpretieren." (Schmitz 1994:45)

Die hier zitierten Aussagen dürfen m. E. nicht so verstanden werden, dass im Fachwort das GESAMTE fachliche Wissen repräsentiert wäre, da dieses über einzelne lexikalische Bedeutungen weit hinausgeht. Der Zusammenhang zwischen einer bestimmten Krankheit und der im konkreten Fall anzuwendenden Medikation ist nicht (zumindest nicht zwangsläufig) aus den entsprechenden Termini ableitbar, um ein triviales Beispiel zu geben. Insbesondere Beziehungen zwischen einzelnen fachlichen Sachverhalten sind in fachlichen Aussagen und Texten, auch wenn sie in den einzelnen Bedeutungen bzw. Begriffen grundsätzlich angelegt sein können (siehe 2.3.3.2.2), primär syntagmatisch präsent oder werden als fachliches Wissen überhaupt vorausgesetzt (Welcher Zusammenhang besteht zwischen der Inflationsrate und dem Zinsniveau in einem Land? etc.). Das Wissen und Verstehen fachlicher Zusammenhänge beschränkt sich naturgemäß nicht auf die Kenntnis der Bedeutung der Einzeltermini, es hat diese aber zur Voraussetzung.
Die grundsätzliche Frage, die sich für die fachsprachliche und fachlexikalische Theoriebildung und Analyse stellt, ist nunmehr, wie die fachsprachlichen lexikalischen Einheiten charakterisiert und von den nicht-fachsprachlichen unterschieden werden können.
Wenn man davon ausgeht, dass *Fachsprache* die Gesamtheit der sprachlichen Mittel eines Fachbereiches ist, so stellt sich diese Frage nicht, denn definitionsgemäß wären alle lexikalischen Einheiten (also auch Artikel, Pronomen, etc.) Fachwörter. Hoffmann spricht dementsprechend auch von einem "... Fachwortschatz im weiteren Sinn, zu dem alle lexikalischen Einheiten in Fachtexten gehören, da sie direkt oder indirekt[1] zur fachbezogenen Kommunikation beitragen" (Hoffmann 1984c:224).
Nachdem nun aber - wie ich bereits ausgeführt habe - viele lexikalische Einheiten, die in einem Fachtext Verwendung finden, sicher nicht geeignet sind, diesen zu charakterisieren, und "... Fachwortschatzeinheiten ... auch nicht nur in fachlicher Kommunikation oder Fachtexten vor[kommen]" (Werner 1999:1866), ist es sehr wohl wesentlich, eine Unterscheidung zwischen gemeinsprachlichem Wortschatz und Fachwortschatz vorzunehmen. Auch aus praktischen Überlegungen heraus - man denke an lexikographische oder fremdsprachendidaktische Fragestellungen - ist eine Differenzierung unumgänglich.

---

[1] Wie lexikalische Einheiten nur "indirekt" zur Kommunikation beitragen können, ist mir nicht ganz einsichtig.

Verkompliziert wird dieses Unterfangen allerdings dadurch, dass wir es hier nicht mit gemeinsprachlichem Wortschatz einerseits und fachsprachlichem Wortschatz andererseits zu tun haben. Ein kurzer Blick in die einschlägige Literatur zeigt - und die zitierten Stellen liefern dafür bereits ein gutes Beispiel -, dass zwischen (verschiedenen Arten von) Fachwortschätzen, Terminologien und Nomenklaturen unterschieden wird, bisweilen diese Bezeichnungen aber auch synonym verwendet werden. Es ist folglich notwendig, auch diesbezüglich Klarheit zu schaffen und die Berechtigung dieser Unterscheidung zu überprüfen.

2.1. UNTERSCHIEDLICHE NATUR LEXIKALISCHER EINHEITEN

Fachwort ist von den oben genannten sicherlich der allgemeinste und semantisch weiteste Terminus. Folgt man meiner Bestimmung von *Fachsprache*, so sind darunter lexikalische Einheiten zu verstehen, die auf spezifisches Wissen bzgl. eines Themas auf Seiten des jeweiligen Verwenders im Kommunikationsakt hinweisen. Welcher Aspekt eines Fachwortes kann nun auf dieses spezifische Wissen schließen lassen? Prinzipiell scheinen sich hierfür drei Möglichkeiten anzubieten: a) formale, b) inhaltliche, c) soziolinguistische Aspekte (in einem weiten Sinne).
Die in empirischen Untersuchungen oft verwendete Methode, als Fachwort diejenigen Einheiten zu interpretieren, die in Fachwörterbüchern verzeichnet sind, löst die Frage der Zuordnung selbstverständlich nicht, da deren Verfasser die Auswahl eben nach theoriegeleiteten Kriterien durchführen müssen. Das Aufscheinen eines Terminus im Fachwörterbuch bietet sicherlich eine wichtige Hilfestellung (man bedenke aber, dass die Wörterbucherstellung auch ganz konkreten praktischen Zwängen und Einflüssen ausgesetzt ist), doch ist damit ein argumentierbares Charakterisierungskriterium ganz sicher nicht gegeben, sondern bloß die Verantwortung für die jeweilige Entscheidung abgeschoben.
Eine Bestimmung des Fachworts mittels formaler Kriterien ließe z.B. an bestimmte Wortbildungsmorpheme, die in manchen Fachsprachen mit besonderer Frequenz verwendet werden, oder generell an die bisweilen ebenfalls typische, hohe Zahl an Fremdwörtern denken. Wie man an bestimmten Scherzprägungen vom Typ *Internetitis*, etc. leicht ersehen kann, ist jedoch die Tatsache, dass es sich bei einer bestimmten Form um ein Fremdwort oder eine Ableitung handelt (beide Aspekte verbinden sich sehr schön in diesem Beispiel), kein Garant für das Vorliegen eines Fachwortes. Andererseits können sich zunächst gänzlich gemeinsprachlich erscheinende Formen in bestimmten Zusammenhängen als Fachwörter entpuppen: *Kaufmann* ist sowohl ein gemeinsprachliches Lexem als auch ein handelsrechtliches Fachwort mit ganz spezifischer Bedeutung (vgl. Krischel-Heinzer 1987:98).
Als zweite Möglichkeit für die Bestimmung als Fachwort oder als gemeinsprachliches Lexem wurde der inhaltliche Aspekt der konkreten lexikalischen Einheit genannt.

Tatsächlich wird immer wieder darauf hingewiesen, "... dass sich Fachwörter - insgesamt gesehen - von 'Nichtfachwörtern' vor allem in semantischer Hinsicht unterscheiden" (Beier 1980:31).
Nun würde dieser Standpunkt in einer extremen Ausprägung aber implizieren, dass zwischen der fachsprachlichen und der gemeinsprachlichen Einheit ein grundlegender semantischer Unterschied, d.h. eine grundlegend andere Art zu "bedeuten", vorliegen müsste. Es ist dies ein Ansatz, der in der Sprachwissenschaft durchaus vertreten wurde:

> "Für die Wissenschaft und die Technik sind die Wörter tatsächlich stellvertretend für die 'Sachen', d.h. dass hier die 'Bedeutung' mit der 'Bezeichnung' zusammenfällt, was für die Sprache nicht zutrifft. Tatsächlich sind (oder wollen es zumindest sein) die wissenschaftlichen und technischen Abgrenzungen Abgrenzungen der objektiven Wirklichkeit als solcher - es sind keine Abgrenzungen bei der Erfassung der Wirklichkeit wie die sprachlichen Strukturierungen. Von hier aus gesehen sind die terminologischen Abgrenzungen in bezug auf die bezeichnete Wirklichkeit präzise und definiert oder definierbar durch 'objektive' Kriterien, d.h. den 'wirklichen' Objekten zugehörige Züge ..." (Coseriu 1970:10)

Coseriu schließt aus diesem Grund "wissenschaftliche und technische Terminologien" aus dem Bereich des Sprachlichen überhaupt aus (1970:9). Ohne hier der Frage nachgehen zu können, ob Sprache Wirklichkeit strukturiert oder ob nicht vielmehr ein Verhältnis einer wechselseitigen Bedingung vorliegt, ist - wie jeder Übersetzer bezeugen kann - jedenfalls klar, dass auch Terminologien einzelsprachabhängig sind und somit nicht einfach eine objektiv gegebene Wirklichkeit (falls uns eine solche überhaupt ganz zugänglich ist) bezeichnen, sondern diese sehr wohl zumindest in Teilbereichen auch strukturieren (vgl. Albrecht 1992). Eine strikte Trennung zwischen einer "(gemein)sprachlichen" und einer "terminologischen Semantik" scheitert zudem an den Überschneidungen und Übergängen (Popularisierungen, Terminologisierungen, etc.), zwischen fachsprachlicher und gemeinsprachlicher Lexik und geht daher wohl an den tatsächlichen Gegebenheiten vorbei.
Fachwörter können in gemeinsprachlicher Kommunikation verwendet werden (und zwar durchaus als gemeinsprachliche Einheiten und nicht als Fachtermini - z.B. als Imponiergeste), sie werden oft auf Basis gemeinsprachlich verständlicher und üblicher Wörter gebildet (man denke an Termini wie *Kaufkraft*, etc.) und schließlich ist zwischen gemeinsprachlichem Wortschatz und Fachterminologie ein Austausch möglich (man denke an "Automobil", etc.). Wäre die Bedeutung bzw. die Art zu bedeuten grundsätzlich anders, könnte es all dies wohl nicht geben, ganz abgesehen davon, dass für einen solchen Unterschied auch keine kognitiven Evidenzen sprechen:

> "Fachwortschatzeinheiten sind als solche nicht aufgrund besonders gearteter Beziehungen zwischen sprachlichen Elementen und außersprachlichen Referenten zu definieren, die sich grundsätzlich von den semantischen Gegebenheiten bei anderen sprachlichen, nicht fachsprachlichen, Wortschatzeinheiten unterscheiden ließen." (Werner 1999:1866)

Die Unterschiede auf semantischer Ebene, auf die noch zurückzukommen sein wird (siehe 2.3.3.), sind, soweit können wir bereits festhalten, nicht grundsätzlicher Natur, sondern wir haben es mit graduellen Unterschieden zu tun, die "eine definitive Abgrenzung ... praktisch unmöglich" (Ihle-Schmidt 1983:185) machen.
Es bleibt somit der von mir oben als "soziolinguistisch in einem weiten Sinn" angesprochene Aspekt, der für die Differenzierung zwischen fachsprachlichen und gemeinsprachlichen Lexemen herangezogen werden kann. Was ist darunter zu verstehen? In 1.3.3. habe ich mich gegen eine Bestimmung von *Fachsprache* als Gruppensprache ausgesprochen, die Kenntnis von Fachvokabular kann demnach nicht an eine eng begrenzte und wohldefinierte, womöglich noch mit eigenem Gruppenbewusstsein ausgestattete, Sprechergruppe gebunden sein. Genau an diesem Punkt ist der Zusatz "in einem weiten Sinn" wichtig. Sprecher einer Fachsprache charakterisieren sich - wie ich nun wiederholt dargelegt habe - dadurch, dass sie spezielles, in spezifischen Lernprozessen (Ausbildung, Studium, etc.) erworbenes Wissen teilen. Ein Fachwort definiert sich demnach dadurch, dass es eine lexikalische Einheit darstellt, die nicht wie bei anderen Typen von Spezialvokabular (Gruppensprache im eigentlichen Sinn, Archaismen, dialektaler Wortschatz, etc.) normalerweise im Zuge eines allgemeinen Sozialisationsprozesses erlernt wird, sondern deren Beherrschung eben einen solchen spezifischen und zielorientierten Lernprozess voraussetzt.[1]
Am eindeutigsten scheint der Charakter als Fachwort in jenen Fällen zu sein, in denen Form und/oder Bedeutung eines Wortes dem Rezipienten nicht bekannt ist und diese Kenntnis als allgemeines Weltwissen vom Kommunikator auch nicht vorausgesetzt werden kann. Dabei ist es prinzipiell unerheblich, ob auch die Wortform unbekannt ist oder ob ein formal bekanntes Lexem im speziellen Kontext eine andere Bedeutung erlangt, als ihr gemeinsprachlich zukommt (man denke hierbei z.B. an die Bezeichnung *Wurzel* in der Gemeinsprache und in der Mathematik). In beiden Fällen haben wir es mit einem Wissensgefälle zwischen dem Fachmann und dem Laien zu tun, sei es in Bezug auf Benennungs- oder in Bezug auf Bedeutungswissen bzw. - wahrscheinlich in den meisten Fällen - einer Kombination beider.
Das oben erwähnte Beispiel des Terminus *Kaufmann* zeigt allerdings, dass in vielen Fällen nicht einfach die allgemeine Voraussetzbarkeit oder Nicht-Voraussetzbarkeit der Kenntnis einer Benennung und/oder speziellen Bedeutung (bzw. ein krasser Bedeutungsunterschied) gegeben sein muss, sondern dass die Unterschiede - insbesondere hinsichtlich des Bedeutungswissens - subtilere Formen annehmen können:

[1] Natürlich kann auch eine Gruppensprache oder ein Dialekt, etc. im Zuge eines spezifischen Lernprozesses erworben werden. Dabei handelt es sich jedoch m.E. um eine abgeleitete Form des Spracherwerbs insofern, als der Lernprozess in diesen Fällen die Existenz einer naturwüchsig entstanden und in der Regel durch "normale" Sozialisation innerhalb einer Sprechergruppe erworbenen Sprachvarietät voraussetzt. Die Ausnahme davon wären wiederum Plansprachen (Esperanto, etc.), denen jedoch jegliche thematische Eingrenzung fehlt.

"Ello no significa que esta adquisición (von speziellem Wissen - der Verf.) parta siempre de cero, sino que admite distintos grados de solapamiento con el conocimiento adquirido previamente por el hablante: unas veces se aprende desde cero un concepto y una denominación no conocidos anteriormente; otras se aprende un nuevo concepto que el hablante no poseía y se asocia a una unidad formal ya interiorizada con otro sentido y/o parejada a condiciones pragmáticas distintas; en otros casos se redistribuye la información conceptual que el hablante ya tenía asociada a una unidad denominativa; esta redistribución puede producirse en forma de aumento, pérdida o cambio de rasgos de contenido, o simultáneamente en cualquiera de estas combinaciones; otras veces se asocian únicamente nuevas condiciones pragmáticas a unidades conocidas previamente." (Cabré 1999f:118f.)

In einer ersten Annäherung (die ausführlichere Behandlung dieser Frage erfolgt in 2.3.3.) wollen wir vorerst annehmen, dass das semantische Wissen des Fachmanns (und somit, wenn man so will, die fachsprachliche Semantik), sich dadurch auszeichnet, dass es irgendwie "reicher" und "strukturierter" ist, als dies beim Nicht-Fachmann der Fall ist.
Wir können also bis jetzt festhalten, dass der grundlegende Unterschied zwischen Fachwort und Nicht-Fachwort - in Analogie zur hier vertretenen Sichtweise von *Fachsprache* - darin besteht, dass das Fachwort in seiner Form und/oder seiner Bedeutung im fachlichen Kontext Wissen erfordert und aktiviert, das auf speziellen Lernprozessen beruht und nicht als Allgemeinwissen generell vorausgesetzt werden kann. Es wird daher

"... im Einzelfall oftmals umstritten sein, ob ein sprachlicher Ausdruck als fachsprachlich oder als allgemeinsprachlich zum gemeinsamen Zeichenvorrat aller Sprachteilnehmer zu betrachten ist, zumal der gemeinsame Zeichenvorrat entsprechend der Ausbildung, der Allgemeinbildung, den intellektuellen Fähigkeiten u.a. variiert." (Jahr 1993a:10)

Dennoch scheint mir dieses soziolinguistische (im weiten Sinn) Kriterium das brauchbarste, um fachspezifischen und gemeinsprachlichen Wortschatz zu trennen. Am - bereits erwähnten - graduellen Übergang zwischen beiden setzen die verschiedenen Versuche an, eine oder mehrere Zwischenstufen[1] zu unterscheiden. So spricht z.B. Baldinger schon 1952 von einem "der Allgemeinsprache zugewandten Teil der Fachsprache" (1952:90). Oft zitiert wird in diesem Zusammenhang eine von Hoffmann (vgl. ²1985:126f.) erarbeitete Klassifikation:

"Das Lexikon von Fachtexten setzt sich zusammen aus allgemeinem, allgemeinwissenschaftlichem und fachspezifischem Wortschatz. ... Zum fachspezifischen Wortschatz gehören insbesondere die terminologischen Bestände." (Pöckl 1990:269f.)

Hoffmann selbst definiert die drei Elemente dieser Klassifikation wie folgt:

---

[1] Kretzenbacher unterscheidet beispielsweise insgesamt 5 Stufen (vgl. 1991:196).

"Unter allgemeinem Wortschatz versteht man gewöhnlich den der schöngeistigen Literatur und der Presse, z.T. auch den der Umgangssprache. Als allgemeinwissenschaftlichen Wortschatz bezeichnet man diejenigen lexikalischen Einheiten, die in mehreren bzw. sehr vielen Fachsprachen auftreten; ... Den speziellen Fachwortschatz bilden die Lexeme, die nur in einer Fachsprache Verwendung finden; dazu gehört auch ein großer Teil der Terminologie." (Hoffmann [2]1985:126f.)

Abgesehen von der Problematik, "allgemeinen Wortschatz" mit "schöngeistiger Literatur" und "Presse" (in beiden Bereichen wird auch sehr spezielles Vokabular verwendet), aber nur "zum Teil" mit "Umgangsprache" charakterisieren zu wollen, fällt an dieser Einteilung auf, dass Fachsprache offensichtlich wiederum mit dem wissenschaftlichen Diskurs verbunden wird. Andernfalls würde man wohl kaum von einem "allgemeinwissenschaftlichen Wortschatz" sprechen, der das "verbindende Element zwischen Terminologie und den allgemeinsprachlichen Mitteln" (Schmitz/ Scheiner 1983:25) darstellen soll. Wir befinden uns hier wiederum vor der von mir wiederholt angesprochenen Vermengung verschiedener Perspektiven, denn neben dem gemeinsprachlichen Wortschatz und dem eigentlich thematisch bestimmten Fachwortschatz treten im konkreten Text natürlich auch (fach)diskurstypische Wortschatzeinheiten auf, die Fraas (1998:428) ganz richtig nicht zum Fachwortschatz rechnet. Ihre Existenz ist unbestritten, doch entspringen sie anderen kommunikativen Notwendigkeiten und Gepflogenheiten.
Allerdings ist mit diesen Feststellungen noch nicht der Tatsache Rechnung getragen, dass in den einzelnen Fachsprachen (und in den einzelnen Fachtexten) offensichtlich auch fachspezifische lexikalische Einheiten unterschiedlichen Spezialisierungsgrads und Status existieren, deren Analyse ja das Thema dieser Arbeit darstellt.
Eine besondere Bedeutung wird in diesem Zusammenhang von der einschlägigen Literatur der Unterscheidung zwischen Fachwörtern, Termini sowie - in etwas geringerem Ausmaß - Nomenklaturzeichen und Fachjargonismen beigemessen. Diese Unterscheidung soll daher in der Folge ausführlicher behandelt werden.

2.2. *FACHAUSDRUCK, FACHWORT, TERMINUS, FACHJARGONISMUS* UND *NOMENKLATURZEICHEN*

Es dürfte mittlerweile nicht mehr überraschen, dass in der Fachsprachenforschung absolut keine Einigkeit darüber besteht, welche Typen von Wortschatzelementen sinnvollerweise zu unterscheiden sind, und dass miteinander konkurrierende Benennungen und Klassifikationen der angesetzten fachsprachlichen Wortschatzeinheiten existieren. Ziel dieses Abschnitts ist es somit, die einzelnen Vorschläge dahingehend zu prüfen, inwieweit sie für unsere Analyse fruchtbringend sind, um in der Folge selbst ein kohärentes System anwenden zu können. Von den bereits

gebrauchten Bezeichnungen sind *Fachausdruck* und *Fachwort* sicherlich diejenigen, die den allgemeinsten und unbestimmtesten Inhalt repräsentieren. Als Fachausdrücke bzw. Fachwörter in einem weiten Sinn werden all jene lexikalischen Einheiten angesehen, die für eine Fachsprache typisch sind. In dieser Formulierung fällt ihre Bedeutung noch hinter unsere bisher bereits erarbeitete Klassifizierung zurück, können doch durchaus auch gemeinsprachliche (kein spezifisches Wissen erfordernde) Lexeme und diskurstypische Einheiten (kein thematisch bedingtes spezifisches Wissen erfordernde Lexeme) ebenfalls "typisch" sein. So werden gemeinsprachliche Ausdrücke des Steigens und Fallens in Börsenberichten oder gelehrte Formen wie *per definitionem* im Wissenschaftsdiskurs mit signifikant höherer Frequenz feststellbar und damit typischer sein als in den meisten anderen Textsorten und Diskurstypen. Nur sehr vereinzelt werden für die Charakterisierung einer Einheit als Fachwort (bzw. Fachausdruck) weitere Bedingungen gestellt, insbesondere dass dem Fachwort im Unterschied zum Nicht-Fachwort "eine wissenschaftliche Definition oder Konvention zugrunde" (Drozd 1978b:281) liegen muss.
Genau diese Forderung wird nun vielfach hinsichtlich des Terminus erhoben:

> "Ich halte es für zweckmäßig, als Oberbegriff die Bezeichnung *Fachausdruck* oder *Fachwort* zu verwenden und *Terminus* nur für solche Fachwörter zu gebrauchen, deren Inhalt durch Definition festgelegt ist, ..." (Schmidt 1969:19)

Jene lexikalischen Einheiten des Fachwortschatzes, die keinen definierten Inhalt aufweisen, aber "das Denotat mit ausreichender Genauigkeit bzw. eindeutig" (Schmidt 1969:20) bezeichnen, nennt Schmidt "Halbtermini". Andere Autoren sprechen hier von "nicht definierte[n], pragmatisch eingespielte[n] Fachausdrücke[n]" (Wiegand 1979:44), "nicht definierte[n], historisch gewachsene[n] Fachausdrücke[n]" (Homberger 1990:377) oder "Professionalismen (Terminoide[n])" (Filipec 1976:57).[1] Zu diesen "Halbtermini", zu denen Schmidt sehr vage eben Professionalismen, aber auch "Fachwörter aus verschiedenen anderen Bereichen des gesellschaftlichen Lebens wie Politik, Kultur, Sport usw." sowie "Eigennamen als Warenbezeichnungen" (Schmidt 1969:20) rechnet, zählen auch all jene Ausdrücke, für die

> "eine strenge Definition ... oft gar nicht recht notwendig [ist], da sich die begriffliche Festlegung wenig, wenn gar nicht vom allgemein verstandenen Sinn entfernt. Mit dem Wort *Tal* verbindet jeder die Vorstellung von der charakteristischen Oberflächenform mit einem Fluss oder Bach, der auf dem Talgrund fließt. Viel mehr sagt eine Definition auch nicht aus. Diese Fachwörter bilden so den Übergang des Fachwortschatzes in den Gemeinwortschatz.

---

[1] Mit den hier aufgezählten Bezeichnungen ist deren Vielzahl natürlich keineswegs erschöpft. Einer gänzlich anderen Perspektive folgt z.B. Grinev, der neben anderen Einheiten und je nach diachroner Entwicklung des Fachs und seiner jeweiligen Terminologie auch von "Proto-terms", "Pre-terms" und "Quasi-terms" spricht (1994:50f.).

Oder: In ihrem Bereich überschneiden sich Fach- und Gemeinwortschatz. Dieser Bereich stellt gewissermaßen die *Peripherie* des Fachwortschatzes dar; Grenzen sind schwer erkennbar, da fließende Übergänge bestehen." (Ebert 1970:228)

Gerade bezüglich dieser nicht-definierten Fachwörter ist, folgt man meiner Argumentation, allerdings auch insofern Vorsicht angebracht, als darunter auch diskurstypische (nicht für Fachsprachen in meinem Sinne spezifische) Einheiten verstanden werden.[1] Als eigene Gruppe neben den (definierten) Termini und (nicht definierten) Fachwörtern bzw. Fachausdrücken werden schließlich gelegentlich die *Fachjargonismen* angesehen. Auf die Frage der Abgrenzung von Fachsprache und Jargon und dessen Mittelstellung zwischen Fach- und Gruppensprache wurde bereits in 1.3.3. eingegangen. Ihr Verhältnis zu den hier besprochenen lexikalischen Einheiten soll daher an dieser Stelle mit Schmidt nur kurz charakterisiert werden:

"Das [die Jargonismen] sind Bezeichnungen für Gegenstände und Erscheinungen eines Fachbereichs, die keinen Anspruch auf Genauigkeit oder Eindeutigkeit des Ausdrucks erheben.[2] Als Jargonismen tragen sie nicht zur Besonderung und Vertiefung der fachsprachlichen Ausdrucksmöglichkeiten bei, sondern werden neben den Termini und Halbtermini und häufig an ihrer Stelle gebraucht, besonders im alltäglichen vertrauten Umgang mit Arbeitskollegen oder anderen Angehörigen der betreffenden Berufsgruppe, und sind deshalb oft nur auf einen engeren Kreis von Personen beschränkt. Sie haben meist bildhaften Charakter und enthalten vielfach eine starke emotionale Bedeutungskomponente." (Schmidt 1969:20)

Die bis hierher skizzierte Klassifikation findet sich jedoch nur in einem Teil der einschlägigen Literatur, denn vielfach wird *Terminus* überhaupt mit *Fachwort* oder *Fachausdruck* gleichgesetzt: "Als Terminus im weiteren Sinne werden auch Fachausdrücke oder spezialisierte Bezeichnungen aufgefasst, insofern sie in einem Sachgebiet eindeutig bestimmbare (konkrete) Dinge bezeichnen..." (Filipec 1976:55). In obigem Zitat klingt darüber hinaus ein weiteres grundlegendes Problem, das sich im Hinblick auf die Bezeichnung *Terminus* stellt, bereits an:

"Auch das Verhältnis des Terminus zum 'Begriff' ist nicht einheitlich. Entweder steht der 'Terminus' als Signifikant dem 'Begriff' als Signifikat gegenüber, oder er umfasst sowohl den Signifikanten als auch das Signifikat." (Kretzenbacher 1991:196)

Gerade in speziell die Terminologielehre betreffenden Arbeiten (vgl. z.B. Wüster 1974:67) sind häufig Formulierungen anzutreffen, die erstere Auffassung (*Terminus*

---

[1] Vgl. z.B.Beneš (1969:130).

[2] Ob Jargonismen tatsächlich "keinen Anspruch auf Genauigkeit oder Eindeutigkeit des Ausdrucks erheben", soll hier nicht weiter diskutiert werden, müsste aber doch differenzierter gesehen werden. In einer konkreten Arbeitssituation werden sie diesen Anspruch sehr wohl erfüllen müssen, so die Kommunikation funktionieren soll.

im Sinne von Signifikant oder Zeichenausdruck) zumindest nahelegen, sie findet sich bisweilen aber auch in der modernen Literatur zur Fachsprachforschung. So spricht z.B. auch Hoffmann vom Terminus als "sprachliche Repräsentationsform" eines Fachbegriffs (1988:103). Es ist von daher nicht verwunderlich, dass auch die Bezeichnung *Terminologie* mit verschiedenen, über die hier erwähnten noch hinausgehenden, Bedeutungen verwendet wird.[1] Schließlich sei noch angemerkt, dass *Terminus* auch nicht ausschließlich zur Bezeichnung sprachlicher Einheiten dient, sondern auch auf andere semiotische Systeme bezogen gebraucht wird[2] - ein Umstand, der uns in diesem Rahmen aber nicht weiter zu beschäftigen braucht. Spreche ich in der Folge von *Terminus,* so verstehe ich darunter jedenfalls die Einheit von Benennung (Bezeichnung, Signifikant) und Bedeutung (Signifikat).[3] Aus diesem Grund, also der Verwechslungsgefahr mit *Signifikant,* wird auch *Fachausdruck* von mir nicht verwendet.

Was nun die Frage der Sinnhaftigkeit einer Trennung des Fachwortschatzes in einen definierten (terminologischen im engeren Sinn) und einen nicht definierten Bereich betrifft, so scheint mir die Bestimmung von *Terminus* als definiertes Fachwort (im Gegensatz zum nicht definierten Fachwort oder Halbterminus, etc.) einigermaßen problematisch zu sein. Zunächst ist mir nicht ganz klar, welchen praktischen Wert eine solche Trennung haben soll. Es ist zwar denkbar, dass damit ein fachlicher Kernwortschatz von einem eher peripheren Wortschatz herausgearbeitet werden soll, was zweifellos z.B. für lexikographische oder sprachdidaktische Fragen Konsequenzen hätte, doch ist eine solche Trennung sicherlich zielführender über andere Kriterien (z.B. Häufigkeit, Textfunktionen, etc.) zu suchen als über das Vorliegen einer allseits akzeptierten Definition. Der zweite Einwand ist grundsätzlicherer Natur. Zum einen kann prinzipiell jede lexikalische Einheit definiert werden, es handelt sich also, wie ein Blick in ein beliebiges Wörterbuch zeigt, dabei eigentlich um nichts spezifisch Fachsprachliches. Es wäre daher zu klären, welche Bedingungen die als ausschlaggebend erachteten Definitionen zu erfüllen hätten. Zum anderen ist für viele Wissenschaften charakteristisch, dass gerade bei den grundlegenden Fachwörtern nicht eine einzige, sondern eine große Zahl an Definitionen existiert:

---

[1] Vgl. Drozd (1975:109), der insgesamt fünf Bedeutungen ("Sammlung von Termini eines Faches - genormt oder ungenormt -, dargestellt zum Beispiel in einem Wörterbuch", "Gesamtheit der Sprachmittel, bestehend oder ermittelt in einem Fach", "Nomenklatur", "Wissenszweig, Theorie der Terminologie", "praktische Beschäftigung mit terminologischen Fragen") auflistet.

[2] Vgl. Adelstein (1998:67), wo ebenfalls fünf unterschiedliche Verwendungsweisen von "Terminus" unterschieden werden.

[3] Ich folge somit DIN-2342 (vgl. Arntz/Picht 1989:37), wo allerdings von "Begriff" und seiner "Benennung" gesprochen wird. *Begriff* wird jedoch vielfach als "Denkeinheit" (ebendort), also als eigentlich außersprachliche Kategorie gesehen, weswegen ich *Bedeutung* vorziehe (siehe 2.3.3.2.).

> "Die Sprachwissenschaft arbeitet mit einer Unmenge von Wortdefinitionen, wie sie auch über eine lange Reihe von Definitionen des Satzes oder der Sprache verfügt. An der Definition der Sprache, des Satzes, des Wortes und besonders der Bedeutung spalten sich ganze Richtungen, Schulen oder sogar Weltanschauungen." (Drozd/Seibicke 1973:44)

In diesen Fällen existieren nun zwar Definitionen, die zumeist in ihrer Qualität und Wissenschaftlichkeit weit über die oben erwähnten Wörterbuchdefinitionen hinausgehen, doch ist der Terminus nicht eindeutig im Fach, sondern z.B. nur in einer bestimmten Theorie oder Schule definiert. Dementsprechend schreibt Baumann: "Den Kern der Fachwortschätze stellen die Termini dar. Sie sind im Rahmen einer konkreten Theorie begrifflich definiert" (Baumann 1994b:42).
Wodurch sich dann allerdings der vielfältig definierte Terminus vom vielfältig definierten oder zumindest definierbaren Fachwort konkret unterscheidet, was also mit dieser Trennung gewonnen wird, ist nicht klar, denn:

> "Über diese 'Brücke' der zahlreichen Einzeltheorien lässt sich damit die Annahme einer ... gesteigerten Präzision der Semantik im Theoriebereich halten, sonst nicht! Im Gegenteil: Wissenschaft und Theorie 'leben' geradezu von der ständigen Auseinandersetzung um Begriffsdefinitionen, verstanden als Modellierungsversuche für Sachverhalte. Lediglich unstrittige Begriffe, ..., können einzeltheorienübergreifend präzise Bedeutungen erlangen." (Hundt 1995:9)

Es würden vielmehr nun gerade jene lexikalischen Einheiten, deren Bedeutungen einer ständigen Diskussion unterworfen sind und die deswegen einem Rezipienten nicht unmittelbar klar sind, sondern von ihm vielmehr erst im Kontext der jeweiligen Theorie erarbeitet werden müssen, zu Termini erklärt.
Ich meine, dass aus diesen Problemen heraus die Trennung von Terminus und Fachwort (und "Halbtermini", "Terminoide", etc.) nicht allzu viel Sinn ergibt, ganz abgesehen davon, dass die Abgrenzungsproblematik in diesen Fällen, selbst wenn sie auf theoretischer Ebene vielleicht befriedigend gelöst werden könnte, in der empirischen Analyse größte Schwierigkeiten bereiten dürfte (vgl. Ide 2000:39). Es bringt wenig, umfangreiche Klassifikationen zu erstellen, deren Kategorien in der konkreten Analysetätigkeit unnotwendig oder vielleicht sogar hinderlich sind.
Die oben angesprochenen Mehrdeutigkeiten der Bezeichnung *Terminus* legen es sogar nahe, vollkommen auf sie zu verzichten, wie dies teilweise auch getan wird (vgl. Kretzenbacher 1991). Es gibt allerdings einen guten Grund, diese Differenzierung nicht aufzugeben, und dieser Grund liegt in der formalen Struktur der fachsprachlichen lexikalischen Einheiten: "Ein Terminus kann aus einem Wort (Glühlampe) oder aus einer Wortgruppe bestehen (Kraftfahrzeug mit Vorderradantrieb, zulässige Abweichung etc.)" (Buhlmann/Fearns 1987:33).
Durch den Gebrauch der Bezeichnung *Terminus* wird der Eindruck vermieden, dass es sich ausschließlich um einzelne Wörter handelt, denn eine enge Interpretation

von *Fachwort* würde ja Wortverbindungen (aber auch Abbreviaturen) ausschließen (vgl. Hoffmann 1988:104). Sie hat zudem den Vorteil, dass sie in der einschlägigen Forschung geläufiger ist als z.B. *Fachausdruck*, wobei letztere Bezeichnung, wie bereits angeklungen ist, zusätzlich die Gefahr in sich birgt, als reine Benennungseinheit (also als Signifikant im Unterschied zum Signifikat) missverstanden zu werden. Aus diesem Grund wird in dieser Arbeit von *Terminus* im oben definierten Sinn (als fachsprachliche lexikalische Einheit von Signifikant und Signifikat) gesprochen. In Zusammenhang mit den Fachterminologien wird häufig auch von *Nomenklaturen* bzw. *Nomenklaturzeichen* gesprochen, womit zumeist "nur die Benennungen für die Objekte eines Fachs (z.B. chemische Verbindungen, Tierarten)" (Pöckl 1990:270) verstanden werden. Bisweilen wird der Akzent auch auf die Existenz eines ganzen Benennungssystems gelegt:

> "Unter einer Nomenklatur versteht man ein vollständiges, durchstrukturiertes, verbindlich festgelegtes Benennungssystem für ein bestimmtes Fachgebiet. Beispiele sind die internationalen Benennungssysteme für Arten, Gattungen usw. der Pflanzen und Tiere und das periodische System der chemischen Elemente." (Arntz 1998:79)

Immer wieder ist in diesem Zusammenhang von "Etikettierung" (vgl. z.B. Ebert 1970:2-28 oder Hahn [2]1980:393) bzw. von "konventioneller Setzung" (vgl. Kretzenbacher 1991:197) von Benennungen für die Objekte eines Faches die Rede, wobei im Kontrast zur Perspektive im obigen Zitat

> "... zwischen den Objekten keine vollständig definierte, vor allem keine systematische oder hierarchische Beziehung bestehen muss, sondern das Vorhandensein eines beschreibbaren Unterschieds ausreicht." (Hahn 1983:87)

Bisweilen wird der Unterschied zwischen Terminologie und Nomenklatur[1] auch über den Abstraktionsgrad der jeweiligen lexikalischen Einheit bestimmt:

> "En effet, dans les sciences naturelles, surtout en médecine, en chimie et en biologie, on distingue un système de noms génériques (ou généraux), la *terminologie*, de différents systèmes de mots spécifiques (ou individuels), les *nomenclatures*. Ainsi sont affectés en biologie au nom génerique canis plusieurs noms spécifiques, les espèces, que sont par exemple les chiens, les loups et les chacals: ...
> Les mots répertoriés dans les nomenclatures constituent de pures énumérations, ils représentent les objets de la science donnée, tandis que les mots de la terminologie font partie du système conceptuel et méthodologique de la science." (Morgenroth 1994:60)

---

[1] Vereinzelt wird *Nomenklatur* auch synonym zu *Terminologie*, vor allem in der Gebrauchsweise als Benennungssystem, verwendet (vgl. z.B. Dubuc [3]1999:55). Nachdem diese Gleichsetzung aber zumeist auf Ablehnung stößt (vgl. Grinev 1996:29), wird sie hier nicht weiter berücksichtigt.

In diesem Sinne versteht man also unter Terminologiezeichen "stets Oberbegriffe, Nomenklaturzeichen [hingegen] stehen am Ende eines hierarchischen Klassifikationsprozesses, sind also Unterbegriffe" (Morgenroth 1993a:57).
Dieser Ansatz deckt sich zum Teil mit demjenigen, der den Terminus als Zeichen für einen abstrakten Begriff, Nomenklaturen hingegen als Benennungen für Realia sieht (vgl. Beneš 1968:127 oder Gläser 1979:35). Meiner Meinung nach wird hier wiederum eine Unterscheidung getroffen, die eigentlich nichts an Erkenntnis bringt und daher unnotwendig ist (vgl. Arntz/Picht 1989:41). Abgesehen davon, dass wohl jedes Objekt mit einem entsprechenden Begriff verbunden wird (vgl. Grinev 1996:29), ja der Begriff sein Objekt, so man es als Klasse versteht, überhaupt erst konstituiert, kann schließlich - mit Ausnahme der tatsächlichen Individualobjekte (siehe unten) - jeder Unterbegriff selbst zum Oberbegriff werden. Die von Morgenroth im obigen Zitat gegebenen Beispiele "chiens", "loups" und "chacals" sind ja nun wirklich nicht als letzte Stufe einer Klassifikation zu sehen. Ebenso erweckt die Unterscheidung zwischen "Gewinnsteuer" als Terminus und "Körperschaftssteuer", "Gewerbeertragssteuer" und "Einkommenssteuer" als Nomenklaturzeichen (Morgenroth 1993a:58f.) den Eindruck einer gewissen Willkürlichkeit und die von Morgenroth diesbezüglich vorgebrachten Argumente scheinen mir nicht überzeugend (vgl. Morgenroth 1993a:58f.):

> "... les distinctions entre la terminologie et la nomenclature ont conservé une valeur essentiellement théorique, puisque les critères développés pour délimiter ces deux catégories n'on pas abouti à des définitions rigoureuses." (Khaioutine/Tiulnina 1996:47)

Es erschiene mir sinnvoll, würde man die Bezeichnung *Nomenklatur* tatsächlich nur für Benennungssysteme von Individualbegriffen, also für Eigennamen, gebrauchen, die sich einer begrifflich-hierarchischen Bestimmung und Klassifikation weitgehend entziehen, wie dies z.B. bei geographischen Benennungen, Markenbezeichnungen oder z.B. im Bereich der Börsensprache bei den Namen der einzelnen Börsen und Börsenindizes der Fall ist (vgl. zu diesem Standpunkt Grinev 1994:50 und 1996:31f.). In allen anderen Fällen - also z.B. auch in Hinblick auf die Bezeichnungssysteme der Zoologie und der Botanik, in denen die Bezeichnungen mit semantisch-begrifflich ganz klar unterschiedenen Entitäten verbunden sind - erschiene es mir konsequenter, ebenfalls von *Terminologien* zu sprechen. Der Sprachgebrauch ist hier allerdings so verfestigt, dass wohl keine andere Wahl bleibt, als diese Inkonsequenz zu akzeptieren.
Zusammenfassend sei also festgehalten, dass aus den in diesem Abschnitt dargelegten Gründen die spezifisch fachsprachliche lexikalische Einheit von mir als *Terminus* bezeichnet wird und ich keine weiteren Unterscheidungen vornehme. Ein Sonderstatus kommt m.E. (fachsprachlichen) Eigennamen zu, und zwar insofern als sie sich nicht auf eigentliche Klassen, sondern auf einzelne Objekte beziehen. Ihre Behandlung

oder Vernachlässigung innerhalb einer terminologischen Untersuchung scheint mir am ehesten nach pragmatischen Kriterien, also primär in Abhängigkeit von den jeweiligen konkreten Zielsetzungen, zu entscheiden zu sein. Das Bestreben weitere Differenzierungen vorzunehmen, also z.B. normierte lexikalische Einheiten von nicht normierten auch in der Benennung zu trennen, ist für mich zwar nachvollziehbar, es stellt aber neben der Vermischung von Analyseperspektiven (Diskurshaftes versus Thematisch-Fachsprachliches) sicherlich einen Hauptgrund für die beschriebene Vielfalt an Bezeichnungen und die bestehende terminologische Konfusion dar.

2.3. CHARAKTERISTIK DES FACHWORTSCHATZES

Ich habe im Verlauf meiner bisherigen Ausführungen bereits wiederholt meiner Meinung Ausdruck verliehen, dass zwischen Fachsprache und Nicht-Fachsprache, zwischen Fachwort und Nicht-Fachwort kaum eine klare Grenze gezogen werden kann, sondern dass fließende Übergänge anzusetzen sind. Wenn nunmehr die Charakteristik des Fachwortschatzes zur Sprache kommen wird, kann es sich somit nicht um exklusive Eigenschaften handeln, die dem Fachwort zukommen und dem Nicht-Fachwort nicht. Es geht vielmehr darum, jene Aspekte lexikalischer Einheiten zu diskutieren, denen in der fachsprachlichen Kommunikation und in der fachsprachlichen Analyse eine besondere Bedeutung zukommt und die es demzufolge erlauben, fachsprachliche Einheiten einer sinnvollen Beschreibung zuzuführen.

2.3.1. Formale Charakteristika

2.3.1.1. Sprachliche Form der Termini

Einige formale Aspekte des Terminus sind im Verlauf meiner Überlegungen bereits zur Sprache gekommen. So wurde z.B. in 1.4.3. auf die Existenz spezieller, in der Allgemeinsprache nicht vorhandener Pluralformen verwiesen und auch die Rolle einzelner Wortarten (Substantiv, Adjektiv) wurde dort in einer, allerdings eher kritisch gehaltenen, Kurzcharakterisierung von *Fachsprache* allgemein erwähnt. Diese grundlegende Frage, d.h. welche Arten von lexikalischen Einheiten überhaupt als Fachwort fungieren können, soll an dieser Stelle wieder aufgenommen werden, um anschließend andere morphologische Eigenschaften zu behandeln.
Vielfach werden Fachwörter ausschließlich der Klasse der Substantiva zugeordnet, oder letztere zumindest als prototypische Vertreter ersterer angesehen: "La categoría básica de los términos es la nominal; las unidades adjetivas y verbales de carácter terminológico están emparentadas con un término nominal" (Cabré 1999g:139).

Dies führt dazu, dass die Bedeutung, die den einzelnen Wortklassen jeweils zukommt, als ein Unterscheidungsmerkmal von Terminologie und gemeinsprachlichem Wortschatz herangezogen wird:

> "En efecto, mientras que en una obra terminológica la presencia de nombres es casi exclusiva y la de verbos, adjetivos y locuciones muy escasa, en un diccionario de lengua general se hallan representadas todas las categorías de la gramática: nombres, verbos, adjetivos, adverbios, determinantes, pronombres, preposiciones y conjunciones, e incluso las interjecciones." (Cabré 1993:88)

Die Gründe für diese herausragende Bedeutung des Substantivs liegen in den - je nach fokussierter Sprache natürlich differenziert zu sehenden - sprachlichen Charakteristika dieser Wortart wie leichte Bildung von Komposita, hohe syntaktische Flexibilität, hohe Kontextunabhängigkeit, hohe Informationsdichte (vgl. Kretzenbacher 1992:38), die in bestimmten Diskurstypen (vor allem Wissenschaftssprache) von besonderer Wichtigkeit sind. Da es in diesen oftmals um bewusste Benennung von Dingen oder Prozessen[1] geht und diese Diskurstypen oftmals mit Fachsprache allgemein gleichgesetzt werden, kann leicht der Eindruck aufkommen, dass allein das Substantiv, das eine "direkte Korrelation mit Begriffen und Fakten" (Hoffmann 1988:97) herstellt, als Terminus fungieren kann:

> "Aber es gibt keine überzeugenden Argumente dafür, dass das Verb diese Funktion nicht selbst übernehmen könnte oder dass die Terminologie nur statische Objekte oder objektivierte Prozesse zu benennen hätte." (Hoffmann 1988:97)

Es wäre also nicht zutreffend, die Fachlexik mit der Kategorie des Substantivs und allenfalls des Adjektivs (das vielleicht noch als reine Substantiverweiterung im Terminus gesehen wird) gleichzusetzen:

> "Hauptwörter und Eigenschaftswörter sind zwar besonders reichlich vertreten, doch finden sich auch Zeitwörter in großer Zahl. Nicht vorhanden sind jedoch Ausrufe (Interjektionen) .... Partikeln, Verhältniswörter (Präpositionen), Bindewörter (Konjunktionen) und andere Satzbaumittel sind der Gemeinsprache entnommen." (Seibicke 1981:50)

Termini scheinen also - in natürlich-sprachlicher Verwendung[2] - nur in den Wortklassen Substantiv, Adjektiv, Verb und Adverb, somit in den offenen Wortklassen, vorzuliegen. Bisweilen werden zwar auch Präpositionen und Konjunktionen ("*wenn - so*, *einerseits* -

---

[1] Man denke in diesem Zusammenhang daran, dass z.B. in der Wissenschaftssprache Prozesshaftes zumeist ebenfalls durch Verbalsubstantive bezeichnet wird - eine Erscheinung, die oftmals als *Nominalstil* bezeichnet wird.

[2] Ausnahmen stellen stark formalisierte Fachsprachen wie diejenige der Logik und Mathematik dar.

andererseits usw.") erwähnt (vgl. Fluck [3]1985:48f.), doch sind erstere nur als (syntagmatisch notwendiger) Teil eines Terminus und letztere als diskurstypische Einheiten anzusehen.
Aus dieser Formulierung geht auch hervor, dass Termini - wie oben bereits erwähnt (siehe 2.2) - nicht auf Einwort-Bezeichnungen beschränkt sind, sondern auch Wortgruppen umfassen können. Aus diesem Faktum ergibt sich in einer semasiologischen Perspektive ein Grundproblem der terminologischen Analyse, nämlich die Frage nach der Begrenzung des Terminus:

> "Whilst the majority of terms are nominal compounds, the number of elements in such compounds is sometimes hard to determine, particularly in languages in which compouns tend to be multiword rather than single-word. The problem is a conceptual one as much as a formal one since domain experts may also disagree about the location of term bounderies." (Ahmad/Rogers 2001:754)

Zur Lösung des Problems bieten sich mehrere Zugänge an: Der einfachste wäre wohl der "Rückgriff auf die Lexikographie" (Ide 2000:142f.), der allerdings schon daran scheitert, dass nicht alle Termini lexikographisch erfasst sind (und auch nicht sein können), ganz abgesehen davon, dass damit das Problem nicht gelöst, sondern nur abgeschoben ist.
Ein erster wesentlicher Hinweis darauf, ob es sich bei einer Wortfolge in einem Text um einen Terminus oder um eine freiere Fügung handelt, ist die Rekurrenz der Einheit in verschiedenen Texten. Allerdings ist auch das wiederholte Auftreten einer Wortfolge noch kein ausreichendes Differenzierungskriterium, da damit einerseits niederfrequente, oftmals neue Prägungen aus der Analyse ausgeschlossen, andererseits hochfrequente Kollokationen als Terminus interpretiert würden.
Auf formaler Ebene gilt in Sprachen mit einer ausgeprägten Tendenz zu syntagmatischen Komposita (im Spanischen in der Regel *Nomen de Nomen* -Formen) auch die formal-syntaktische Konstruktion der Mehrworteinheit als Hinweis für einen höheren Lexikalisierungsgrad und damit als Anzeichen für das Vorliegen eines Terminus, insbesondere das Fehlen von Artikel, Possessivpronomen und Demonstrativpronomen (vgl. Dubuc 1999:83) wie in *mercado de trabajo*, *tasa de inflación*, etc. Allerdings gilt diese Regel ausschließlich für das Kompositionsmuster *Nomen de Nomen* und ist selbst mit dieser Einschränkung nicht in allen Fällen zutreffend (Dubuc selbst gibt als Gegenbeispiel *durée du travail* - 1999:84). Bezüglich der ebenfalls sehr produktiven Struktur *Nomen Adjektiv* (*mercado financiero* etc.) zeigt Wagner (1992:223) eine Reihe von Tests, mit deren Hilfe Komposita von freien Fügungen unterschieden werden können: Nominalisierung des Adjektivs, Prädikativisierung, Adjektivtilgung, Selektionsbeschränkungen und Hinzufügen eines Adverbs. Die Realisierung dieser Tests zeigt den Lexikalisierungsgrad der Einheit auf, allerdings gibt Wagner keine Antwort darauf, bei welchen Ergebnissen nun tatsächlich von einem Kompositum gesprochen werden kann (Wie viele Tests müssen übereinstimmen?

Haben alle die gleiche Wertigkeit? etc.). Die Unterscheidung von Mehrwortterminus und freier Fügung scheint auf Basis von formalen Kriterien nicht realisierbar zu sein, da beide auf den gleichen syntaktischen Prozeduren beruhen. Somit kann ihrer Abgrenzung nur mit Hilfe semantischer Kriterien erfolgen, worauf an der entsprechenden Stelle zurückzukommen sein wird (siehe 2.3.3.2 .).
Hilfestellung kann der formale Aspekt jedoch in der Abgrenzung des Terminus von der Fachwendung[1] leisten, die ich in Anlehnung an DIN 2342-1 als eine "ein Verb enthaltende festgefügte Gruppe von Wörtern zur Bezeichnung eines Sachverhalts in einer Fachsprache" (zitiert nach Arntz 1998:81)
definiere. Arntz gibt als Beispiel "den Hochofen abstechen" (1998:81), also eine Kombination aus terminologischem Substantiv und terminologischem Verb. Kombinationen aus Terminus und gemeinsprachlichem Verb à la *mit Scheck bezahlen* würde ich in einer ersten Annäherung nicht als *Fachwendung* (im Unterschied zu *einen Scheck ausstellen)*, sondern als (nicht-fachsprachliche) *Kollokation* bezeichnen.

2.3.1.2. Bildung des Fachwortschatzes

Fachsprachen verdanken ihre Entstehung in erster Linie der Tatsache, dass die Experten im Fach gezwungen sind, Neues zu beschreiben bzw. Bekanntes (auch sprachlich) differenzierter zu behandeln, als dies in der Gemeinsprache der Fall ist (vgl. Elgert 1988:104). Von daher ist klar, dass die Bildung neuer Termini im Bereich der Fachsprachen von herausragender Bedeutung ist. Dementsprechend erfährt die Frage, auf welche Weise dieser Bedarf an Fachlexik befriedigt wird, in der einschlägigen Literatur auch eine ganz besondere Behandlung. Da die Beschäftigung mit dem Thema weitgehend konsensuell erfolgt, soll hier nur ein kurzer Überblick gegeben werden.[2]
Tritt in einer Fachsprache ein konkreter Benennungsbedarf auf, so bieten sich folgende Möglichkeiten, diesem sprachlich zu begegnen:

- Neuschöpfung
- Terminologisierung bzw. Umterminologisierung
- Wortbildung (Komposition, Derivation, Konversion, Kürzung)
- Fremd-/Lehnwortgebrauch.[3]

---

[1] Die Bezeichnungen sind hier ebenfalls nicht einheitlich. Neben *Fachwendung* wird auch von *fachsprachlicher Wendung, phraseologischem Terminus*, etc. (vgl. Mayer 1998:39) gesprochen.

[2] Dazu kommt, dass die Möglichkeiten der Fachsprachen sich im Prinzip nicht von denjenigen der Gemeinsprache unterscheiden.

[3] Ich vermeide hier bewusst den in diesen Klassifikationen oft gebrauchten Terminus *Entlehnung* (vgl. z.B. Schmitt 1992b:13), da sich daraus m.E. Inkohärenzen zu den anderen Elementen ergeben. *Entlehnung* bezieht sich auf eine andere - nämlich die Herkunft der

Unter Neuschöpfung verstehe ich die Schaffung gänzlich neuer lexikalischer Einheiten, also tatsächliche "Urschöpfungen" (Seibicke 1981:46), Abkürzungswörter (wie *Radar*, *Benelux*, etc.) und Mischwörter (z.B. *Ester* aus *Essig* und *Aether*), aber auch die Bildung von Fachwörtern auf der Grundlage von Eigennamen (Personen- und Markenbezeichnungen, etc.). Während insbesondere die erstgenannte Möglichkeit auch im Bereich der Fachsprachen extrem selten zu sein scheint (vgl. Hahn 1983:87; als Beispiel wird zumeist das Wort *Gas* zitiert), ist letztere Möglichkeit ein häufig benutztes Verfahren der Benennung neuer Erscheinungen (vgl. *Einsteinium*, *Californium*, etc.).
Als Terminologisierung bzw. Umterminologisierung bezeichnet man jene Fälle, in denen eine Fachsprache eine in der Gemeinsprache oder in einer (bzw. mehreren) anderen Fachsprache(n) existierende Form verwendet, diese jedoch mit einer spezifischen Bedeutung versieht. Die Terminologisierung ist ein ungemein produktives Verfahren zur Bildung von Fachwörtern, wie man an noch jungen Fächern wie z.B. der Informatik sieht. Man denke hier nur an *Speicher*, *Maus*, *Pfad*, *Verzeichnis*, etc.
Was den Bereich der Wortbildung betrifft, so erübrigt sich an dieser Stelle eine weitergehende Behandlung der verschiedenen Möglichkeiten. Besonders wichtig erscheint mir in diesem Zusammenhang allein die oft diskutierte Frage, ob Unterschiede in den Wortbildungsmöglichkeiten der Fachsprachen und der Gemeinsprache gegeben sind. Weitgehende Übereinstimmung herrscht darüber, dass je nach Fachsprache "ganz bestimmte Wortbildungsmuster zur Bildung von Benennungen im Fach bevorzugt werden" (Spiegel 1976b:147). Daraus ergibt sich, dass in einer Fachsprache bestimmte Mittel vielleicht gar nicht, andere dagegen besonders häufig auftreten und somit für die jeweilige Fachsprache charakteristisch sind:

> "Sprachübergreifend ist zunächst festzustellen: Zur Deckung des riesigen Bedarfs an fachlichen Benennungen nutzen Fachsprachen grundsätzlich die gleichen Methoden wie andere Sprachverwendungsbereiche, sie zeichnen sich aber durch die Produktivität bestimmter Mittel und die Häufigkeit der Kombinationen verschiedener Verfahren aus, wobei sie offensichtlich auch die (nicht exakt festlegbaren) Grenzen des außerhalb der Fachsprache Akzeptierten überschreiten." (Beier 1999:1405)

Bleibt die Frage zu klären, ob tatsächlich in Fachsprachen spezifische Wortbildungsmuster existieren oder ob hier immer nur aus den Möglichkeiten, die die Gemeinsprache bietet, ausgewählt wird. Bisweilen wird die Ansicht vertreten, dass "durchweg die in der Gemeinsprache bekannten Wortbildungsregeln und Wortbildungsmuster angewandt und verwendet werden, um fachsprachliche Benennungen zu bilden" (Spiegel 1976b:147). Denkt man jedoch daran, dass in manchen Wissenschaften

---

Einheiten fokussierende - Perspektive, die mit den anderen hier angegebenen Möglichkeiten (insbesondere derjenigen der Wortbildung) durchaus kompatibel ist. So folgen z.B. Lehnprägungen natürlich den Regeln der Wortbildung bzw. können Terminologisierungen auf Lehnbedeutungen beruhen, etc.

(z.B. in der Chemie) ganze Klassifikationssysteme auf bestimmten, in der Gemeinsprache nicht existierenden Derivationsmorphemen aufgebaut sind (vgl. Müller 1975:153), oder an die mit lateinisch-griechischen Formen gebildeten Ableitungen (die außerhalb des wissenschaftlichen Bereiches wohl ebenfalls kaum produktiv sind, sondern bestenfalls in bestimmten Kombinationen in die Gemeinsprache eindringen) und schließlich an bestimmte Kompositatypen (*außen-rund-schnell-einstech-schleifen*[1]), so scheint klar, dass sehr wohl typisch fachsprachliche Wortbildungsmöglichkeiten existieren, deren Beherrschung als Teil fachsprachlichen Wissens zu sehen ist und die somit einen Differenzierungsfaktor zur Gemeinsprache darstellen (vgl. Cabré 1999a:25).
Schließlich greifen gerade Fachsprachen, in denen der internationalen Kommunikation vielfach eine ganz besondere Bedeutung zukommt, in einem hohen Maß auch auf Fremd- bzw. Lehnwörter zurück, um ihren Bedarf an neuen lexikalischen Einheiten zu decken. Dabei wird einerseits sowohl aus anderen lebenden Fremdsprachen als auch aus dem Lateinischen und Griechischen lexikalisches Material übernommen (im letzteren Fall kann dieses allerdings über eine andere Sprache in die eigene eingehen).

2.3.2. Pragmatische Charakteristika des Fachwortschatzes

Pragmatische Aspekte des Fachwortschatzes sind in meinen Überlegungen zur Bestimmung von *Fachsprache* (siehe 1.3.) bereits ausführlich angesprochen worden, wo es ja darum ging, den (allenfalls: die) kommunikativen Parameter, der (die) für eine Bestimmung von *Fachsprache* zielführenderweise herangezogen werden sollte(n), festzumachen. Angeklungen ist auch wiederholt, dass oftmals - m.E. zu Recht - zwischen (gemeinsprachlichem) *Wort* und *Terminus* kein grundsätzlicher Unterschied gesehen wird:

> "Un análisis lingüístico de la terminología de cualquier ámbito de especialidad no permite detectar ninguna especificidad de los términos respecto a las palabras del léxico común. Una palabra es, desde el punto de vista lingüístico, una unidad que se caracteriza por tener una forma fónica y gráfica, una estructura morfológica simple o compleja, una caracterización gramatical, y un significado que describe la clase a la que pertenece un objeto particular. El término es también una unidad que presenta las mismas características." (Cabré 1999a:25)

Dies gilt unbeschadet einiger - m.E. sekundärer und zur Unterscheidung teilweise nur bedingt brauchbarer - Differenzen in Bezug auf Wortklassen, Wortbildung, etc.

[1] Beispiel aus Schütze (1976:70); die Aneinanderreihung von mehreren adverbialen Bestimmungsgliedern tritt - laut Schütze - in der Gemeinsprache nicht auf.

Oft wird daher, genauso wie in der Bestimmung von *Fachsprache* allgemein, auch bezüglich der Trennung von gemeinsprachlichem Wortschatz und Fachwortschatz auf die Bedeutung pragmatischer Aspekte verwiesen:

> "Podemos afirmar que los aspectos pragmáticos son los que mejor permiten diferenciar los términos de las palabras. Pragmáticamente, términos y palabras se distinguen *i)* por sus usuarios; *ii)* por las situaciones en las que se utilizan; *iii)* por la temática que vehiculan, y *iv)* por el discurso en que suelen aparecer." (Cabré 1999a:26)

Diese Aspekte werden von den einzelnen Autoren naturgemäß unterschiedlich gewichtet,[1] brauchen aber an dieser Stelle - nachdem dies in 1.3. ausführlich geschehen ist - nicht weiter behandelt zu werden. Die Diskussion der pragmatischen Eigenschaften des Terminus kann nur zum gleichen Ergebnis gelangen wie diejenige der Eigenschaften von Fachsprache allgemein, wenn hier ein kohärenter Ansatz vertreten werden soll.

Ich weise hier nur noch einmal darauf hin, dass der fundamentale Unterschied zwischen gemeinsprachlichen und fachsprachlichen Elementen (also auch Wortschatzelementen) m.E. in der Aktivierung allgemeinen oder eben spezifischen Wissens besteht, somit natürlich auch auf pragmatischer Ebene (bei den Kommunikationspartnern, die über dieses Wissen verfügen oder nicht) angesiedelt ist, primär aber ein semantisches Problem darstellt.

2.3.3. Semantische Charakteristika des Fachwortschatzes

Wie unterscheidet sich nun aber die Semantik des Terminus von derjenigen des gemeinsprachlichen Lexems? Was bedeutet es, wenn ich behaupte, dass der Experte spezifisches Wissen mit einer lexikalischen Einheit verbindet, der Laie hingegen allgemein voraussetzbares?

Man könnte dies in einer ersten Annäherung einfach so interpretieren, dass das für eine Zuordnung zu Fach- oder Gemeinsprache relevante Kriterium schlichtwegs in der Allgemeinverständlicheit der jeweiligen lexikalischen Einheit zu suchen ist: Ist das Wissen um die Bedeutung bei einem normal sozialisierten Menschen voraussetzbar, so würde es sich um Gemeinsprache handeln, ist es das nicht, so handelt es sich eben um Fachsprache. Nun habe ich am Beispiel des Lexems *Kaufmann* bereits ausgeführt, dass Einheiten existieren, die sowohl der Gemeinsprache als auch der Fachsprache zugeordnet werden können. Der semantische Unterschied (welcher

---

[1] In der "klassischen" Arbeit von Schulze (1978:173f.) wird z.B. die Fachbezogenheit als wesentliche Eigenschaft angesehen, Pearson spricht von "communicative settings" und "community of specialists" (1998:3), etc.

Art auch immer) ist in diesem Fall nicht so bedeutend, dass *Kaufmann* in fachsprachlicher Verwendung dem Nicht-Fachmann unverständlich wäre. Ihm wird vielleicht eine bestimmte Verwendung ungewöhnlich erscheinen, eine korrekte Interpretation wird jedoch - wenn auch bisweilen mit gewissen Unschärfen - möglich sein.[1] Gerade wenn man an grundlegende Termini vieler z.B. wissenschaftlicher Fachbereiche denkt - *Produktion*, *Sprache*, *Leben*, etc. - wird deutlich,

> "... dass es sowohl allgemeinverständliche als auch nicht allgemeinverständliche Fachausdrücke gibt und dass analog dazu auch allgemeinverständliche und nicht allgemeinverständliche Wörter des nicht fachbezogenen Teils der Lexik existieren." (Heller 1981:221)

Der grundlegende semantische Unterschied zwischen fachsprachlichen lexikalischen Einheiten und gemeinsprachlichen Lexemen muss daher anderer Art sein.

2.3.3.1. Die "klassische" Konzeption

Großen Einfluss auf die semantischen Charakterisierungen des Terminus hat in der deutschsprachigen Literatur die Auflistung von "Merkmalen und Tendenzen der Fachsprache bzw. des fachsprachlichen Wortschatzes" von Schmidt ausgeübt, der folgende Charakteristika aufzählt:[2]

> "- Fachbezogenheit
> - Begrifflichkeit
> - Exaktheit durch logische und erkenntnistheoretische Präzisierung der Termini
> - Eindeutigkeit
> - Eineindeutigkeit
> - Selbstdeutigkeit
> - Systematik
> - Knappheit und Ausdrucksökonomie
> - weitgehende oder absolute ästhetische, expressive und modale Neutralität."
>
> (Schmidt 1969:12)

Obwohl die angeführten Eigenschaften zunehmend kritisch hinterfragt und gewisse innere Widersprüchlichkeiten aufgezeigt werden (vgl. z.B. Ide 2000:37f.), sollen diejenigen unter ihnen, die in der einen oder anderen Form und Gewichtung in der Literatur immer wieder auftauchen und soweit sie hier von Interesse sind, kurz besprochen werden.

---

[1] Anders als bei der hier besprochenen Text- bzw. Terminusrezeption verhält es sich naturgemäß im produktiven Sprachverwendungsakt.

[2] Eine ähnliche - ebenfalls oftmals zitierte - Liste findet sich bei Schulze (1978:173).

Was die beiden ersten Aspekte (Fachbezogenheit, Begrifflichkeit[1]) betrifft, so handelt es sich m.E. um conditiones sine quibus non der fachlichen Lexik. Sind diese Bedingungen nicht erfüllt, so handelt es sich weder um einen "guten" oder "schlechten" Terminus (Hoffmann spricht in diesem Zusammenhang von "Gütemerkmalen" (^{2}1985:163)), sondern es handelt sich um überhaupt keinen Terminus. Schulze bezeichnet das entsprechende Merkmal seiner Auflistung[2] als "Primärmerkmal", das "... allein bereits ausreichend [ist], um die Art 'Terminus' von anderen Arten der Gattung 'Lexem' abzugrenzen" (1978:174). Ein Terminus, der sich auf keine fachliche Thematik und damit keine fachliche Begrifflichkeit bezieht, ist meiner Definition von *Fachsprache* gemäß von vornherein ein Widerspruch in sich selbst. Es handelt sich bei diesem Merkmal um eine Grundbedingung, die noch wenig in Bezug auf die spezielle Art und Weise, wie Fachwörter "bedeuten", aussagt und auf die daher nicht weiter eingegangen werden muss.
Das dritte Merkmal der "Exaktheit durch logische und erkenntnistheoretische Präzisierung der Termini" sieht Schmidt primär in Abhängigkeit von der Verwendung "eindeutig definierte[r] Fachwörter" (1969:12). Nachdem auf die Frage der Definiertheit von Termini bereits eingegangen wurde (siehe 2.2.), braucht dieser Aspekt hier ebenfalls nicht noch einmal behandelt werden.
Schmidts "ästhetische, expressive und modale Neutralität" wird zumeist im Fehlen konnotativer Gehalte bei fachsprachlichen Lexemen gesehen:

> "Mit einigem Recht kann man dem Fachwortschatz jede konnotative Bedeutung im fachsprachlichen Zusammenhang absprechen, eine Folge seiner Abstraktheit von Gegenständen und Redepartnern. Dies ... schließt nicht aus, dass Fachwörter außerhalb des Fachs stark mit Konnotationen aufgeladen sein können." (Hahn ^{2}1980:393)

Der Terminus *Jagdflugzeug* würde also im militärischen Kontext keine emotionalen Inhaltskomponenten aufweisen, er kann diese jedoch z.B. im politischen Diskurs erhalten (und wurde daher in Österreich im politischen Diskurs durch den Euphemismus *Luftraumüberwachungsgerät* ersetzt). Das Vorhandensein konnotativer Elemente wäre demnach also zumindest zum Teil diskursbedingt. Nun gibt es zweifellos fachliche Diskurse, in denen diese neutrale, wertfreie Haltung der Realität gegenüber nicht gegeben ist:

---

[1] Was Schmidt unter "Begrifflichkeit" tatsächlich versteht, bleibt im zitierten Artikel weitgehend unklar. Seine Ausführungen dazu beschränken sich auf den Satz: "Als Ausdruck der Begrifflichkeit der Darstellung wird vor allem die hohe Zahl der Nomina in fachsprachlichen Texten gewertet." (Schmidt 1969:12). Ich interpretiere dies in Anlehnung an Schulze (1978:13, siehe Fußnote 2) als die Eigenschaft des Terminus, auf Fachbegriffe zu verweisen.

[2] "Benennung (Bezeichnung, Ausdruck, Bezogenheit usw.) eines Fach-(wissenschaftlichen, technischen, speziellen usw.) Begriffs" (Schulze 1978:173).

> "Diese Gefühlsneutralität gilt indes vorwiegend für die Theoriesprache. In spontan gesprochenen Fachsprachen dagegen, die keine oder nur gelegentliche schriftliche Fixierung kennen und nur einen geringen Abstraktionsgrad verlangen, ist auch das Fachwort häufig mit Konnotationen versehen. *Arsch* 'abgestumpfter Teil des Maurerhammers' (Bauwesen), *Dreckfisch* 'wertloser Fisch' (Fischerei), *Faulenzer* 'grobe, gefräste Feile, die große Wirkung bei wenig Arbeitsaufwand zeigt' (Elektrotechnik)." (Fluck [3]1985:50)

Doch selbst in der Theorie- und Wissenschaftssprache scheinen mir Termini zu existieren, die nie ohne emotiven Nebensinn verwendet werden. Lässt *Völkermord* oder *Jugendarbeitslosigkeit* nicht unabhängig vom Kontext immer auf eine Ablehnung durch den jeweiligen Sprecher schließen? Vermutlich trifft dieses Charakteristikum der Konnotationsfreiheit auf bestimmte Fachsprachen (z.B. die naturwissenschaftlichen) eher zu als auf andere (z.B. Geistes- und Sozialwissenschaften), doch gänzlich konnotationsfrei ist vermutlich keine Fachsprache und kein Diskurs. Als allgemeingültiges Kriterium, das einen entscheidenden Unterschied zwischen fach- und gemeinsprachlichen Autosemantika (denn nur solche können überhaupt Träger konnotativer Bedeutungsgehalte sein) darstellt, scheint es mir daher nicht fungieren zu können, auch wenn die Charakterisierung tendenziell richtig sein mag.
Ein weiteres von Schmidt und vielen anderen angeführtes Merkmal ist die vorgebliche Eindeutigkeit oder Monosemie terminologischer Einheiten:

> "... Nichtfachwörter sind demnach polysemantisch, sie müssen es auch sein, sonst wäre die Sprache nicht imstande, die erforderliche Unzahl von Bedeutungsinhalten mit ökonomischen Mitteln darzustellen. Dagegen bezeichnen die Fachwörter - ähnlich wie die Eigennamen - absichtlich stets nur eine bestimmte außerlinguistische Wirklichkeit, sie sind also monosemantisch." (Drozd/Seibicke 1973:45)

Abgesehen davon, dass dieser Ansatz insbesondere durch den Vergleich von Fachwörtern mit Eigennamen nahe an die bereits oben kritisierten Ausführungen Coserius herankommt (siehe 2.1.),[1] wird bei eingehender Betrachtung sehr schnell klar, dass diese Eindeutigkeit wohl ebenfalls eher einer Idealvorstellung als einer stets gegebenen Realität entspricht. Abgesehen davon, dass viele lexikalische Einheiten sowohl gemeinsprachlich als auch fachsprachlich verwendet werden (wären sie dann das eine Mal polysem und das andere Mal monosem?) und ein und derselbe Signifikant in verschiedenen Fachsprachen verschiedene Signifikate bezeichnen kann ("wie z.B. *'Wurzel'* in der Mathematik, Zahnmedizin und Biologie" - Schmitz/Scheiner 1983:25), existieren auch innerhalb eines terminologischen Systems vielfach polyseme, ja sogar homonyme Einheiten. Man denke beispielsweise an die deutsche Börsen-

---

[1] Er wird jedoch von Drozd/Seibicke in der Folge nicht in dieser Form weiterverfolgt. Sie sprechen dann vielmehr von einer "vermittelten Beziehung zwischen Fachwort : Gegenstand" (1973:53).

terminologie, in der *Anleihe* sowohl eine Kreditform als auch das konkrete, diesen Kredit materialisierende Wertpapier bezeichnet (und dem folglich in anderen Sprachen - z.B. im Spanischen - verschiedene Termini, nämlich *empréstito* und *obligación* (bzw. *bono)* entsprechen) oder an spanisch *amortización*, das sich einerseits auf Kredittilgungen, andererseits auf die Abschreibung von Investitionsgütern in der Buchhaltung eines Unternehmens bezieht, oder - ganz extrem - an spanisch *cotización*, das auf die Notierung von Devisen oder Wertpapieren bzw. auf Beitragszahlungen an die Sozialversicherung referiert. Das in der Terminologiearbeit vielfach angewandte Verfahren, durch Homonymisierung die Monosemie der Termini (wieder-)herzustellen, erscheint mir als recht künstliches Verfahren, um lebendige Terminologie theoretischen Ansprüchen anzupassen, es erhöht aber jedenfalls nicht die Eindeutigkeit des Terminus für den Verwender:

> "Concluons donc que, du moins au niveau de la terminologie, la monosémie absolue s'avère un mythe, et c'est à juste titre que ... [on] lui substitue l'assertion nuancée de tendance à la monosémisation, plus conforme aux observations." (Gentilhomme 1984:32)

Stellt man nun jedoch die Eindeutigkeit des Fachworts als allgemeingültiges Charakteristikum in Frage, so impliziert dies, dass das oftmals angeführte Merkmal der "Kontextresistenz" (Drozd/Seibicke 1973:53) des Terminus[1] ebenfalls nur bedingt zutreffen kann. So kommt denn z.B. auch Fraas nach einer Analyse der Terminologie der Raumfahrt (also sogar einer technischen Fachsprache, in der die hier besprochenen Merkmale in einem höheren Maß zutreffen sollten als im gesellschafts- und geisteswissenschaftlichen Bereich) zum Schluss: "Die traditionelle Vorstellung von der Kontextunabhängigkeit von Termini erweist sich also als zumindest problematisch" (Fraas 1988:85).[2]

Der terminologische Idealfall erschöpft sich jedoch nicht in der Eindeutigkeit der Termini, sondern würde über diese hinausgehen und durch die Eineindeutigkeit dargestellt werden, d.h. dass jeder Benennung nur ein Begriff und jedem Begriff nur eine einzige Benennung zugeordnet wird. Dass dieses Verhältnis auch durch normierende Eingriffe oft nicht erreicht wird, kann verschiedene Gründe haben. So kann - eine der häufigsten Ursachen - eine neue Erscheinung von verschiedenen Fachleuten verschieden benannt werden (vgl. Hoffmann ^{2}1985:169). Dies betrifft

---

[1] Vgl. z.B. Jahr: "Termini sind ökonomische Mittel der fachlichen Verständigung, da sie eine spezifische Eigenständigkeit besitzen, vom Kontext relativ unabhängig sind und ihre Bedeutung in der fachlichen Kommunikation nicht immer wieder expliziert werden muss." (1993a:18)

[2] Das von Schmidt ebenfalls angeführte Merkmal der "Selbstdeutigkeit" ist nicht mit Kontextunabhängigkeit zu verwechseln, sondern bezieht sich auf das Bestreben "... möglichst 'selbsterklärende' ('self-explanatory', 'transparent'; mehr oder weniger stark 'sprechende', 'beschreibende', 'durchsichtige') Fachwörter zu bilden, in denen Merkmale des betreffenden Begriffs sprachlich realisiert werden, ..." (Beier 1980:32).

bei jungen Fachsprachen nicht nur Einzeltermini, sondern ganze terminologische Systeme (vgl. Müller 1975:166; man denke z.B. an den Bereich der Informatik und Computerterminologie). Wie es z.B. in technischen oder wirtschaftlichen Terminologien fast zwangsläufig zur Bildung von fachsprachlichen Synonymen kommen muss, wird dann klar, wenn man sich vergegenwärtigt, dass in einem Großunternehmen oft tausende von Produkten bzw. Produktteilen in dutzenden Niederlassungen (die oft in verschiedenen Ländern angesiedelt sind) entworfen, produziert, gelagert und verkauft werden. Das jeweilige Produkt muss folglich in ganz verschiedenen Textsorten mit den diversesten Zielsetzungen (für den Verkauf wird man bisweilen andere Benennungen verwenden als in der Fertigung) benannt werden (vgl. Häfele 1977).[1]
Fachsprachliche Synonymien können aber auch dadurch entstehen, dass morphologisch komplexe Bildungen in der fachlichen Umgangssprache des ökonomischeren Gebrauchs wegen verkürzt, bzw. theoriesprachliche Benennungen durch Metaphern, Scherzprägungen, etc. "vermenschlicht" (Hahn ^{2}1980:393) werden. In diesem Zusammenhang ist auch an konkurrierende terminologische Systeme (z.B. verschiedener wissenschaftlicher Schulen, etc.) zu denken oder an den Ersatz schwer verständlicher Termini durch leichter zugängliche in popularisierenden Texten. Nicht außer Acht lassen darf man schließlich, dass auch in Fachtexten stilistische Gründe (z.B. die Vermeidung stereotyper Wiederholungen) für lexikalische Variation ausschlaggebend sein können.
Es dürfte deutlich geworden sein, dass die Annahme einer generellen oder zumindest weitgehenden semantischen Ein- bzw. Eineindeutigkeit im Bereich der Fachsprachen nicht zutreffend ist. So kommt Fraas in ihrer Analyse der Raumfahrtterminologie zum Schluss, dass "die Konfusion größer [ist] als erwartet" (1988:83). Ide schreibt hinsichtlich der Terminologie des spanischen Rechnungswesens:

> "Die immer wieder registrierten Fälle von Synonymie, Homonymie und Polysemie haben deutlich gemacht, dass von einer Eins-zu-Eins-Zuordnung von *signifiant* und *signifié* in unseren Texten kaum die Rede sein kann. Eineindeutigkeit ist für den spanischen Fachwortschatz des Rechnungswesens somit nicht zu konstatieren." (Ide 2000:293)

Müller verweist sogar darauf, dass es gerade die Fachsprachen sind, in denen "echte Synonymie" auftritt (1975:165). Es steht für mich auch keinesfalls fest, dass das Auftreten von Polysemie und Synonymie generell auf unmittelbare Art und Weise mit dem Grad der Fachsprachlichkeit der Texte in Zusammenhang gebracht werden kann, wie dies von Cabré vertreten wird :

> "El grado de especialización de la comunicación condiciona no tan sólo la densidad terminológica de un texto, sino también la cantidad de variación expresiva para hacer referencia

[1] In so einem Fall kommt es selbstverständlich nicht nur zu Bildung synonymer Benennungen, sondern sehr wohl auch zu Polysemien (siehe ebendort).

a un mismo concepto. Un texto altamente especializado suele ser preciso, conciso y sistemático; la terminología que utiliza tiende a la monosemia y a la univocidad. A medida que disminuye el grado de especialización, el discurso va adquiriendo características que lo acercan al discurso no especializado: en el plano semántico, variación conceptual, redundancia, ambigüedad, falta de precisión estricta; en el plano formal, variación sinonímica de base léxica... " (Cabré 1999d:89)

Die Verhältnisse dürften in Wirklichkeit doch etwas komplexer liegen. Zunächst ist die hier zur Diskussion stehende Problematik in engem Zusammenhang zu den unterschiedlichen Kommunikationsbereichen (*Diskursen* in meiner Diktion) zu sehen. So ist im Bereich der Jurisdiktion das Streben nach terminologischer Ein- und Eineindeutigkeit von weit größerer Relevanz als im Bereich popularisierender Texte. Aber auch innerhalb eines Diskurses können große Unterschiede festgestellt werden, man denke beispielsweise an den Bereich der Wissenschaften, in dem das Charakteristikum der Eineindeutigkeit beispielsweise in "logischen und mathematischen Satz- und Beweissystemen in der Formulierung ein und desselben Autors" (Wichter 1997:368) zwingend ist. Im Bereich der Gesellschaftswissenschaften ist dies nicht im selben Maß der Fall und kann bisweilen - z.B. in der wissenschaftlichen Theoriebildung (vgl. Kretzenbacher 1991:197f.) - sogar hinderlich sein, eben weil das Postulat der Eineindeutigkeit einer durch wissenschaftlichen oder technischen Fortschritt eventuell notwendigen Uminterpretation oder semantischen Differenzierung von Termini entgegensteht:

> "Bei der Entfaltung eines Fachgebiets sind die Begriffe und damit notwendigerweise die Terminusbedeutungen in Fluss. Mit dem Ringen um Begriffe, Bedeutungen und Termini entwickelt sich ein Fachgebiet weiter. In der Wissenschaft wird das besonders deutlich. Eine gewisse Uneindeutigkeit und Ungenauigkeit sind also ein wichtiger 'Durchgangszustand' von Termini, der die Kommunikation der Fachleute gar nicht in dem Maße stört, wie das bisher meist angenommen wurde. Im Gegenteil, diese Vagheit ermöglicht überhaupt erst die Weiterentwicklung von Ideen. Man kann also sicher nicht sagen, dass ein genauer und eindeutiger Terminus ein guter und ein vager Terminus ein schlechter wäre... Festzuhalten wäre jedenfalls, dass der Terminus nicht als etwas Statisches, sondern als etwas Dynamisches, sich genauso wie die Fachgebiete auch in ständiger Entwicklung Befindliches aufzufassen ist und dass es offensichtlich in Abhängigkeit vom Erkenntnisstand verschiedene Stadien gibt, die ein Terminus durchlaufen kann." (Fraas 1988:32f.)

Zusammenfassend kann somit festgehalten werden, dass die Diskussion der vermeintlichen semantischen Eigenschaften von Termini insgesamt bis hierher wenig zufriedenstellende Ergebnisse gebracht hat. Der grundlegende Unterschied zwischen fachsprachlichen und gemeinsprachlichen lexikalischen Einheiten scheint mir mit den bisher behandelten Aspekten jedenfalls nicht erfasst worden zu sein.

2.3.3.2. Lexikalisches Wissen

Es mag aufgefallen sein, dass das von Schmidt erwähnte Charakteristikum der Systematik der Fachwörter, das sich primär ebenfalls auf deren Semantik bezieht,[1] noch nicht besprochen wurde. Dies soll aufgrund der Wichtigkeit, die diesem Aspekt für meine weiteren Ausführungen zukommt, in 2.3.3.2.2. ausführlicher nachgeholt werden. Zuvor gilt es allerdings, einige sehr grundlegende Überlegungen anzustellen.

2.3.3.2.1. Begriffswissen

Worin der eigentliche Unterschied zwischen Fach- und Nicht-Fachwort besteht, wird m.E. dann klarer, wenn man berücksichtigt, dass ein Zeichen, also auch ein sprachliches Zeichen, nicht auf der dreistelligen Relation Signifikant - Signifikat - Referent beruht, sondern dass zu diesen drei Elementen der (bzw. die) Zeichenbenutzer als vierter Faktor hinzuzurechnen ist (sind).[2] Salopp formuliert bedeutet das, dass ein Zeichen (z.B. ein Lexem) in Verwendung nicht eine ganz bestimmte Bedeutung hat oder nicht hat, sondern dass es immer FÜR JEMANDEN (bzw. - wenn Kommunikation funktionieren soll - für eine Sprechergruppe) eine Bedeutung hat. Es ist dabei m.E. unerheblich, wie man sich diese Bedeutung vorzustellen hat, also etwa repräsentationistisch als *Vorstellung* oder gebrauchstheoretisch als *Gebrauchsregel*. Ob ein Zeichenausdruck für einen Zeichenbenutzer mit einem Inhalt verbunden ist, bzw. wie dieser Zeicheninhalt ausgebildet ist, hängt in letzter Instanz in beiden Fällen vom Wissen des Zeichenbenutzers bezüglich des Referenten[3] ab. Anders ausgedrückt, die Bedeutung des Terminus steht m.E. in unmittelbarer Abhängigkeit vom Begriff, die der Zeichenbenutzer vom jeweiligen Referenten hat (wieder anders ausgedrückt: von seiner jeweiligen Konzeptualisierung).
Verständigung ist nur dann möglich, wenn zwischen den Begriffen der Kommunizierenden (und damit zwischen den Bedeutungen der von ihnen verwendeten Zeichen - siehe unten) eine Deckungsmenge existiert, die Begriffe also ähnlich ausgeprägt sind.

---

[1] Schmidt spricht von "Koordinatennetze[n] von Begriffen", deren Beziehungen allerdings - ich meine sekundär - "auch in den sprachlichen Benennungen durch entsprechenden systematischen Gebrauch lexikalischer und morphologischer Mittel zu Ausdruck kommen" (1969:14) sollen.

[2] Der Zeichenbenutzer ist in der angeführten Trias natürlich implizit enthalten, insofern als es sich bei sprachlichen Zeichen um konventionelle Zeichen handelt. Die explizite Nennung des Zeichenbenutzers erleichtert jedoch die nachfolgende Argumentation.

[3] Ich verwende *Referent* hier und in der gesamten Arbeit im Sinn von Ogden/Richards ([10]1969), also als das bezeichnete (außersprachliche) Objekt in einer dreistelligen Zeichenrelation (vgl. [10]1969:11f.).

Mit *Bedeutung* (oder *Signifikat*) und *Begriff* sind nun zwei Termini erwähnt, die sowohl in der Alltagssprache als auch in der einschlägigen Literatur auf unterschiedlichste Art und Weise verwendet werden und deren Verhältnis zueinander dementsprechend auch unterschiedlich gesehen wird. Der Bogen spannt sich dabei von einer Gleichsetzung (wie dies teilweise in der kognitiven Semantik oder der Terminologielehre der Fall ist) bis zur Ansetzung von klar trennbaren und zu trennenden Einheiten (wie dies teilweise in der strukturalistischen oder der gebrauchstheoretischen Semantik gesehen wird).[1] Einigkeit herrscht m.E. zwischen den verschiedenen Ansätzen und Theorien dahingehend, dass unter *Begriff* eine Denk- und Gedächtniseinheit zu verstehen ist (jemand hat einen Begriff - und nicht etwa *eine Bedeutung* - von etwas), unter *Bedeutung* hingegen eine Eigenschaft des Zeichens (ein Zeichen hat Bedeutung - und nicht etwa *einen Begriff*). Ich werde unten auf diese Frage zurückkommen.

Wichtig ist im Moment für uns festzuhalten, dass hier zumindest ein perspektivischer Unterschied besteht und dass eben - auf irgendeine Weise - in Begriffe und Bedeutungen die Kenntnisse, über die die Zeichenverwender bezüglich der Referenten verfügen, eingehen bzw. sie latent in ihnen enthalten sind (siehe unten).

Wir stoßen an dieser Stelle somit genau auf jenen Aspekt, den ich bereits in 1.3.7. als grundlegend für die Fachsprachendefinition genannt habe: Das Wissen des/der Kommunizierenden über das Thema des Kommunikationsaktes ist ausschlaggebend dafür, ob fachsprachlich oder nicht-fachsprachlich kommuniziert wird. Wie ist das zu verstehen?

Augenfällig ist das eben Gesagte in jenen Fällen, in denen ein Zeichenausdruck überhaupt nur für den Fachmann mit einem Inhalt verbunden ist. Mangelndes Sachwissen und Sprachwissen gehen hier Hand in Hand.

Weniger klar sind, wie bereits gesagt, jene Fälle, in denen ein Zeichenausdruck sowohl fach- als auch gemeinsprachlich verwendet wird. In diesem Fall muss, folgt man meiner Argumentation, die fachsprachliche Bedeutung anders geartet sein als die gemeinsprachliche, d.h. für den Fachmann muss das Zeichen eine andere Bedeutung haben als für den Nicht-Fachmann (so ersterer fachsprachlich kommuniziert), der Begriff des Fachmanns ist somit nicht identisch mit demjenigen, über den der Nicht-Fachmann verfügt.

Um zu verstehen, wie Wissen in Bedeutungen und Begriffe eingeht, erscheint mir die Modellvorstellung zielführend, nach der Wissen sich aus separierbaren Elementen zusammensetzt, die als Merkmale begrifflich gespeichert sind.

Das Wissen in Bezug auf einen Gegenstand oder Sachverhalt manifestiert sich somit in den entsprechenden Merkmalen und - genauso wichtig - den Beziehungen zwischen diesen:

---

[1] Ein guter Überblick über diese Diskussion findet sich in Keller (1995).

"Das Wissen über einen Begriff als Denk- und Wissenseinheit ist in den Merkmalen, die als Wissensbausteine des Begriffs gesehen werden können, enthalten. Ihre Gesamtheit einschließlich der zwischen ihnen bestehenden Beziehungen macht die Intension aus." (Oeser/Picht 1999:2233)

Zahl und Qualität dieser Merkmale können je nach Sprecher (Laie versus Experte), aber auch je Situation unterschiedlich ausgeprägt sein:

"Je nachdem, in welchem Kontext ein Begriff in unserem Gedächtnis aktiviert wird, sind es immer wieder andere Merkmale, die hervorgehoben werden. ... begriffliche Merkmalsmengen [sind] keine festen Ganzheiten... Es sind Grundstrukturen, die anforderungsmäßig außerordentlich flexibel eingesetzt werden können. Es wird jeweils die Teilmenge von Merkmalen genutzt, die für die jeweilige Aufgabenstellung die notwendige Information bereitstellt." (J. Hoffmann 1986:32f.)

Allerdings sind der hier angesprochenen Flexibilität und semantischen Variabilität insofern Grenzen gesetzt, als "ein Teil der Begriffsmerkmale ... relativ kontextunabhängig den Kern des Begriffs" (J. Hoffmann 1986:33) ausmacht, widrigenfalls eine Verständigung wohl außerordentlich erschwert wäre. Dabei scheinen jene Merkmale, die "für das Erkennen und Beschreiben von Gegenständen sowie für die Bildung und Ordnung von Begriffen" (Wendt 1997:26) ausschlaggebend sind, eine besondere Rolle zu spielen, setzt an ihnen doch die lexikalische Bedeutungsbeschreibung (zumindest diejenige strukturalistischer Prägung) an. Diese Merkmale werden vielfach unter der Bezeichnung *lexikalisches Wissen* zusammengefasst und allen anderen Wissensbeständen bezüglich eines Referenten (*enzyklopädisches Wissen*) gegenübergestellt. Ich meine, dass in dieser Hinsicht eine Trennung von Bedeutung und Begriff sinnvoll ist. Es existieren ganz offenbar Wissenseinheiten (ich vermeide hier ganz bewusst den Terminus *Merkmal*, um Konfusionen mit einem zu eng gefassten Merkmalsbegriff zu vermeiden), die den Gebrauch lexikalischer Einheiten steuern.[1] Ich gehe jedoch auch davon aus, dass prinzipiell alle Merkmale eines Referenten in einem Kommunikationsakt bedeutsam sein können, solange sie Teil eines zwischen den Kommunikationspartnern geteilten Wissens sind.[2] Die Unterscheidung ist unzweifelhaft von einem eminent praktischen Wert, denn keine Bedeutungs-

---

[1] Vgl. - als ein Beispiel - die launigen Ausführungen von Keller: "Wir verfügen über einen relativ klaren Begriff 'Kopf'. ... Es ist eindeutig, was unter den Begriff fällt und was nicht. ... So ist beispielsweise der Mund zweifellos ein Teil des Kopfes. Aber ich kann, wenn ich ein Bonbon im Mund habe, dies nicht mit dem Satz beschreiben *Ich habe ein Bonbon im Kopf.*" (1995:94)

[2] Vgl. dazu auch Schwarz: "Eindeutige Kriterien für die Trennung von lexikalischem und enzyklopädischem Wissen liegen nicht vor. Es ist zudem gedächtnispsychologisch äußerst unplausibel von zwei mentalen Wissensystemen auszugehen (nicht nur aus ökonomischen Gründen)." (1992:93)

beschreibung kann ALLE theoretisch relevanten Merkmale eines Objekts erfassen. Es ist daher sinnvoll, dass sie sich auf jene Wissenseinheiten konzentriert, die "die Identifikation des bezeichneten Objekts leisten" (Hummel 1993:8) und die die Verwendung eines Zeichens in einer möglichst großen Menge an Kommunikationsakten regeln. Dennoch bleibt das Faktum, dass der Begriff des Experten aus anderen und anders strukturierten Merkmalsmengen besteht und dass er zumindest leichter über die je nach Kontext unterschiedlichen relevanten Merkmalsmengen verfügt als der Laie.

Anders formuliert bedeutet dies, dass ein Zeichen für den Experten und in fachsprachlicher Verwendung eine andere Bedeutung haben kann, als für den Laien und in gemeinsprachlicher Verwendung. Kommentiert jemand an einem lauen Sommerabend den Gesang der Vögel, so ist es völlig unerheblich, ob der betreffende (bzw. sein Zuhörer) weiß, dass - um bei einem klassischen Beispiel zu bleiben - auch Pinguine zur Klasse der Vögel gehören, bzw. welche und aufgrund welcher Kriterien Familien in dieser Klasse unterschieden werden, etc. Für einen Zoologen jedoch ist dieses Wissen - so er in seiner Rolle als Experte agiert - unabdingbar. Die Bedeutung, die für ihn mit *Vogel* verbunden ist, ist in diesem Fall - prototypisch formuliert - erheblich (rand)schärfer, als dies beim Laien der Fall ist.

Fachmann und Laie können durchaus über einander ähnliche, ja sogar über einander einander weitgehend entsprechende Begriffe verfügen, ihre Strukturierung wird jedoch, bedingt durch das mit ihnen verbundene Wissen, unterschiedlich sein:

> "... Begriffe [können] in der menschlichen Informationsverarbeitung vielfältige Funktionen erfüllen, was die Annahme multipler Begriffsstrukturen nahelegt. Für die schnelle Identifikation eines Begriffs im Alltag kann eine unscharfe Repräsentation nach Prototypen, für das wissenschaftlich exakte Verständnis eher die Repräsentation in Merkmalsbündeln angenommen werden." (Fraas 1998:435)

Das von mir immer wieder angesprochene Wissen bezieht sich somit nicht einfach darauf, ob die in der Kommunikation zur Sprache kommenden "Gegenstände, Prozesse und Erscheinungen" (Fraas 1998:430) bekannt oder mehr oder minder unbekannt sind, sondern darauf, wie mit ihnen begrifflich umgegangen wird:[1]

> "En la nostra opinió, el procés de coneixement es manifesta sempre sobre la realitat, que no és en si mateixa ni general ni especialitzada; ara bé, la seva conceptualització, la forma com interioritzem la seva percepció, fa que en uns casos puguem parlar de coneixement general i en uns altres de coneixement especialitzat." (Cabré 1999h:160f.)

Für den Fachtext bedeutet dies, dass es oftmals weniger darum geht, worüber gesprochen wird, sondern mit welchem fachlichen Wissen, darüber gesprochen wird:

---

[1] Es ist dies ein Aspekt, der bereits in 1.2. bei der Bestimmung von *Fach* angesprochen wurde.

> "En nuestra opinión, la condición de especializados la cumplen los textos en los que la conceptualización que transmiten se ha realizado desde la perspectiva de la especialidad y del especialista, y no desde la óptica del hablante común. La especializción de un texto, pues, no se basa tanto en la temática que vehicula, sino en cómo vehicula esta temática." (Cabré 1999d:89)

So wird auch verständlich, wieso die Verwendung eines fachsprachlich erscheinenden Terminus nicht unbedingt Anzeichen für echte Fachsprachlichkeit ist:

> "... die morgendliche telefonische Krankmeldung eines Arbeitnehmers an seinen Chef: 'Ich habe otitis media und kann heute nicht zur Arbeit kommen' ist *trotz* der Verwendung des lateinischen Terminus für Mittelohrentzündung eine Aussage über einen außerwissenschaftlichen Sachverhalt. Lautet die Diagnose des Arztes alsbald: 'Sie haben Mittelohrentzündung' so ist das *trotz* der deutschen Bezeichnung eine wissenschaftliche Aussage, weil der Arzt hier "Mittelohrentzündung" streng als Terminus, der für einen exakt umgrenzbaren Sachverhalt vereinbart wurde, gebraucht." (Krischel-Heinzer 1987:98)

Der Arbeitnehmer zitiert in diesem Fall seinen behandelten Arzt und delegiert gleichsam die korrekte Interpretation an die Fachleute. Umgekehrt kann eine eher alltagssprachlich anmutende Einheit durchaus fachsprachlich gebraucht werden, denn das Fachliche reicht - wie in 1.2. ausgeführt - in den allermeisten Fällen (so man *Fach* einigermaßen "breit" ansetzt, also nicht auf hochspezialisierte Themenbereiche beschränkt) bis ins alltägliche Leben. Um ein konkretes Beispiel zu geben: *Wertpapier* ist sowohl ein alltagssprachliches Lexem als auch ein wirtschaftlicher Fachterminus, wenn spezialisiertes Wissen mit ihm verbunden ist, d.h. im entsprechenden Kontext spezialisiertes Wissen aktiviert werden muss. Im ersteren Fall wird man darunter Aktien und Anleihen verstehen, in fachsprachlicher Verwendung auch Wechsel, Schecks, Ladescheine, Pfandbriefe, etc.
An diesem Punkt meiner Ausführungen muss ein weiterer Aspekt angesprochen werden. Das lexikalische Wissen des Fachmanns beschränkt sich nicht auf das bis jetzt diskutierte Begriffs- bzw. Bedeutungswissen, sondern es umfasst naturgemäß auch "benennungsbezogenes Wissen" (Budin 1994:60).[1] Der Experte kennt die verschiedenen Benennungen, die seinen Begriffen zugeordnet werden und weiß um deren Problematik. Gerade auf Basis dieses Wissens ist er in der Lage (oder sollte es sein), sein Kommunikationsverhalten den Erfordernissen des jeweiligen Kommunikationsaktes anzupassen (der Arzt spricht anders zum Patienten als zum Kollegen, etc.), ohne dass dadurch seine Fähigkeit, hochgradig fachsprachlich zu kommunizieren, beeinträchtigt würde. Auch dieses sprachbezogene Wissen unterscheidet ihn vom Laien, der sich der Komplexität der Begriffsstrukturen, der Bedeutungsvielfalt und der Existenz von miteinander konkurrierenden Benennungen nicht bewusst ist.

---

[1] Oeser/Picht sprechen von "Gegenstands- und Begriffsrepräsentationswissen" (1999:2233).

2.3.3.2.2. Begriffsbeziehungswissen

Neben den oben behandelten Aspekten kommt einem weiteren Element lexikalischen Wissens in der fachsprachlichen Kommunikation eine ganz besondere Bedeutung zu. Dabei handelt es sich um die Kenntnis der Beziehungen zwischen den Dingen und zwischen den mit ihnen verbundenen Begriffen. Wir sind somit bei der oben bereits angesprochenen Schmidt'schen Eigenschaft der Systematik der Termini angelangt:

> "Eine weitere Ebene des terminologischen Wissens ist die des Wissens über die Beziehungen zwischen den Begriffen. Sie setzt die Ebene des Begriffswissens voraus. Begriffsbeziehungswissen kann in zwei Gruppen unterteilt werden:
> - Wissen über die Beziehungen zwischen Begriffen in einem Begriffssystem; es erlaubt Aussagen über die begriffliche Struktur und innere Kohärenz eines Begriffsapparats, z.B. eines Fachgebietes oder einer Theorie; der Begriff ist gleichsam ein Baustein dieser Struktur; dies impliziert auch die Fachzugehörigkeit des Begriffs und seinen Stellenwert im System.
> - Wissen über die Verknüpfbarkeit von Begriffen zu fachlich korrekten Aussagen im Sinne einer Fachwendung..." (Oeser/Picht 1999:2233)

Insbesondere dem im Zitat erstgenannten Aspekt wird in der Terminologielehre großer Stellenwert beigemessen, stellt doch gerade die Kenntnis des Begriffssystems eines Faches das Hintergrundwissen für die fachsprachliche Verwendung eines Terminus dar (vgl. z.B. Guilbert 1973:14).[1]
Die Kenntnis der einschlägigen Terminologie im Sinne einer "strukturierte[n] Gesamtheit von Begriffen und Bezeichnungen in einem Fachgebiet" (Budin 1994:57)[2] muss als conditio sine qua non fachlicher Tätigkeit gesehen werden, sowohl in kommunikativer wie kognitiver Hinsicht:

> "En efecto, la terminología es la pieza clave de los especialistas, que sin los términos no podrían ni expresar ni comunicar sus conocimientos, amén de la función organizadora y representativa del pensamiento especializado... La terminología es para los especialistas la base del pensamiento especializado." (Cabré 1999a:33)

---

[1] Ich weise hier nochmals (siehe 2.) darauf hin, dass damit nicht gemeint sein kann, dass das GESAMTE fachliche Wissen in den einzelnen Begriffen und dem Wissen über die Beziehungen zwischen diesen enthalten ist. Fachliche Aussagen und fachliches Wissen sind nicht einfach eine Ansammlung von Begriffen, sondern gehen über diese Ebene hinaus.

[2] In einer späteren Arbeit spricht Budin anstatt von "Bezeichnungen" von "Repräsentationen" (1996:16), um zum Ausdruck zu bringen, dass auch nicht-sprachliche Zeichen (also z.B. graphische Darstellungen) als Termini fungieren können. Nachdem in dieser Arbeit sprachliche Einheiten analysiert werden sollen und der Ausdruck Repräsentationen zu Missverständnissen Anlass geben kann, ziehe ich es vor, von Benennungen zu sprechen.

Und genauso wie das Wissen hinsichtlich des einzelnen Begriffes, also die jeweilige Merkmalsstruktur,[1] zwischen Laien und Experten unterschiedlich ist, differiert auch die Kenntnis bezüglich des Gesamtsystems:

> "Der Ornithologe wird beispielsweise viel tiefer gegliederte und viel feiner differenzierende Begriffssysteme zur Klassifikation von Vögeln entwickelt haben als jeder Laie auf diesem Gebiet. Er braucht diese Klassifizierungen in seiner täglichen Arbeit und bildet sie deshalb auch als feste begriffliche Strukturen aus." (J. Hoffmann 1986:36)

Dieses Wissen ermöglicht einerseits differenziertere Kenntnisse und Aussagen (vgl. J. Hoffmann 1986:14), beeinflusst andererseits natürlich das Textverständnis in erheblichem Maße (vgl. Wendt 1997:16f.). Erst durch die Kenntnis der Beziehungen zwischen den Sachverhalten bzw. den sie repräsentierenden Begriffen ist fachliche Verständigung möglich. Auch gemeinsprachliche Kommunikation beruht in hohem Maße auf dem gemeinsamen Wissen der Kommunikationspartner über die Zusammenhänge zwischen den Dingen. Es muss im konkreten Kommunikationsakt in mehr oder minder großem Ausmaß zur Herstellung der Textkohärenz aufgeboten werden (vgl. z.B. Schnitzer 1994b:22-27). Handelt es sich dort jedoch um allgemeines Weltwissen, so ist es in fachsprachlicher Kommunikation das spezielle Fachwissen (im Falle medizinischer Kommunikation etwa die Diagnostizierbarkeit, Medikation, etc. einer Krankheit), das die Verständigung ermöglicht (vgl. Schifko 1992b). Die vielfach erwähnte Ökonomie der Fachsprachen beruht m.E. genau auf diesem Umstand: Fachleute verfügen über höheres Spezialwissen in ihrem Fachgebiet, ihr Kommunikationsverhalten kann daher von anderen Voraussetzungen ausgehen, als wenn dieses Wissen nicht voraussetzbar ist und mühsam im Kommunikationsakt erarbeitet werden muss:

> "Termini dienen einem Höchstmaß an ökonomischer Kommunikation unter Fachleuten desselben Faches oder Berufes. Sie erreichen diese kommunikative Aufgabe, indem sie sich durch ein Bündel spezifischer Merkmale auszeichnen: ... In fachbezogener, fachsprachlicher Kommunikation, also unter Fachleuten, greifen diese 'Gütemerkmale' [hier erfolgt ein Verweis auf Hoffmann [2]1985:163-165] und wirken sich im Text entsprechend so aus, dass Erklärungen zum Terminus entbehrlich sind und ein hohes Maß an Vorverständnis zum fachlichen Sachverhalt oder Handlungszusammenhang vorausgesetzt werden kann. Ein Text, der sich der Termini des Faches bedient, signalisiert, dass die angezielten Adressaten nur Fachleute wie der Textautor sein sollen.
> Ein fachexterner Text muss hier zwangsläufig unökonomischer werden. Jede in den Text

[1] "Uns kam es hier darauf an, prinzipiell darauf hinzuweisen, dass ein Begriff nicht als Liste von unverbundenen Merkmalen gesehen werden kann, sondern als vielfach vernetzte Struktur gesehen werden muss, in der Merkmale untereinander durch Relationen verbunden sind. Ein Begriff ist nun nicht mehr nur durch seine Merkmale, sondern auch durch Relationen zwischen ihnen charakterisiert." (J. Hoffmann 1986:63)

eingebettete Erklärung zum Fachterminus oder fachbezogenen Inhalt bedeutet Expansion, somit Retardation." (Kalverkämper 1988b:166)

Zwischen Begriffswissen und Begriffsbeziehungswissen ist insofern eine Interdependenz anzunehmen, als die Bedeutung des Terminus einerseits durch seine Stellung im Begriffssystem mitbestimmt, andererseits das System naturgemäß durch die Bedeutungen und Begriffe der einzelnen Elemente konstituiert wird. Die Begriffsbeziehungen müssen somit in den Merkmalsbündeln der einzelnen Begriffe (eben als "Begriffsmerkmale" - vgl. z.B. J. Hoffmann 1986:59) ihren Niederschlag finden. Die Kenntnis bzw. Unkenntnis der fachlichen Begriffsstrukturen und Begriffsbeziehungen (respektive deren Aktivierungsmöglichkeit im jeweiligen Kontext) beeinflusst die Bedeutung, die ein Terminus für den jeweiligen Sprecher hat, und stellt somit einen weiteren entscheidenden Unterschied zwischen fachsprachlichen und nicht-fachsprachlichen Einheiten (anders formuliert: Einheiten in fachsprachlicher oder nicht-fachsprachlicher Verwendung) dar:

> "Wenn Fachwörter in fachexternen Kommunikationsbereichen von Nichtfachleuten verwendet werden, verlieren sie an Schärfe und Genauigkeit. Dem Laien sind nicht alle Merkmale des Begriffs geläufig, da ihm der Bezug zum terminologischen System der betreffenden Wissenschaft [ich modifiziere: des jeweiligen Faches] fehlt." (Baumann 1994:64)

Nachdem diesem Aspekt in meinen Analysen eine besondere Bedeutung zukommen wird, ist an dieser Stelle eine etwas eingehendere Erörterung notwendig.
Es handelt sich also bei den hier diskutierten Beziehungen einerseits um allgemein semantische Strukturierungsrelationen, andererseits aber um Widerspiegelungen fachspezifischer Zusammenhänge:

> "Ebenso wie der Gemeinwortschatz existiert der Fachwortschatz nicht als ungeordnete Menge, sondern kann nach bestimmten Prinzipien systematisiert werden. Zum einen kann man semantische paradigmatische Beziehungen wie Synonymie, Polysemie, Homonymie und Hyperonymie feststellen. Zum anderen können die lexikalischen Systeme von Fachgebiet zu Fachgebiet unterschieden werden, die in ihrem Aufbau und Charakter z.T. erheblich voneinander abweichen... Der Fachwortschatz bildet die begriffliche Ordnung und damit die Systematik des Faches selbst in seiner sprachlichen Gliederung mehr oder minder genau ab." (Fraas 1998:428f.)

Für den empirischen Teil dieser Arbeit sind beide Arten von Beziehungen relevant. Für die Strukturierung des lexikalischen Bestandes auf unterschiedlichen Fachsprachlichkeitsebenen werden in meinem Ansatz jene Beziehungen wesentlich werden, die auf begrifflicher Ebene die Systematik des Faches nachzeichnen. Dabei handelt es sich weniger um die Beziehungen der Synonymie, Polysemie oder Homonymie, sondern vielmehr um die Begriffsstrukturen bildenden Beziehungen der Hypo- und Hyperonymie sowie einer Vielzahl von anderen Relationen, die noch zur Sprache kommen werden. Sie sind ausschlaggebend dafür, dass der Terminologie nicht nur kommunikative Funktion zugesprochen wird, sondern auch diejenige der kognitiven Repräsentation fachlichen Wissens:

> "La terminología es el modo privilegiado de expresión del conocimiento especializado, y su primera función es la de representar dicho conocimiento. Cada unidad terminológica corresponde a un nudo cognitivo dentro de un campo de especialidad y el conjunto de dichos nudos, conectados por relaciones específicas, constituye la representación conceptual de dicha especialidad." (Cabré 1999j:210)

Fraas spricht in diesem Zusammenhang mit einer sehr treffenden Formulierung auch vom Terminussystem als "geronnenes Wissen eines Fachgebietes" (1988:57), wobei jedoch nicht übersehen werden darf, dass bei aller Wichtigkeit damit nicht die Gesamtheit des fachlichen Wissens erfasst ist:

> "Da das übergeordnete Ziel eines Expertensystems die Problemlösung ist, ergibt es sich von selbst, dass neben dem terminologischen Wissen andere Wissensarten erforderlich sind, die von der Terminologie nicht abgedeckt werden können." (Oeser/Picht 1999:2235)

Welcher Art sind nun aber diese Beziehungen, die die begriffliche Struktur des Faches ausmachen? Die in der einschlägigen Literatur angeführten Benennungen und Klassifikationen sind je nach Ausgangspunkt, Perspektive, Zielsetzungen, etc. unterschiedlich, im Detail teilweise auch widersprüchlich oder zumindest verwirrend. Generell werden zwei grundsätzliche Beziehungsarten unterschieden, die oftmals als hierarchische und nicht-hierarchische Begriffsbeziehungen (vgl. z.B. Arntz/Picht 1989:75f.) bezeichnet werden.
Das Wesen der hierarchischen Beziehungen besteht darin, dass sie "den Platz des Begriffes in begrifflichen Hierarchien" (Wendt 1997:27) festlegen. Ihnen kommt somit eine eminente klassifikatorische Funktion zu, was ihre Bedeutung für die Erstellung von Definitionen erklärt. Insbesondere in ihrer Ausprägung der eigentlichen begrifflichen Über- und Unterordnung gelten sie als "das grundlegende Ordnungsprinzip für Fachwortschätze" (Fraas 1998:430).
Zu den hierarchischen Beziehungen werden üblicherweise einerseits Abstraktionsbeziehungen (oder logische oder generische Beziehungen vgl. Arntz/Picht 1989:79), andererseits Bestandsbeziehungen (oder partitive oder Ganzes-Teil-Beziehung - vgl. Arntz/Picht 1989:79) gerechnet. Klassisches Beispiel für ersteren Typ ist die Beziehung *Hund* zu *Dackel*, *Collie*, *Pudel*, etc. (*Hund* als Überbegriff der einzelnen Hunderassen), Beispiel für letzteren z.B. die Beziehung von *Fahrrad* zu *Sattel*, *Pedal*, *Lenker*, etc. Insbesondere hinsichtlich der Abstraktionsbeziehungen wird dann häufig von - oben implizit als Beziehung der eigentlichen begrifflichen Über- und Unterordnung bezeichneten - *vertikalen Beziehungen* bzw. von auf der selben Abstraktionsstufe angesiedelten *horizontalen Beziehungen* gesprochen (eine Unterscheidung,

die m.E. logischerweise genauso für Bestandsbeziehungen, wenn sie zu den hierarchischen Beziehungen gerechnet werden, Gültigkeit haben müsste - vgl. z.B. Sager 1990:30; die vertikale Beziehung besteht dann in einem *x ist Teil von y*, die horizontale zwischen den verschiedenen *y*, in meinem Beispiel also *Sattel*, *Pedal*, *Lenker*).
Wesentlich schwerer auf einen gemeinsamen Nenner zu bringen ist die zweite, ebenfalls den Fachwortschatz systematisierende Art zwischenbegrifflicher Relationen, die nicht-hierarchischen Beziehungen, die oftmals - dann unter Einschluss der Bestandsbeziehungen - als *ontologische Beziehungen* (vgl. z.B. Cabré 1993:206) bezeichnet werden. J. Hoffmann spricht in Bezug auf die in seinem Ansatz vergleichbare Kategorie (die allerdings die "Relationen der begrifflichen Nebenordnung" miteinschließt) von ("horizontalen")[1] Beziehungen, die "Zusammenhänge zwischen Objekten, wie sie in realen Situationen unmittelbar wahrnehmbar sind" (1986:58) repräsentieren. In der Folge gibt er jedoch als Beispiel z.B. "Relationen, die Zielvorstellungen zum Ausdruck bringen (Sport Treiben - GESUNDHEIT)" (ebendort), wo von unmittelbarer Wahrnehmbarkeit in einer realen Situation m.E. keine Rede sein kann.[2]
In Wirklichkeit handelt es sich um eine Vielzahl sehr heterogener Beziehungen, die sich offensichtlich kaum systematisieren lassen.[3] Der Bogen spannt sich von lokalen, temporalen, instrumentalen, finalen, etc. Beziehungen bis zu "schuldrechtliche[n] Beziehungen (Kreditgeber - Kreditnehmer)" (Arntz/Picht 1989:81). Sager (1990:35) zählt beispielhaft 17 derartige Beziehungen auf, wobei aber ebenfalls auf den ersten Blick ersichtlich ist, dass damit bei weitem nicht alle Möglichkeiten ausgeschöpft sind ("klassische" Beziehungen wie die temporale oder die Aktorrelation sind z.B. darin noch gar nicht erfasst).
Es ist vielmehr davon auszugehen, dass sich die vielfältigen sachlichen Zusammenhänge - und um diese handelt es sich letztendlich bei diesen Beziehungen zwischen Begriffen - je nach untersuchtem Wirklichkeitsausschnitt (also je nach untersuchtem Fach) und je nach den Zielsetzungen der Untersuchung auf die diversesten Arten klassifizieren lassen:

---

[1] Die Bezeichnung *horizontal* ist in diesem Sinne nicht mit derjenigen der begrifflichen Nebenordnung, wie sie bei der Behandlung der Abstraktionsbeziehung zur Sprache kam, zu verwechseln, sondern geht weit darüber hinaus.

[2] Cabré spricht von der "proximidad situacional de los elementos de la realidad" (1993:206).

[3] In der der Klassifikation von Arntz/Picht, die in Berufung auf die DIN-Norm 2330 "sequentielle" und "pragmatische" Beziehungen unterscheiden (1989:80f.), erscheint mir nicht klar, worin z.B. in einer "instrumentellen Beziehung (Werkzeug - Anwendung des Werkzeugs)" (ebendort) das sequentielle Element liegen soll. Weiters ist der Terminus "pragmatische Beziehung", der - nach DIN 2342 - auf Begriffsbeziehungen anzuwenden ist, die auf thematischen Zusammenhängen beruhen, die weder sequentiell noch hierarchisch sind, konzeptuell allzu unbestimmt.

> "It is now recognised that for practical applications, virtually any number and type of conceptual relationship can be established and declared as required by a particular need; e.g. an object can be related to its geographical origin, its material substance, its method of production, its use and function, etc. The size of conceptual fields and the complexity of the relationships to be declared within it, is a matter of the practical assessment of the purpose for which the conceptual analysis is undertaken; in other words, terminology relates terms to concepts (and not vice versa) and is therefore not concerned with absolute conceptual systems but only with systems created for specific purpose of assisting communication." (Sager 1990:29)

Möglicherweise liegt gerade in der Vielfalt und schweren Systematisierbarkeit dieser begrifflichen Relationen auch ein Grund dafür, dass bisweilen die Meinung vertreten wird, dass "die nicht-hierarchischen Beziehungen [...] in der Terminologie von geringerer Bedeutung [sind]" (Mayer 1998:34). Tatsache ist jedoch, dass bedingt durch ihre onomasiologische Ausrichtung gerade die Terminologiearbeit auch die nicht-hierarchischen Begriffsbeziehungen berücksichtigen muss, spätestens dann, wenn einzelne sachlich bedingte Felder zueinander in Beziehung gebracht werden:

> "Der Feldgedanke durchbricht die Vorstellung einer streng hierarchischen Ordnung von Terminologien. Zwar spielen Hyperonymie-Hyponymie-Beziehungen auch beim Aufbau von Feldern eine zentrale Rolle, jedoch werden sie in Zusammenhang gebracht mit inhaltlichen Querverbindungen. Auf diese Weise manifestiert sich die Vorstellung von einer mehrdimensionalen Vernetzung der Einheiten. ... Wenn eine Terminologie als Wissen über ein bestimmtes Fachgebiet aufgefasst werden kann, dann liegt es nahe, deren Modellierung an die Modellierung von Wissensstrukturen anzulehnen. So setzt sich neben dem traditionellen Stammbaum zunehmend eine netzartige Darstellung von Terminussystemen durch, die außer hierarchischen Beziehungen auch Querverbindungen zulässt und somit den komplexen Verknüpfungen fachlichen Wissens eher gerecht wird." (Fraas 1998:433f.)

3. VERTIKALE SPRACHVARIATION

Aspekte der vertikalen Variation, also der Sprachvariation, die vom Fachlichkeitsgrad der jeweiligen Kommunikationshandlung abhängt, sind in meinen bisherigen Ausführungen immer wieder angeklungen. Dies ist schon deswegen unvermeidlich, da bereits die Bezeichnung *Fachsprache* an sich auf diese Art der Sprachvariation hinweist. Anders formuliert: *Fachsprache* und vertikale Variation bedingen einander. Wir haben es hier mit einem Phänomen zu tun, das von jedermann leicht beobachtbar ist. Schon die Alltagserfahrung zeigt, dass es Sprache gibt, die "einfacher" und leichter verständlich und andere, die eben irgendwie "komplizierter" und schwerer verständlich oder gar unverständlich erscheint. Es ist auch unmittelbar erfahrbar und in den vorhergehenden Seiten immer wieder angeklungen, dass es weiters nicht Alltagssprache hier und Fachsprache da gibt, sondern dass die Verhältnisse komplizierter sind und unterschiedliche Ausprägungen an (fach)sprachlicher Komplexität anzusetzen sind. Um diese Komplexität konzeptuell einigermaßen in den Griff zu bekommen, hält sich sowohl beim Laien, als auch in der einschlägigen wissenschaftlichen Literatur hartnäckig eine Vorstellung, die etwa folgende Formulierung findet: "Fachsprachliche Texte weisen einen unterschiedlichen Grad an Präzision und Abstraktion auf, je nachdem wer sich ihrer mit welcher Sachkenntnis bedient und wo sie verwendet werden" (Uleer 2001:23). Dahinter steckt dann meist die Vorstellung, dass auf der Ebene der Gemeinsprache oder Alltagssprache eben besonders wenig präzis und abstrakt kommuniziert wird, diese Eigenschaften dann über einige Stufen sukzessive an Gewicht gewinnen und schließlich auf der Ebene der Wissenschaftssprache, wo besonderer Wert auf Präzision und Abstraktion gelegt wird oder werden sollte (?), in höchster Ausprägung vorhanden sind.[1]

Vermutlich trägt die Metapher der *Vertikalität* oder der *vertikalen Schichtung* das ihrige dazu bei, diese Vorstellung zu verstärken, vermittelt sie doch das Bild eines kontinuierlichen Anstiegs auf einer mehr oder minder wohldefinierten Achse.

Es müsste aufgrund meiner bisherigen Ausführungen deutlich geworden sein, dass ich mich einer solchen Anschauung nicht anschließen werde.

Abgesehen davon, dass zumeist mit einem sehr intuitiven Verständnis von *präzis* und *abstrakt* operiert wird und somit nicht wirklich klar ist, was darunter eigentlich zu verstehen ist,[2] scheint mir, dass diese Konzeption die große Vielfalt an kommuni-

---

[1] Vgl. z.B. Jahr, die von der Wissenschaftssprache als von Sprache "in ihrer höchsten Abstraktionsform" (1993:22) spricht.

[2] Verlange ich z.B. am Schalter eines Bahnhofs eine Karte bestimmter Klasse für einen bestimmten Zug und Zielort, erreiche ich, ohne fachsprachlich zu kommunizieren, ein Höchstmaß an kommunikativer Präzision. Zugleich würde ich für die Wissenschaft reklamieren, dass auch sehr konkrete Texte und Aussagen generiert werden können, wobei ich - zugegebenermaßen - ebenfalls auf Basis von sehr intuitiven Begriffen von *präzis* und *abstrakt* argumentiere.

kativ relevanten Parametern nur ungenügend berücksichtigt - ein Aspekt, auf den noch ausführlicher zurückzukommen sein wird.
Offensichtlich ist jedenfalls, dass die vertikale Sprachvariation sich auch im Wortschatz niederschlägt.
Ein früher Ansatz, Fachsprache vertikal zu schichten, rührt denn auch von der Feststellung her, dass im Fachwortschatz offensichtlich fachsprachlichere und weniger fachsprachliche (also allgemein verständlichere) Einheiten existieren (siehe dazu z.B. die Modelle bei Baldinger 1952 und Heller 1981[1]), wobei - auch wenn es im Rahmen dieser Arbeit ausschließlich um lexikalische Fragestellungen geht - in keinem Moment übersehen werden darf, dass es sich dabei eben nur um EINEN Faktor (allerdings um einen zentralen) handelt. Syntaktische, pragmatisch-textuelle, semiotische, etc. Aspekte spielen unzweifelhaft eine enorme Rolle in diesem Zusammenhang (vgl. z.B. Schnitzer 1997).
Die oben kritisierten Positionen zur vertikalen Schichtung allgemein finden mehr oder minder zwangsläufig ihren Niederschlag in entsprechenden Einschätzungen bezüglich der fachsprachlichen Lexik:

> "... Fachwörter [können] als Termini aufgefasst werden, die die ihnen zugesprochenen Merkmale wie Exaktheit, Eindeutigkeit, Wohldefiniertheit und Kontextunabhängigkeit in höherem oder geringerem Grad aufweisen - in Abhängigkeit davon, in welcher Sprachschicht sie bei der vertikalen Differenzierung der Fachsprachen zu finden sind. Fachwörter der stark theoriegeprägten Schicht weisen weitaus stärker die typischen Eigenschaften der definitorisch festgelegten Termini auf als Fachwörter der mehr praxisbezogenen Schichten. Hier sind Exaktheit, Eindeutigkeit und Kontextabhängigkeit [hier muss - so ich richtig verstehe - wohl KontextUNabhängigkeit gemeint sein; J.S.] bedeutend weniger nachzuweisen." (Jahr 1993:20)

Auch hier stoßen wir auf dasselbe - in meinen Augen - Vorurteil. Die Kommunikation, die beispielsweise - um ein extremes und daher besonder augenfälliges Beispiel zu bringen - zwischen Fluglotsen und Piloten in Ausübung ihrer jeweiligen Tätigkeit abläuft, wird wohl ein extremes Maß an Exaktheit, Eindeutigkeit und Wohldefiniertheit der verwendeten Terminologie aufweisen, von Theoriegebundenheit kann aber dabei doch kaum die Rede sein.
Ich bin auf diese Fragestellung bereits in 2.3.3.1. eingegangen, die dort formulierte Kritik braucht somit hier nicht wiederholt zu werden.
Wichtig erscheint mir nur, vor der eingehenderen Behandlung dieses Themas festzuhalten, dass apodiktische Formulierungen in Bezug darauf, wie Sprache sich auf verschiedenen fachsprachlichen Ebenen manifestiert, gerade dadurch, dass den vielfältigen kommunikativen Gegebenheiten und Bedingungen dann nicht Rechnung getragen wird (und wahrscheinlich auch nicht Rechnung getragen werden kann),

---

[1] Erstmals erschienen 1970.

sich bei näherem Hinsehen meistens als - gelinde gesagt - allzu starke Vereinfachung entpuppen.[1]

Aufgrund der oben angesprochenen - eigentlich "konstitutiven" - Bedeutung, die der vertikalen Variation für die Fachsprachen zukommt, überrascht es nicht, dass eine große Zahl an Modellen existiert, die von verschiedenen Ausgangspunkten ausgehend und unter Zuhilfenahme von verschiedensten Kriterien versuchen, diesen Aspekt in systematischer Art und Weise darzustellen und zu erklären.[2] Es soll in der Folge gar nicht der Versuch unternommen werden, auch nur die bekanntesten einer detaillierten Darstellung zuzuführen. Dies ist in der wissenschaftlichen Diskussion zum Thema bereits ausführlichst geschehen und ist für meine Zielsetzungen auch weitgehend unnotwendig. Ich will vielmehr versuchen, anhand einiger repräsentativer Beispiele allgemeine Tendenzen aufzuzeigen und diese einer globalen Kritik zu unterwerfen.

3.1. VERTIKALE SCHICHTUNG NACH HANDLUNGSBEREICHEN

In Kapitel 1.2. habe ich versucht, die Mehrdeutigkeit von *Fach* aufzuzeigen, und habe zwei grundlegende Perspektiven unterschieden: eine thematisch orientierte und eine zweite, die sich aus der Bestimmung als Handlungsbereich ergibt. Ich habe weiters darauf hingewiesen, dass schließlich eine dritte - vertikale - Dimension anzusetzen ist, die die unterschiedlichen fachlichen Ausprägungen, also die Fachlichkeitsgrade, anzeigt. Bei der Diskussion von *Fachsprache* (siehe insbesondere 1.3.6.) habe ich diese Unterscheidung wieder aufgenommen und die aus ihrer Nichtbeachtung resultierende Konfusion in den Versuchen, *Fachsprache* zu definieren, dargestellt. Die vertikale Achse meines Schemas wurde dort vorläufig ausgeklammert. Nun ist gerade die Verwendung von (Fach-)Sprache in verschiedenen Handlungsbereichen und, demzufolge, in unterschiedlichen Kommunikationskonstellationen als

[1] Vgl. z.B. die in einem etwas anderen Argumentationszusammenhang (siehe 2.3.3.1.) bereits zitierten Ausführungen von Cabré: "El grado de especialización de la comunicación condiciona no tan sólo la densidad terminológica de un texto, sino también la cantidad de variación expresiva para hacer referencia a un mismo concepto. Un texto altamente especializado suele ser preciso, conciso y sistemático; la terminología que utiliza tiende a la monosemia y a la univocidad. A medida que disminuye el grado de especialización, el discurso va adquiriendo características que lo acercan al discurso no especializado: en el plano semántico, variación conceptual, redundancia, ambigüedad, falta de precisión estricta; en el plano formal, variación sinonímica de base léxica, pero sobre todo uso muy elevado de fórmulas parafrásticas que explican analíticamente el mismo concepto que en un nivel especializado se hace [sic!] sintéticamente." (1999d:89)

[2] Vgl. dazu z.B. die Aufstellung bei Ide (2000:157).

vertikale Variation interpretiert worden. Schon die Unterscheidung zwischen fachinterner und fachexterner Fachsprache, wobei unter ersterer "Texte von Fachleuten für Fachleute" und unter letzterer "Texte von Fachleuten für Lernende, Laien, Fachfremde" (Schmitz/Scheiner 1983:26) zu verstehen sind, ist dieser Sichtweise zuzuordnen. Allgemein wird davon ausgegangen, dass fachinterne Kommunikation einen höheren Grad an Fachsprachlichkeit aufweist als fachexterne, also z.B. spezifischere Terminologie verwendet wird. Diese Sichtweise trifft sicherlich in einem hohen Grad zu, doch darf nicht übersehen werden, dass oftmals nicht die fachsprachlichen Elemente an sich, sondern deren Verwendungsweisen variieren. In einem Lehrwerk werden weitgehend dieselben fachtypischen Elemente vorkommen, die auch in der Kommunikation zwischen Fachleuten die Verständigung ermöglichen - schließlich geht es ja auch um deren Erarbeitung -, allerdings werden sie durch Erklärungen, Definitionen, etc. ergänzt sein. Die Unterschiede sind dann eher auf der Ebene der allgemein diskurstypischen Elemente (also z.B. pädagogischer versus wissenschaftlicher Diskurs) angesiedelt denn im Bereich des Fachsprachlichen. Aus diesem Grund scheint mir die Charakterisierung fachexterner Texte als "Fachtexte im weiteren Sinne" (Arntz 1982:111) oder sogar "eingeschränkt fachsprachliche Texte" (Schmitz/Scheiner 1983:26) nicht zutreffend. Es existieren zweifellos Texte, die an ein (noch) fachfremdes Publikum gerichtet sind, die ebenfalls einen enorm hohen Grad an Fachsprachlichkeit aufweisen (neben Lehrtexten z.B. auch manche juristische Texte, etc.). Ferner ist der Parameter *Kommunikationspartner* in engem Zusammenhang mit der Gruppenzugehörigkeit zu sehen. Den Angehörigen derselben Gruppe (z.B. desselben Unternehmens, derselben wissenschaftlichen Schule) gegenüber verhält man sich auch sprachlich anders als gegenüber Gruppenfremden, auch wenn es sich dabei um Fachleute handelt.[1] Darüber hinaus ist es auch in diesem Zusammenhang angebracht, sich in Erinnerung zu rufen, dass *Fach* und vor allem *Fachmann* immer relativ zu sehen sind. Ein Marketingspezialist wird von Strategien der Unternehmensfinanzierung möglicherweise wenig Ahnung haben, obwohl beides Teilbereiche (Teilfächer) der Wirtschaftswissenschaften (präziser: der Betriebswirtschaftslehre) sind. Ist die Kommunikation zwischen Experten aus den beiden Bereichen nun fachintern oder fachextern, bzw. ist sie "fachinterner" oder "-externer" als diejenige zwischen dem Marketingspezialisten und seinen Studenten? Interdisziplinäre Kommunikation undifferenziert als fachintern zu interpretieren (vgl. z.B. Spillner 1986:85), geht wohl an der Realität vorbei, denn der Fachmann in einem Gebiet kann schließlich ein vollkommener Laie im jeweils anderen sein. Die Unterscheidung von fachinterner und fachexterner Kommunikation hat sicherlich ihre Berechtigung, doch muss sie differenziert angewandt und in engem Zusammenhang mit anderen Faktoren des kommunikativen Geschehens - insbesondere der Textfunktion - gesehen

---

[1] Vgl. z.B. Ammon, der von "Außenfachsprache" als Sprache "zwischen Betrieben" und "Binnenfachsprache" als Sprache "innerhalb eines Betriebs" spricht (1973:79).

werden. Es ist klar, dass ein Sender im Kommunikationsakt sich auf das (fachliche und fachsprachliche) Wissen des Kommunikationspartners einstellen muss. Dies bedeutet aber m.E. nicht, dass damit sozusagen automatisch weniger fachsprachlich (in meinem Sinne) kommuniziert werden müßte, sondern es existiert zweifellos die Möglichkeit, spezifisches Wissen erfordernde (und somit fachsprachliche) Elemente im Kommunikationsakt auch zu erwerben, deren Kenntnis zu vertiefen oder eben spezifischen Konstellationen anzupassen.[1] Neben dieser Unterscheidung in fachintern und fachextern existieren eine ganze Reihe von Modellen, die explizit vertikale Variation und Handlungsbereich in direkte Beziehung setzen.
Großen Bekanntheitsgrad erreichte die auf Mackensen (1959:293-295) und Ischreyt (1965:41-46) zurückgehende dreistufige Gliederung in Theorie- oder Wissenschaftssprache, Werkstattsprache bzw. fachliche Umgangssprache und Verkäufer- oder Verteilersprache:

> "Die wissenschaftliche Fachsprache ist die Schicht, in der der höchste Grad fachsprachlicher Abstraktion angestrebt und erreicht wird, in der Werkstattsprache vermuten wir eine saloppere Ausdrucksweise, da hier die jeweilige Situation sprachliche Ungenauigkeiten aufwiegt und den Gesprächsteilnehmern zu Hilfe kommt. Das besondere Merkmal der Verkäufersprache wird wohl darin zu suchen sein, dass sie überreden, überzeugen und zum Kauf anregen soll, damit also suggestiv wirken muss." (Spiegel 1976a:33)

Die Theoriesprache, die "oft mit Fachsprache schlechthin gleichgesetzt" wird, charakterisiert sich demnach durch Texte, die "situationsunabhängig gehalten, adressatenneutral, schriftlich, monologisch" sind. Sie dienen der "Beschreibung (Definition, Vergleich, Klassifikation) oder Erörterung (Begründung, Beweis, Folgerung, Widerlegung" und enthalten "genormte Termini" - oft "in Form von ad-hoc-Abkürzungen bzw. Sigeln" - "metasprachliche Einschübe" und häufig "kunst- bzw. nicht-sprachliche Elemente wie Formeln, Graphiken, Zahlentabellen." (Pöckl 1990:268).
In der Werkstattsprache spielt demgegenüber die "Einbeziehung des situativen Kontextes" sowie der "Gebrauch ökonomischer Kürzungen (z.B. mehrgliedriger Fachtermini) und unspezifischer Bezeichnungen" eine größere Rolle; sie gilt als "naturwüchsiger, unsystematischer, emotionsbefrachtet und metaphernfreudig." (Pöckl 1990:268f.).
Als Kennzeichen der Verteilersprache, zu der z.B. auch popularisierende Texte und Sachbücher zu zählen sind, können schließlich "Redundanz und Dynamisierung,

---

[1] Sieht man den Fachsprachlichkeitsgrad der Kommunikationshandlung durch den mehr oder minder starken Einsatz derjenigen sprachlichen Mittel gegeben, die genau dies bewerkstelligen (Definitionen, Erklärungen, etc.), so bewegt man sich weniger in der vertikalen Achse der Fachsprachlichkeit, sondern in einem Vergleich unterschiedlicher Diskurse oder allenfalls in einer Vertikalität diskurstypischer Einheiten.

Veranschaulichung und Emotionalisierung, Vermenschlichung, Identifikationsangebot" (Pöckl 1990:269) genannt werden.
Dieses Modell, das von Ischreyt ursprünglich für naturwissenschaftlich-technische Fachsprachen entwickelt wurde, differenziert somit Fachsprache nach einigen Handlungsbereichen und damit nach den Variablen Kommunikationssituation, Textfunktion und Kommunikationspartner, was an den Benennungen der einzelnen Schichten deutlich zutage tritt. Gerade an ihnen setzt auch die Kritik an diesem Modell an:

> "Die Unterteilung in 'Fachsprache' (...) - 'Werkstättensprache' - 'Verkäufer bzw. Verbrauchersprache' ist noch ungleichgewichtig, da sie die Tätigkeitssituation ('Fach'), die Umgebungssituation ('Werkstatt') und die Kommunikationsträger bzw. Interaktionspartner ('Verkäufer', Marktforscher, Händler, Konsumenten) nicht gleichmäßig für alle Bereiche expliziert." (Gläser 1990:9)

Das in der deutschsprachigen Fachsprachenforschung vermutlich meistbeachtete Modell zur vertikalen Variation ist dasjenige Hoffmanns (zu den folgenden Ausführungen vgl. Hoffmann ^{2}1985:64-79), das einen bereits deutlich höheren Komplexitätsgrad aufweist. Hoffmann setzt jeweils fünf Ausprägungsstufen von vier Kriterien an:

- Abstraktionsstufe,
- äußere Sprachform,
- Milieu und
- Teilnehmer an der Kommunikation.

Bezüglich des ersten Parameters unterscheidet er die fünf Grade:

- A = höchste Abstraktionsstufe,
- B = sehr hohe Abstraktionsstufe,
- C = hohe Abstraktionsstufe,
- D = niedrige Abstraktionsstufe,
- E = sehr niedrige Abstraktionsstufe.

Die fünf Stufen der äußeren Sprachform stellen sich folgendermaßen dar:

- A = künstliche Symbole für Elemente und Relationen,
- B = künstliche Symbole für Elemente; natürliche Sprache für Relationen (Syntax),
- C = natürliche Sprache mit einem sehr hohen Anteil an Fachterminologie und einer streng determinierten Syntax,
- D = natürliche Sprache mit einem hohen Anteil an Fachterminologie und einer relativ ungebundenen Syntax,
- E = natürliche Sprache mit einigen Fachtermini und ungebundener Syntax.

Als Milieus nennt er:

- A = theoretische Grundlagenwissenschaften,
- B = experimentelle Wissenschaften,
- C = angewandte Wissenschaften und Technik,

- D = materielle Produktion,
- E = Konsumtion.

In Bezug auf die Kommunikationsteilnehmer werden folgende Konstellationen berücksichtigt:

- A = Wissenschaftler ↔ Wissenschaftler,
- B = Wissenschaftler (Techniker) ↔ Wissenschaftler (Techniker) ↔ wissenschaftlich-technische Hilfskräfte,
- C = Wissenschaftler (Techniker) ↔ wissenschaftliche und technische Leiter der materiellen Produktion,
- D = wissenschaftliche und technische Leiter der materiellen Produktion ↔ Meister ↔ Facharbeiter (Angestellte),
- E = Vertreter der materiellen Produktion ↔ Vertreter des Handels ↔ Konsumenten ↔ Konsumenten.

Die Addition dieser Merkmale ergibt schließlich die Charakterisierung der 5 Hauptschichten (A bis E, deren Benennung derjenigen des Parameters "Milieu" folgt) der vertikalen Schichtung von Fachsprachen, also z.B.:
Sprache der theoretischen Grundlagenwissenschaften = A = 1. höchste Abstraktionsstufe, 2. künstliche Symbole für Elemente und Relationen, 3. theoretische Grundlagenwissenschaften, 4. Wissenschaftler ↔ Wissenschaftler; etc.
In seinen Erläuterungen betont Hoffmann, dass diese Schemata Vereinfachungen enthalten und teilweise "virtuellen Charakter" haben, was vor allem bedeutet, dass a) nicht jede Fachsprache über alle Schichten verfügen muss:

> "So gibt es wissenschaftliche Disziplinen, die nie in die materielle Produktion einmünden, und umgekehrt Sphären der materiellen Produktion, die keine eigene wissenschaftliche Forschung kennen. Bestimmte Disziplinen treiben ihre Abstraktion nicht unbedingt bis zur Stufe A." (Hoffmann ^{2}1985:66)

b) dass die einzelnen Schichten in der realen Kommunikation selten rein auftreten:

> "Der Mathematiker geht, nachdem er ganze Seiten mit Gleichungen gefüllt haben mag, wieder zur natürlichen Sprache über. Der Logiker erläutert seine formalisierten Ausdrücke mit den Mitteln der natürlichen Sprache. Der Mediziner "übersetzt" dem Patienten seine Diagnose aus Schicht C in Schicht D. Der Soziologe streut in seinen Text statistische Formeln und Werte ein. Der Ökonom veranschaulicht seine verbale Darstellung durch ein Flussdiagramm usw. usf. Auch in der Schicht D spielen - selbst in mündliche Rede eingebettet - Zahlen, Formeln, Zeichnungen u.ä. eine wesentliche Rolle." (Hoffmann ^{2}1985:67)

Obwohl in ihnen ausschließlich von "materieller Produktion" gesprochen wird, ließen sich diese Übersichten

> "... auf andere Kommunikationsbereiche sinngemäß übertragen. Oft muss nur 'materielle Produktion' durch '(gesellschaftliche) Praxis' ersetzt werden. ... Das gilt z.B. für die

> Fachsprachen der Politik, der Kultur und einer ganzen Reihe von Gesellschaftswissenschaften. So könnte man für die Philosophie oder Geschichtswissenschaft die Stufe C als Weiterbildung für politische Führungskader (Parteischule, Marxistisches Kolloquium u.a.) verstehen. Die Schicht D tritt vor allem in der täglichen politischen Überzeugungsarbeit (Agitation und Propaganda) auf, und in der Schicht E ist schließlich das Gespräch über aktuelle Probleme erfasst. In Musik, bei der man sich darüber unterhalten könnte, ob die 'Notensprache' und die Komposition in Schicht A gehört, werden B und C vorwiegend in der Lehre auftreten; D wäre dann z.B. die Verständigung innerhalb eines Orchesters oder Chores und E der Gedankenaustausch der Konzertbesucher, Beat-Fans usw. In Schicht E gehören übrigens die früher erwähnten Gespräche der Patienten über ihre Krankheiten, der Zuschauer über den Sport, der 'Bekleidungsbedürftigen' über die Mode usw." (Hoffmann [2]1985:67)

Zu diesem Modell Hoffmanns, das in der einschlägigen Literatur einen ungeheuren Widerhall gefunden hat, sind m.E. mehrere Bemerkungen angebracht.
Zunächst fällt auf, dass hier ein Modell vorzuliegen scheint, das sich durch ganz besondere Ausgewogenheit und Parallelität innerhalb der einzelnen Kriterien und zwischen diesen auszeichnet. Warum Hoffmann gerade fünf Stufen unterscheidet und warum es gerade die erwähnten sind, bleibt jedoch relativ unklar. Warum wird z.B. zwischen "theoretischen Grundlagenwissenschaften", "experimentellen Wissenschaften" (Ist z.B. eine Versuchsbeschreibung zur Kernschmelzung theoretisch oder experimentell?) und "angewandten Wissenschaften" unterschieden, der äußerst umfassende Bereich der Produktion aber in nur einer Schicht zusammengefasst? Dazu schreibt Ickler:

> "Innerhalb jeder dieser vier Dimensionen [Abstraktionsstufe, äußere Sprachform, Milieu, Teilnehmer an Kommunikation] werden genau fünf Stufen unterschieden, was teils aus der Natur der Sache erklärlich ist, teils aber auch willkürlicher Setzung um der Symmetrie willen entsprungen zu sein scheint. Jedenfalls gibt Hoffmann keine nähere Begründung für eine so auffallende Gleichförmigkeit. ... Trotz der teilweise etwas willkürlich anmutenden Symmetrie (die dem Gegenstand eine größere Systematizität unterschiebt, als er möglicherweise besitzt) ..." (Ickler 1987:18)

Gewisse, für fachsprachliche Kommunikation überaus typische Kommunikationskonstellationen - wie diejenige zwischen Wissenschaftler und Konsument (populärwissenschaftliche Texte; vgl. Hahn 1983:74) oder Wissenschaftler bzw. Fachmann und Auszubildender (didaktische Texte) - sind im Modell überhaupt nicht vorgesehen. Von diesem Umstand abgesehen, scheinen mir die vier Kriterien als solche nicht auf derselben Ebene zu liegen. Handelt es sich bei "Milieu" und "Teilnehmer an der Kommunikation" um Faktoren, die auf den Sprachgebrauch einwirken, so ist "äußere Sprachform" eine Folgeerscheinung der beiden ersteren (und sicherlich einiger weiterer - wie Textfunktion, Thema, etc. -, die Hoffmann aber nicht erwähnt). Dies lässt sich vielleicht noch dadurch rechtfertigen, dass es sich hier um eine Gesamtcharakterisierung einzelner fachsprachlicher Schichten handeln soll und dazu die

verschiedensten Kriterien herangezogen werden, ohne dass dabei deren Status weiter berücksichtigt wird. Was dann allerdings unter "Abstraktionsstufe" genau zu verstehen ist und wie sie allenfalls gemessen werden kann,[1] ist m.E. nicht ganz klar. Ich frage mich, ob es sich dabei nicht eher um eine Qualifizierung der einzelnen Schichten als um ein Kriterium zu deren Bestimmung handelt.
Schließlich erscheint auch die Addition der vier Kriterien problematisch:

> "Die empirische Angemessenheit dieses Systems scheint mir zweifelhaft. Sprechen denn die Wissenschaftler untereinander wirklich ganz oder vorwiegend 'theoretisch', 'höchst abstrakt', in 'künstlichen Symbolen'? Gehört die Notenschrift der Musik - wie Hoffmann erwägt -, weil sie ein künstliches Symbolsystem ist, zur höchsten Schicht der Theoriesprache? Ist sie nicht vielmehr ein schlichtes Hilfsmittel, dem ausübenden Musiker Handlungsanweisungen zu geben?" (Ickler 1987:19)

Selbst wenn man in Betracht zieht, dass eben z.B. Wissenschaftler je nach den Gegebenheiten der Kommunikation verschieden miteinander kommunizieren können und damit verschiedene Arten von Texten kreieren, ist das Modell noch nicht flexibel genug. Selbst Texte ein und derselben Textsorte können auf unterschiedlichen Ebenen der Fachsprachlichkeit angeordnet sein:

> "So sind beispielsweise Werbetexte über medizinische Geräte oder pharmazeutische Präparate nicht schlechthin der 'Sprache der Konsumtion' eigen, sondern können auch in einer Fachzeitschrift der Schicht A als ein sachlich informierender Text erscheinen. Auch Rezensionen unterscheiden sich in ihrem Fachlichkeitsgrad entsprechend der Rezensionsvorlage, dem Adressatenkreis und dem Publikationsorgan." (Gläser 1990:14)

Es ist dies ein Hauptvorwurf, der an dieses Modell gerichtet werden muss: *Vertikale Schichtung* bedeutet doch wohl, dass ein Text der Schicht A fachsprachlicher ist als ein Text der Schicht B, etc. Es scheint mir aber nicht einsichtig, warum z.B. ein Text aus dem Milieu "angewandte Wissenschaft" per se fachsprachlicher sein sollte als ein Text aus dem Milieu "materielle Produktion" oder warum ein Artikel, der in einer Fachzeitschrift publiziert wird (Kommunikation zwischen Wissenschaftlern), nur aus diesem Grund schon fachsprachlicher ist als z.B. einer, der in einer Tageszeitung (Kommunikation zwischen Fachmann und Laien oder zumindest dispersem Publikum) erscheint. Hier müßten wohl noch andere Parameter, wie Textfunktion und situative Faktoren (Seiten- oder Spaltenzahl, die dem Verfasser zur Verfügung steht, etc.) in Betracht gezogen werden. Selbst wenn diese Ansicht tendenziell zutreffen sollte, kann m.E. daraus in der beschriebenen allgemeinen Form noch keine Schlussfolgerung des Typs "Wissenschaft ist fachsprachlicher als Produktion" gezogen werden.

---

[1] "... zumal es keine verlässlichen und in der Anwendung auf eine größere Zahl von Texten handhabbaren Messmethoden für den Abstraktionsgrad von Texten gibt." (Oldenburg 1992:57)

Gerade durch die Zusammenfügung und Zuordnung der vier Kriterien zu einer fixen Zahl von Schichten entsteht ein Modell, das - insbesondere da es ja für die verschiedensten Fachsprachen Gültigkeit haben soll - starr, unscharf und grobmaschig wirkt. Schon bei der Lektüre der von Hoffmann selbst angeführten Beispiele beginnt man sich zu fragen, wie eine Zuordnung eines Textes zu einer bestimmten Schicht tatsächlich einigermaßen objektiv möglich ist:

> "D: Biegen Sie das Scherblatt so, dass sich die Klemmbügel auf der Innenseite befinden; dann führen Sie es von unten in den Scherkopfrahmen ein; dabei wird die entsprechende Öffnung des Scherblattes über die klammerförmige Kupplung geschoben.
> E: Hier auf der Rückseite des Fernseh-Chassis befinden sich die Netzsicherung und die Anodensicherung; bevor Sie die Sicherungen auswechseln können, müssen Sie den Netzstecker aus der Steckdose ziehen, die vier Schrauben und die Rückwand herausziehen." (Hoffmann [2]1985:69)

Mir ist nicht klar, welcher Aspekt es in diesem Beispiel erlaubt, zwei verschiedene Fachsprachlichkeitsebenen zu unterscheiden. Der Unterschied zwischen den beiden Texten ist m.E. so minimal, dass eine Zuordnung zu Schicht D und E wohl nur auf Grund außersprachlicher Kriterien vorgenommen werden kann. Wenn es aber um die Schichtung von Fachsprache geht, frage ich mich, ob es Sinn macht, hier unterschiedliche Ebenen anzunehmen, oder ob es nicht zielführender wäre, die Parameter etwas flexibler zu halten.
Wenn hier das Modell Hoffmanns einer so ausführlichen Kritik unterzogen wurde,[1] dann deshalb, weil es in der Fachsprachenliteratur - zumindest im deutschen Sprachraum - auch den größten Niederschlag gefunden hat. Andere Modelle dieser Prägung (vgl. z.B. Beneš 1969, Hahn 1983 oder Ickler 1987) erscheinen mir durchaus genauso angreifbar. Dieser Umstand ergibt sich daraus, dass versucht wird, die komplexe kommunikative Realität mit ihren vielfältigen Einflüssen auf die Sprache anhand von einigen wenigen, zumeist drei oder vier, Parametern in ebenso vielen Ausprägungsstufen zu beschreiben.[2] Das Grundproblem der Bestimmung von Fachsprache mit Hilfe des Parameters Kommunikationsbereich liegt m.E. darin, dass in einem Handlungsbereich normalerweise die verschiedensten Texte bzw. Textsorten produziert werden und diese in ihrer sprachlichen (und nicht-sprachlichen) Gestaltung

---

[1] Auf weitere, durchaus diskutable Aspekte wurde dabei noch gar nicht eingegangen: Warum z.B. "künstliche Symbole" per definitionem als Indikator eines höheren Fachsprachlichkeitsgrades gelten sollen als z.B. die verwendete Terminologie - man denke an einfache chemische Formeln oder grundlegende mathematische Operatoren - ist mir nicht unmittelbar einsichtig.

[2] Im Modell Hoffmanns ist z.B. eine Unterscheidung zwischen gesprochener und geschriebener Fachsprache nicht vorgesehen, Hahn (1983:76-83) beschränkt die kommunikativen Handlungen (und damit die Funktionen) auf "Organisation", "Information" und "Instruktion", etc.

sehr variieren können. Um ein augenfälliges Beispiel für diese Problematik zu geben: Ein Werbetext kann natürlich höchst fachsprachlichen Charakter haben - man denke nur an Werbetexte für technische Produkte -, er kann aber genauso gut überhaupt nichts Fachsprachliches in meinem Sinn an sich haben. Ebensowenig kann man aus der Tatsache, dass im wissenschaftlichen Diskurs hochkomplexe Texte generiert werden, die Schlussfolgerung ziehen, dass ALLE Texte aus diesem Diskursbereich deswegen hochgradig fachsprachlichen Charakter haben. Schließlich besteht, um bei den Kriterien Hoffmanns zu bleiben, nicht die gesamte Wissenschaft und nicht einmal die gesamte Naturwissenschaft aus Texten mit hohem Anteil an künstlichen Symbolen etc. Natürlich wird man bisweilen feststellen, dass in einem bestimmten Kommunikationsbereich - oder vielleicht besser: in einer bestimmten Textsorte -, in dem (bzw. der) eine Fachsprache verwendet wird, sprachliche (oder auch nicht-sprachliche) Elemente auftreten können, die in dieser Form sonst nicht anzutreffen sind. Dann heißt es aber m.E. säuberlich zu trennen, ob es sich dabei um diskurstypische Elemente, Charakteristika der Textsorte oder eben tatsächlich Variation der fachsprachlichen Elemente handelt. Vermengt man diese Elemente, läuft man Gefahr, letzten Endes überhaupt aus den Augen zu verlieren, was eigentlich verglichen wird. Genau dies scheint mir jedoch bei diesem Ansatz von Anfang an angelegt zu sein, denn es werden in diesem ganze Kommunikationsbereiche als fachsprachlicher oder weniger fachsprachlich als andere charakterisiert, ohne dass auf die in ihnen existierenden komplexen kommunikativen Gegebenheiten näher eingegangen wird. Die Differenzierung nach Handlungsbereichen und Diskurstypen ist jedoch m.E. nicht mit vertikaler Variation gleichzusetzen, genauso wenig wie einzelne Textsorten einen sicheren Indikator für eine bestimmte fachsprachliche Schicht darstellen. Man kann nicht von der Annahme ausgehen, "dass sich die verschiedenen Textsorten im Rahmen einer vertikalen Schichtung anhand ihres Fachlichkeitsgrades differenzieren und hierarchisch klassifizieren lassen" (Ide 2000:159), sondern es erscheint mir wesentlich zielführender, zuerst die entsprechenden kommunikativen Konstellationen mit ihren textsortenbestimmenden Grundparametern (Medium, Kommunikationspartner, Textfunktion, etc.) zu unterscheiden und erst danach und in ihnen einzelne fachsprachliche Ebenen zu unterscheiden. Verfährt man umgekehrt, kommt es mit hoher Wahrscheinlichkeit dazu, dass Elemente, die in einer Textsorte einen bestimmten Fachlichkeitsgrad anzeigen können, als Indikatoren für größere oder geringere Fachsprachlichkeit in einer anderen Textsorte herangezogen werden, wo sie genau dies nicht leisten können. Um ein extremes Beispiel zu geben: das oftmals als Kriterium genannte Auftreten von Definitionen, das in gewissen Kontexten sehr wohl als Indikator für den Fachsprachlichkeitsgrad geeignet ist (vgl. z.B. Ide 2000:188), kann nicht auf Wörterbücher und Enzyklopädien übertragen werden, die sonst allesamt - nimmt man dies als alleinigen oder primären Indikator - einer niedrigen Fachsprachlichkeits-ebene zugeordnet werden müssten, was wohl ganz offensichtlich unzutreffend ist. Überträgt man es auf popularisierende und didaktische Texte, deren kommunikative

Funktion eben oftmals gerade in der systematischen begrifflichen Erarbeitung einer Materie besteht, fällt man einer Art self-fulfilling prophecy zum Opfer (vgl. Ide 2000:294-297). Kurz gesagt: Die Unterscheidung einzelner Grade an Fachsprachlichkeit macht umso mehr Sinn, je mehr kommunikative Parameter (Textthema und -funktion, Medium, Charakteristika der Kommunikationspartner, etc.) konstant gehalten werden. Nur so kann vermieden werden, dass allzu globale Aussagen des Typs "Wissenschaft ist fachsprachlicher als Produktion" oder "interner Bericht ist fachsprachlicher als Brief" (vgl. Iglesias 1999:944) vermieden werden - Aussagen, die in ihrer Allgemeinheit keinen Aussagewert bezüglich des konkreten Textes erlauben, sondern bestenfalls "einen heuristischen Annäherungswert für sich in Anspruch nehmen" (Kalverkämper 1996:9) können. Letzteres in dem Sinne, dass sie natürlich die an sich banale Annahme erlauben, dass die Wahrscheinlichkeit, im Bereich des wissenschaftlichen Diskurses auf hochgradig fachsprachliche Texte zu stoßen, sicherlich größer ist, als dies bei Stammtischgesprächen der Fall ist, wobei selbst in diesem Fall Ausnahmen die Regel bestätigen können.

3.2. VERTIKALE SCHICHTUNG ALS "VERTIKALITÄT DES WISSENS"[1]

Auf die Bedeutung, die dem Faktor Wissen in der Bestimmung von *Fachsprache* m.E. zukommt, habe ich in 1.3.6. ausführlich hingewiesen und ihn als konstitutiv für die Definition von Fachsprache in meinem Sinne erklärt. In 2.3.3., bei der Diskussion der semantischen Charakteristika des Fachwortschatzes, wurde dieser Aspekt wieder aufgenommen und explizit als primäres Merkmal des fachsprachlichen Wortschatzes bezeichnet. Nachdem ich dem Wissen der Kommunikationspartner einen derart herausragenden Stellenwert in der Abgrenzung von Fachsprache zur Nicht-Fachsprache einräume und die Frage der Vertikalität sozusagen als Grundproblematik der Fachsprachenthematik an sich erachte (siehe 3.), ist es naheliegend, dass ich die vertikale Variation ebenfalls grundsätzlich an den Faktor *Wissen* gekoppelt sehe.
Genau an diesem Punkt setzt die zweite Perspektive in der Bestimmung unterschiedlicher fachsprachlicher Ebenen an. Einzelne Fachsprachlichkeitsgrade werden hier nicht - zumindest nicht primär - als durch den Handlungsbereich determiniert gesehen, sondern direkt durch das unterschiedliche Wissen der am kommunikativen Geschehen Beteiligten. Im Rahmen der sogenannten "vertikalen Lexikologie", die engstens mit dem Namen Sigurd Wichter verbunden ist,[2] wird

[1] "Vertikalität des Wissens" ist der Titel eines Aufsatzes von Wichter (1995a).

[2] Zu den folgenden Ausführungen siehe insbesondere Wichter (1994).

die vertikale Schichtung der Fachsprachen als Vertikalität - d.h. als unterschiedliche Strukturierung - von Wissensbeständen gesehen. Ein höherer Grad an Fachsprachlichkeit ist demzufolge an ein kompletteres Wissen gebunden. So wie ich in 2.3.3. argumentiert habe, wird also auch hier die (größere oder geringere) Fachsprachlichkeit von Lexemen primär als semantisches Phänomen erachtet:

> "Vertikalität von Wissensstrukturen bedeutet linguistisch gesehen, dass es die Inhaltskomponente (Inhaltsseite) der Zeichen und anderer semiotischer Gebilde ist,[1] die grundsätzliche Relevanz für die Analyse besitzt. Mithin haben Verfahren der Erhebung und Darstellung und Erklärung auf diese Komponente grundsätzlich abzuheben.
> Ex negativo heißt das, dass nicht die Ausdruckskomponente (Ausdrucksseite) im Vordergrund steht, wie das im wesentlichen bei Dialekten der Fall ist, also bei sprachlichen Systemen, die, abgesehen von bestimmten standortbestimmten Wissensspezialisierungen, additiv gesehen prinzipiell nicht die Weltkenntnis, sondern nur deren Bezeichnungen vermehren." (Wichter 1995a:228)

Der von Wichter dabei verwendete Wissensbegriff ist m.E. äußerst umfassend und enthält neben Benennungswissen auch eine exhaustive inhaltlich-fachliche Komponente:

> "Bei der Analyse der Wörter geht es nicht nur um das sog. Bedeutungswissen bzw. um die sog. Sprachbedeutung (verstehbar als minimalkontrastive Inhalte in einem vereinfachten Feld), sondern auch um das sog. enzyklopädische Wissen, das mit der minimalkontrastiven Bedeutung verbunden ist, aber über sie hinausgeht und alle mit dem Wort handlungspraktisch verbundenen Inhalte umfasst." (Wichter 1995a:292)

Methodologisch basiert Wichters Vorgehen in der Bestimmung der lexikologischen Vertikalität in der Erstellung von Schemata (frames), die aus einer Kategorialstruktur und den Ausprägungen bzw. Besetzungen der jeweiligen Kategorien bestehen. Als Informationsquelle können in beiden Fällen, also für die Erstellung der Kategorialstruktur und der Besetzungen, sowohl Personen (d.h. durch spezifische Befragung ermitteltes Wissen) als auch bereits existierende Texte herangezogen werden. Diese Methode erlaubt sowohl einen semasiologischen als auch einen onomasiologischen Ansatz, je nachdem, ob die einzelnen Kategorien mit Begriffen oder mit Benennungen zu besetzen sind. Das Offenlegen der verschiedenen Besetzungen (aber auch der Kategorien-Strukturen selbst), deren Beschreibung und insbesondere deren Vergleich würde es ermöglichen, die verschiedenen Fachsprachlichkeitsebenen (=Wissenssysteme) zu unterscheiden.[2]

---

[1] Was allerdings unter "anderen semiotischen Gebilden", die keine Zeichen sind, zu verstehen ist, erscheint mir unklar. Ich nehme an, Wichter meint hier Lexeme und andere semiotische Gebilde (=Zeichen).

[2] Zur ausführlichen Darstellung der Erhebungsmethode siehe Wichter (1994:119-183).

Zielsetzung des Ansatzes Wichters ist - zumindest zum gegenwärtigen Zeitpunkt - in erster Linie die möglichst exakte Erfassung der unterschiedlich strukturierten Wortschätze von Experten und Laien in ganz konkreten Bereichen und weniger die Erstellung eines allgemeinen Vertikalitätsmodells, wie dies im vorherigen Abschnitt (siehe 3.1.) der Fall war. Letztere Zielsetzung erscheint ihm - m.E. zu Recht - allzu ambitioniert:

> "Es erscheint in der gegenwärtigen Forschungssituation perspektivisch sinnvoll, wenn man für den gesamten, außerordentlich großen und komplexen Bereich des Umgangs der Experten und der Laien miteinander nicht unmittelbar ein einziges, umfassendes Gliederungsmodell anstrebt, das unter allen Gesichtspunkten optimal wäre. Vielmehr ist es wohl günstig, sich über partielle bzw. lokale, in ihrem Sachbereich stimmige und vor allem auch empirisch fundierte und relevante Modelle induktiv anzunähern. ... Dies bedeutet keine prinzipielle Absage an ein Gesamtmodell der Gliederung des Umgangs der Experten und der Laien miteinander. Aber der gegenwärtige Forschungsstand einerseits und andererseits die horizontale Vielfalt, die zahlreichen vertikalen und horizontalen Kooperationsformen und nicht zuletzt die Komplexität und vor allem die Dynamik des Wandels, die wohl erst noch kategorial angemessen zu begreifen wären, klaffen noch weit auseinander, so dass eine verstärkte induktive Forschungskomponente nützlich erscheint, in Ergänzung natürlich des deduktiven Entwerfens." (Wichter 1994:19)

Ich meine, dass diese Beschränkung - wenn man sie überhaupt als solche interpretieren will - jedenfalls dazu führt, dass die an sich schon hochkomplexen, spezifischen Gegebenheiten in den einzelnen Fächern besser berücksichtigt werden, was eigentlich ermöglichen müsste, dass auch anwendungsrelevantere Ergebnisse erzielt werden können. Für die didaktische und lexikographische Umsetzung vertikalitätsbezogener Untersuchungen geht es ja weniger um die Erstellung bzw. Bestätigung oder Verwerfung abstrakter Modelle, sondern um die Beschreibung ganz konkreter Konstellationen, die ohne eine entsprechende Tiefe in den Einzeluntersuchungen nur in ungenügendem Maß geleistet werden kann.
Allerdings ist der Ansatz Wichters in einer anderen Hinsicht ungemein ambitioniert, insofern als die (fachsprachliche) Lexikologie in letzter Instanz zu nichts weniger als zur Aufdeckung von allen erdenklichen Wissensstrukturen aufgefordert wird, womit man sich vom eigentlichen kommunikativen Geschehen einigermaßen entfernt bzw. - wie seine Beispiele zeigen - entfernen kann.
Bei aller Bedeutung, die dem Faktor Wissen für die sprachliche und insbesondere fachsprachliche Kommunikation zukommt, beginnt man sich bei den von ihm präsentierten Untersuchungen doch zu fragen, ob es Aufgabe der Sprachwissenschaft sein kann, jegliches mit einem Objekt verbundene Wissen auf verschiedenen Wissensniveaus zu untersuchen, um dann z.B. festzustellen, dass ein Schulkind über die Geschichte der Füllfeder, deren Regeleinrichtungen, etc. nicht Bescheid weiß (Beispiel aus Wichter 1994:170-183). Zweifellos, die Unterscheidung von enzyklopädischem Wissen und Bedeutungswissen ist problematisch (vgl. dazu z.B.

Lutzeier 1985a:78-88), doch kommt man nicht umhin festzuhalten, dass es bestimmte Wissensaspekte gibt, die für eine gelungenen Kommunikation offensichtlich relevanter sind als andere. Welche das jeweils sind, ist wiederum durch den spezifischen Kontext, Zielsetzungen und Partnern des Kommunikationsprozesses bestimmt, ein Arbeiten innerhalb eines klar umrissenen Bereichs, also innerhalb einer bestimmten Textsorte, daher günstig.
Eine weitere kritische Bemerkung ist zur Methode Wichters und zu den von ihm inspirierten Arbeiten angebracht:
Die Möglichkeiten der sprachwissenschaftlichen Analyse werden bei Wichter - zumindest an den im Werk formulierten Ansprüchen gemessen - m.E. als zu optimistisch eingeschätzt. Das Aufdecken von Wissensstrukturen scheint mir doch sehr an Informantenbefragungen bzw. die Analyse explikativer Textsorten (Enzyklopädieartikel, etc.) gebunden. Allenfalls können bei Texten, die nicht dieser Natur sind, noch jene Teile zur Analyse herangezogen werden, die auf irgendeine Art und Weise Aufschlüsse über die verwendeten Begrifflichkeiten geben bzw. in diesem Sinne interpretiert werden können. In all jenen Fällen, in denen zur Verständigung notwendiges Wissen zwischen den Kommunikationspartnern einfach vorausgesetzt wird, scheinen mir die Möglichkeiten dieses Ansatzes hingegen recht illusorisch. Strenggenommen untersucht man auf die dargestellte Art und Weise auch nicht kommunikative Prozesse an sich, sondern die dahinter liegenden und sie - zumindest zum Teil und theoretisch - ermöglichenden Wissensbestände.
Für diese Zielsetzung, wenn es also darum geht, begriffliche Strukturen darzustellen und zu vergleichen, scheint mir die Methode Wichters auch ausgezeichnet geeignet, und in dieser Hinsicht liefert sie auch einen wertvollen Beitrag zur Charakterisierung eines die vertikale Variation mitbestimmenden Aspektes.
Doch für die Analyse des kommunikativen Funktionierens realer Sprachvorkommen, für das Aufzeigen und die Beschreibung lexikalischer Strukturen auf verschiedenen fachsprachlichen Ebenen, so wie sie uns in konkreten Texten gegenübertreten, ist sie wohl nur bedingt einsetzbar. Natürlich wird es im Einzelfall möglich sein, anschließend an dieses Vorgehen und aufgrund der erzielten Resultate den einen oder anderen Rückschluss darauf zu ziehen, wie der eigentliche Kommunikationsakt funktioniert haben kann oder warum er vielleicht nicht zum Ziel einer vollen Verständigung geführt hat.
Man analysiert jedoch primär das theoretische Wissen der Kommunikationspartner, das zwar die eigentlichen Kommunikationsakte determiniert, in ihnen selbst aber sozusagen nicht direkt manifest ist.
Es dürfte schwer sein, konkret festzulegen, welche Wissensbestände nun für das jeweilige Kommunikationsgeschehen tatsächlich wesentlich sind. Zieht man aber diese tatsächlich aktivierten, d.h. für das konkrete Textverständnis notwendigen Wissensbestände für den Vergleich heran, werden die Differenzen vermutlich ungleich geringer ausfallen, als das die Beispiele Wichters zunächst nahelegen - immer unter

der Voraussetzung, dass man meine Forderung nach Vergleichen innerhalb einer Textsorte (oder zwischen einander sehr nahestehenden) Textsorten ernst nimmt.[1]

3.3. VERTIKALE SCHICHTUNG ALS (FACH-)LEXIKALISCHE STRUKTURIERUNG

3.3.1. Ausgangspunkte und Anforderungen

Bevor nun im Folgenden versucht wird, einen eigenen Ansatz für die Analyse unterschiedlicher fachsprachlicher Ebenen in lexikalischer Hinsicht zu entwickeln, empfiehlt es sich, die bisherigen Überlegungen - insoweit sie als Ausgangspunkte dienen werden - kurz zusammenzufassen, auch wenn vieles aus meinen kritischen Bemerkungen zu den existierenden Modellen und Methoden bereits ableitbar ist. Ganz grundsätzlich sei noch einmal darauf hingewiesen, dass für mich - neben der Abgrenzung zur Gemeinsprache - die Unterscheidung von Fachsprache als themenbedingte Sprachvariation und von Fachdiskurs als durch den Handlungsbereich bedingte Sprachvariation zentral ist. Ein konkreter Text kann zwangsläufig immer beiden Kategorien zugeordnet werden. Trotzdem ist diese Unterscheidung wichtig, gibt sie doch die Perspektiven vor, unter denen Texte untereinander vergleichbar sind. Vertikal zu diesem Geflecht aus thematischen Charakteristika einerseits und funktional-situativen Bedingungen (die den Handlungsbereich ausmachen) andererseits ist eine dritte Dimension anzusetzen, die für mich die eigentliche vertikale Variation darstellt. Ich unterscheide somit drei - zumindest theoretisch voneinander unabhängige - Parameter:

- Themenbereich,
- Handlungsbereich (bestimmt durch funktional-situative Faktoren),
- vertikale Variation.

Themen- und Handlungsbereiche sind Abstraktionen, die sich vielfach in einzelne konkrete Themen bzw. konkrete Kommunikationsakttypen (Textsorten) untergliedern lassen und in der konkreten Analyse auch oftmals untergliedert werden müssen, um zu aussagekräftigen Ergebnissen zu gelangen.
Die Variation, die sich aus der Zugehörigkeit von Texten zu verschiedenen Diskurstypen (Handlungsbereichen) bzw. in diesen zu verschiedenen Textsorten ergibt, ist für mich daher zunächst nicht als vertikale Schichtung zu interpretieren,

---

[1] Um ein konkretes Beispiel zu geben: Das Wissen in Bezug auf den Terminus *Börsenschluss* wird beim Fachmann und beim Laien ziemlich unterschiedlich sein. In einem Börsenbericht in einer Tageszeitung wird es für das Textverständnis jedoch in den allermeisten Fällen nur notwendig sein, zu wissen oder zu verstehen, dass es sich dabei um das Ende eines Börsentags handelt, ein Wissen, das im Normalfall unmittelbar aus dem Kontext erschlossen werden kann.

da dabei ganz unterschiedliche kommunikative Faktoren ausschlaggebend sind oder zumindest sein können.[1]
Die oben angesprochene Unabhängigkeit der drei Parameter ist nur dann nicht gegeben, wenn festgestellt wird, dass gewisse Themen nur in bestimmten Handlungsbereichen zur Sprache kommen, bzw. in dem hypothetischen Fall, dass es gelänge, ein globales Modell vertikaler Schichtung zu erstellen, das über die einzelnen Handlungs- und Themenbereiche hinweg Gültigkeit hätte, und dann konstatiert werden kann, dass gewisse Affinitäten existieren.
Abgesehen davon, dass ich davon ausgehe, dass die Kriterien, die dann anzulegen wären, einigermaßen differenziert sein müssten (z.B.: "in nicht-explikativen Textsorten ist der Gebrauch fachspezifischer Termini signifikant reduziert"; etc.), kann die gegenwärtige Forschungslage die Erstellung eines solchen Modells wohl nicht leisten. Es erscheint mir daher zielführend, zunächst davon auszugehen, dass hier eine Unabhängigkeit der Variablen vorliegt.
Für die Analyse der vertikalen Variation bedeutet das bisher Gesagte, dass es sinnvoll ist, innerhalb eines Diskurstyps und sogar - noch konkreter - innerhalb einer Textsorte (allenfalls in einander nahestehenden und vergleichbaren Textsorten) zu agieren, um eine möglichst große Zahl an kommunikativen Parametern konstant zu halten. Ebenso ist es notwendig, den thematischen Aspekt in überschaubaren und wohldefinierten Grenzen zu halten (ein wissenschaftliches Abstract aus dem Bereich der Mathematik wird anderen - auch thematisch bedingten - Gesetzen unterliegen als eines aus dem Gebiet der Moraltheologie, auch wenn es sich in beiden Fällen um wissenschaftlichen Diskurs und die gleiche Textsorte handelt).
Wohlgemerkt, Vergleiche mögen durchaus über diesen von mir recht eng gestreckten Rahmen hinaus sinnvoll und nützlich sein, bei Schlussfolgerungen in Bezug auf die vertikale Variation ist dann jedoch größte Vorsicht angebracht, falls sie überhaupt möglich sind.
Wenn wir uns nun der Analyse vertikaler Variation im Bereich des Wortschatzes zuwenden, so ist zunächst die grundlegende Frage zu stellen, welche Aspekte des (fach-)sprachlichen Wortschatzes in Betracht zu ziehen sind.
Prinzipiell muss man davon ausgehen, dass die vertikale Variation an den beiden "klassischen" Aspekten der gängigen Zeichenmodelle ansetzt, also an sprachlicher Form und sprachlichem Inhalt. Dazu kommt als drittes Element m.E. die Frage, ob ein Zeichen in einem bestimmten Bereich überhaupt auftritt und mit welcher Häufigkeit dies geschieht, also die Frage nach der Existenz und Frequenz des sprachlichen Zeichens auf den jeweiligen fachsprachlichen Ebenen.

---

[1] Gleiches gilt naturgemäß hinsichtlich der horizontalen Schichtung, also der Sprachvariation nach Themen-bereichen, die aber meines Wissens ohnehin von niemandem generell und in Form allgemeinster Themen (Physik, Chemie, Theologie, etc.) mit der vertikalen Variation gleichgesetzt wird.

Was den Aspekt der *Form* betrifft, so ist in unserem Zusammenhang daran zu denken, dass ein und dieselbe Begrifflichkeit unterschiedliche Benennungen, die mit verschiedenen fachsprachlichen Ebenen korrelieren, erhält. Wir stehen hier also vor der Frage nach einer - möglicherweise existierenden - unterschiedlichen Frequenz von synonymen terminologischen Einheiten auf unterschiedlichen fachsprachlichen Ebenen.
Was die Inhaltsseite der Termini betrifft, ist nach meinen Ausführungen in 2.3.3. klar, dass hier ein Hauptangriffspunkt sprachvariationeller Einflüsse vorliegen muss. Mehr noch, semantische Variation auf Lexemebene erscheint mir für die Frage der Vertikalität geradezu konstitutiv, auch wenn damit - ich werde auf diesen Aspekt sofort zurückkommen - für eine Analyse, die auf realen Texten bzw. Kommunikationsakten basiert, nicht zu unterschätzende methodische Schwierigkeiten verbunden sind.
Ähnliches gilt für den Aspekt *Existenz/Frequenz*. Fachliche Inhalte höherer Komplexität werden auf weniger hohem Fachsprachlichkeitsniveau nicht bzw. mehr oder minder stark vereinfacht zur Sprache kommen, die sprachlichen Manifestationsformen des entsprechenden Wissens, also die Termini, daher nicht oder in geringerer Frequenz auf niedrigerem Niveau vorkommen. Der Fachlichkeitsgrad der Thematik an sich beeinflusst naturgemäß auch den Fachsprachlichkeitsgrad des sie beschreibenden bzw. repräsentierenden Wortschatzes.
Die drei angesprochenen Aspekte stellen die empirische Analyse vor unterschiedliche Schwierigkeiten und erfordern demzufolge ein unterschiedliches methodisches Herangehen: Während Form und Existenz/Frequenz in Texten unmittelbar ersichtlich und somit analysierbar sind, sind der inhaltliche Aspekt und somit die hinter den terminologischen Einheiten stehenden Begrifflichkeiten explizit nur in explikativen Texten bzw. Textteilen verbalisiert, ansonsten jedoch nur über Befragungen, Interviews, Tests, etc. oder mittels textsemantischer, interpretativer Verfahren einer Untersuchung zugänglich. Bedeutungen und Begriffe werden in den allermeisten kommunikativen Akten unter der stillschweigenden Annahme vorausgesetzt, dass ihre Strukturen bei den Kommunikationspartnern zumindest soweit identisch sind, dass eine Verständigung möglich ist. Nur in jenen Fällen, in denen man davon ausgehen kann, dass dem nicht so ist (didaktische, popularisierende Texte, Nachschlagewerke, etc.), bzw. wenn ein Nicht- oder Missverständnis voraussehbar ist (Einführung neuer Termini, Verwendung einer Einheit auf - intuitiv erkannter - "unpassender" Ebene, etc.), werden Erklärungen und Interpretationshilfen gegeben.
Die Analyse dieses inhaltlichen Aspekts erfordert somit jedenfalls ein gänzlich anderes Verfahren als diejenige der anderen beiden Aspekte. In jenen Fällen, in denen ausgeprägt explikative Teile enthalten sind, kann der Text die notwendige Grundlage oder Hilfestellung bieten. In den anderen Fällen bleibt eigentlich gar keine andere Wahl, als sich vom Kommunikationsakt selbst bzw. seinem Produkt zu entfernen und wie im methodischen Vorgehen Wichters (siehe 3.2.) mit Befragungen etc. zu

arbeiten. Daraus ergeben sich zwei von ihrem Status her ungleiche, aber dennoch gleich schwerwiegende Probleme. Zum einen entfernt man sich damit - wie in 3.2. kritisiert - beträchtlich von der Analyse des oder der eigentlichen Kommunikationsgeschehnisse, die wohl die eigentliche Zielvorgabe in der Festlegung vertikaler Ebenen darstellen. Zum anderen stellt sich der eingehenden Analyse des inhaltlichen Aspekts der terminologischen Einheiten in der hier zur Diskussion stehenden Perspektive ein forschungspraktisches Problem: wiederum von bestimmten Textsorten abgesehen ist das Verfahren dermaßen aufwändig, dass zwangsläufig nur ein sehr kleiner Ausschnitt - einige wenige Termini, einige wenige Texte - auf diese Art und Weise bearbeitet werden können. Auch dies mag im Einzelfall von höchstem Interesse sein, die Beschreibung der vertikalen Variation benötigt jedoch m.E. dringend Arbeiten, die auf einer breiteren Materialbasis basieren, also mit größeren Textkorpora operieren. Diese werden angesichts der Unmenge ständig generierter Texte immer noch klein genug erscheinen,[1] aber jedenfalls können die auf ihnen fußenden Generalisierungen eher zur Charakterisierung einzelner vertikaler Schichten beitragen, als dies bei Arbeiten im ausgesprochenen Mikrobereich der Fall ist. Es ist dies ein Aspekt, der für die Anwendungsrelevanz der Untersuchungen von größter Bedeutung ist.
Wie kann nun aber eine Analyse der vertikalen Variation auf Wortschatzebene aussehen, die den von mir nun implizit aufgestellten Forderungen und Bedingungen Genüge tut?
Fassen wir die diversen Ansprüche kurz zusammen. Einerseits geht es um die Erfassung vertikalitätsbedingter sprachvariationeller Erscheinungen in Bezug auf Form, Inhalt und Existenz/Frequenz der terminologischen Einheiten. Alle drei Aspekte müssen soweit berücksichtigt werden, dass das kommunikative Funktionieren von Texten auf unterschiedlichen vertikalen Sprachebenen hinsichtlich des verwendeten Wortschatzes ausreichend beschrieben ist. Unter *ausreichend* ist dabei zu verstehen, dass der kommunikative Normalfall abgedeckt ist. Darüber hinausgehende Fragestellungen, insbesondere die exhaustive Beschreibung und Klärung der hinter der Terminiverwendung stehenden Begrifflichkeiten können im Einzelfall, z.B. zur Klärung von Missverständnissen, besonderer textsemantischer Zusammenhänge, etc., notwendig sein, müssen und können aber nicht die hier zu beantwortende Grundfrage darstellen. Andererseits ist es wesentlich, dass mit einer genügend großen Materialbasis gearbeitet wird, die aber - soweit dies im konkreten Fall dann möglich ist - vollständig und,

[1] Natürlich bieten hier die immer weiter entwickelten Möglichkeiten der automatisierten Erstellung und Bearbeitung von Korpora eine enorme Hilfestellung. Trotzdem ist die "manuelle" Komponente in diesen Untersuchungen nach wie vor nicht zu unterschätzen. Allein die automatische Erkennung von Termini stellt weiterhin ein großes Problem dar, das noch keiner zufriedenstellenden Lösung zugeführt ist. So kommen Cabré/et al. nach einer vergleichenden Analyse der existierenden Systeme aus verschiedenen Gründen zum Schluss: "None of the systems is entirely satisfactory..." (2001:82).

um überhaupt zu repräsentativen Ergebnissen zu gelangen, auf ökonomische und effiziente Art und Weise zu behandeln ist.
In 2.3.3.2.1. bin ich auf die semantischen Charakteristika des Fachwortschatzes eingegangen. In 2.3.3.2.2. wurde die Bedeutung, die der Systematik der Fachwörter zukommt - und zwar sowohl als Hintergrund für das in ihnen manifestierte Wissen im Allgemeinen als auch hinsichtlich des Textverständnisses im Speziellen - thematisiert. Auf Basis der dort angestellten Überlegungen glaube ich, ein methodisches Vorgehen gefunden zu haben, das den oben formulierten Anforderungen entspricht, d.h. die zu unterscheidenden vertikalen Ebenen hinsichtlich ihrer Lexik in den wesentlichen Aspekten beschreibt und zugleich eine unmittelbare Grundlage für eine sich daraus ergebende (insbesondere lexikographische) Anwendungsmöglichkeit darstellt.

3.3.2. Analysemethode

3.3.2.1. Korpuserstellung

Der erste Schritt in der Untersuchung unterschiedlicher fachsprachlicher Ebenen kann nur in der Erstellung eines geeigneten Textkorpus bestehen. Im Einklang mit der von mir formulierten Kritik an bestehenden Modellen und Verfahren (siehe 3.1. und 3.2.) und meinen allgemeinen Überlegungen, was sinnvollerweise unter vertikaler Variation verstanden werden sollte (siehe 3.3.1.), ist es dabei wichtig, sich in der Zusammenstellung des Korpus innerhalb eines Rahmens zu bewegen, in dem eine möglichst große Zahl an kommunikativ relevanten Parametern konstant gehalten wird. Dies impliziert, dass jedenfalls der Themen- und Diskursbereich und - soweit möglich - darin wieder die Textsorte konstant gehalten wird. Die Tatsache, dass keine allgemein anerkannte Textsortenklassifikation besteht (und vermutlich auch nie existieren wird, da ja Klassifikationen immer im Hinblick auf ganz bestimmte und damit unterschiedliche und wandelbare Zielsetzungen erstellt werden), braucht uns dabei nicht weiter zu beunruhigen. Wichtig ist lediglich die Konstanz (Nähe, Ähnlich- und Vergleichbarkeit) kommunikativer Einflussfaktoren, um die Zuordenbarkeit der gefundenen Differenzen auch wirklich zum Phänomen der vertikalen Variation und nicht zu anderen kommunikativen Bedingungen zu gewährleisten. Ich würde hinsichtlich dieser Fragestellung sogar davon ausgehen, dass man mit alltagssprachlich angelegten Textsortenkonzepten (vgl. Dimter 1981) weitgehend das Auslangen finden sollte, insbesondere wenn die letzte Zielsetzung auf die praktische Anwendungsmöglichkeit abhebt, denn dort geht es letztendlich darum, Hilfestellung in der Bewältigung in irgendeiner Form auch alltagsrelevanter kommunikativer Aufgabenstellungen zu geben (Welches Vokabular findet in einem Geschäftsbericht für Aktionäre Verwendung, welches in einem Geschäftsbericht für die Öffentlichkeit, welches muss daher verstanden und erlernt werden, etc.). Innerhalb dieses Rahmens ist es dann wesentlich, dass möglichst unterschiedliche Texte im Korpus erfasst werden, von denen demzufolge angenommen werden kann, dass sie unterschiedlichen fachsprachlichen Komplexitätsebenen zugeordnet werden können. Hier tut sich ein erstes, methodologisches Problem auf: Wenn die einzelnen Sprachniveaus noch nicht bestimmt sind und infolgedessen noch nicht unterschieden werden können, auf Grund welcher Kriterien kann dann ein umfassendes Korpus erstellt werden? Ich meine, die einzige Lösungsmöglichkeit für dieses Problem liegt in der Heranziehung außersprachlicher kommunikativer Aspekte, die mit der unterschiedlichen sprachlichen Erscheinung der Texte variieren bzw. diese eigentlich bewirken (vgl. dazu z.B. Kocourek [2]1991:24). Nachdem ich wiederholt auf das bestehende oder zu erwerbende Wissen der Kommunikationspartner als Definitionskriterium von *Fachsprachlichkeit* hingewiesen habe, ist es naheliegend, dass es in diesem Zusammenhang auch die Kommunikationspartner sind, denen eine entscheidende Rolle zukommt. Anders formuliert: Das anvisierte Zielpublikum der Texte (womit natürlich auch gewisse funktionale Feindifferenzierungen verbunden sind) wird in der Mehrzahl der Fälle den entscheidenden Faktor in der Hypothesenbildung bezüglich der zu erwartenden fachsprachlichen Ebenen darstellen. Dazu kommen dann weitere, oftmals vom primären abgeleitete Kriterien wie Textlänge, Publikationsorgan, etc.

3.3.2.2. Identifikation der fachsprachlichen lexikalischen Einheiten

Der nächste Schritt besteht - ebenso zwangsläufig, wenn man meiner Definition von Fachsprache folgt (siehe 1.3.7. und 1.3.8.) - in der Extraktion der fachsprachlichen (hier: fachlexikalischen) Elemente.
An dieser Stelle stoßen wir auf ein weiteres schwerwiegendes Problem für die Analyse: Die eindeutige Bestimmung und Delimitierung terminologischer Einheiten ist, wie in jeder Einführung in die Terminologiearbeit nachzulesen ist, kein leichtes Unterfangen. Sehr gut fasst Wendt diese Problematik zusammen:

> "Die Unterscheidung zwischen Termini und Nichttermini aufgrund formaler Charakteristika bereitet ebenso große Schwierigkeiten wie ihre Unterscheidung aufgrund inhaltlicher Merkmale. Ein Grund dafür ist die Tatsache, dass in den seltensten Fällen zur Bezeichnung eines Fachbegriffes ein vorher nicht in der Einzelsprache existierendes Wort kreiert wird. In der Mehrzahl der Fälle erfolgt die Terminusbildung durch Verwendung allgemeinsprachlichen Wortschatzes in terminologischer Funktion, oft in Verbindung mit Wortbildungsprozessen (Derivation oder Komposition) und/oder durch Einsatz syntaktischer Mittel oder durch Übernahme von Fremdwörtern. Die Tatsache, dass Allgemein- und Fachbegriffe oft durch gleiches Wortmaterial sprachlich realisiert werden, birgt die Gefahr in sich, dass Termini von Nichtfachleuten im Fachtext nicht als solche erkannt werden. Demgegenüber schreiben

Fachleute den meisten im Fachtext auftretenden Wörtern und Wortverbindungen eine terminologische Funktion zu. Das wird besonders deutlich bei der Identifizierung von Mehrworttermini im Fachtext. Hier liegt die Schwierigkeit darin, zu entscheiden, wann ein bestimmtes Merkmal (im Fachtext realisiert durch ein Attribut, das einem Substantiv voran oder nachgestellt ist), als Bestandteil des Mehrwortterminus betrachtet werden muss. In diesem Fall geht es um das Problem der Abgrenzung von Wortfügung als einer syntaktischen Konstruktionseinheit und Wortverbindung als einer lexikalischen Einheit - einer Mehrwortbenennung." (Wendt 1997:64f.)

Nun existieren - bei allen nicht zu leugnenden Schwierigkeiten - sehr wohl Kriterien, die in dieser Frage eine Hilfestellung leisten können.
Zunächst ist klar, dass die Terminologie eines thematisch bestimmten Faches bedeutungsmäßig einen eminent fachlichen Bezug aufweisen muss. Dies mag vielleicht zunächst als Binsenweisheit erscheinen, ist aber wesentlich, um diskurstypische Einheiten von der eigentlichen fachlichen Terminologie zu unterscheiden. Um konkrete Beispiele zu geben: *ceteris paribus*, *conditio sina qua non*, *Innovation*, *Paradigma*, etc. sind (so man meiner Unter-scheidung aus 1.3.7. folgt) per se keine fachsprachlichen Termini, sondern typische Einheiten des wissenschaftlichen Diskurses.[1]
Daraus lässt sich ein weiteres Merkmal des Terminus direkt ableiten: Ist eine fachliche Begrifflichkeit gegeben, dann muss der potentielle Terminus sich auch auf irgendeine Art und Weise in das begriffliche Systems des Faches einordnen lassen. Es müssen sich semantisch-begriffliche Relationen (Synonymie, Antonymie, Über-/Unterordnung, etc., aber auch die von mir in 2.3.3.3. besprochenen nicht-hierarchischen Beziehungen) feststellen lassen, widrigenfalls der Terminus-Kandidat wohl nicht als Fachterminus anzusehen ist.
Alle weiteren Kriterien zur Terminuserkennung und -delimitierung scheinen mir dann bereits einen deutlich arbeitspraktischen Bezug zu haben. Sie bieten gewisse Anhaltspunkte in der Analyse, reichen aber für sich allein offensichtlich nicht aus, um klare Trennlinien zu ziehen, die eindeutige Zuordnungen ermöglichen würden. Der Grad der Lexikalisierung, der von Dubuc als "primer criterio" ([3]1999:83) bezeichnet wird (was ihn aber nicht daran hindert, auch Gegenbeispiele anzuführen und darauf hinzuweisen, dass es terminologische Einheiten ohne starken Lexikalisierungsgrad gibt - siehe [3]1999:84) ist bei neuer Terminologie (Erfassung von Neologismen, etc.) schwer anzuwenden (auf diese Fragestellung bin ich in 2.3.1.1. bereits eingegangen). Darüber hinaus ist es für den Rezipienten eines fachsprachlichen

---

[1] Allerdings kann gerade im Bereich der Wissenschaften vermutlich fast jede lexikalische Einheit (mit Ausnahme der Funktionswörter, etc.) in bestimmten Fachsprachen zumindest potentiell auf ein fachliches Phänomen referieren und damit zum Fachterminus werden. So ist das Lexem *Sein* zweifellos ein Terminus im Bereich der Philosopie oder *Relation* ein Terminus in Logik und Mathematik. Das kann aber nicht bedeuten, dass die genannten Lexeme Fachtermini in allen Fachsprachen sind, auch wenn sie dort zwangsläufig verwendet werden.

Textes gleichgültig, in welchem Ausmaß eine Form lexikalisiert ist. Verfügt er nicht über das spezifische Wissen, das die Dekodierung ermöglicht, so stellt sie sich ihm als fachsprachliche Einheit dar, unbeschadet der Frage, ob es sich dabei vielleicht um eine Kurzform, eine stilisisch und/oder kontextuell bedingt Variante o.ä. handelt.[1] Ähnliches gilt für das Kriterium der Rekurrenz der einzelnen Einheiten. Gewisse als Kollokationen zu wertende Fügungen können in einem Korpus mit deutlich höherer Frequenz auftreten - und damit rekurrenter sein - als viele Mehrworttermini, wobei gerade in diesem Punkt die Abgrenzung besonders schwer fällt. Die Abgrenzung kann m.E. häufig wohl nur auf Grund der konkreten, praktischen Zielsetzung der Untersuchung getroffen werden:

> "We are not aware of any broadly agreed standard for distinguishing noun-noun and adjective-noun collocations from multiword terms. Moreover, it is often not the classification of the phenomena, but the additional lexical and terminological description that really matters." (Heid 2001:791)

Auch alle anderen in der Literatur explizit erwähnten oder implizit angewandten Verfahren, wie z.B. die Einbeziehung diachroner oder kontrastiver Aspekte (vgl. Morgenroth 1994), können im Einzelfall natürlich in dieser Frage eine gewisse Hilfestellung geben, in letzter Instanz werden jedoch in diesem Arbeitsschritt die konkrete Zielsetzung, das Wissen, die Erfahrung und Intuition des Analysierenden eine entscheidende Rolle spielen.
Konkret wird in der empirischen Analyse dieser Arbeit folgendermaßen vorgegangen: Nach Erstellung eines entsprechenden Korpus wurden dessen Texte elektronisch erfasst (gescannt), um sie anschließend mit Hilfe eines Textanalyseprogramms (verwendet wurde WordSmith) bearbeiten zu können.
Aus der anschließend generierten Wörterliste wurden in sukzessiven Arbeitsschritten jene lexikalischen Einheiten herausgefiltert, die als genuine, fachsprachliche Terminologie im Themenbereich Börse gelten können.
Als für die Untersuchung nicht weiter relevant ausgeschieden wurden:
a) alle offensichtlich gemeinsprachlichen Lexeme (Synsemantika, Numeralia, gemeinsprachliches Grundvokabular wie: *decir*, *país*, *ayer*, etc.);
b) Eigennamen (Personen-, Länder-, Währungs-, Firmenbezeichnungen, Börsenindexe, etc.);
Die unter a) und b) genannten lexikalischen Einheiten können, wie bereits ausgeführt, durchaus geeignet sein, die jeweilige Textsorte (hier Börsenberichte) zu charakterisieren, wobei in diesem Zusammenhang in erster Linie ihre Vorkommensfrequenz

[1] Aus diesem Grund werden in die Analyse auch alle auftretenden Formen einbezogen und nicht nach lexikalisierten (im Sinne von in Wörterbüchern erfassten) und nicht-lexikalisierten Einheiten unterschieden, was wohl auch in Anbetracht der lexikographischen Erfassung des hier zur Diskussion stehenden Wortschatzes nicht zu realisieren ist.

in Vergleich zu anderen Textsorten relevant sein dürfte. Nachdem es in diesen Untersuchungen jedoch nicht um Textsortenbeschreibungen geht, sondern um die Beschreibung des Einsatzes themenbezogenen fachsprachlichen Vokabulars auf unterschiedlichen Fachsprachlichkeitsebenen, somit um einen ganz bestimmten Aspekt einer Textsortencharakteristik, waren sie aus der weiteren Analyse auszuschließen. Alle lexikalischen Einheiten, die keines der beiden Exklusionskriterien erfüllten, wurden als potentielle Terminuskandidaten angesehen und einer gezielten Untersuchung zugeführt. Dazu wurden mittels des Konkordanzprogramms alle Belegstellen im Korpus aufgerufen und die Bedeutung der jeweiligen lexikalischen Einheit im Kontext kontrolliert. Dies erlaubte eine weitere Eingrenzung der Menge der zu behandelnden Einheiten, da viele der potentiell als Termini zu behandelnden lexikalischen Einheiten sich im Kontext als gemeinsprachliche Lexeme erwiesen, sei es, dass sich eine in der Wortliste enthaltene Form erst im Kontext zweifelsfrei als Nicht-Terminus erwies, sei es, dass homonyme Formen vorlagen, wie z.B. beim Lexem *acción* in nicht-terminologischer Verwendung in z.B. *las acciones del gobierno* gegenüber der terminologischen Verwendung in *las acciones emitidas por una sociedad*.

Weiters konnte erst durch die Rezeption im konkreten Kontext auch Wirtschaftsvokabular allgemeiner Prägung, das heißt Vokabular ohne themenrelevante Spezifikation bzw. überhaupt nicht auf das jeweilige Thema bezogener Wortschatz aus der Untersuchung ausgeschlossen werden (für den Bereich Börse etwa Termini wie *precio*, *riesgo*, *entidad bancaria*, etc.).

Die Kontrolle der in den Listen enthaltenen Wortformen im Kontext ermöglichte schließlich auch die Identifikation von Mehrwort-Termini, deren einzelne Komponenten bis zu diesem Zeitpunkt als eigenständige Einheiten registriert waren, und den Abgleich zwischen den einzelnen Listen. So war bis zu diesem Analyseschritt ein Terminus wie z.B. *inversores institucionales* sowohl unter "inversor" als auch unter "institucional" registriert.

Insbesondere bei den Mehrwort-Termini stellte sich das Problem, welchen Wortkombinationen der Status einer eigenen fachsprachlichen Einheit zuerkannt werden sollte und welche hingegen als freie (wenn auch möglicherweise hoch frequente) Fügung zu interpretieren waren. Nachdem dieses Problem m.E. mittels formal-syntaktischer Kriterien nicht zufriedenstellend zu lösen ist (siehe oben), wurde beschlossen hier semantisch-pragmatische Kriterien anzuwenden. Dies bedeutet, dass einerseits für die Aufnahme in die Analyse die Zugehörigkeit zum terminologischen System und die Relevanz in diesem (Würde man diese Einheit in ein Fachwörterbuch aufnehmen?) ausschlaggebend waren.

Ist diese Phase einmal abgeschlossen, sind zwei der drei Hauptaspekte, denen die Untersuchung der lexikalischen vertikalen Variation gilt, erfasst. Der Aspekt der Form(en) der lexikalischen Zeichen sowie deren Existenz/Frequenz auf den unterschiedlichen Fachsprachlichkeitsebenen könnten nun bereits - so ein geeignetes

und genügend großes Textkorpus für die Analyse herangezogen wurde - einer systematischen Beschreibung und Interpretation zugeführt werden. Diese Beschreibung, d.h. der Vergleich der Ergebnisse auf den unterschiedlichen vertikalen Schichten, gibt auch einen ersten - und vermutlich in den allermeisten Fällen auch definitiven - Hinweis darauf, ob die bis hierher hypothetisch angenommenen Ebenen auch tatsächlich sinnvollerweise zu unterscheiden sind oder ob sie sich in ihrer Gebrauchsfrequenz und lexikalischen Ausprägung eben nicht unterscheiden, die auf Grund außersprachlicher Kriterien vorgenommene Differenzierung somit keinen oder keinen wesentlichen sprachlichen Niederschlag findet und damit aufzugeben ist.
Nun sind bisher, abgesehen von der an sich trivialen Tatsache, dass für die Erkennung der terminologischen Einheiten die Bedeutung der einzelnen Zeichen dem Analysierenden bekannt sein muss, noch keine semantischen Aspekte in die Untersuchung eingeflossen. Dies gilt es nun in einem weiteren Arbeitsschritt zu bewerkstelligen.

3.3.2.3. Semantische Klassifikation der isolierten Termini

In 1.3.7. wurde *Fachsprache* als Gesamtmenge spezifischer wissensabhängiger Sprachelemente sowohl fachlich-inhaltlicher als auch formallinguistischer Art in Bezug auf einen bestimmten Themenbereich definiert. Als Fachvokabular ist dementsprechend jene Menge an lexikalischen Einheiten zu verstehen, die hinsichtlich ihrer Bedeutung und/oder hinsichtlich ihrer formalen Erscheinung spezifisches Wissen seitens der Zeichenbenutzer voraussetzen. Damit sind Termini Träger fachlichen Wissens, wenn dieses natürlich auch über das reine terminologische Wissen hinausgeht (und in vielleicht noch höherem Maße am Wissen um die Beziehungen zwischen den bezeichneten Sachverhalten festzumachen ist, beziehungsweise auch allgemeinsprachlich manifestiert werden kann). Für unsere Analyse bedeutet dies, dass es zunächst darum gehen wird, festzuhalten, welche Gegenstände und Sachverhalte der jeweils untersuchten wirtschaftlichen Realität fachsprachlich bezeichnet (mit einem als fachsprachlich zu charakterisierenden Zeichen versehen) werden. Die Hypothese ist, dass auf den einzelnen fachsprachlichen Ebenen auch unterschiedliche Referenten thematisiert werden, wobei sich die Annahme aufdrängt, dass mit zunehmendem Fachsprachlichkeitsgrad sowohl deren Quantität als auch deren Qualität (im Sinne von immer spezifischeres Wissen erfordernd) zunimmt. Sieht man diese Referenten als Elemente eines Systems, das mit den Beziehungen zwischen ihnen den jeweiligen wirtschaftlichen Handlungsbereich ausmacht (also z.B. die Börse, der Markt, das Unternehmen, etc.) so ist davon auszugehen, dass sich dieses System mit zunehmender Fachlichkeit immer differenzierter und engmaschiger präsentieren wird. Dieses auf den einzelnen Fachsprachlichkeitsstufen nachzuzeichnen, ist folglich der erste Analyseschritt, auch wenn wir uns strenggenommen bisher auf der eigentlich

außersprachlichen Ebene der zur Sprache kommenden Gegenstände und Sachverhalte bewegen.
Mit dem genuin sprachlichen Bereich beginnen wir uns im nächsten Schritt zu beschäftigen, nämlich mit der Analyse der unterschiedlichen Begriffe, die den einzelnen Referenten zugeordnet sind und die semiotisch als Bedeutung der Termini zu interpretieren sind.[1] Wir haben es hier nicht mit innerbegrifflicher Variation zu tun, wie sie z.B. von Wichter (1994 - siehe dazu 3.2.) untersucht wird, sondern mit dem Umstand, dass ein und derselbe Referent begrifflich verschieden gefasst werden kann. Je nach Perspektive, Erfahrungen, Zielsetzungen, mit denen man an ein Objekt herangeht, können unterschiedliche Aspekte dieses Objekts im Vordergrund stehen, was zu unterschiedlichen Konzeptualisierungen führt (vgl. Freixa 2003:57 bzw. 158-160). Die zweite konkrete Fragestellung der folgenden Analysen besteht demgemäß darin, herauszuarbeiten, ob auf den unterschiedlichen fachlichen und jetzt auch genuin fachsprachlichen Ebenen mit den gleichen Begrifflichkeiten bezogen auf denselben Referenten (und in der Folge Termini und Signifikanten - siehe unten) operiert wird oder ob hier Unterschiede bestehen. Dieses Phänomen einer "inter-begrifflichen" Variation scheint mir in der Forschung zur Sprachvariation bisher noch recht wenig Aufmerksamkeit erfahren zu haben, was wohl darauf zurückzuführen ist, dass entweder vom Begriff (in der klassischen Terminologielehre) bzw. vom Zeichen und seiner Bedeutung (in der Linguistik) ausgegangen wird. Zwei Probleme gilt es in diesem Zusammenhang im Hinblick auf die empirische Analyse zu lösen:
Zunächst ist, wie die Analyse zeigen wird, oft nicht klar zu entscheiden, ob zwischen entkontextualisierten Termini Identität hinsichtlich des bezeichneten Referenten besteht oder nicht. Bezogen auf einen konkreten Kontext, ist dies naturgemäß einfacher zu bewerkstelligen, über viele unterschiedliche Kontexte hinweg ist dies bei allgemeinen und abstrakten Termini aufgrund ihrer oftmals sehr komplexen Semantik nicht so ohne weiteres durchführbar. Um ein konkretes Beispiel zu geben: Beziehen sich Termini wie *bolsa de valores*, *mercado bursátil* und *plaza bursátil* auf denselben Referenten bzw. - genauer formuliert - haben die erwähnten Ausdrücke ein identisches Referenzpotential oder werden im Gebrauch unterschiedliche Referenten bezeichnet? Wenn man davon ausgeht, dass in einem Kontext dem Sprecher meist sehr viele Möglichkeiten offenstehen, auf einen Referenten Bezug zu nehmen (weswegen sich eine Lösung des Problems mit dem unmittelbaren Rekurs auf konkrete Verwendungen in dieser Analyse nicht anbietet) und wenn man weiters bedenkt, dass Termini mit hohem Abstraktionsgrad keine materielle Existenz haben, sondern nur als Begriffe

---

[1] Es ist hier nicht der Ort, um die Diskussion hinsichtlich des Verhältnisses von *Bedeutung* und *Begriff* wieder aufzunehmen (siehe dazu 2.3.3.2.1.). Ich verwende aus den dort dargelegten Gründen - und der terminologischen Tradition folgend - im Weiteren den Terminus *Begriff*, außer in jenen Fällen, in denen die Darstellungsperspektive es notwendig macht, von *Bedeutungen* von Termini zu sprechen (ein Zeichen hat keinen *Begriff*, sondern eine *Bedeutung*).

existieren, so scheint es mir für die empirische Untersuchung am vernünftigsten, in dieser Frage sehr vorsichtig zu verfahren und im Zweifelsfall eher unterschiedliche Referenzpotentiale auch innerhalb ein und derselben Textsorte anzunehmen. Kurz gesagt: In der Analyse wird im Zweifelsfall immer davon ausgegangen, dass bei begrifflichen Unterscheidungen nicht derselbe Referent bezeichnet wird. Dies führt zum zweiten hier zu erörternden Problem:
Welches Kriterium (welche Kriterien) erlaubt (erlauben) es uns, Begriffe zu unterscheiden bzw. deren Identität anzunehmen? Bedenkt man, dass es sich bei Begriffen (und - vom Zeichen aus gesehen - bei Bedeutungen) um keine statischen Größen handelt, sondern dass sie vielmehr je nach sprachlichem und außersprachlichem Kontext einem ständigen Wandel und einer ständigen Adaptation unterworfen sind, so wird schnell klar, dass wir hier sowohl auf theoretischer als auch auf praktisch-empirischer Ebene vor einer Aufgabe stehen, die in letzter Konsequenz kaum absolut zufriedenstellend gelöst werden kann. Je nach Ausgangspunkt und Erkenntnisinteresse (Bewegen wir uns auf Langue- oder Parole-Ebene? Welchen Status billigen wir konnotativen Gehalten zu? etc.) wird die Antwort unterschiedlich ausfallen - und ausfallen müssen. Von daher ist es verständlich, dass die Kriterien, die dann in empirischen Analysen zur konkreten Bestimmung synonymer Relationen innerhalb eines Textkorpus herangezogen werden, oftmals wie Kompromisslösungen erscheinen, die bei genauerer Betrachtung genau das nicht erlauben, was sie zu ermöglichen vorgeben - die klare und intuitionsfreie Bestimmung und Abgrenzung von Begriffen und synonymen Terminusvarianten. So werden in der eben zitierten Arbeit (Freixa 2002:197) nach einer mit großer Akribie durchgeführten Beschäftigung mit dem Begriff der Synonymie für die eigene Analyse folgende Vorgangsweisen angeführt: "comparació de les definicions o dels contextos definitoris" (als ob es nicht für viele Termini Unmengen an Definitionen gäbe), "verificació de la intercanviabilitat denominativa en el nivell dels microcontextos" (als ob in einem bestimmten Mikrokontext nicht viele nur mehr oder minder synonyme und damit auch bedeutungsnahe Formen verwendet werden könnten), "identificació de l'hiperònim i dels hipònims immediats" (als ob nicht jedes Kohyponym nicht das gleiche Hyperonym hätte), "localització en la xarxa nocional de l'àrea" (als ob es ein feststehendes, gleichsam festgesetztes Begriffssystem gäbe), "consulta als especialistes de l'àrea" (als ob alle Spezialisten einer Disziplin genau die gleiche Meinung und das sprachliche Feingefühl für solche Fragestellungen hätten). Angesichts dieser Schwierigkeiten wird im Rahmen dieser Arbeit ein anderer - radikalerer - Weg gewählt: Als begriffsident gelten jene Termini, die sich ausschließlich durch morphosyntaktische Aspekte unterscheiden, also Wortbildungsphänomene (Suffixschwankungen bei Ableitungen; Präpositions-, Artikel-, Numerusschwankungen bei Mehrworttermini; Wechsel zwischen Relationsadjektiv und *Nomen de Nomen*-Konstruktionen), Ersatz der Vollform durch Sigel, Wortartenwechsel (Nomen-Verb; Nomen-Adjektiv) und die Reduktion formal komplexer Termini (Mehrworttermini) auf simplere Formen,

auch wenn bei letzteren auf Ebene der konnotativen Gehalte Unterschiede feststellbar sind (die verkürzten Formen bringen in der Regel jedenfalls eine größere Vertrautheit mit dem bezeichneten Referenten zum Ausdruck)[1] bzw. eindeutige Regionalismen und Fremdwortgebrauch. Alle anderen Möglichkeiten der Terminusschwankung werden als bedeutungs- bzw. begriffsverschieden interpretiert. Für diese Vorgangsweise spricht m.E. einerseits die Tatsache, dass die Bestimmung von Begriffsidentitäten und Begriffsunterschieden in hohem Maße durch die Weite und Tiefe der Analyse beeinflusst wird (je mehr Merkmale man in die Definition inkludiert umso unwahrscheinlicher wird man eine Identitätsrelation feststellen können) und - eminent wichtig für die Durchführung der Analyse - die leichte Operationalisierbarkeit des Vorgehens. Erleichtert wird dieses in der vorliegenden Arbeit durch den Umstand, dass ich mich in meinen Analysen stets innerhalb einer Textsorte und darüber hinaus innerhalb eines eng umrissenen Themenbereichs und innerhalb einer regionalen Variante des Spanischen bewege. Diskurs-, thema- und dialektbedingte terminologische Varietäten können daher nur eine untergeordnete Rolle spielen.

3.3.2.4. Darstellung der fachlexikalischen Strukturierung

Ich habe wiederholt festgehalten, dass die Zielsetzung einer Untersuchung zur vertikalen Variation primär darin liegen muss, dass ein entsprechender Bezugsrahmen für sich real ergebende Kommunikationsgeschehnisse und Kommunikationsprodukte (Texte) je nach Fach und Kommunikationssituation differenziert gefunden wird. Wenn wir weiters davon ausgehen, dass "eine Terminologie als Wissen über ein bestimmtes Fachgebiet aufgefasst werden kann, dann liegt es nahe, deren Modellierung an die Modellierung von Wissensstrukturen anzulehnen" (Fraas 1998:433).
Ich habe ausgeführt, dass über die begrifflichen Strukturen, über die die Kommunikationspartner in Bezug auf einzelne Termini verfügen, anhand vorliegender Texte nur bedingt Aufschluss zu erzielen ist. Es ist aber sehr wohl möglich, anhand der in den (möglichst ähnlichen) Texten auftretenden terminologischen Einheiten eine begriffliche Globalstrukturierung der jeweils verwendeten Terminologie zu abstrahieren, damit also auch die lexikalischen Strukturierungen auf unterschiedlichen Fachsprachlichkeitsebenen herauszufiltern. Dafür bietet sich die von mir in den empirischen Teilen dieser Arbeit zur Anwendung gebrachte weitere Vorgangsweise an. Sind lexikalische Formen und Frequenzen der fachsprachlichen Elemente einmal

[1] Reduktionen formal komplexer Temini auf einfachere Formen werden nur dann als synonym erachtet, wenn sie eindeutig einem Terminus zugeordnet werden können. Ist dies nicht der Fall - wie es oft bei Hyperonymverwendung für ein nicht eindeutig identifizierbares Hyponym geschieht (vgl. *mercado* für *mercado de capitales*, *mercado bursátil*, *mercado financiero*, etc.) - wird auch die einfachere Form als eigenständiger Begriff erachtet.

erhoben und die thematisierten Referenten und die ihnen zugeordneten Begriffe unterschieden, geht es in einem nächsten Schritt darum, die bestimmten terminologischen Einheiten in einen begrifflichen Zusammenhang zu stellen. Dabei werden die von mir in 2.3.3.2.2. besprochenen hierarchischen und nicht-hierarchischen Begriffsbeziehungen wesentlich, die in ihrer Gesamtheit das auf den jeweiligen fachsprachlichen Ebenen existierende fachlexikalische System abbilden. Die in hierarchische Beziehungen einordenbaren Elemente ergeben dabei lexikalische (begriffliche) Felder, deren Archilexeme wohl von den begrifflichen-referentiellen Grundkategorien des Faches, so wie es uns in der jeweiligen Textsorte entgegentritt, gebildet werden. Die nicht-hierarchischen Beziehungen stellen die Zusammenhänge, die zwischen diesen einzelnen Feldern bestehen, dar. Es entsteht auf diese Art und Weise ein semantisch-lexikalisches Netz, ein "mehrdimensional verwobenes semantisches Netz, das durch ein komplexes Beziehungsgefüge von Relationen verknüpft ist" (Fraas 1988:67).
Dieses Netz spiegelt die Systematik des Fachs, so wie es sich auf den verschiedenen vertikalen Ebenen darstellt, wider, wobei es vom jeweils analysierten Kommunikationsausschnitt abhängt, wie viele Texte jeder Textsorte in seine Erstellung miteinzubeziehen sind. Der Vergleich dieser Netze zeigt schließlich, auf welch unterschiedliche Art und Weise die einzelnen Ebenen die fachliche Wirklichkeit repräsentieren. Der semantische Aspekt der vertikalen Variation wird somit nicht auf der Mikroebene einzelner terminologischer Einheiten, sondern auf der Makroebene der globalen lexikalischen Strukturierung einzelner Fachsprachlichkeitsebenen behandelt.
Die so erzielte Systematik hat einen nicht unbedeutenden Nebeneffekt: Sie führt den Analysierenden automatisch zu eventuell existierenden begrifflich-lexikalischen Lücken und erlaubt es ihm, in diesen Fällen seine Textbasis noch einmal nach einer im ersten Schritt möglicherweise nicht erkannten, relevanten fachsprachlichen Einheit zu durchsuchen. Dies ist naturgemäß dann von Interesse, wenn diese Einheit in Gestalt eines allgemeinsprachlich erscheinenden Ausdrucks existiert und vielleicht nicht unmittelbar als Element des fachlichen Begriffssystems identifizierbar ist. Bis zu einem gewissen Grad leistet dieser Aspekt aber auch Hilfestellung in der Frage der korrekten Abgrenzung von Mehrworttermini.
Die von mir gewählte Vorgehensweise leistet genau das, was ich als Anforderungen an eine lexikalische Untersuchung verschiedener Fachsprachlichkeitsebenen definiert habe:
Auf Basis seines Bedeutungswissens kann der Analysierende die auf den verschiedenen Niveaus verwendeten terminologischen Einheiten identifizieren - genau so, wie ein Rezipient ihnen wohl auch im realen Kommunikationsakt gegenübertritt. Die anschließende, durch das Aufzeigen der Begriffsbeziehungen erreichte Systematisierung erlaubt es ihm, die Strukturiertheit des begrifflichen Apparats des Fachs, so wie es sich in bestimmten Kommunikationssituationen manifestiert, nachzuzeichnen und auf ökonomische Art einem Vergleich zuzuführen. In jenen Fällen, in denen dies

notwendig und zielführend erscheint, kann eine weitere Feinanalyse im Mikrobereich angeschlossen werden.
Voraussetzung dafür ist jedoch, dass dem Analysierenden die Bedeutung der einzelnen terminologischen Einheiten soweit bekannt ist, dass sowohl deren Identifizierung als auch Systematisierung möglich wird. Ist dies nicht der Fall, so hat er natürlich die Möglichkeit, Einzelfragen durch jede erdenkliche Art von Konsultation (Nachschlagewerke, Fachliteratur, Expertenbefragungen, etc.) zu klären, ohne eine gewisse Grundvertrautheit mit der Materie wird er jedoch nicht auskommen, denn auch Konsultationen führen nicht immer und automatisch zu einem brauchbaren Ergebnis. Wie bereits erwähnt, haben auch Experten, Nachschlagewerke etc. eine jeweils spezifische Sicht der Dinge und zeigen sich sogar in Hinblick auf gar nicht besonders subtile terminologische Fragestellungen bisweilen erstaunlich uneins. Es bedarf oft schon eines gewissen Fingerspitzengefühls, um die "richtigen" Fragen auf nachvollziehbare Art und Weise zu stellen.
Ein grundsätzliches Problem scheint sich in meiner Methode hinsichtlich der Strukturierung des fachsprachlichen lexikalischen Systems aufzutun: Es wäre illusorisch anzunehmen, dass mit dem beschriebenen Verfahren, eine "definitiv gültige" begriffliche Strukturierung des Faches in seiner jeweiligen Manifestationsform gefunden würde. Die Erstellbarkeit verschiedener Strukturierungen ist nicht nur theoretisch denkbar, sondern - immer in Abhängigkeit von der untersuchten Materialbasis - höchstwahrscheinlich:

> "Cada ámbito puede ser estructurado desde diferentes perspectivas y en diferentes concepciones, así como cada objeto temático puede ser abordado desde ámbitos y perspectivas distintos. Un concepto puede participar en más de una estructura con el mismo o diferente valor. Los términos *no pertenecen a un ámbito* sino que *son usados en un ámbito* con un valor singularmente específico." (Cabré 1999f:124)

Es ist dies allerdings ein Faktum, das uns nicht weiter zu beunruhigen braucht und weniger die Sprachwissenschaft als die Ontologie zu beschäftigen hat. Wesentlich ist, dass ein System gefunden wird, das soweit wie möglich die Gesamtheit der verwendeten Terminologie im jeweiligen Bereich erfasst und in sich ein kohärentes Ganzes darstellt. Ist dies der Fall, kann es zum Vergleich der verschiedenen fachsprachlichen Ebenen herangezogen werden.
Konkret werden in den Analysen in einem ersten Schritt die Grundkategorien des Themenbereichs erhoben. Anschließend werden die einzelnen den jeweiligen Kategorien zuordenbaren Referenten bzw. Referentengruppen in Form von Baumdiagrammen nachgebildet. Damit soll eine ökonomische Art der Darstellung der semantischen Beziehungen innerhalb jeder Kategorie ermöglicht werden.
Im Anschluss an diese Darstellung werden in Form von Tabellen die einzelnen Termini sowie deren Vorkommensfrequenzen auf den drei fachsprachlichen Ebenen angeführt. Alle drei hier relevanten Aspekte der vertikalen Variation (Existenz/Frequenz, Form

und begriffliche Strukturierung der terminologischen Einheiten) sollten auf möglichst einfache, übersichtliche und ökonomische Art dargestellt werden. Mit der gewählten Vorgangsweise (Präsentation mittels Baumgraphen und Tabellen) soll gewährleistet werden, dass der Blick auf das begrifflich-referentielle Gesamtsystem nicht durch eine zu große Menge an Detailinformationen verloren geht. Die lexikalischen Gegebenheiten auf den drei unterschiedenen fachsprachlichen Ebenen (in der Folge als "niedrig", "mittel" und "hoch" bezeichnet) werden direkt miteinander konfrontiert, um so dem Leser einen direkten Vergleich zu ermöglichen. Eine wörterbuchähnliche Erfassung hätte demgegenüber eine nur mühsam zu rezipierende und deutlich weniger explizite Liste an Termini mit umfangreichen Erklärungsteilen ergeben.
Die hier vollzogene Abfolge der Analyseschritte ist naturgemäß nur in der Darstellung der Ergebnisse in reiner Form durchführbar. In der Analyse haben sich die beiden Aspekte jedoch ineinander verwoben gezeigt und wurden somit simultan erfasst.

3.3.2.5. Analyse und Vergleich der Signifikanten

Die letzte Fragestellung der Untersuchungen zielt direkt auf die sprachliche Form der Termini und untersucht, ob Unterschiede zwischen den fachsprachlichen Ebenen festzustellen sind. Es geht somit ganz einfach um die Frage, ob auf den unterschiedlichen sprachlichen Ebenen auch unterschiedliche Terminusformen vorherrschen.

4. FACHWORTSCHATZ IN DER BÖRSENBERICHT-ERSTATTUNG

Auf Basis der in 1. - 3. angestellten Überlegungen und der dort getroffenen Festlegungen soll nun die Börsenberichterstattung in (argentinischen) Tageszeitungen einer empirischen Analyse unterzogen werden. Dabei handelt es sich um eine jedermann leicht zugängliche Textsorte, die aufgrund der unterschiedlichen Ausrichtung der Zeitung und des Stellenwerts, der diesem Themenbereich jeweils eingeräumt wird, bereits auf den ersten Blick eine starke vertikale Schichtung erkennen lässt. Der Bogen spannt sich dabei von Texten, die ganz offensichtlich an ein Spezialistenpublikum gerichtet sind, zu Zusammenfassungen des Geschehens an der Börse, die sich an den sprichwörtlichen Mann von der Straße wenden.

4.1. KORPUS

Als Korpus für meine Untersuchung dienen die Ausgaben einer Woche (1.6.1998 - 7.6.1998) aller in Buenos Aires zu diesem Zeitpunkt erschienenen Tageszeitungen in spanischer Sprache. Es sind dies:

- Ámbito Financiero
- Buenos Aires Económico
- El Cronista / El Cronista Comercial

- Clarín
- La Nación
- Perfil

- Crónica
- La Razón
- La Prensa
- Página 12

Die vorgenommene Gruppierung zeigt eine erste Untergliederung des Korpus in drei Teilkorpora:
Bei den drei erstgenannten Zeitungen (Ámbito Económico, Buenos Aires Económico, El Cronista) handelt es sich um Wirtschaftstageszeitungen, in denen naturgemäß der Börsenberichterstattung breiter Raum gegeben wird und von denen angenommen werden kann, dass sie sich primär an ein Publikum wenden, das aufgrund von Beruf oder spezifischem Interesse weitgehend aus Spezialisten in der Materie besteht.

Clarín, La Nación und Perfil können als allgemeine Qualitätszeitungen bezeichnet werden, in denen alle üblicherweise in Tageszeitungen aufscheinenden Themenbereiche - im Rahmen der Textsorte - ausführlich und ausgewogen behandelt werden. Der Wirtschaftsteil ist somit einer unter mehreren Hauptteilen dieser Zeitungen und zumindest vom Umfang her deutlich begrenzter als in den reinen Wirtschaftszeitungen. Es ist davon auszugehen, dass das Zielpublikum heterogener ist als in der ersten Gruppe, es sich aber um eine kulturell und intellektuell anspruchsvolle Leserschaft handelt, unter der sich naturgemäß auch wirtschaftlich interessierte und versierte Personen befinden.

Bei Crónica, La Razón und La Prensa handelt es sich um ausgesprochenen Massenblätter, deren Lektüre sowohl vom Umfang als auch von den Inhalten her wenig Herausforderung für den Leser darstellt. Die wirtschaftliche Berichterstattung ist rudimentär, die inhaltlichen Schwerpunkte liegen eher in den Bereichen Gesellschaftsklatsch und der plakativen Behandlung gerade aktueller politischer Themen. La Prensa bringt überdies nicht täglich Börsenberichte.

Página 12 stellt in dieser Gruppe insofern einen Sonderfall dar, als die Zeitung aufgrund der Themenwahl und der Tiefe deren Behandlung deutlich auf einem höheren intellektuellen Niveau anzusiedeln ist. Nachdem die Zeitung jedoch keine tägliche Börsenberichterstattung betreibt, wurde auch sie in die Gruppe der hinsichtlich der Börsenterminologie auf niedrigster fachsprachlicher Ebene angesiedelten Zeitungen eingeordnet.

Innerhalb der einzelnen Zeitungen wurden jeweils alle die Wertpapierbörse(n) behandelnden Artikel als für das Korpus relevant erachtet und in die Analyse einbezogen. Nicht berücksichtigt wurden hingegen jene Artikel, die ausschließlich andere, wenn auch vielleicht im konkreten Funktionieren ähnliche Märkte wie Rohstoffbörsen, Devisenmärkte etc. zum Thema hatten.

Nachdem naturgemäß die Börsenberichterstattung in den oben erstellten drei Gruppen von Zeitungen unterschiedliches Gewicht hat, ist der Umfang der drei Teilkorpora ebenfalls ungleich. Dies erzeugt einerseits ein gewisses Ungleichgewicht, reflektiert aber andererseits sehr schön bereits auf rein quantitativer Ebene die verschiedenen Fachsprachlichkeitsgrade. Der theoretisch mögliche Ausgleich der Volumen der drei Teilkorpora erschien deswegen nicht sinnvoll, als er die Inkludierung von Texten unterschiedlich langer Zeiträume bedeutet hätte. Dadurch wäre der Vorteil quantitativ ausgeglichener Teilkorpora durch den Nachteil größerer thematischer Heterogenität (auch und gerade in der Börsenberichterstattung gibt es jeweils besonders aktuelle Themen und Ereignisse) erkauft worden, eine Alternative, die daher nicht zielführend ist.

Die folgende Übersicht zeigt die Verteilung der analysierten Artikel auf die einzelnen Zeitungen und die drei unterschiedenen Fachlichkeitsebenen.

Zeitung	Tage mit Börsenberichten im Untersuchungszeitraum	Gesamtzahl der börsen-relevanten Artikel	Gesamtzahl der Wörter
Ámbito Financiero	5	38	19608
Buenos Aires Económico	5	30	16199
El Cronista	5	42	14746
Clarín	7	17	7442
La Nación	6	10	3952
Perfil	7	28	8459
Crónica	5	5	1410
La Razón	5	6	2369
La Prensa	3	4	2253
Página 12	3	3	1527

Deutlich ist an der Übersicht zu erkennen, in welch hohem Maß sich die drei Gruppen in dem Stellenwert, dem sie der Börsenberichterstattung einräumen, quantitativ unterscheiden: Konnten in den Wirtschaftszeitungen (die nur an Werktagen erscheinen) insgesamt 110 Artikel (insgesamt 50.553 Wörter) in die Analyse einbezogen werden, so reduziert sich diese Zahl im Bereich der Qualitätszeitungen auf 55 Artikel (19.853 Wörter; eine Sonderrolle spielt hier allerdings Perfil, die sich in der Zahl der börsenrelevanten Artikel, nicht jedoch im Hinblick auf die Gesamtzahl der Wörter an die Wirtschaftszeitungen annähert; La Nación ist in dieser Gruppe sowohl in Hinblick auf die Zahl der Artikel als auch der Wörter am schwächsten vertreten und nähert sich der dritten Gruppe), um schließlich bei den fachlich am niedrigsten eingestuften Blättern auf 18 (7.759 Wörter) zu sinken. Es ergibt sich somit ein gerundetes Größenverhältnis zwischen den drei Gruppen (und somit zwischen den drei Teilkorpora) von 1:3:6. Zur besseren Übersicht wird in den nachfolgenden Analysen zur Interpretation der Ergebnisse neben den absoluten Zahlen auch der relative Wert (Prozentsatz) bezogen auf das jeweilige Referenzkorpus (Gesamtkorpus bzw. Teilkorpora der drei Fachsprachlichkeitsebenen) angeführt.

4.2. EINSCHRÄNKUNG DER ZU ANALYSIERENDEN FACHLEXIK

Neben den in 3.3.2.2. genannten Bedingungen für die Terminusextraktion wurde bei dieser Analyse eine weitere Einschränkung vorgenommen. Um zu verhindern, dass ein Terminus, der - aus welchem Grund auch immer (Spezialisierung der Thematik,

stilistische Vorliebe des Autors, etc.) - in einem Text eine hohe Frequenz aufweist, als typischer erscheint als andere mit vielleicht ähnlicher Frequenz, aber breiterer Streuung, wurde als Kriterium festgesetzt, dass nur Termini mit mehr als insgesamt drei Vorkommen in mindestens drei verschiedenen Texten (Artikeln) in die Analyse aufgenommen werden sollten. Diese Einschränkung war auch deswegen notwendig, weil es in dieser Untersuchung nicht darum geht, lückenlos alle Terminusvorkommen im Korpus zu beschreiben, sondern typische lexikalische Einheiten auf den einzelnen fachsprachlichen Ebenen festzumachen. Somit galt es, allzu okkasionelle Termini, deren niedrigstfrequentes Vorkommen in den meisten Fällen durch Zufälligkeiten bestimmt schien, aus der Analyse auszuschließen.
Mehrworttermini unter vier Vorkommen wurden unter der jeweiligen Basis mitgerechnet (also z.B. *mercado de deuda* unter *mercado)*, synonyme (begriffsidente) bzw. eindeutig referenzidente Formen aber auch unter vier Vorkommen angegeben. Eine Liste der niedrigstfrequenten und demzufolge ausgeschlossenen Termini ist an das jeweilige Kapitel als Anhang angeschlossen.

4.3. GRUNDKATEGORIEN DER BÖRSENBERICHTERSTATTUNG

Bei Börsenberichten in Tageszeitungen haben wir es mit einer Textsorte zu tun, die anders als Enzyklopädien, Lehrbücher, etc. in ihrer textuellen Gestaltung zunächst kaum Aufschluss über die fachlich relevanten Grundbegriffe gibt. Es bedarf daher für die Analyse, so wie sie hier vollzogen wird, eines gewissen fachlichen Hintergrundwissens, um die zur Klassifikation der terminologischen Einheiten notwendigen Kategorien aus den Texten zu abstrahieren. Eine nicht unbedeutende Hilfestellung leistet dabei jedoch auch ein Umstand, den man etwas salopp als inhaltliche Monotonie der Textsorte bezeichnen könnte. Typischerweise wird ein einer begrenzten Zahl an Akteuren (bzw. genauer Akteurstypen) an sich wenig Möglichkeiten und Spielraum bietendes Geschehen mit seinen Ursachen und Folgen beschrieben. Nach der Lektüre einer größeren Anzahl an Texten kristallisiert sich relativ rasch ein typisches Schema heraus, das das "Handlungsspiel" Börse nachbildet und dessen Bestandteile als Kategorien der Terminusklassifikation herhalten können: In einem zeitlichen (ZEIT) und räumlich/institutionellen (ORT/INSTITUTION) Bezugsrahmen werden von Personen und Institutionen (AKTEUR) Handlungen (AKTION) bezüglich gewisser Objekte (OBJEKT) und mit einem gewissen Ergebnis (RESULTAT) für den Akteur gesetzt.
Für die Bewertung dieses Geschehens ist schließlich die sich aus den einzelnen Handlungen ergebende Gesamtperformance der Börse wesentlich, die unter AKTIVITÄT zusammengefasst wird.
Als zusätzliche Kategorie mußte zur Klassifikation der terminologischen Einheiten auf dieser Grundebene diejenige der QUALITÄT angesetzt werden, der logisch ein

etwas anderer Status zukommt, da sie in unmittelbarer Abhängigkeit zu den anderen steht. Es handelt sich dabei um eine Kategorie zur Erfassung von Eigenschaften bzw. Modalitäten einzelner oder mehrerer anderer Kategorien.
Weitere, theoretisch ansetzbare Klassifikationskategorien wie z.B. *SITUATION oder *URSACHE brauchten auf dieser Ebene nicht realisiert zu werden, da unter ihnen keine (börsen-)fachsprachlichen Einheiten klassifiziert werden konnten. Zur Darstellung dieser Relationen findet man offensichtlich mit gemeinsprachlichen und allgemeinwirtschaftlichen lexikalischen Einheiten das Auslangen.
Es handelt sich, um dies hier noch einmal zu betonen, bei diesen hoch abstrakten und aristotelisch anmutenden Kategorien um den Versuch, einen MÖGLICHEN Klassifikationsrahmen der terminologischen Einheiten der untersuchten Textsorte zu erstellen, um derart die fachspezifische terminologische Strukturierung auf unterschiedlichen Fachsprachlichkeitsebenen nachvollziehen zu können. Die Tatsache, dass die bis hierher gebrauchten Kategorien auch für viele andere Bereiche brauchbar sind, ist dabei kein Widerspruch, sondern vielmehr ein Hinweis darauf, dass es sich hier wirklich um kaum mehr weiter zu abstrahierende Grundparameter terminologischer Systeme handelt. Interessant wird in unserem Zusammenhang der vertikalen Variation zu beobachten sein, ob und in welchem Ausmaß die einzelnen fachsprachlichen Ebenen diese Grundkategorien realisieren.
Der zweite Klassifikationsschritt besteht dann darin, die den einzelnen Grundkategorien zuzuordnenden Termini in hierarchisch nachgeordnete Gruppen zusammenzufassen, wobei die weitere Strukturierung soweit vorgenommen wurde, wie dies im jeweiligen Fall sinnvoll erschien. Es geht dabei nicht um die Erstellung einer lückenlosen Klassifikation der erfassten Terminologie bis auf die Ebene der einzelnen Referenten, sondern um die Erfassung der lexikalischen Einheiten in semantisch homogenen und zugleich überschaubaren Gruppen. Ab dem Moment, ab dem eine weitere Klassifikation auf Grund allzu großer semantischer Nähebeziehungen (durch Polysemien, häufige metonymische Verwendung, etc.) problematisch erschien, wurde von einer weiteren Untergliederung in der graphischen und tabellarischen Darstellung (nicht natürlich in der Besprechung) abgesehen, um ihre Übersichtlichkeit nicht zu beeinträchtigen. Gerade in diesem Punkt ist offensichtlich, dass die erstellten Klassen als Versuch zu sehen sind, die Gesamtheit der im Korpus aufgefundenen Termini einer Ordnung zuzuführen und nicht für sich beanspruchen, für andere als die hier zur Diskussion stehende Zielsetzung der Untersuchung der vertikalen Variation Gültigkeit zu besitzen. Die hier erstellte Klassifikation hat somit rein instrumentellen Charakter.
Die bei diesem Prozess zur Anwendung kommenden Kriterien werden je nach terminologischem System, und daher je nach Fachsprache, eine vermutlich weit größere Variation aufweisen. Für den Bereich der Börsenterminologie zeigt sich jedenfalls, dass neben einigen sehr allgemeinen und jedenfalls transparenten Kriterien in großem Ausmaß auch die Kategorien des ersten Schritts herangezogen werden können. Das

bedeutet, dass die oben aufgelisteten Grundkategorien, die die zueinander in keiner hierarchischen Beziehung stehenden Eckpunkte des terminologischen Systems darstellen, auch dazu dienen, die hierarchischen Beziehungen zwischen den Termini zu bestimmen bzw. zu charakterisieren - ein Umstand, der ganz wesentlich zur Ökonomie der Darstellung beiträgt.

4.4. BESCHREIBUNG DER EINZELNEN KATEGORIEN

Für die nachfolgenden Übersichten gelten folgende Festlegungen:
Zunächst wird die Struktur der Kategorie in Form eines Baumdiagramms dargestellt. Dabei gilt:

- Der Startknoten kann, muss aber nicht mit der Bezeichnung der jeweiligen Kategorie zusammenfallen. Insbesondere ist dies nicht der Fall, wenn in einer Kategorie nur bestimmte Einheiten als Termini realisiert sind (z.B. in der Börsenberichterstattung die Kategorie ZEIT, in der sich die Fachterminologie nur auf den Börsentag und seine Teile bezieht).
- Ist der Knoten kursiv gesetzt, so liegen keine terminologischen Einheiten vor, die ihn direkt bezeichnen. Seine Inklusion in das Diagramm entspricht somit nur der Logik des Systems bzw. der graphischen Darstellung. Diese "fiktiven" Knoten wurden immer dann gesetzt, wenn die nachfolgenden - und mit Termini belegten Unterkategorien - ein klar erkennbares, gemeinsames semantisches Merkmal aufweisen (siehe z.B. 4.4.1., wo die Teile des Börsentags mittels eines fiktiven Knotens "Teil von" mit dem Hauptknoten verbunden sind).
- Die Verzweigungen sind mittels durchgehender Linien für Hyperonymie/ Hyponymie-Beziehungen, mittels punktierter Linien für alle anderen (partitive und nicht-hierarchische) Beziehungen dargestellt.
- Die Art der Beziehung (mit Ausnahme der Hyperonymie/Hyponymie) ergibt sich aus der Bezeichnung des Knotens auf der jeweils niedrigeren Strukturebene.

Im Anschluss daran werden die Termini, die der jeweiligen (Sub-)Kategorie zugeordnet werden können, in Form von Tabellen aufgelistet. Neben der Angabe der terminologischen Einheiten findet sich die Beschreibung der Terminusform, sowie - in eigenen Spalten für das jeweilige Referenzkorpus - die Vorkommensfrequenz in absoluten und relativen Zahlen (Prozentzahl der Häufigkeit des jeweiligen Terminus bezogen auf die Gesamtfrequenz aller Terminus-Vorkommen im jeweiligen Referenzkorpus; die relativen Werte sind auf eine Kommastelle gerundet, etwaige Differenzen somit dadurch zu erklären).
Zahlen in Klammern sind jeweils Summen der in ihnen enthaltenen Unterkategorien.
Nach einer ersten Interpretation wird eine Zusammenfassung in Form einer Übersichtstabelle gegeben, in der (wiederum in absoluten und relativen Werten) die Zahl der Termini, der zu unterscheidenden Begriffe und Referenten, die Vor-

kommenshäufigkeit der Terminusgruppe sowie die Terminusformen aufgelistet sind. Diese wird anschließend ebenfalls einer kurzen Diskussion zugeführt.
Den Abschluss jedes Kapitels bildet dann eine Zusammenfassung der in der jeweiligen Kategorie festgestellten Werte sowie eine Auflistung der begrifflichen und synonymischen Varianten.

4.4.1. Die Kategorie ZEIT

Unter der Kategorie ZEIT sind jene terminologischen Einheiten zusammengefasst, die sich auf den zeitlichen Ablauf der Börsengeschehens beziehen.

4.4.1.1. Struktur

Die innere Struktur dieser Kategorie präsentiert sich in den untersuchten Texten relativ einfach.
Nachdem das analysierte Korpus aus Tageszeitungen besteht, stellt der Börsentag (zumeist der unmittelbar vorhergehende) die wichtigste zeitliche Bezugseinheit dar. Der Börsentag und bestimmte relevante Zeitpunkte innerhalb eines Börsentags sind auch die einzigen Momente, für die eigene fachsprachliche Benennungen im Korpus

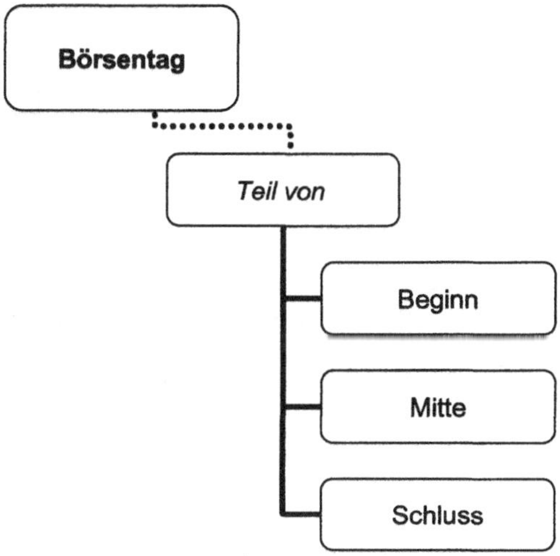

aufscheinen.[1] In der Grafik sind die fachsprachlich bezeichneten Referenten, die sich auf den zeitlichen Rahmen des Börsengeschehens beziehen, in ihrer Systematik dargestellt.
Der Startknoten "Börsentag" ist durch eine partitive ("Teil von") Beziehung mit den einzelnen Momenten verbunden, wobei für deren Gesamtheit keine Bezeichnung existiert. Mit dieser terminologisch nicht realisierten Kategorie sind dann die konkreten Zeitpunkte des Börsentags mittels Hyperonymie/Hyponymie-Beziehungen verbunden. Für die Darstellung der semantischen Beziehungen zwischen den terminologischen Einheiten dieser Kategorie brauchen somit nur zwei Relationen angesetzt werden.

4.4.1.2. Belegung der Kategorie

4.4.1.2.1. Der Börsentag

Die sich auf *Börsentag* beziehenden Termini stellen sich wie folgt dar:

Terminus	**Form**	**gesamt**	**niedrig**	**mittel**	**hoch**
el día de operaciones	N de N	3 / -	-	-	3 / 0,1
la jornada	N	107 / 2	15 / 3,1	17 / 1,2	75 / 2,1
la jornada bursátil	N + Adj.	3 / -	-	-	3 / 0,1
la jornada de negocios	N de N	3 / -	-	1 / 0,1	2 / -
la rueda[2]	N	62 / 1,1	4 / 0,8	26 / 1,9	32 / 0,9
la sesión	N	48 / 0,9	7 / 1,4	8 / 0,6	33 / 0,9
		226 / 4,1	**26 / 5,3**	**52 / 3,7**	**148 / 4,1**

Nach unserer Festlegung in 3.3.2.3. können hier bei 6 unterschiedlichen terminologischen Einheiten 6 Begriffe unterschieden werden. *Jornada* ist begrifflich nicht eindeutig zuordenbar (*jornada bursátil bzw. jornada de negocios*) und somit als eigener Begriff anzusehen. Während auf höchster fachsprachlicher Ebene alle Termini bzw. Begriffe auftauchen, ist diese Zahl auf mittlerer und niedriger Ebene auf drei bzw. vier reduziert.

---

[1] Der Terminus *ejercicio* bezieht sich in den wenigen Vorkommen (5) ausschließlich auf die Rechnungsperiode von Unternehmen und braucht daher nicht weiter berücksichtigt zu werden.

[2] *Rueda* ist hier nur in den Verwendungen mit zeitlicher Bedeutung aufgenommen (siehe 4.4.2.2.4.).

Auffallend ist, dass sowohl auf der niedrigsten als auch auf der höchsten fachlichen Ebene das fast schon gemeinsprachliche *jornada* (*día* wurde als gemeinsprachliche Bezeichnungen nicht berücksichtigt) am häufigsten auftritt, während auf der mittleren Ebene das spezifischere *rueda* vorherrscht, das auf den anderen beiden Ebenen sogar noch seltener als *sesión* gebraucht wird, welches wiederum eine erhöhte relative Frequenz auf niedriger Ebene aufweist.
Die anderen drei Formen sind frequenzmäßig eigentlich ohne Bedeutung.
In zwei Fällen davon (*jornada bursátil* und *jornada de negocios*) handelt es sich um reine Spezifizierungen, die mit sehr geringer Frequenz auf mittlerer und hoher fachsprachlicher Ebene vertreten sind. Bei den spezifischer anmutenden Termini *rueda* und *sesión* ist dieses Phänomen nicht zu beobachten, obwohl derartige Formen in Wörterbüchern verzeichnet sind (z.B. *sesión bursátil* in Garmendia 1977 oder *rueda de la bolsa* en Becher ³1988).[1]
Formal gesehen liegen drei Terminusmuster vor: N, N de N und N + Adj., von denen allein das Muster N quantitativ signifikant und als einziges auch auf niedriger Ebene realisiert ist.

Zusammenfassende Übersicht:

<table>
<tr><th></th><th colspan="2">gesamt</th><th colspan="2">niedrig</th><th colspan="2">mittel</th><th colspan="2">hoch</th></tr>
<tr><td></td><td>Anzahl</td><td>Freq.</td><td>Anzahl</td><td>Freq.</td><td>Anzahl</td><td>Freq.</td><td>Anzahl</td><td>Freq.</td></tr>
<tr><td>Termini</td><td>6 / 2,3</td><td rowspan="4">226 / 4,1</td><td>3 / 2,9</td><td rowspan="4">26 / 5,3</td><td>4 / 2,3</td><td rowspan="4">52 / 3,7</td><td>6 /2,5</td><td rowspan="4">148 / 4,1</td></tr>
<tr><td>Referenten</td><td>1 / 0,8</td><td>1 / 1,4</td><td>1 / 1</td><td>1 / 0,8</td></tr>
<tr><td>Begriffe</td><td>6 / 3,1</td><td>3 / 3,3</td><td>4 / 2,9</td><td>6 / 3,3</td></tr>
<tr><td>Muster</td><td>3</td><td>1</td><td>2</td><td>3</td></tr>
<tr><td>N</td><td>3</td><td>217</td><td>3</td><td>26</td><td>3</td><td>51</td><td>3</td><td>140</td></tr>
<tr><td>N de N</td><td>2</td><td>6</td><td>-</td><td>-</td><td>1</td><td>1</td><td>2</td><td>5</td></tr>
<tr><td>N + Adj.</td><td>1</td><td>3</td><td>-</td><td>-</td><td>-</td><td>-</td><td>1</td><td>3</td></tr>
</table>

Die Terminuszahl, die mit der Größe des Korpus erwartungsgemäß ansteigt, ist relativ betrachtet zwischen den drei Ebenen einigermaßen ausgeglichen, wobei die niedrige

[1] Eine Kontrolle im Internet mittels der Suchmaschine Google ergab dann auch eine Frequenz von nur 36 argentinischen Seiten ("site:.ar") für *sesión bursátil*, darunter drei in den hier analysierten Zeitungen (zwei Vorkommen in Página 12; ein Vorkommen in Clarín, allerdings aus dem Jahr 1997!). Für *rueda de la bolsa* gar nur 17 Seiten, davon ein Vorkommen in Página 12. Die beiden Termini können somit für die argentinischen Börsenberichterstattung in Tageszeitungen als äußerst ungebräuchlich bezeichnet werden.

Ebene ein wenig hervorsticht. Bezüglich der Vorkommensfrequenz der terminologischen Einheiten wird diese Tendenz wesentlich deutlicher, beträgt doch der Unterschied zwischen niedriger und mittlerer Ebene immerhin 1,6 Prozentpunkte. Die hier behandelte Terminusgruppe hat somit auf niedrigen Ebene ein größeres Gewicht als auf den beiden anderen. Augenfällig ist bei dieser Gruppe die starke begriffliche Variation. Ein einzelner Referent wird mit zunehmender Fachsprachlichkeit mit immer mehr Begriffen versehen. Als Verhältniszahl ausgedrückt (Zahl der Begriffe dividiert durch Zahl der Referenten) ergeben sich die Werte: 3 für die niedrige Ebene, 4 für die mittlere und 6 für die hohe. Synonyme Beziehungen im definierten Sinn liegen hingegen nicht vor (die Verhältniszahl ist auf allen drei Ebenen 1), die zunehmende Zahl an Termini daher ausschließlich durch ein Mehr an begrifflicher Variation bedingt.

4.4.1.2.2. Teile des Börsentags

Neben dem Bezug auf den Börsentag insgesamt sind drei konkrete Zeitpunkte im Börsengeschehen relevant: Eröffnung, Mitte und Börsenschluss. Neben gemeinsprachlichen Benennungen (*comienzo*, *final*, etc.) sind hier folgende 6 Termini feststellbar:

Terminus	**Form**	**gesamt**	**niedrig**	**mittel**	**hoch**
(Beginn)		[20 / 0,4]	[1 / 0,2]	[6/ 0,4]	[13 / 0,4]
abrir	V	10 / 0,2	-	6 / 0,4	4 / 0,1
la apertura	N	10 / 0,2	1 / 0,2	-	9 / 0,2
(Mitte)		[11 / 0,2]	-	[5 / 0,3]	[6 / 0,2]
la media rueda (a media rueda)	Adj. + N	6 / 0,1	-	5 / 0,3	1 / -
la media sesión (a media sesión)	Adj. + N	5 /0,1	-	-	5 / 0,1
(Schluss)		[173 / 0,3]	[14 / 2,9]	[38 / 2,7]	[121 / 3,4]
cerrar	V	155 / 2,8	10 / 2	34 / 2,4	111 / 3,1
el cierre	N	18 / 0,3	4 / 0,8	4 / 0,3	10 / 0,3
		204 / 3,7	**15 / 3,1**	**49 / 3,5**	**140 / 3,9**

Es ist ersichtlich, dass dem Börsenschluss (zumeist des Vortags) in der Berichterstattung das größte Gewicht zukommt. Auf der niedrigen Ebene haben die beiden anderen Momente de facto keine Präsenz, was wohl darauf zurückzuführen ist, dass

für den "normalen" Kleinanleger die Kursentwicklungen innerhalb eines Tages von geringer Bedeutung ist. Für den Spezialisten hingegen kann die Entwicklung des Börsengeschehens im Laufe eines Tages durchaus von Bedeutung sein, womit sich die Zunahme bei der absoluten Zahl der Termini und insbesondere bei ihrer Verwendungsfrequenz erklären lässt, auch wenn deren Werte sehr gering sind.
In Übereinstimmung mit den Bezeichnungen für Börsentag allgemein ist auch hier die komplementäre Verteilung von *media rueda* auf mittlerer Ebene versus *media sesión* auf hoher Ebene feststellbar.
In zwei Fällen (*apertura*/*abrir* und *cierre*/*cerrar*) handelt es sich um einen reinen Wortartenwechsel, somit um morpho-syntaktische Varianten eines Begriffes.
Formal können neben dem Muster N auch V und Adj. + N festgestellte werden, letzteres allerdings in adverbialer Verwendung.

Zusammenfassende Übersicht:

	gesamt		niedrig		mittel		hoch	
	Anzahl	Freq.	Anzahl	Freq.	Anzahl	Freq.	Anzahl	Freq.
Termini	6 / 2,3	204 / 3,7	3 / 2,9	15 / 3,1	4 / 2,3	49 / 3,5	6 / 2,5	140 / 3,9
Referenten	3 / 2,4		2 / 2,7		3 / 2,9		3 / 2,5	
Begriffe	4 / 2,1		2 / 2,2		3 / 2,2		4 / 2,2	
Muster	3		2		3		3	
N	2	28	2	5	1	4	2	19
Adj. + N	2	11	-	-	1	5	2	6
V	2	165	1	10	2	40	2	115

Wie man sieht, steht bei den sich auf spezifische Momente eines Börsentags beziehenden Termini der Steigerung der absoluten Anzahl eine (leichte) Verringerung der relativen (in Prozent zur Gesamtterminuszahl der jeweiligen Teilkorpora) gegenüber. Hinsichtlich ihrer Verwendungsfrequenz zeigt sich - im Gegensatz dazu und im Unterschied zum Börsentag als solchem - jedoch eine ansteigende Tendenz, die Bedeutung dieser Terminusgruppe steigt also mit zunehmender Fachsprachlichkeit. Die Berechnung der Verhältniszahlen zwischen Begriffen und Referenten (niedrig: 1, mittel: 1, hoch: 1,3) bzw. zwischen Termini und Begriffen (niedrig: 1,5, mittel: 1,3, hoch: 1,5) ergeben im Wesentlichen eine leichte Zunahme der begrifflichen Variation auf hoher Ebene und eine geringere synonymische auf der mittleren, wobei mir diese Zahlen aufgrund der geringen Basiswerte jedoch nicht besonders aussagekräftig erscheinen.

4.4.1.3. Zusammenfassung

Insgesamt ergeben sich somit für die Kategorie ZEIT folgende Zahlen:

	gesamt		niedrig		mittel		hoch	
	Anzahl	Freq.	Anzahl	Freq.	Anzahl	Freq.	Anzahl	Freq.
Termini	12 / 4,5	430 / 7,9	6 / 5,8	41 / 8,4	8 / 4,6	101 / 7,2	12 / 5	288 / 8,1
Referenten	4 / 3,3		3 / 4,1		4 / 3,8		4 / 3,3	
Begriffe	10 / 5,2		5 / 5,5		7 / 5,1		10 / 5,5	
Muster	5		2		4		5	
N	5	245	5	31	4	55	5	159
N de N	2	6	-	-	1	1	2	5
N + Adj.	1	3	-	-	-	-	1	3
Adj. + N	2	11	-	-	1	5	2	6
V	2	165	1	10	2	40	2	115

Der absoluten Zunahme der registrierten Termini (Verdopplung der Zahl zwischen niedrigster und höchster Ebene) steht ein leichter Rückgang in relativen Zahlen gegenüber. Ähnliches lässt sich hinsichtlich der Verwendungsfrequenz der terminologischen Einheiten dieser Kategorie beobachten: eine - auf Grund der ungleichen Korpusgrößen logische - Steigerung in absoluten Zahlen versus ein Rückgang in der relativen Verwendungsfrequenz in Bezug auf die einzelnen Korpora. Berücksichtigt man die Gesamtterminuszahlen und -frequenzen der einzelnen Korpora, ist somit ein eher höheres Gewicht der Kategorie ZEIT auf niedriger fachsprachlicher Ebene und ein verhältnismäßig geringeres auf mittlerer aber auch auf höherer Ebene feststellbar. Insbesondere trifft dies auf den Börsentag als solchen zu, während bei den einzelnen, terminologisch relevanten Momenten des Börsentags frequenzmäßig eine leicht gegenläufige Tendenz zu beobachten ist. Die Kategorie ist also insbesondere bei den im Terminussystem auf logisch-hierarchisch hoher Stufe angesiedelten Termini relevanter, auf den nachgeordneten Ebenen beginnt sich diese Tendenz umzukehren. Die Zahl der Referenten steigt absolut nur wenig an (bzw. bleibt zwischen mittlerer und hoher Ebene gleich), relativ (im Verhältnis zur Gesamtzahl der Referenten im jeweiligen Teilkorpus) fällt sie kontinuierlich.Auf begrifflicher Ebene sind die Prozentsätze relativ ausgeglichen, wobei allerdings die begriffliche Variation mit der Fachsprachlichkeitsebene zunimmt. Das Verhältnis Begriff/Referent ergibt Werte von (gerundet) 1,7 für die niedrige und mittlere Ebene gegenüber 2,5 für die hohe.

Der Anstieg der absoluten Terminuszahl ist somit auf hoher Ebene mehr durch begriffliche Variation verursacht, als auf den anderen beiden Ebenen.

Begriffliche Realisierung pro Referent:
(Die Referenten mit mehr als einer begrifflichen Realisierung sind auf Deutsch angeführt.)

	niedrig		mittel		hoch	
Zahl der Begriffe	Anzahl	Frequenz	Anzahl	Frequenz	Anzahl	Frequenz
1	2	15	3	49	2	140
2					1 Börsenmitte	6
3	1 Börsentag	26				
4			1 Börsentag	52		
5						
6					1 Börsentag	148

Wie man sieht, weist von den insgesamt 4 in die Analyse einbezogenen Referenten einer nur auf der höchsten Fachsprachlichkeitsebene, ein weiterer auf allen drei Ebenen begriffliche Variation auf. Bei letzterem Referenten (Börsentag) ist dies sowohl hinsichtlich der Zahl der zu unterscheidenden Begriffe (6 auf höchster Ebene) als auch hinsichtlich der Vorkommensfrequenz (mehr als ein Drittel aller Vorkommen in der Kategorie ZEIT) noch dazu in sehr hohem Ausmaß der Fall. Wir können also hier bereits feststellen, dass größere Fachsprachlichkeit nicht zwangsläufig ein Mehr an begrifflicher Eindeutigkeit mit sich bringt.
Wenig ergiebig ist die Analyse der synonymen Bezeichnungen in dieser Kategorie, die sich rein auf Wortartenwechsel beschränken, ohne nennenswerte Differenzen zwischen den drei Ebenen (als Verhältniszahl ausgedrückt ergeben sich die Werte 1,2 für die niedrige, 1,1 für die mittlere und 1,2 für die hohe Ebene).

Zahl und Art der synonymen Bezeichnungen pro Begriff:

	niedrig		mittel		hoch	
	Anzahl	Frequenz	Anzahl	Frequenz	Anzahl	Frequenz
Wortartenwechsel	1 cierre/ cerrar	14 10/4	1 cierre/ cerrar	38 34/4	2 apertura/ abrir cierre/ cerrar	134 4/9 111/10

Der Zuwachs der Terminuszahl ist daher in dieser Kategorie weniger durch synonyme Formen oder durch eine relevante Zunahme der Zahl der Referenten bedingt als durch einen größeren Begriffsreichtum verursacht.

4.4.2. Die Kategorie ORT/INSTITUTION

Wesentlich komplizierter als die Kategorie ZEIT präsentiert sich die räumlich-institutionelle. *Ort* und *Institution* werden als eine Kategorie behandelt, da die hier einzuordnenden Termini ihre ursprüngliche Eigenschaft der Örtlichkeit immer mehr verloren und durch diejenige des institutionellen Rahmens ersetzt haben. In vielen Kontexten sind beide Merkmale präsent, wobei oft nicht zu entscheiden ist, welches von ihnen im Vordergrund steht (Börsen haben heute oft keine eigentliche physische Existenz, sondern die Form von Computernetzwerken). Besonders deutlich wird dieser Umstand bei den Unterbegriffen von z.B. *Börse* und *Markt*, die abstrakte Typen von Börsen bzw. Märkten bezeichnen, die von der traditionellen Vorstellung eines konkreten Ortes, an dem sich Anbieter und Nachfrager treffen, weit entfernt sind.

4.4.2.1. Struktur

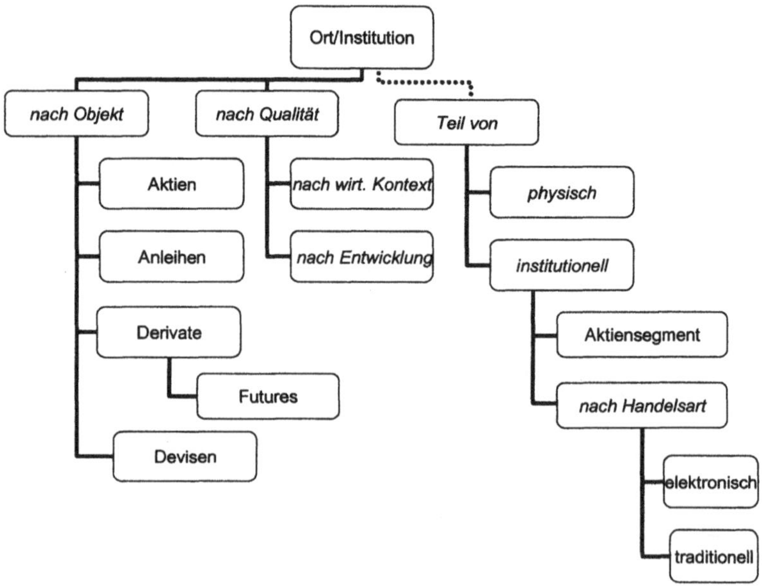

Abgesehen vom soeben besprochenen Aspekt, verkompliziert sich das Schema der Kategorie ORT/INSTITUTION im Vergleich zu ZEIT auch durch den Umstand, dass hier im Terminussystem neben einer Teil-Ganzes-Relation auch mehrere, jeweils gleichrangige Hyperonymie/Hyponymie- Relationen (Typen von Märkten, etc.) anzusetzen sind, die sich durch unterschiedliche Merkmale (Objekt, Qualität) unterscheiden. Es liegen somit zwar wieder nur zwei unterschiedliche Relationstypen zwischen den einzelnen Subkategorien vor, die aber ein wesentlich komplexeres System ergeben.

4.4.2.2. Belegung der Kategorie

4.4.2.2.1. Allgemeine Bezeichnungen

Bei den Termini, die unter der Kategorie ORT/INSTITUTION zusammengefasst wurden, sind zunächst jene Einheiten zu erwähnen, die die Referenten dieser Kategorie auf sehr allgemeiner und abstrakter Ebene bezeichnen (mit Ausnahme eines Eigennamens). Dabei stellt sich das Problem, dass wir es hier mit einer Referentengruppe zu tun haben, deren Elemente bzw. die ihnen zugeordneten Begriffe in starker Nähebeziehung zueinander stehen. In vielen Kontexten werden sie mehr oder minder synonym verwendet und auch Experten (bis hin zu den konsultierten Wirtschaftswörterbüchern) treffen nicht immer die entsprechenden Unterscheidungen. Trotzdem wurden gemäß der in 3.3.2.3. getroffenen Festlegung hier die theoretisch-begrifflichen Unterschiede als so wesentlich erachtet, dass keine Referenzidentitäten angenommen wurden. In diese Kategorie wurden auch jene Märkte inkludiert, die nicht einen Teil der Wertpapierbörsen darstellen. sondern im Gegenteil diese einschließen (*mercado financiero*, *mercado de capitales*, etc.).[1]

Terminus	Form	gesamt	niedrig	mittel	hoch
la bolsa	N	406 / 7,4	52 / 10,6	94 / 6,7	260 / 7,3
la Bolsa de Comercio (de Buenos Aires)[2]	N de N	40 (17) / 0,7 (0,3)	8 (6) / 1,6 (1,2)	10 (6) / 0,7 (0,4)	22 (5) / 0,6 (0,1)

[1] So ist der Terminus *mercado financiero* semantisch weiter als *mercado de capitales* und umfasst neben dem Kapitalmarkt auch Devisenmärkte, Märkte für Handelspapiere, etc. *Mercado de capitales* wiederum umfasst neben der Wertpapierbörse auch Märkte für langfristige Kredite.

[2] *Bolsa de Comercio de Buenos Aires* ist die offizielle Bezeichnung der Wertpapierbörse in Buenos Aires und wird auch ohne explizite Nennung des Städtenamens im Korpus nur so gebraucht. Der Terminus ist daher kein Synonym zu *bolsa* oder *bolsa de valores*, obwohl *bolsa de comercio* allgemein (also nicht im Korpus) in dieser Bedeutung existiert.

la bolsa de valores	N de N	25 / 0,4	-	3 / 0,2	22 / 0,6
la city	N	4 / 0,1	1 / 0,2	2 / 0,1	1 / -
el mercado[1]	N	418 / 7,6	24 / 4,9	122 / 8,7	272 / 7,6
el mercado bursátil	N + Adj.	19 / 0,3	-	3 / 0,2	16 / 0,4
el mercado de capitales	N de N	7 / 0,1	1 / 0,2	1 /0,1	5 / 0,1
el mercado de capital	N de N	2 / -	-	2 / 0,1	-
el mercado financiero	N + Adj.	17 / 0,3	2 / 0,4	3 /0,2	12 / 0,3
el mercado de valores	N de N	14 / 0,2	5 / 1	3 /0,2	6 / 0,2
la plaza	N	59 / 1,1	9 / 1,8	24 / 1,7	26 / 0,7
la plaza bursátil	N + Adj.	4 / 0,1	3 / 0,6	-	1 / -
la plaza financiera	N + Adj	5 / 0,1	3 / 0,6	1 / 0,1	1 / -
		1020 / 18,7	**108 / 22,1**	**268 / 19,2**	**644 / 18**

Wie die Zahlen zeigen, kommt den allgemeinen Bezeichnungen der Kategorie ORT/INSTITUTION hinsichtlich ihrer Frequenz ein sehr hoher Stellenwert in dieser Textsorte zu.

Unter den 13 hier registrierten Termini kann nur bei *mercado de capitales* und *el mercado de capital* von tatsächlicher Begriffs- und Referenzidentität ausgegangen werden, wobei es sich um eine einfache Numerus-Schwankung handelt. Es können somit 12 Referenten und ebenso viele Begriffe unterschieden werden (*bolsa*, *mercado* und *plaza* können nicht eindeutig zugeordnet werden und gelten somit als eigenständige referentielle und begriffliche Einheiten).

Wie zu erwarten war, dienen in erster Linie *mercado* und *bolsa* zur Bezeichnung des institutionellen Rahmens des Börsengeschehens. Hervorzuheben ist, dass auf niedriger Ebene in erster Linie *bolsa* verwendet wird, der Terminus, der vermutlich auch dem wirtschaftlichen Laien in diesem Kontext geläufiger ist, als das noch abstraktere *mercado*, und die relativ häufige Verwendung von *plaza*, *plaza accionaria*, *plaza bursátil* und *plaza financiera* auf niedriger und mittlerer Ebene. Beides kann auch darauf hindeuten, dass auf niedrigerer fachsprachlicher Ebene der räumliche Aspekt (*bolsa* als Gebäude, etc.) gegenüber dem institutionellen im Vordergrund steht. In diese Richtung ist auch der relativ hohe Wert von *Bolsa de Comercio (de*

[1] Nur börsenrelevante Verwendungsweisen wurden berücksichtigt, also nicht z.B. *mercado de trabajo*, etc.

Buenos Aires) auf niedrigem Niveau zu interpretieren, der konkrete Bezug auf eine bestimmte und für Argentinier primäre Börse hat auf niedrigem Niveau einen besonderen Stellenwert.

Zusammenfassende Darstellung:

<table>
<tr><th></th><th colspan="2">gesamt</th><th colspan="2">niedrig</th><th colspan="2">mittel</th><th colspan="2">hoch</th></tr>
<tr><td></td><td>Anzahl</td><td>Freq.</td><td>Anzahl</td><td>Freq.</td><td>Anzahl</td><td>Freq.</td><td>Anzahl</td><td>Freq.</td></tr>
<tr><td>Termini</td><td>13 / 4,9</td><td rowspan="4">1020 / 18,7</td><td>10 / 9,6</td><td rowspan="4">108 / 22,1</td><td>12 / 6,9</td><td rowspan="4">268 / 19,2</td><td>12 / 5</td><td rowspan="4">644 / 18</td></tr>
<tr><td>Referenten</td><td>12 / 9</td><td>10 / 13,7</td><td>11 / 10,6</td><td>12 / 10</td></tr>
<tr><td>Begriffe</td><td>12 / 6,2</td><td>10 / 11,1</td><td>11 / 8,1</td><td>12 / 6,7</td></tr>
<tr><td>Muster</td><td>3</td><td>3</td><td>3</td><td>3</td></tr>
<tr><td>N</td><td>4</td><td>887</td><td>4</td><td>86</td><td>4</td><td>242</td><td>4</td><td>559</td></tr>
<tr><td>N de N</td><td>5</td><td>88</td><td>3</td><td>14</td><td>5</td><td>19</td><td>4</td><td>55</td></tr>
<tr><td>N + Adj.</td><td>4</td><td>45</td><td>3</td><td>8</td><td>3</td><td>7</td><td>4</td><td>30</td></tr>
</table>

Wie in der Tabelle ersichtlich, liegt hier eine sehr moderate Zunahme der absoluten Zahl an Termini vor, der mit zunehmender Fachsprachlichkeit ein eklatanter Rückgang relativ zur Gesamtzahl in den einzelnen Teilkorpora gegenübersteht. Der Wert für die hohe Ebene ist nur knapp mehr als die Hälfte desjenigen der niedrigen. Gleiches ist in Bezug auf die Zahl der Begriffe und Referenten festzuhalten: Geringen absoluten Anstiegen stehen recht deutliche relative Rückgänge gegenüber. Auch hinsichtlich der Vorkommensfrequenz ist diese Tendenz - wenn auch in abgeschwächter Form - zu beobachten. Die drei Teilkorpora scheinen sich zunächst hinsichtlich der Korpusgrößen einigermaßen parallel zueinander zu verhalten, nimmt man als Bezugspunkt jedoch nicht die Wortzahl der drei Korpora sondern deren Gesamtterminusvorkommen, so ist ein klarer Rückgang der Frequenz in den drei Teilkorpora feststellbar. Begriffliche Variation oder Synoymien liegen - letztere mit einer frequenzmäßig irrelevanten Ausnahme - nicht vor. Auf formaler Seite dominiert auf dieser allgemeinen Ebene das Muster N.

4.4.2.2.2. Typen von Märkten und Börsen nach OBJEKT

Eine relativ große Anzahl von terminologischen Einheiten dient der Bezeichnung einzelner Märkte bzw. "Börsen" nach der Art der gehandelten Aktiva (in der Grafik: "nach Objekt").

Terminus	Form	gesamt	niedrig	mittel	hoch
(Aktien)		[10 / 0,2]	[5 / 1]	-	[5 / 0,1]
el mercado de acciones	N de N	2 / -	-	-	2 / -
el mercado accionario	N + Adj.	4 / -	1 / 0,2	-	3 / 0,1
la plaza accionaria	N + Adj.	4 / -	4 / 0,8	-	-
(Anleihen)		[8 / 0,1]	-	-	[8 / 0,2]
el mercado de bonos	N de N	8 / 0,1	-	-	8 / 0,2
(Derivate)		[5 / 0,1]	[1 / 0,2]	-	[4 / 0,1]
la bolsa de opciones y futuros	N de (N y N)	1 / -	-	-	1 / -
el mercado de derivados	N de N	3 / -	-	-	3 / 0,1
el mercado de opciones y futuros	N de (N + N)	1 / -	1 / 0,2	-	-
(Futures)		[11 / 0,2]	-	[6 / 0,4]	[5 / 0,1]
la bolsa a futuro	N a N	1 / -	-	1 / 0,1	-
la bolsa de futuros	N de N	1 / -	-	1 / 0,1	-
el mercado de futuro	N de N	1	-	1 / 0,1	-
el mercado de futuros	N de N	8 / 0,1	-	3 / 0,2	5 / 0,1
(Devisen)		[8 / 0,1]	-	[3 / 0,2]	[5 / 0,1]
el mercado cambiario	N + Adj.	3 / -	-	1 / 0,1	2 / -
el mercado de divisas	N de N	5 /0,1	-	2 / 0,1	3 / 0,1
		42 / 0,8	**6 / 1,8**	**9 / 0,6**	**27 / 0,7**

Es handelt sich um eine frequenzmäßig eigentlich unbedeutende Gruppe, der relativ gesehen einzig auf der niedrigen Ebene eine gewisse Bedeutung zukommt.
13 Termini beziehen sich auf 6 Referenten (die unter "Derivate" und "Futures" genannten Termini beziehen sich auf jeweils dieselben Referenten, da bei diesen Papieren kein ausserbörslicher Handel existiert; *bolsa* und *mercado* sind in diesem Fall daher referenzident; gleiches gilt für *mercado cambiario* und *mercado de divisas*).
Auf begrifflicher Ebene liegt Identität vor zwischen *mercado de acciones* und *mercado accionario*, *bolsa a futuro* und *bolsa de futuros* sowie zwischen *mercado de futuro*

und *mercado de futuros*. Es können somit 10 verschiedene Begriffe unterschieden werden.
In dieser erstaunlich niederfrequenten Untergruppe ist auch eine äußerst überraschende Verteilung der Einheiten auf die drei Fachlichkeitsebenen festzustellen: Ist auf niedriger fachsprachlicher Ebene primär von Aktienmärkten die Rede (mit Ausnahme des einmaligen Vorkommens der *mercados de opciones y futuros*; wie bereits im vorherigen Abschnitt ist auf niederer Ebene eine gewisse Präferenz von *plaza* gegenüber *mercado* zu verzeichnen.), so konzentrieren sich die (wenigen) Termini der mittleren Ebene auf Futures und Devisenmärkte. Die völlige Absenz von lexikalischen Einheiten zur Bezeichnung von Aktien- und Anleihenmärkten auf mittlerer Ebene erscheint mir unverständlich und kann wohl nur durch die sehr kleinen Häufigkeitswerte bedingt sein. Nachvollziehbar ist hingegen, dass sich auf niedriger Ebene keine Bezeichnungen für Märkte von Derivaten und insbesondere Futures finden, handelt es sich doch dabei um dem Laien weitgehend verschlossene Instrumente, sowohl in der Praxis als auch in ihrer Begrifflichkeit. Interessant ist allerdings auf mittlerer Ebene die offenbar bestehende terminologische Unsicherheit zwischen *a futuro*, *de futuro* und *de futuros*, die ebenfalls auf keine besondere Vertrautheit mit der Materie schließen lässt. Erst auf hohem Fachlichkeitsniveau ist eine breitere Differenzierung zwischen unterschiedlichen Markttypen gegeben, was aber frequenzmäßig nichts an der erstaunlich geringen Zahl der registrierten Einheiten ändert.[1]
Auf formaler Ebene sind hier keine Muster N zu verzeichnen, sondern - für Unterbegriffe typisch - ausschließlich N de N- und N + Adj.- Konstruktionen.

Zusammenfassende Darstellung:

<table>
<tr><th></th><th colspan="2">gesamt</th><th colspan="2">niedrig</th><th colspan="2">mittel</th><th colspan="2">hoch</th></tr>
<tr><th></th><th>Anzahl</th><th>Freq.</th><th>Anzahl</th><th>Freq.</th><th>Anzahl</th><th>Freq.</th><th>Anzahl</th><th>Freq.</th></tr>
<tr><td>Termini</td><td>13 / 4,9</td><td rowspan="4">42 / 0,8</td><td>3 / 2,9</td><td rowspan="4">6 / 1,2</td><td>6 / 3,5</td><td rowspan="4">9 / 0,6</td><td>8 / 3,3</td><td rowspan="4">27 / 0,7</td></tr>
<tr><td>Referenten</td><td>6 / 4,9</td><td>3 / 4,1</td><td>2 / 1,9</td><td>5 / 4,2</td></tr>
<tr><td>Begriffe</td><td>10 / 5,2</td><td>3 / 3,3</td><td>4 / 2,9</td><td>7 / 3,9</td></tr>
<tr><td>Muster</td><td>4</td><td>2</td><td>3</td><td>3</td></tr>
<tr><td>N de N</td><td>7</td><td>28</td><td>-</td><td>-</td><td>4</td><td>7</td><td>5</td><td>21</td></tr>
</table>

[1] Diese Feststellung wird durch Einbeziehung der aufgrund niederster Vorkommensfrequenz aus der Untersuchung ausgeschlossenen Einheiten (siehe Schluss des Kapitels) nur bestätigt. Auch dort sind auf hoher Fachsprachlichkeitsebene viele Markttypen mit Häufigkeit unter 3 verzeichnet.

N de (N y N)	2	2	1	1	-	-	1	1
N a N	1	1	-	-	1	1	-	-
N + Adj.	3	11	2	5	1	1	2	5

Hervorstechendstes Merkmal dieser Gruppe ist das Verhältnis von Terminuszahl und Vorkommensfrequenz.
Wir haben es mit einer hinsichtlich der Anzahl der Termini stark zersplitterten Klasse zu tun, deren Einheiten allesamt jedoch eine sehr geringe Frequenz aufweisen. Auffallend ist auch die geringe Wiederholungsrate derselben Termini auf zwei oder allen drei Ebenen. Die Terminuszahlen steigen relativ mit zunehmender Fachsprachlichkeit (bei der hohen Ebene ist die Zahl allerdings wieder etwas geringer), hinsichtlich der Frequenzen ist hingegen ein deutlicher Abfall zu beobachten, was auf die übermäßige Betonung der Aktienmärkte auf niedriger Ebene zurückzuführen ist. Schön ist an dieser Übersicht zu beobachten, wie sich zwischen niedriger und hoher Ebene die Verhältnisse und Zunahmen von Termini, Referenten und Begriffen entwickeln. Ist auf niedriger Ebene eine ausgeglichene Zahl feststellbar (jeweils 3), so steigt auf hoher Ebene sowohl die Zahl der Termini als auch der Begriffe und der zu unterscheidenden Referenten (die mittlere Ebene gibt in diesem Fall ein eher undeutliches Bild). Die begriffliche und synonymische Variation ist auf mittlerer Ebene am größten, wobei die hohe jedoch immer noch über der niedrigen liegt. Die Verhältniszahlen betragen für die Relation Begriffe/Referenten: 1 (niedrig) - 2 (mittel) - 1,4 (hoch); für die Relation Termini/Begriffe: 1(niedrig) - 1,5 (mittel) - 1,1 (hoch). Hinsichtlich des formalen Aspekts ist die Absenz von N de N-Konstruktionen auf niedriger Ebene bemerkenswert, insbesondere im Vergleich zu deren Frequenz auf den anderen beiden Ebenen. In Bezug auf die N + Adj.-Konstruktionen ist dies genau umgekehrt.

4.4.2.2.3. Typen von Märkten und Börsen nach QUALITÄT

Eine weitere Untergruppe dieser Kategorie wird unter QUALITÄT zusammengefasst. Dabei handelt es sich einerseits um Börsen- bzw. Markttypen, die durch ihren unmittelbaren wirtschaftlichen Kontext, andererseits um Unterkategorien, die durch die Erwartungen der Marktteilnehmer bezüglich Marktentwicklung charakterisiert sind.

Terminus	**Form**	**gesamt**	**niedrig**	**mittel**	**hoch**
(nach wirtschaftlichem Kontext)		[71 / 13]	[14 / 2,9]	[19 / 1,4]	[38 / 1,1]
la bolsa emergente	N + Adj.	2 / -	-	1 / 0,1	1 / -

el mercado emergente	N + Adj.	66 / 1,2	14 / 2,8	16 / 1,1	36 / 1
la plaza emergente	N + Adj.	3 / -	-	2 / 0,1	1 / -
(nach Entwicklung)		[11 / 0,2]	-	-	[11 / 0,3]
bear market	[N + N]	6 / 0,1	-	-	6 / 0,2
bull market	[N + N]	5 / 0,1	-	-	5 / 0,1
		82 / 1,5	**14 / 2,8**	**19 / 1,4**	**49 / 1,4**

Es handelt sich hier um eine gemessen an der Zahl der Termini relativ kleine Gruppe (5 Termini, 5 Referenten, 5 Begriffe), in der einzig *mercado emergente*[1] durch seine relativ häufige Verwendung hervorsticht. Die Tatsache, dass *mercado emergente* deutlich häufiger als *bolsa emergente* registriert werden konnte, ist wohl darauf zurückzuführen, dass es sich hierbei um eine direkte Lehnübersetzung aus dem Englischen ("emerging markets") handelt. Trotzdem bleibt festzuhalten, dass semantisch äußerst nahestehende Formen, die im konkreten Kontext synonym verwendet werden, auf mittlerem und hohem fachsprachlichen Niveau verzeichnet werden konnten, nicht hingegen auf niedrigem und dies trotz der überproportionalen Häufigkeit auf dieser Ebene.
Die spezialisierten Anglizismen *bear market* und *bull market* treten erwartungsgemäß nur auf höchster Fachsprachlichkeitsebene auf, allerdings ebenfalls mit sehr geringer Häufigkeit.

Zusammenfassende Darstellung:

	gesamt		niedrig		mittel		hoch	
	Anzahl	Freq.	Anzahl	Freq.	Anzahl	Freq.	Anzahl	Freq.
Termini	5 / 1,9		1 / 1		3 / 1,7		5 / 2,1	
Referenten	5 / 4,1	82 / 1,5	1 / 1,4	14 / 2,9	3 / 2,9	19 / 1,4	5 / 4,2	49 / 1,4
Begriffe	5 / 2,6		1 / 1,1		3 / 2,2		5 / 2,8	
Muster	2		1		1		2	
N + Adj.	3	71	1	14	3	19	3	38
[N + N][2]	2	11	-	-	-	-	2	11

---

[1] *Mercado emergente* wird im Korpus nur in der Bedeutung von 'Kapitalmarkt' verwendet.

[2] Xenismus

Wiederum stehen wir vor dem jetzt in dieser Kategorie schon bekannten Muster: Die Terminuszahl steigt mit zunehmender Fachsprachlichkeit (absolut und relativ), wobei allerdings dies diesmal nicht durch zunehmende begriffliche und/oder synonymische Variation bedingt ist, sondern durch eine Zunahme der Zahl der Referenten. Die Vorkommenshäufigkeit sinkt klar von der niedrigen auf die anderen beiden Ebenen und fällt auf etwas weniger als die Hälfte. Begriffliche oder synonymische Variation liegt nicht vor. In der hier behandelten Terminusgruppe ergibt sich deren mit zunehmender Fachsprachlichkeit jeweils größere Anzahl somit durch eine höhere Zahl von in den Texten angesprochenen Referenten, die jedoch frequenzmäßig von geringerer Bedeutung sind.

4.4.2.2.4. Physische und institutionelle Teile von Börsen und Märkten

Logisch anders geartet, ist die Beziehung, die zwischen ORT/INSTITUTION und Teilen dieser Kategorie existiert. Hier muss weiter unterschieden werden, zwischen einer rein örtlichen "Teil von" -Beziehung, wie sie mit *recinto*, etc. vorliegt (*recinto* bezieht sich auf den konkreten Ort innerhalb der Börse, an dem die Transaktionen getätigt werden), und institutionellen "Teil von"- Beziehungen, die sich wiederum in zwei Gruppen zusammenfassen lassen. Zum einen sind hier börslich festgesetzte Gruppen von Wertpapieren (Aktien) einzuordnen (in der Grafik als "Aktiensegment" bezeichnet), zum anderen verschiedene, institutionell vorgegebene Arten des Handels, und zwar der traditionelle Handel per Zuruf und der rein elektronisch abgewickelte.

Terminus	**Form**	**gesamt**	**niedrig**	**mittel**	**hoch**
(physisch)		[23 / 0,4]	[4 / 0,8]	[6/0,4]	[13/0,4]
el recinto	N	14 / 0,2	3 / 0,6	5 / 0,3	6 / 0,2
el recinto bursátil	N + Adj.	3 / -	-	-	3 / 0,1
el recinto de operaciones	N de N	6 / 0,1	1 / 0,2	1 / 0,1	4 / 0,1
(*institutionell*)		[102 / 1,9]	[26 / 5,3]	[36 / 2,6]	[40 / 1,1]
(Aktiensegment)		[17 / 0,3]	[4 / 0,8]	[8 / 0,6]	[5 / 0,1]
el panel	N	17 / 0,3	4 / 0,8	8 / 0,6	5 / 0,1
(Art des Handels)		[85 / 1,6]	[22 /4,5]	[28 / 2]	[35 / 1]
(elektronisch)		[49 / 0,9]	[12 / 2,4]	[18 / 1,3]	[19 / 0,5]
el mercado electrónico	N + Adj.	4 / -	-	1 / 0,1	3 / 0,1

la rueda continua	N + Adj.	20 / 0,4	4 / 0,8	9 / 0,6	7 / 0,2
la rueda electrónica	N + Adj.	1 / -	-	-	1 / -
el SINAC[1]	S	24 / 0,4	8 / 1,6	8 / 0,6	8 / 0,2
(traditionell)		[36 / 0,6]	[10 / 2]	[10 / 0,7]	[16 / 0,5]
la rueda tradicional	N + Adj.	6 / 0,1	1 / 0,2	-	5 / 0,1
el piso	N	26 / 0,5	5 / 1	10 / 0,7	11 / 0,3
el piso de operaciones	N de N	4 / -	4 / 0,8	-	-
		125 / 2,3	**30 / 6,1**	**42 / 3**	**53 / 1,5**

Handelt es sich bei den Formen unter "*(physisch)*" um Termini, die einen Referenten bezeichnen (3 Begriffe, da *recinto* nicht eindeutig zuordenbar ist), so sind unter "*(institutionell)*" verschiedene referentielle Einheiten vertreten. Zum einen handelt es sich um Aktiensegmente (die Untergruppen erfüllen nicht die geforderte Mindestfrequenz), zum anderen um spezifische Arten des Handels: *rueda tradicional*, *piso* und *piso de operaciones* einerseits, *mercado electrónico*, *rueda continua*, *rueda electrónica* und *SINAC* andererseits, wobei es sich bei der letztgenannten Bezeichnung um einen Eigennamen (Sistema Integrado de Negociación Asistida por Computadora) handelt. Ingesamt werden hier somit 4 Referenten und 10 Begriffe bei insgesamt 11 Termini unterschieden (*piso* klassifiziere ich als Reduktion - und somit als synonyme Form - von *piso de operaciones*). Auffallend ist in dieser Gruppe die semantische Nähe zu zeitlichen (*rueda*) und physisch örtlichen (*piso*) lexikalischen Einheiten. Erstaunlich erscheint mir die hohe Zahl und insbesondere die hohe relative Frequenz dieser Termini auf niedriger fachsprachlicher Ebene, wobei letztere weit über derjenigen der mittleren und - mit noch größerer Differenz- über derjenigen der hohen Ebene liegt. Man sollte annehmen können, dass die genaue Angabe, in welchem Handelssegment die Transaktionen getätigt werden, für den Laien relativ unerheblich ist. Eine mögliche Erklärung dafür wäre der Umstand, dass für die Zeitungen dieser Ebene offizielle Börsenberichte oder allenfalls von Nachrichtenagenturen erstellte Texte als Vorlage dienen und ohne Anpassung an das Zielpublikum übernommen werden, während bei Tageszeitungen, die der Börsenberichterstattung breiteren Raum einräumen, eigene Redakteure diese Informationen überarbeiten. Es bleibt jedoch das Faktum, dass auf niedrigem fachsprachlichen Niveau die genaue örtliche und institutionelle Lokalisierung des Geschehens ein wesentlicheres Faktum ist als auf den anderen Ebenen. Formal sind die häufigsten Termini nach dem Muster N gebildet.

[1] Eigenname

Zusammenfassende Darstellung:

	gesamt		niedrig		mittel		hoch	
	Anzahl	Freq.	Anzahl	Freq.	Anzahl	Freq.	Anzahl	Freq.
Termini	11 / 4,1	125 / 2,3	8 / 7,7	30 / 6,1	7 / 4	42 / 3	10 / 4,1	53 / 1,5
Referenten	4 / 3,3		4 / 5,5		4 / 3,8		4 / 3,3	
Begriffe	10 / 5,2		7 / 7,8		7 / 7,3		10 / 5,5	
Muster	3		3		3		3	
N	3	57	3	12	3	23	3	22
N de N	2	10	2	5	1	1	1	4
N + Adj.	5	34	2	5	2	10	5	19
S	1	24	1	8	1	8	1	8

Die Terminusanzahl bleibt absolut gleich bzw. steigt mäßig, relativ ist sogar ein Rückgang zu beobachten.
Bezüglich der Vorkommensfrequenz bietet sich aufs Neue das nunmehr in dieser Kategorie gewohnte Bild: Die Verwendung der terminologischen Einheiten dieser Gruppe ist auf der niedrigen Ebene am häufigsten und fällt stark zur mittleren und hohen Ebene hin ab. Bezüglich der Zahl der Begriffe und Referenten ist hier ebenfalls nur eine leichte absolute Zunahme auf hoher Ebene zu beobachten, relativ fallen die Werte kontinuierlich. Hinsichtlich der begrifflichen Variation betragen die Verhältniszahlen 1,75 für die niedrige und mittlere Ebene sowie 2,5 für die hohe Ebene, wo sie deutlich stärker ausgeprägt ist. Synonymien liegen - mit einer Ausnahme auf niedriger Ebene - nicht vor.

4.4.2.3. Zusammenfassung

Insgesamt ergeben sich somit für die Kategorie ORT/INSTITUTION folgende Werte:

	gesamt		niedrig		mittel		hoch	
	Anzahl	Freq.	Anzahl	Freq.	Anzahl	Freq.	Anzahl	Freq.
Termini	42 / 15,8	1269 / 23,2	22 / 21,1	158 / 32,3	28 / 16,2	338 / 24,2	35 / 14,5	773/ 21,6
Referenten	27 / 22,1		18 / 24,6		20 / 19,2		26 / 21,7	

Begriffe	37 / 19,2		21 / 23,3		25 / 18,4		34 / 18,9	
Muster	7		5		5		6	
N	7	944	7	98	7	265	7	581
N de N	14	126	5	19	10	27	10	80
N de (N y N)	2	2	1	1	-	-	1	1
N a N	1	1	-	-	1	1	-	-
[N + N]	2	11	-	-	-	-	2	11
N + Adj.	15	161	8	32	9	37	14	92
S	1	24	1	8	1	8	1	8

Die Gesamtschau der Kategorie ORT/INSTITUTION spiegelt die bereits erwähnten Tendenzen wider:
Es handelt sich sowohl hinsichtlich der Zahl der Termini als auch hinsichtlich deren Vorkommensfrequenz um eine sehr bedeutente Kategorie, deren Relevanz mit zunehmender Fachsprachlichkeit jedoch abnimmt. Insbesondere ist ein Sprung von der niedrigen auf die mittlere und höhere Ebene zu beobachten.
Die Zahl der unterschiedlichen Referenten steigt absolut, fällt jedoch ebenfalls mit zunehmender Fachsprachlichkeit. Auch hier ist ein - wenn auch nicht ganz so eklatanter Sprung von der niedrigen auf die anderen beiden Ebenen zu beobachten, der verschwindet, wenn man die aus der Analyse ausgeschlossenen Termini mitrechnet (in diesem Fall liegt die hohe Ebene auch relativ über der niedrigen). Hinsichtlich der Zahl der unterschiedlichen Begriffe zeigt sich grosso modo das gleiche Bild. Die relativen Zahlen werden erst durch die Berücksichtigung niedrigstfrequenter (und deshalb ausgeschlossener) Termini auf den höheren Ebenen ausgeglichen. Berechnet man das Verhältnis Begriff/Referent ergeben sich folgende Werte: 1,2 für die niedriger und mittlere Ebene bzw. 1,3 für die hohe. Es ist somit insgesamt - anders als in der Kategorie ZEIT - nur eine leichte Steigerung begrifflicher Variation auf der hohen Ebene zu beobachten.

Begriffliche Realisierung pro Referent:
(Die Referenten mit mehr als einer begrifflichen Realisierung sind auf Deutsch angeführt.)

	niedrig		mittel		hoch	
Zahl der Begriffe	Anzahl	Frequenz	Anzahl	Frequenz	Anzahl	Frequenz
1	15	136	16	305	21	716

2	2 Handelsbereich elektr. Handel	12	3 Futurebörse Devisenmarkt Handels- bereich	15	3 Markt f. Deri- vate Devisenmarkt trad. Handel	25
3	1 trad. Handel	10	1 elektr. Handel	18	1 Handelsbe- reich	13
4					1 elektr. Handel	19

Ähnliches wie bei der Kategorie ZEIT ist hingegen bezüglich der Synonyme zu sagen, deren Zahl zwischen den drei Ebenen kaum zunimmt, allerdings unterschiedliche Formen aufweist:

Zahl und Art der synonymen Bezeichnungen pro Begriff:

	niedrig		mittel		hoch	
	Anzahl	Freq.	Anzahl	Freq.	Anzahl	Freq.
N de N ⇔ Relationsadj.					1 mercado de acciones /accionario	5 2/ 3
Numerus-schwankung			2 mercado de capitales /de capital mercado de futuros /de futuro	7 1/ 2 3/ 1		
N de N ⇔ N a N			1 bolsa a futuro / de futuro	2 1/ 1		
Reduktion	1 piso/ piso de operaciones	9 5/ 4				

Die entsprechenden Verhältniszahlen bewegen sich dementsprechend zwischen (gerundet) 1 (niedrige und hohe Ebene) und 1,1 (mittlere Ebene).
Die Zunahme der Terminuszahl ergibt sich in der Kategorie ORT/INSTITUTION somit primär durch eine tatsächlich größere Zahl an Referenten.

4.4.2.4. Anhang

Von der Analyse aufgrund geringer Frequenz ausgeschlossen wurden für die Kategorie ORT/INSTITUTION folgende Termini:

Terminus	niedrig	mittel	hoch
el mercado de los ADR			1
el mercado de los Cedear		1	
el mercado de contado			1
el mercado crediticio			1
el mercado de dinero			1
el mercado del dinero			1
el mercado de deuda			1
el mercado de títulos públicos			1
el mercado institucional		1	
el mercado de obligaciones			1
el mercado privado			1
el mercado de renta fija			1
el mercado secundario			2
el panel general		1	1
el panel Merval		1	1

Offensichtlich ist jedoch auch in dieser Liste die Tatsache, dass auf niedriger fachsprachlicher Ebene nicht und auf mittlerer wenig zwischen Märkten, die nach der Art der Aktiva unterschieden werden, differenziert wird, wobei diese Schlussfolgerung nicht am einzelnen Terminus, sondern an der Gesamtheit festzumachen ist.

4.4.3. Die Kategorie AKTEUR

Die Kategorie AKTEUR müsste theoretisch all jene Personen und Institutionen beinhalten, die irgendwie am Börsengeschehen teilnehmen bzw. dieses beeinflussen. Um die Darstellung dieser Kategorie nicht ausufern zu lassen, wurden darauf verzichtet, Bezeichnungen für Unternehmen und Unternehmensgruppierungen aufzunehmen, sofern aus ihnen nicht direkt ein Bezug zur Börsenaktivität hervorgeht (also das Unternehmen in seiner Eigenschaft als Aktienemittent, etc.).

4.4.3.1. Struktur

Die Kategorie lässt sich je nach der Funktion, die das jeweilige Element an der Börse innehält, relativ leicht in Subklassen unterteilen, wobei in denjenigen Fällen, in denen Überschneidungen vorliegen, die in den Texten feststellbare Hauptfunktion zur Klassifikation herangezogen wurde (so treten z.B. Banken durch die für Spareinlagen angebotenen Zinsen sowohl als Alternative und somit als externer Akteur als auch durch ihre Investitionstätigkeit als Investor und durch ihre Vermittlertätigkeit als Intermediäre auf). Die Beziehungen zwischen den Elementen dieser Kategorie sind ausschließlich diejenigen der Hyperonymie/Hyponymie.

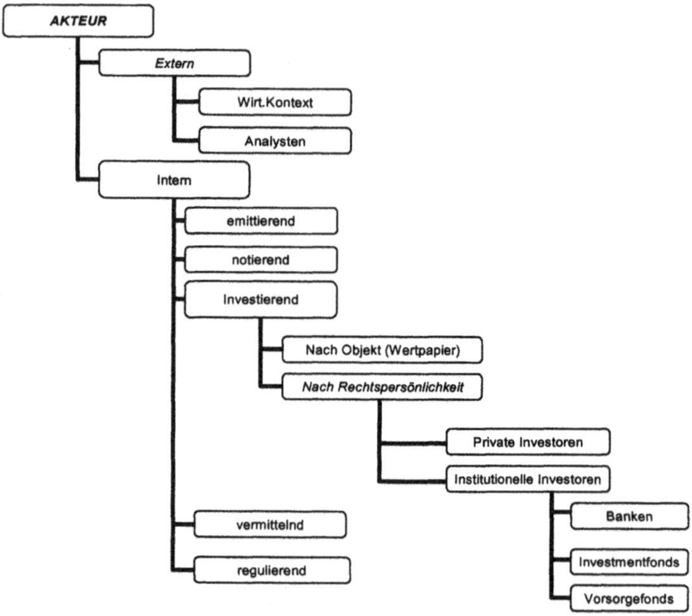

4.4.3.2. Belegung der Kategorie

4.4.3.2.1. Externe Akteure

Unter *externe Akteure* sind jene Institutionen und Personen zu verstehen, die auf das Börsengeschehen nur indirekt Einfluss nehmen, also weder als Anleger noch als Emittenten, Intermediäre oder als Regulator eingreifen.

Terminus	Form	gesamt	niedrig	mittel	hoch
(wirtschaftlicher Kontext)		[75 / 1,4]	[16 / 3,3]	[16 / 1]	[43 / 1,2]
el banco central	N + Adj.	31 / 0,6	3 /0,6	9 / 0,6	19 / 0,5
el Banco Mundial[1]	N + Adj.	8 / 0,1	-	2 / 0,1	6 / 0,2
la caja de ahorro	N + Adj.	4 / 0,1	-	-	4 / 0,1
el Fondo Monetario Internacional[2]	(N + Adj.) + Adj.	32 / 0,6	13 / 2,6	5 / 0,3	14 / 0,4
(Analysten)		[101 / 1,8]	[4 / 0,8]	[17 / 1,2]	[80 / 2,2]
el analista	N	101 /1,8	4 / 0,8	17 / 1,2	80 / 2,2
		176 / 3,2	**20 / 4,1**	**33 / 2,4**	**123 / 3,4**

5 Referenten kann hier die gleiche Zahl an Begriffen und Termini zugeordnet werden. Als externe Akteure spielen offensichtlich einerseits Börsenanalysten eine bedeutendere Rolle, andererseits die Zentralbanken als Kern des Finanzsystems und, bedingt durch die spezifische wirtschaftliche Lage Argentiniens, der Internationale Währungsfonds (in geringerem Ausmaß auch die Weltbank). Auffällig ist der unverhältnismäßig starke Anstieg in der Vorkommensfrequenz von *analista* von der niedrigen über die mittlere auf die hohe fachsprachliche Ebene, was darauf hindeutet, dass mit ansteigender Fachsprachlichkeit das Kommentieren des Börsengeschehens über die reine Faktenberichterstattung hinaus von zunehmender Bedeutung ist. Das relativ gesehen übermäßige Vorkommen auf der niedrigsten Ebene von *Fondo Monetario Internacional* ist durch einen spezifischen Text zu erklären (12 der 13 Vorkommen stammen aus diesem Text), wodurch auch die Gesamtzahlen der Teilkategorien "wirtschaftlicher Kontext" bzw. "externer Akteur" verfälscht werden.

Zusammenfassende Darstellung:

<table>
<tr><th></th><th colspan="2">gesamt</th><th colspan="2">niedrig</th><th colspan="2">mittel</th><th colspan="2">hoch</th></tr>
<tr><td></td><td>Anzahl</td><td>Freq.</td><td>Anzahl</td><td>Freq.</td><td>Anzahl</td><td>Freq.</td><td>Anzahl</td><td>Freq.</td></tr>
<tr><td>Termini</td><td>5 / 1,9</td><td rowspan="2">176 / 3,2</td><td>3 / 2,9</td><td rowspan="2">20 / 4,1</td><td>4 / 2,3</td><td rowspan="2">33 / 2,4</td><td>5 / 2,1</td><td rowspan="2">123 / 3,4</td></tr>
<tr><td>Referenten</td><td>5 / 4,1</td><td>3 / 4,1</td><td>4 / 3,8</td><td>5 / 4,2</td></tr>
</table>

[1] Eigenname

[2] Eigenname

Begriffe	5 / 2,6		3 / 3,3		4 / 2,9		5 / 2,8	
Muster	3		3		3		3	
N	1	101	1	4	1	17	1	80
N + Adj.	3	43	1	3	2	11	3	29
(N + Adj.) + Adj.	1	32	1	13	1	5	1	14

Auch wenn man den Einfluss des bereits erwähnten Textes auf niedriger Ebene mit seiner übermäßigen Häufung von *Fondo Monetario Internacional* berücksichtigt, der hier ein etwas trügerisches Bild der Frequenzverteilung entstehen lässt, so zeigt die Tabelle die Bedeutung, die der Kategorie auf niedriger Ebene zukommt. Einem sehr ausgeglichenen aber geringen Anstieg der absoluten Zahlen zwischen den drei Ebenen (Termini, Referenten und Begriffe steigen sukzessive an), steht ein Rückgang bei den relativen Zahlen gegenüber.
Die Kategorie verliert demnach (mit Ausnahme des Terminus *analista*) mit zunehmender Fachsprachlichkeit geringfügig an Gewicht. Es liegt keine begriffliche oder synonymische Variation vor.

4.4.3.2.2. Interne Akteure

4.4.3.2.2.1. Allgemeine Bezeichnungen

Operador ist die einzige im Korpus vertretene Bezeichnung, die allgemein auf alle innerhalb der Börse tätigen Akteure referiert.

Terminus	**Form**	**gesamt**	**niedrig**	**mittel**	**hoch**
el operador	N	100 / 1,8	6 / 1,8	29 / 2,1	65 / 1,8
el operador bursátil	N + Adj.	2 / -	-	1 / 0,1	1 / -
el operador financiero	N + Adj.	10 / 0,2	-	6 / 0,4	4 / 0,1
		112 / 2	**6 / 1,8**	**36 / 2,6**	**70 / 1,9**

Nachdem *operador* nicht eindeutig als Reduktion eines bestimmten Unterbegriffs interpretiert werden kann, sind hier 3 Referenten, 3 Begriffe und 3 Termini anzusetzen. Auffällig ist die relativ starke Frequenz der Termini auf der mittleren fachlichen Ebene, allerdings bei eher niedrigen Gesamtfrequenzen.

Zusammenfassende Darstellung:

<table>
<tr><th></th><th colspan="2">gesamt</th><th colspan="2">niedrig</th><th colspan="2">mittel</th><th colspan="2">hoch</th></tr>
<tr><td></td><td>Anzahl</td><td>Freq.</td><td>Anzahl</td><td>Freq.</td><td>Anzahl</td><td>Freq.</td><td>Anzahl</td><td>Freq.</td></tr>
<tr><td>Termini</td><td>3 / 1,1</td><td rowspan="4">112 / 2</td><td>1 / 1</td><td rowspan="4">6 / 1,8</td><td>3 / 1,7</td><td rowspan="4">36 / 2,6</td><td>3 / 1,2</td><td rowspan="4">70 / 1,9</td></tr>
<tr><td>Referenten</td><td>3 / 2,4</td><td>1 / 1,4</td><td>3 / 2,9</td><td>3 / 2,5</td></tr>
<tr><td>Begriffe</td><td>3 / 1,6</td><td>1 / 1,1</td><td>3 / 2,2</td><td>3 / 1,7</td></tr>
<tr><td>Muster</td><td>2</td><td>1</td><td>2</td><td>2</td></tr>
<tr><td>N</td><td>1</td><td>100</td><td>1</td><td>6</td><td>1</td><td>29</td><td>1</td><td>65</td></tr>
<tr><td>N + Adj.</td><td>2</td><td>12</td><td>-</td><td>-</td><td>2</td><td>7</td><td>2</td><td>5</td></tr>
</table>

Wie bei der Vorkommensfrequenz sticht auch bezüglich der relativen Zahl an Termini, Referenten und Begriffen die mittlere Ebene ein wenig hervor, wobei diese Werte auf hoher Ebene nicht in demselben Ausmaß zurückfallen wie hinsichtlich der Frequenz.
Wiederum ist keine begriffliche oder synonymische Variation festzustellen.

4.4.3.2.2.2. Emittierende Akteure

Unter *emittierenden Akteuren* sind hier nicht - wie man intuitiv vielleicht annehmen möchte - Unternehmen, die als Aktien oder Anleihenemittenten auftreten, zu verstehen, sondern Banken, die in erster Linie handelbare Depotscheine (in einem Kontext auch eine Anleihe) emittieren.[1]

Terminus	**Form**	**gesamt**	**niedrig**	**mittel**	**hoch**
el emisor	N	8 / 0,1	-	4 / 0,3	4 / 0,1

Der Terminus (insgesamt 8 Vorkommen) ist auf niedriger Ebene nicht präsent, auch auf den beiden anderen Ebenen beschränkt er sich insgesamt auf nur 3 Texte.

---

[1] Emittierende Unternehmen werden im Korpus als *emisora* bezeichnet, allerdings mit geringster Frequenz (insgesamt 3 Vorkommen in nur 2 Texten); der Terminus wurde daher nicht weiter berücksichtigt.

4.4.3.2.2.3. Notierende Akteure

Terminus		gesamt	niedrig	mittel	hoch
la empresa cotizante	N + Adj.	4 / 0,1	-	1 / 0,1	3 / 0,1
la cotizante	N	10 / 0,2	-	2 / 0,1	8 / 0,2
		14 / 0,2	-	**3 / 0,2**	**11 / 0,3**

Zwei Formen (mit insgesamt 14 Vorkommen) konnten für die Bezeichnung von an der Börse notierenden Gesellschaften festgestellt werden, wobei es sich um zwei referenz- und begriffsidente Termini handelt: *cotizante* (10 Vorkommen) als formale Reduktion von *empresa cotizante* (4 Vorkommen)). Wie in 4.4.3.2.2.2. handelt es sich hier frequenzmäßig um eine Randgruppe von Termini auf mittlerer und hoher Ebene.

4.4.3.2.2.4. Investierende Akteure

Neben den allgemeinen Bezeichnungen für investierende Akteure ist - wie oben in der Grafik dargestellt - in dieser Gruppe eine Fülle von Anlegertypen zu unterscheiden.

Terminus	Form	gesamt	niedrig	mittel	hoch
(allgemein)		[245 / 4,5]	[27 / 5,5]	[62 / 4,4]	[156 / 4,4]
el comprador	N	8 / 0,1	-	4 / 0,3	4 / 0,1
el inversionista	N	15 / 0,3	-	3 / 0,2	12 / 0,3
el inversor	N	218 / 4	27 / 5,5	54 / 3,9	137 / 3,8
el tenedor	N	4 / 0,1	-	1 / 0,1	3 / 0,1
(nach Objekt = Wertpapier)		[9 / 0,2]	[-]	[1 / 0,1]	[8 / 0,2]
el accionista	N	9 / 0,2	-	1 / 0,1	8 / 0,2
(nach Rechtspersönlichkeit)		[238 / 4,4]	[14 / 2,9]	[78 / 5,6]	[146 / 4,1]
(private Investoren)		[41 / 0,7]	[4 / 0,8]	[14 / 1]	[23 / 0,6]
el ahorrista	N	16 / 0,3	2 / 0,4	7 / 0,5	7 / 0,2
el mediano ahorrista	Adj. + N	7 / 0,1	1 / 0,2	2 / 0,1	4 / 0,1

el pequeño ahorrista	Adj. + N	10 / 0,2	1 / 0,2	2 / 0,1	7 / 0,2
el inversor chico	N + Adj.	2 / -	-	1 / 0,1	1 / -
el inversor pequeño	N + Adj.	6 / 0,1	-	2 / 0,1	4 / 0,1
(institutionelle Investoren)		[197 / 3,6]	[10 / 2]	[64 / 4,6]	[123 / 3,4]
(allgemeine Bezeichnungen)		[24 / 0,4]	[1 / 0,2]	[9 / 0,6]	[14 / 0,4]
el inversionista institucional	N + Adj.	2 / -	-	-	2 / -
el inversor institucional	N + Adj.	22 / 0,4	1 / 0,2	9 / 0,6	12 / 0,3
(Banken)		[57 / 1]	[5 / 1]	[13 / 0,9]	[39 / 1,1]
el banco[1]	N	31 / 0,6	1 / 0,2	9 / 0,6	21 / 0,6
el banco de inversión	N de N	11 / 0,2	2 / 0,4	1 / 0,1	8 / 0,2
el banco oficial	N + Adj.	7 / 0,1	1 / 0,2	2 / 0,1	4 / 0,1
el banco privado	N + Adj.	8 / 0,1	1 / 0,2	1 / 0,1	6 / 0,2
(Investmentfonds)		[69 / 1,3]	[4 / 0,8]	[32 / 2,3]	[33 / 0,9]
el fondo[2]	N	40 / 0,7	3 / 0,6	23 / 1,6	14 / 0,4
el fondo común	N + Adj.	1 / -	-	-	1 / -
el fondo común de inversión	(N + Adj.) de N	13 / 0,2	-	4 / 0,3	9 / 0,2
el fondo de inversión	N de N	15 / 0,3	1 / 0,2	5 / 0,3	9 / 0,2
(Vorsorgefonds)		[47 / 0,9]	[-]	[10 / 0,7]	[37 / 1]
el fondo de jubilaciones y pensiones	N de (N y N)	1 / -	-	-	1 / -
el fondo de pensión	N de N	8 / 0,1	-	2 / 0,1	6 / 0,2
el fondo de pensiones	N de N	3 / -	-	-	3 / 0,1
el fondo previsional	N + Adj.	3 / -	-	-	3 / 0,1
las administradoras de Fondos de Jubilaciones y Pensiones	N de N de (N y N)	1 / -	-	-	1 / -

[1] *Banco* als Teil eines Eigennamens (*Banco Itaú* etc.) wurde nicht berücksichtigt.

[2] Im Sinne von 'fondos de inversión'.

las AFJP	S	22 / 0,4	-	7 / 0,5	15 / 0,4
las administradoras de jubilaciones	N de N	3 / -	-	1 / 0,1	2 / -
las administradoras de fondos de pensión	N de (N de N)	1 / -	-	-	1 / -
las administradoras de fondos de pensiones	N de (N de N)	1 / -	-	-	1 / -
las empresas administradoras de fondos de pensión	N + Adj. de N de N	1 / -	-	-	1 / -
las administradoras de fondos previsionales	N de (N + Adj.)	3 / -	-	-	3 / 0,1
		492 / 9	**41 / 8,4**	**141 / 10,1**	**310 / 8,7**

Insgesamt können 31 Termini verzeichnet werden, die sich wie folgt referentiell-begrifflich gruppieren:

- Die unter "*(allgemein)*" registrierten vier Termini weisen trotz ihrer starken begrifflichen Unterschiede innerhalb der Textsorte Börsenbericht ein identisches Referenzpotential auf. Käufer sind zugleich Investoren und Besitzer von Wertpapieren. Wir verzeichnen somit einen Referenten und 3 unterschiedliche Begriffe (*inversor* und *inversionista* sind begriffsident).
- *Accionista* bildet eine klar umrissene referentielle und begriffliche Einheit.
- Unter "*(private Investoren)*" können 4 referentielle und ebenso viele begriffliche Einheiten unterschieden werde. *Inversor chico* ist im argentinischen Spanisch ident zu *inversor pequeño.*
- Die beiden unter "(*institutionelle Investoren - allgemeine Bezeichnungen)*" genannten Formen sind als Wortbildungsvarianten referenz- und begriffsident.
- Unter "*(Banken)*" sind vier unterschiedliche Referenten und Begriffe verzeichnet.
- Die unter "*(Investmentfonds)*" angeführten Termini sind referenz- und als formale Reduktionen (allerdings in zwei Varianten) begriffsident.
- Bei den unter "*(Vorsorgefonds)*" angeführten Termini lassen sich zunächst zwei - allerdings semantisch in sehr enger Beziehung stehende - Referenten unterscheiden: der Fonds an sich und die Fondsgesellschaft. In Bezug auf Fonds als Referenten lassen sich drei Begriffe festmachen, einzig *fondo de pensión* und *fondo de pensiones* sind begriffsident. Für die Fondsgesellschaft stehen die begriffsidenten Gruppen: *administradoras de Fondos de Jubilaciones y Pensiones* und *AFJP* (Vollform-Sigel) - *administradoras de jubilaciones - administradoras de fondos*

de pensión, administradoras de fondos de pensiones und *empresas administradoras de fondos de pensión* (Vollform in zwei morphologischen Varianten und explikative Erweiterung) - *administradoras de fondos previsionales*.

Interessant ist zu beobachten, wie sich die Verteilung der Termini in den einzelnen Subkategorien ändert.

Ist bei den unter "*(allgemein)*" angeführten Termini eine überproportionale Frequenz des Terminus *inversor* feststellbar, so ändert sich die Verteilung bei den unter "*(nach Rechtspersönlichkeit)*" klassifizierten Formen und hier wiederum insbesonders bei der Gruppe "*(institutionelle Investoren)*".

Bedingt durch die hohe Vorkommenshäufigkeit der diversen Bezeichnungen für Investmentfonds auf mittlerer Ebene und - in geringerem Ausmaß - der völligen Absenz terminologischer Einheiten unter "*(Vorsorgefonds)*" auf der niedrigen Ebene dreht sich die Verteilung um, die mittlere und hohe Ebene zeigen eine deutlich größere Frequenz. Offensichtlich zeigt sich hier eine Anpassung der Berichterstattung an das jeweilige Zielpublikum, insofern die differenzierte Behandlung institutioneller Anleger für Leser von ausgesprochenen Massenblättern kaum von Interesse sein dürfte. Unerklärlich ist mir die übermäßig frequente Kurzform *fondo* auf mittlerer Ebene, deren Häufigkeit auf diesem Niveau diejenige auf hohem fachsprachlichen Niveau übersteigt (wo man intuitiv - auf Grund der größeren Vertrautheit mit dieser Termino-logie beim Leser - eine größere Neigung zu Kurzformen erwarten würde). Eine mögliche Erklärung besteht darin, dass auf hoher fachsprachlicher Ebene die klare terminologische Trennung von Investmentfonds und Vorsorgefonds notwendig ist, die auf niedriger Ebene erstaunlicherweise nicht vorkommen und auf mittlerer de facto nur in der Form *AFJP*, also der allgemeinen, im außerbörsensprachlichen Diskurs üblichen Bezeichnung. Interessant ist dabei auch die starke formale Variation der Bezeichnungen für Vorsorgefonds auf der hohen Ebene, die auf einen noch weitgehend schwankenden Sprachgebrauch hinsichtlich dieser zum Zeitpunkt der Korpus-erstellung in Argentinien noch jungen Einrichtung hinweist.

Zusammenfassende Darstellung:

<table>
<tr><th></th><th colspan="2">gesamt</th><th colspan="2">niedrig</th><th colspan="2">mittel</th><th colspan="2">hoch</th></tr>
<tr><td></td><td>Anzahl</td><td>Freq.</td><td>Anzahl</td><td>Freq.</td><td>Anzahl</td><td>Freq.</td><td>Anzahl</td><td>Freq.</td></tr>
<tr><td>Termini</td><td>31 / 11,7</td><td rowspan="4">492 / 9</td><td>11 / 10,6</td><td rowspan="4">41 / 8,4</td><td>21 / 12,1</td><td rowspan="4">141 / 10,1</td><td>31 / 12,9</td><td rowspan="4">310 / 8,9</td></tr>
<tr><td>Referenten</td><td>14 / 11,5</td><td>10 /13,7</td><td>14 / 13,5</td><td>14 / 11,7</td></tr>
<tr><td>Begriffe</td><td>21 / 10,9</td><td>10 / 11,1</td><td>17 / 12,5</td><td>21 / 11,7</td></tr>
<tr><td>Muster</td><td>11</td><td>4</td><td>5</td><td>11</td></tr>
</table>

N	8	341	4	33	8	102	8	206
N de N	5	40	2	3	4	9	5	28
N de (N de N)	2	2	-	-	-	-	2	2
N de (N y N)	1	1	-	-	-	-	1	1
N de N de (N y N)	1	1	-	-	-	-	1	1
(N + Adj.) de N	1	13	-	-	1	4	1	9
N + Adj de (N de N)	1	1	-	-	-	-	1	1
N de (N + Adj.)	1	3	-	-	-	-	1	3
N + Adj.	8	51	3	3	5	15	8	33
Adj. + N	2	17	2	2	2	4	2	11
S	1	22	-	-	1	7	1	15

Abgesehen von der bereits behandelten Entwicklung bezüglich der Vorkommensfrequenzen zeigt sich ein Anstieg der Zahl an Termini sowohl in absoluten wie in relativen Werten.
Bei der Zahl der Begriffe und Referenten ist diese Entwicklung nicht zu beobachten, was bereits auf zunehmende Variation hinweist. Tatsächlich zeigen die Verhältniszahlen für Begriffe/Referenten die Werte: 1 (niedrig), 1,2 (mittel) und 1,5 (hoch).
Genauso verläuft die Entwicklung hinsichtlich des Verhältnisses Termini/Begriffe: 1,1 (niedrig), 1,2 (mittel) und 1,5 (hoch). Es liegt hier somit sowohl steigende begriffliche als auch synonymische Variation mit zunehmender Fachsprachlichkeit vor.
Formal dominieren frequenzmäßig einige wenige Formen, es finden sich jedoch auf hoher Ebene recht komplexe Muster, allerdings mit wenigen Vorkommen.

4.4.3.2.2.5. Vermittelnde Akteure

Unter *vermittelnden Akteuren* sind all jene Institutionen und Personen zu verstehen, die für Dritte Börsengeschäfte abwickeln bzw. Wertpapiere zur Verwahrung übernehmen. Auch wenn sie im Einzelfall eigenes Kapital einbringen steht bei diesen Bezeichnungen eindeutig die intermediäre Funktion im Vordergrund.

Terminus	**Form**	**gesamt**	**niedrig**	**mittel**	**hoch**
el agente	N	19 / 0,3	1 / 0,2	9 / 0,6	9 / 0,2
el agente de bolsa	N de N	5 / 0,1	-	3 / 0,2	2 / -

el agente bursátil	N + Adj.	5 / 0,1	-	1 / 0,1	4 / 0,1
el broker	N	10 / 0,2	2 / 0,4	3 / 0,2	5 / 0,1
el corredor	N	2 / -	-	1/ 0,1	1 / -
el corredor de bolsa	N de N	5 / 0,1	1 / 0,2	-	4 / 0,1
la casa de bolsa	N de N	6 / 0,1	-	1 / 0,1	5 / 0,1
la casa bursátil	N + Adj.	1 / -	1 / 0,2	-	-
la casa de corretaje	N de N	3 / -	-	-	3 / 0,1
la corredora	N	2 / -	-	-	2 / -
la empresa de corretaje	N de N	1 / -	-	1 / 0,1	-
la firma bursátil	N + Adj.	1 / -	-	-	1 / -
la sociedad de bolsa	N de N	8 / 0,1	-	3 / 0,2	5 / 0,1
la sociedad bursátil	N + Adj.	1 / -	-	-	1 / -
la Caja de Valores[1]	N de N	6 / 0,1	-	1 / 0,1	5 / 0,1
el trader	N	5 / 0,1	-	1 / 0,1	4 / 0,1
		80 / 1,5	**5 / 1**	**24 / 1,7**	**51 / 1,4**

16 Termini beziehen sich hier auf 4 Referenten (Börsenmakler, Börsenfirma, Caja de Valores, Trader), die sich begrifflich wie folgt darstellen:

- Börsenmakler: *agente, agente de bolsa, agente bursátil - broker - corredor, corredor de bolsa* (3 Begriffe);
- Börsenfirmen: *casa de bolsa, casa bursátil - casa de corretaje - corredora - empresa de corretaje - firma bursátil - sociedad de bolsa, sociedad bursátil* (6 Begriffe);
- *Caja de Valores* (1 Begriff);
- Trader (1 Begriff).

Es ergibt sich - bei insgesamt sehr geringen Frequenzen und auf den ersten Blick stark steigenden absoluten Frequenzwerten - ein relativ gesehen doch recht ausgeglichenes Bild mit einem Anstieg von der niedrigen auf die mittlere und einem leichteren Rückgang von der mittleren auf die hohe Ebene.

[1] Eigenname

Zusammenfassende Darstellung:

	gesamt		niedrig		mittel		hoch	
	Anzahl	Freq.	Anzahl	Freq.	Anzahl	Freq.	Anzahl	Freq.
Termini	16 / 6		4 / 3,8		10 / 5,8		14 / 5,8	
Referenten	4 / 3,3	80 / 1,5	2 / 2,7	5 / 1	4 / 3,8	24 / 1,7	4 / 3,3	51 / 1,4
Begriffe	11 / 5,7		4 / 4,4		8 / 5,9		10 / 5,5	
Muster	3		3		3		3	
N	5	38	2	3	4	14	5	21
N de N	7	34	1	1	5	9	6	24
N + Adj.	4	8	1	1	1	1	3	6

Deutlich weniger repräsentiert ist diese Kategorie in Bezug auf die Zahl der Termini, Begriffe und Referenten auf der niedrigen Ebene, was ich darauf zurückführe, dass im Normalfall der Kontakt eines Laien zur Börse über eine Bank und nicht über spezialisierte Börsenhändler führt, so die Berichterstattung auf diesem Niveau überhaupt als Information für Anleger gedacht ist und nicht primär der Wiedergabe der wirtschaftlichen Stimmung, als deren Barometer die Börsen gelten, dienen. Auch hier ist mit zunehmender Fachsprachlichkeit ein Anstieg der begrifflichen und synonymischen Variation festzustellen. Die Verhältniszahlen Begriffe/Referenten betragen: 2 (niedrig), 2 (mittel) und 2,5 (hoch); diejenigen zwischen Termini und Begriffen: 1 (niedrig), 1,2 (mittel) und 1,4 (hoch).

4.4.3.2.2.6. Regulierender Akteur

Terminus		**gesamt**	**niedrig**	**mittel**	**hoch**
la Comisión Nacional de Valores[1]	(N + Adj) de N	10 / 0,2	-	3 / 0,2	7 / 0,2
la CNV[2]	S	4 / 0,1	-	-	4 / 0,1
		14 / 0,2	**-**	**3 / 0,2**	**11 / 0,3**

[1] Eigenname

[2] Eigenname

2 referenz- und begriffsidente Termini (insgesamt 14 Vorkommen) bezeichnen die Kapitalmarktaufsicht Argentiniens. Die Verteilung auf die einzelnen fachsprachlichen Ebenen entspricht den Erwartungen, auf niedrigem Niveau ist dieser Referent nicht Gegenstand der Berichterstattung. Interessant ist festzuhalten, dass nur auf der hohen Fachsprachlichkeitsebene die (wohl wirklich nur dem Spezialisten vertraute) Sigel verwendet wird.

4.4.3.3. Zusammenfassung

Insgesamt präsentiert sich die Kategorie AKTEUR wie folgt:

	gesamt		niedrig		mittel		hoch	
	Anzahl	Freq.	Anzahl	Freq.	Anzahl	Freq.	Anzahl	Freq.
Termini	60 / 22,6		19 / 18,3		42 / 24,3		58 / 24,1	
Referenten	29 / 23,8	896 / 16,4	16 / 21,9	72 / 14,7	28 / 26,9	244 / 17,5	29 / 24,2	580 / 16,2
Begriffe	43 / 22,3		18 / 20		35 / 25,7		42 / 23,3	
Muster	12		5		7		12	
N	17	598	8	46	16	168	17	384
N de N	12	74	3	4	9	18	11	52
N de (N de N)	2	2	-	-	-	-	2	2
N de (N y N)	1	1	-	-	-	-	1	1
N de N de (N y N)	1	1	-	-	-	-	1	1
(N + Adj.) de N	2	23	-	-	2	7	2	16
N + Adj de (N de N)	1	1	-	-	-	-	1	1
N de (N + Adj.)	1	3	-	-	-	-	1	3
N + Adj	18	118	5	7	11	33	17	76
(N + Adj.) + Adj.	1	32	1	13	1	5	1	14
Adj. + N	2	17	2	2	2	4	2	11
S	2	26	-	-	1	7	2	19

In dieser zahlenmäßig sehr starken Kategorie AKTEUR zeigt sich zunächst ein überproportionaler Anstieg der Terminuszahlen, insbesondere zwischen der niedrigen Ebene auf der einen Seite und der mittleren und hohen auf der anderen.

Fast ein Viertel aller im Korpus vorkommenden Termini sind auf den beiden letztgenannten Ebenen in diese Kategorie einzuordnen. Während bei den Kategorien ZEIT und ORT/INSTITUTION eine relative Abnahme der Terminuszahlen festgestellt werden konnte, ist dies hier genau umgekehrt, erstmals steigen auch die relativen Werte. Würde man die auf Grund minimaler Frequenz aus der Analyse ausgeschlossenen Termini hier berücksichtigen, würde dies zu einer weiteren Verstärkung dieser Tendenz führen.

Gleiches lässt sich hinsichtlich der Zahl der zu unterscheidenden Referenten und Begriffe festhalten, die kurioserweise auf mittlerer Ebene ihre relativen Höchstwerte erreichen. Die Steigerungen sind hier nur geringfügig niedriger ausgeprägt, ebenfalls im Unterschied zu den vorher behandelten Kategorien ZEIT und ORT/INSTITUTION. Dass diese Anstiege mit einer zunehmenden Spezifikation der verwendeten Terminologie zu tun hat (vermehrte Verwendung von Unterbegriffen mit zunehmendem Fachsprachlichkeitsgrad) wurde bei der Besprechung der einzelnen Subkategorien bereits erwähnt und zeigt sich auch an den formal komplexen lexikalischen Einheiten, die sich auf niedriger Ebene auf einen einzigen Terminus, auf mittlerer auf einige wenige beschränken. Komplexe Formen treten (allerdings insgesamt auch in wenig frequenter Form) hauptsächlich auf der hohen fachsprachlichen Ebene auf. Alle andere Formen gehorchen auf dieser Ebene den Mustern N, N de N, N + Adj., Adj. + N. Deutlich geringer fällt der Zuwachs mit steigender Fachsprachlichkeit in Bezug auf die Vorkommenshäufigkeiten aus.

Trotzdem ist festzuhalten, dass in den anderen beiden behandelten Kategorien eine relative Abnahme festzustellen war. Es liegt somit bei der Kategorie AKTEUR eine Umkehrung der bisherigen Verhältnisse vor: Mit steigender Fachsprachlichkeit steigt die Relevanz der Kategorie.

Es bleibt zu klären, wie sich die registrierten Steigerungen in ihrem Verhältnis untereinander präsentieren. Auch diesbezüglich ergibt sich ein interessanter Unterschied zu den anderen beiden Kategorien: Ähnlich wie in der Kategorie ZEIT (und im Unterschied zu ORT/INSTITUTION) steigt die Verhältniszahl zwischen Begriffen und Referenten von 1,1 und 1,2 auf niedriger und mittlerer Ebene auf 1,4 auf der hohen. Es liegt somit eine zunehmende begriffliche Variation auf hoher Ebene vor (siehe Tabelle unten). Ebenso - und auch dies unterscheidet die Kategorie AKTEUR von den beiden anderen - steigt die Verhältniszahl zwischen Termini und Begriffen und zwar um die gleichen Werte. Wir können somit erstmals auch einen Anstieg formaler Synonymien auf hoher Ebene festhalten. Wie die entsprechende Auflistung unten zeigt, finden sich diese Synonymien vorwiegend bei lexikalischen Einheiten, die auf niedriger und teilweise auch mittlerer Ebene kein Vorkommen aufweisen. Es scheint hier somit mit zunehmender Fachlichkeit und Fachsprachlichkeit des Terminus auch die Neigung zur Bildung synonymer Formen zuzunehmen. Die Gleichung: je fachsprachlicher, desto weniger Synonymien, geht also zumindest bei den hier analysierten Termini nicht auf.

Begriffliche Realisierung pro Referent:
(Die Referenten mit mehr als einer begrifflichen Realisierung sind auf Deutsch angeführt.)

	niedrig		mittel		hoch	
Zahl d. Begriffe	Anzahl	Frequenz	Anzahl	Frequenz	Anzahl	Frequenz
1	15	68	24	156	24	348
2			1 Pensionsfonds-Gesellschaft	5		
3	1 Börsenmakler	4	3 Investor Börsenmakler Börsenfirma	83	3 Investor Pensionsfonds Börsenmakler	191
4					1 Pensionsfonds-Gesellschaft	24
5					1 Börsenfirma	17

Zahl und Art der synonymen Bezeichnungen pro Begriff (Doppeleinträge sind mit Klammer markiert):

	niedrig		mittel		hoch	
	Anzahl	Freq.	Anzahl	Freq.	Anzahl	Freq.
N de N ⇔ Relationsadj.			1 agente de bolsa/ bursátil	4 3/ 1	2 agente de bolsa/ bursátil sociedad de bolsa/ bursátil	12 2/ 4 5/ 1
Numerus-schwankung					2 fondo de pensión/ pensiones administradoras de fondos de pensión/ pensiones	11 6/ 3 1/ 1
lexikalischer Regionalismus			1 inversor peque-ño/chico	3 2/ 1	1 inversor pequeño/ chico	5 4/ 1

Reduktion	1 fondo/ fondo de inversión	4 3/ 1	3 cotizante/ empresa cotizante fondo/ fondo común de inversión/ fondo de inversi- ón agente/ (agente bursátil)/ (de bolsa)	48 2/ 1 23/ 4/ 5 9/ (3) /(1)	5 cotizante/ empresa cotizante fondo/ fondo común/ fondo común de in- versión/ fondo de inversión empresas administra- doras de fondos de pensión/ adminstradoras de (fondos de pensión/- pensiones) agente/ (agente bursátil)/ (de bolsa) corredor de bolsa/ corredor	67 8/ 3 14/ 1/ 9/ 9 1/ (1)/ (1) 9/ (4)/ (2) 4/ 1
Suffix- schwankung			1 inversor/ inversionista	57 54/ 3	1(2) inversor/ inversionista inversor institucional/ inversionista instituc.	163 137/ 12 12/ 2
Vollform ⇔ Si- gel					2 administradoras de Fondos de Jubilacio- nes y Pensiones/ AFJP Comisión Nacional de Valores/CNV	27 1/ 15 7/ 4

Zusätzlich ist noch eine Synonymie zwischen den Ebenen zu verzeichnen: N de N ⇔ Relationsadjektiv: casa de bolsa (m:1; h:5)/casa bursátil (n:1).

4.4.3.4. Anhang

Von der Analyse aufgrund geringer Frequenz ausgeschlossen wurden für die Kategorie AKTEUR folgende Termini:

Terminus	**niedrig**	**mittel**	**hoch**
el accionista minoritario			1
el pequeño accionista			1
los adminstradores de carteras		1	1
los administradores de carteras de inversión	1		

los administradores de fondos		1	1
los administradores de fondos de pensión			1
el agente del chiquitaje		1	
el analista bursátil	1		1
el analista financiero		1	
el analista de inversiones	1		
el analista del mercado			2
el analista privado			2
el analista técnico			1
el analista de títulos			1
el banco acreedor			1
el banco comercial		1	
el banco custodio			1
el banco público		1	
la casa de inversión			1
el comprador individual		1	
la emisora			3
el especulador		1	1
el FCI de plazos fijos			2
la firma de inversión		1	
el fondo común cerrado			1
el fondo de inversión mixto		1	
el fondo mixto		2	
el fondo mutual		2	
el fondo mutuo			1
el fondo de renta variable			1
el inversor bursátil	1		1
el inversor cortoplacista			1
el inversor de corto plazo		1	
el inversor físico		1	
el inversor genuino		2	1
el gran inversor		1	
el inversor de gran dimensión		1	

el inversor hormiga		1	
el inversor individual		2	
el mediano inversor		1	1
el inversor minorista		1	
el inversor mobiliario			1
el inversor particular			1
el inversor de plazo fijo			1
el inversor privado			1
el operador cambiario			1
la sociedad depositaria		1	
el tenedor inividual		1	
el vendedor		2	

4.4.4. Die Kategorie OBJEKT

Unter *OBJEKT* sind jene Termini zu verstehen, die sich auf die an den Börsen gehandelten Wertpapiere beziehen und somit Gegenstand der dortigen Aktivitäten sind.

4.4.4.1. Struktur

Komplexer als bei den bisher behandelten Kategorien präsentiert sich die Struktur der Kategorie OBJEKT (siehe die graphische Darstellung auf der nächsten Seite). Neben den nach unterschiedlichen Kriterien zu unterscheidenden hierarchischen Subklassen treten hier erstmals mehrere, d.h. insgesamt drei, nicht hierarchische Beziehungen auf, nämlich diejenige der Gesamtheit, der Qualität und der Messung. Es liegen somit insgesamt vier Relationstypen vor.

4.4.4.2. Belegung der Kategorie

4.4.4.2.1. Allgemeine Bezeichnungen

Folgende Termini für Wertpapiere allgemein bzw. in solche investiertes oder zu investierendes Kapital sind im Korpus zu finden:

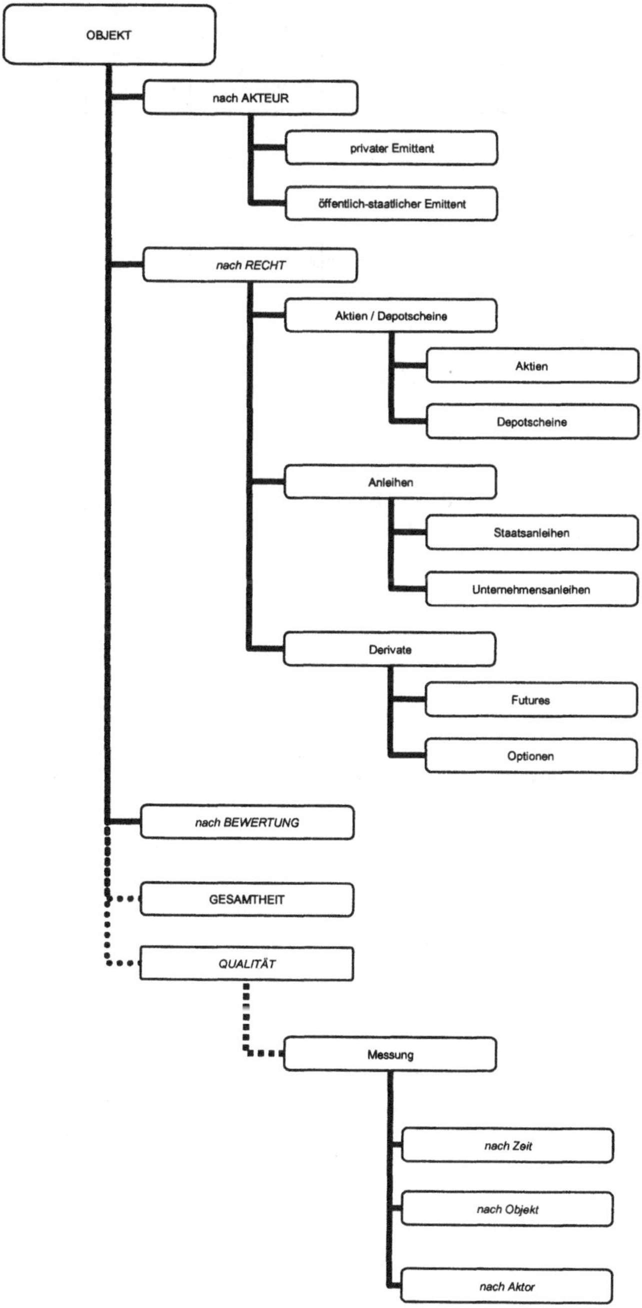
OBJEKT
nach AKTEUR
privater Emittent
öffentlich-staatlicher Emittent
nach RECHT
Aktien / Depotscheine
Aktien
Depotscheine
Anleihen
Staatsanleihen
Unternehmensanleihen
Derivate
Futures
Optionen
nach BEWERTUNG
GESAMTHEIT
QUALITÄT
Messung
nach Zeit
nach Objekt
nach Aktor

Terminus	Form	gesamt	niedrig	mittel	hoch
el activo	N	6 / 0,1	-	2 / 0,1	4 / 0,1
el activo financiero	N + Adj.	4 / 0,1	-	1 / 0,1	3 / 0,1
el capital[1]	N	43 / 0,8	-	22 / 1,6	21 / 0,6
la especie	N	8 / 0,1	-	7 / 0,5	1 / -
el instrumento	N	16 / 0,3	-	4 / 0,3	12 / 0,3
el papel	N	148 / 2,7	11 / 2,2	37 / 2,6	100 / 2,8
el papel cotizante	N + Adj.	2 / -	-	-	2 / -
el producto de inversión	N de N	2 / -	-	-	2 / -
el título	N	47 / 0,9	1 / 0,2	12 / 0,8	34 / 0,9
el título bursátil	N + Adj.	2 / -	-	-	2 / -
el título valor	N + N	6 / 0,1	1 / 0,2	2 / 0,1	3 / 0,1
el valor	N	14 / 0,2	2 / 0,4	2 / 0,1	10 / 0,3
		298 / 5,4	**15 / 3,1**	**89 / 6,4**	**194 /5,4**

Die 12 aufgelisteten Termini sind wie folgt zu klassifizieren:

- *Activo* und *activo financiero* sind, nachdem hier nur Finanzvermögenswerte berücksichtigt wurden, als referenz- und begriffsident zu werten.
- Über das gleiche Referenzpotential wie oben verfügen *especie*, *instrumento*, *papel*, *papel cotizante* (die letzten beiden begriffsident, da nicht-börsennotierende Wertpapiere nicht als *papel* bezeichnet werden) und *producto de inversión*.
- *Título*, *título bursátil*, *título valor* und *valor* sind ebenfalls mit den beiden oberen Gruppen referenzident, wobei hier 3 Begriffe anzusetzen sind: *título* ist nicht eindeutig zuordenbar und daher als eigene begriffliche Einheit zu registrieren, *valor* ist als Reduktion begriffsident zu *título valor*.
- *Capital* bildet eine eigene referentielle und begriffliche Einheit.

Wir können somit 2 Referenten und 9 Begriffe unterscheiden.

Interessant ist an dieser Gruppe zu beobachten, wie schon die Anzahl der hier aufgelisteten allgemeinen Bezeichnungen mit zunehmender Fachsprachlichkeit ansteigt. Hervorstechend ist die häufige Verwendung von *papel* auf allen drei Ebenen und

---

[1] Nicht im Sinne von 'Unternehmenskapital', 'Anlagekapital', etc. sondern nur als 'Kapital an der Börse', 'von Anlegern', etc.

die relativ häufige Verwendung von *capital* und insbesondere (auch absolute Häufigkeit) des Terminus *especie* auf mittlerer Ebene, die auf hoher fachsprachlicher Ebene nicht gegeben ist.

Zusammenfassende Darstellung:

	gesamt		niedrig		mittel		hoch	
	Anzahl	Freq.	Anzahl	Freq.	Anzahl	Freq.	Anzahl	Freq.
Termini	12 / 4,5	298 / 5,4	4 / 3,8	15 / 3,1	9 / 5,2	89 / 6,4	12 / 5	194 / 5,4
Referenten	2 / 1,6		1 / 1,4		2 / 1,9		2 / 1,7	
Begriffe	9 / 4,7		3 /3,3		7 / 5,1		9 / 5	
Muster	4		2		3		4	
N	7	282	3	14	7	86	7	182
N de N	1	2	-	-	-	-	1	2
N + N	1	6	1	1	1	2	1	3
N + Adj.	3	8	-	-	1	1	3	7

Auffällig ist in dieser Gruppe der überproportional starke Anstieg an Zahl der verwendeten Termini und Frequenz zwischen niedriger und mittlerer Ebene, mit der eine zunehmende begriffliche Differenzierung einhergeht. Von der mittleren auf die hohe Ebene ist zwar ebenfalls ein Anstieg der absoluten Zahlen festzustellen, relativ ist hier aber ein Rückgang zu beobachten. Der Vergleich der Frequenzzahlen zeigt, dass interessanterweise auf niedriger Ebene der allgemeine Verweis auf Wertpapiere weniger relevant ist. Kontinuierlich ansteigend ist die begriffliche Variation, die Verhältniszahlen Begriffe/Referenten betragen 3 (niedrige), 3,5 (mittlere) und 4,5 (hohe Ebene), die Verhältniszahlen für die synonymische Variation stagnieren indessen (1,3 für alle drei Ebenen).
Hinsichtlich des formalen Aspekts der Termini ist zu erwähnen, dass hier die - im Spanischen eher seltene - Form N+N kein Xenismus ist.

4.4.4.2.2. Wertpapiere klassifiziert nach AKTEUR (Emittent)

Als erste - zahlenmäßig sehr begrenzte - Untergruppe von Wertpapieren ist die Klassifikation nach der Natur des emittierenden Akteurs (öffentlich-staatlicher versus privater Emittent) anzusetzen.

	Form	gesamt	niedrig	mittel	hoch
(privater Emittent)					
la especie privada	N + Adj.	1 / -	-	-	1 / -
el papel privado	N + Adj.	6 / 0,1	-	4 / 0,3	2 / -
el título privado	N + Adj.	5 / 0,1	2 / 0,4	-	3 / 0,1
(öffentlich-staatlicher Emittent)					
el papel público	N + Adj.	3 / -	-	-	3 / 0,1
el título público	N + Adj.	22 / 0,4	3 / 0,6	2 / 0,1	17 / 0,5
		37 / 0,7	**5 / 1**	**6 / 0,4**	**26 / 0,7**

In Übereinstimmung mit dem oben Gesagten lassen sich bei den hier angeführten 5 Termini 2 Referenten (*especie*, *papel* und *título* werden innerhalb der Textsorte als referenzident interpretiert) bei 5 unterschiedlichen Begriffen unterscheiden.

Zusammenfassende Darstellung:

<table>
<tr><th></th><th colspan="2">gesamt</th><th colspan="2">niedrig</th><th colspan="2">mittel</th><th colspan="2">hoch</th></tr>
<tr><th></th><th>Anzahl</th><th>Freq.</th><th>Anzahl</th><th>Freq.</th><th>Anzahl</th><th>Freq.</th><th>Anzahl</th><th>Freq.</th></tr>
<tr><td>Termini</td><td>5 / 1,9</td><td rowspan="4">37 / 0,7</td><td>2 / 1,9</td><td rowspan="4">5 / 1</td><td>2 / 1,1</td><td rowspan="4">6 / 0,4</td><td>5 / 2,1</td><td rowspan="4">26 / 0,7</td></tr>
<tr><td>Referenten</td><td>2 / 1,6</td><td>2 / 2,7</td><td>2 / 1,9</td><td>2 / 1,7</td></tr>
<tr><td>Begriffe</td><td>5 / 2,6</td><td>2 / 2,2</td><td>2 / 1,5</td><td>5 / 2,8</td></tr>
<tr><td>Muster</td><td>1</td><td>1</td><td>1</td><td>1</td></tr>
<tr><td>N + Adj.</td><td>5</td><td>37</td><td>2</td><td>5</td><td>2</td><td>6</td><td>5</td><td>26</td></tr>
</table>

Im Gegensatz zu den allgemeinen Bezeichnungen für Wertpapiere ist bei dieser zahlenmäßig sehr kleinen Gruppe ein relativer Rückgang sowohl hinsichtlich der Anzahl als auch der Frequenz der Termini von der niedrigen auf die mittlere Ebene festzustellen. Auf hoher Ebene liegt die relative Zahl der Termini geringfügig über der niedrigen Ebene, die Frequenz jedoch ebenfalls darunter. Die mittlere Ebene ist hier erstaunlicherweise unterrepräsentiert. Während auf allen drei Ebenen keine Synonyme registriert werden können, liegt auf hoher Ebene im Unterschied zu den beiden anderen begriffliche Variation vor (bei sehr geringen Frequenzwerten).

4.4.4.2.3. Wertpapiere klassifiziert nach Recht für Inhaber

Eine weitere Kategorie von Wertpapieren wird durch die mit ihnen verbundenen Rechte für den Besitzer charakterisiert.

4.4.4.2.3.1. Aktien und abgeleitete Wertpapiere (Depotscheine)

Der Besitz von Aktien macht den Besitzer zum Gesellschafter, also Mitinhaber einer Aktiengesellschaft. Ihr Erwerb begründet somit ein Eigentumsverhältnis. Zur Vereinfachung der Darstellung werden in diesem Abschnitt neben Aktien auch von ihnen unmittelbar abgeleitete Papiere inkludiert. Darunter sind handelbare Depotscheine von Aktien, Aktienanteilen bzw. Aktienpaketen zu verstehen, die in der hier zur Diskussion stehenden Form dem Besitzer Rechte in Bezug auf an einer Börse hinterlegte ausländische Aktien einräumt (also z.B. US-Aktien an der Börse in Buenos Aires, etc.).

Terminus	**Form**	**gesamt**	**niedrig**	**mittel**	**hoch**
(Aktien)					
la acción	N	272 / 5	24 / 4,9	73 / 5,2	175 / 4,9
la acción ordinaria	N + Adj	9 / 0,2	-	2 / 0,1	7 / 0,2
la acción preferida	N + Adj	1 / -	-	-	1 / -
la preferida	N	3 / -	1 / 0,2	-	2 / -
(Depotscheine)					
el ADR[1]	S	28 / 0,5	1 / 0,2	10 / 0,7	17 / 0,5
el Certificado de Depósito Argentino[2]	(N de N) + Adj.	22 / 0,4	3 / 0,6	5 / 0,3	14 / 0,4

[1] ADR (American Depositary Receipt):
"Los ADR son certificados emitidos en Estados Unidos en los que se recoge la titularidad de acciones de una compañía extranjera. Los ADR posibilitan la negociación de acciones de empresas extranjeras en las bolsas estadounidenses." (http://sanostra.ahorro.com/acnet/primeros_pasos/diccionario/LetraA.jsp vom 9.9.2003)

[2] CEDEAR (Certificado de Depósito Argentino):
"Certificado de depósito que emite un banco contra acciones de una empresa que no cotiza en el país. Es el mecanismo por el cual un inversor local puede comprar una acción de una empresa extranjera que cotiza fuera del país."(http://www.rava.com.ar/educacion/glosario.cgi?sec=c vom 12.4.2004)

el CEDEAR	S	118 / 2,2	10 / 1	54 / 3,9	54 / 1,5
el CEDAR	S	3 / -	-	-	3 / 0,1
		456 / 8,3	**39 / 8**	**144 / 10,3**	**273 / 7,6**

8 Termini beziehen sich auf 5 Referenten, die mit ebenso vielen Begriffen repräsentiert sind. *Acción preferida* und *preferida* sowie *Certificado de Depósito Argentino - CEDEAR - CEDAR* sind - als Reduktion bzw. Ersatz von (N de N) + Adj. durch Sigeln - begriffsident. Die hohe Frequenz der letztgenannten Einheit im Korpus erklärt sich durch den historischen Moment, zu dem diese Instrumente in Argentinien eingeführt wurden. Unerklärlich erscheint mir jedoch die Tatsache, dass sich dies primär auf der mittleren Ebene niederschlägt und nicht - wie man erwarten würde - auch oder vor allem auf der hohen.
Erwartungsgemäß nehmen Aktien mit rund 5 % aller Terminus-Vorkommen eine herausragende Stellung ein. Auffallend ist, dass auf niedriger und mittlerer Ebene kaum einzelne Typen von Aktien unterschieden werden, was zwar auf hoher Ebene in einem gewissen Ausmaß, aber eben auch nur mit minimalen Frequenzen der Fall ist.

Zusammenfassende Darstellung:

	gesamt		niedrig		mittel		hoch	
	Anzahl	Freq.	Anzahl	Freq.	Anzahl	Freq.	Anzahl	Freq.
Termini	8 / 3	456 / 8,3	5 / 4,6	39 / 8	5 / 2,9	144 / 10,3	8 / 3,3	273 / 7,6
Referenten	5 / 4,1		4 / 5,5		4 / 3,8		5 / 4,2	
Begriffe	5 / 2,6		4 / 4,4		4 / 2,9		5 / 2,8	
Muster	4		3		4		4	
N	2	275	2	25	1	73	2	177
(N de N) + Adj.	1	22	1	3	1	5	1	14
S	3	149	2	11	2	64	3	74
N + Adj.	2	10	-	-	1	2	2	8

Es handelt sich hier um eine Gruppe, in der - m.E. entgegen den Erwartungen - die relative Zahl der Termini mit zunehmender Fachsprachlichkeit abnimmt. Der niedrigste Wert wird auf der mittleren Ebene erreicht, dem jedoch die höchste Vorkommenshäufigkeit gegenübersteht, die wiederum primär durch die extrem hohe Frequenz

von *CEDEAR* bedingt ist. Wenn man von diesem Sonderfall absieht, nimmt das Gewicht dieser Gruppe von Termini mit höherem Fachsprachlichkeitsniveau ab.
Im Unterschied zur vorherigen Terminus-Gruppe liegt hier keine begriffliche Variation vor, die Verhältniszahlen betreffend die synonymische Variation steigen jedoch von 1,25 für die niedrige und mittlere Ebene auf 1,6 für die hohe.

4.4.4.2.3.2. Anleihen

Eine zweite Untergruppe wird von Anleihen gebildet, die den Besitzer zum Gläubiger des Emittenten machen, und somit ein schuldrechtliches Verhältnis begründen.

Terminus	**Form**	**gesamt**	**niedrig**	**mittel**	**hoch**
(allgemein)					
el bono	N	93 / 1,7	7 / 1,4	18 / 1,3	68 / 1,9
el papel de renta	N de N	1 / -	1 / 0,2	-	-
el título de renta fija	N de (N + Adj.)	1 / -	-	-	1 / -
el valor de renta fija	N de (N + Adj.)	1 / -	-	-	1 / -
(Staatsanleihen)					
el bono de deuda	N de N	2 / -	-	-	2 / -
el bono de la deuda externa	N de (N + Adj.)	7 / 0,1	-	1 / 0,1	6 / 0,2
el bono externo	N + Adj.	2 / -	-	1 / 0,1	1 / -
la deuda	N	9 / 0,2	-	2 / 0,1	7 / 0,2
el papel de deuda	N de N	1 / -	-	1 / 0,1	-
el título de deuda	N de N	3 / -	-	-	3 / 0,1
el título de la deuda externa	N de (N + Adj.)	3 / -	1 / 0,2	-	2 / -
(Unternehmensanleihen)					
la obligación negociable	N + Adj.	12 / 0,2	-	4 / 0,3	8 / 0,2
la ON	S	9 / 0,2	-	6 / 0,4	3 / 0,1
		144 / 2,6	**9 / 1,8**	**33 / 2,4**	**102 / 2,8**

Unter den 13 angeführten Termini lassen sich folgende referenzidente Gruppen bilden:

- *bono*[1], *papel de renta, título de renta fija, valor de renta fija* (4 unterschiedliche Begriffe);
- *bono de deuda, bono de la deuda externa, bono externo, papel de deuda, título de deuda, título de la deuda externa* (3 Begriffe)[2];
- *deuda* (Kollektivum für *títulos de deuda*)
- *obligación negociable, ON* (begriffsident).

Es lassen sich somit 4 Referenten und 9 Begriffe unterscheiden.

Frequenzmäßig relevant ist einzig der Terminus *bono*, was allerdings auch darauf zurückzuführen ist, dass dieser Terminus oftmals in unmittelbarem Kontext zu speziellen Anleihenbezeichnungen oder sogar als deren Bestandteil auftaucht (*Bono Brady*, etc.).

Auffällig ist die sehr ungleiche Verteilung der Anzahl der registrierten Termini auf die drei Ebenen. Sind auf niedriger Ebene nur wenige Termini zu finden (was bei der hohen Auslandsverschuldung Argentiniens, die ja gerade in diesen Wertpapieren ihren Ausdruck findet, doch einigermaßen verwunderlich ist), so ist die Situation auf mittlerer Ebene etwas komplexer, um schließlich auf hoher Ebene erst die zu erwartende Vielfalt zu erreichen, wobei aber auch eine Konzentration auf *bono* gegeben ist. Die absolute und relative Frequenz der Termini dieser Gruppe steigt mit zunehmender Fachsprachlichkeit, wobei der Anstieg von der niedrigen auf die mittlere Ebene deutlich ausgeprägter ist als von der mittleren auf die hohe.

Zusammenfassende Darstellung:

<table>
<tr><th></th><th colspan="2">gesamt</th><th colspan="2">niedrig</th><th colspan="2">mittel</th><th colspan="2">hoch</th></tr>
<tr><td></td><td>Anzahl</td><td>Freq.</td><td>Anzahl</td><td>Freq.</td><td>Anzahl</td><td>Freq.</td><td>Anzahl</td><td>Freq.</td></tr>
<tr><td>Termini</td><td>13 / 4,9</td><td rowspan="4">144 / 2,6</td><td>3 / 2,9</td><td rowspan="4">9 / 1,8</td><td>7 / 4</td><td rowspan="4">33 / 2,4</td><td>11 / 4,5</td><td rowspan="4">102 / 2,8</td></tr>
<tr><td>Referenten</td><td>4 / 3,3</td><td>2 / 2,7</td><td>4 / 3,8</td><td>4 / 3,3</td></tr>
<tr><td>Begriffe</td><td>9 / 4,7</td><td>3 / 3,3</td><td>5 / 3,7</td><td>7 / 3,9</td></tr>
<tr><td>Muster</td><td>5</td><td>3</td><td>5</td><td>5</td></tr>
</table>

[1] *Bono* und *obligación* sind im argentinischen Spanisch semantisch etwas anders geartet als im spanischen Spanisch. Bezeichnet in Spanien *bono* primär eine Anleihe mit kürzerer bis mittlerer Laufzeit (und *obligación* eine längerfristige), so wird in Argentinien *bono* als Überbegriff für verschiedene Anleihentypen verwendet, während sich *obligación negociable* auf Unternehmensanleihen bezieht.

[2] Alle hier verzeichneten Formen referieren im Korpus auf Staatsanleihen im Zusammenhang mit der Auslandsverschuldung Argentiniens.

N	2	102	1	7	2	20	2	75
N de N	4	7	1	1	1	1	2	5
N de (N + Adj.)	4	12	1	1	1	1	4	10
S	1	9	-	-	1	6	1	3
N + Adj.	2	14	-	-	2	5	2	9

Die Tabelle zeigt die bereits erwähnten absoluten und relativen Anstiege der Zahl der Termini und ihrer Vorkommensfrequenzen. Zu sehen ist auch, dass die Werte der unterschiedenen Begriffe und Referenten nicht im selben Ausmaß steigen, begriffliche (in geringerem Ausmaß; Verhältniszahlen: 1,5 - niedrig; 1,2 - mittel; 1,7 - hoch) und synonymische Variation (in stärkerem Ausmaß; Verhältniszahlen: 1 - niedrig; 1,4 - mittel; 1,6 - hoch) nehmen mit zunehmender Fachsprachlichkeit zu.

Auf formaler Ebene sticht die häufige Verwendung der Sigel *ON* auf mittlerer Ebene hervor und deren völliges Fehlen auf der niedrigen (letzteres Phänomen entspricht anderen bereits behandelten Terminusgruppen).

4.4.4.2.3.3. Derivate

Eine zahlenmäßig wieder kleinere Gruppe stellen die derivativen Investitionsinstrumente dar, die ihrem Besitzer das Recht bzw. die Verpflichtung auferlegen, die Entwicklung zugrundeliegender Werte (Aktien, Indizes, Zinssätze, etc.) monetär aufzuwiegen. Es handelt sich dabei um Produkte, die dem Nicht-Spezialisten in Theorie und Praxis weitgehend verschlossen sind.

Terminus	**Form**	**gesamt**	**niedrig**	**mittel**	**hoch**
(Futures)					
el futuro	N	8 / 0,1	-	3 / 0,2	5 / 0,1
(Optionen)					
la opción	N	12 / 0,2	-	2 / 0,1	10 / 0,3
la opción de compra	N de N	6 / 0,1	-	1 / 0,1	5 / 0,1
el call	N	40 / 0,7	-	-	40 / 1,1
el put	N	4 / 0,1	-	-	4 / 0,1
		70 / 1,3	-	**6 / 0,4**	**64 / 1,8**

Dementsprechend stellt sich auch die Verteilung der registrierten Termini (5) auf die drei Ebenen dar, die wohl dem intuitiven Bild von einer hochspezialisierten Terminusgruppe entspricht: völlige Absenz auf niedriger Ebene, geringe Zahl an Termini und Frequenz auf der mittleren, deutlich größere Relevanz auf der hohen. Auffällig ist die herausragende Frequenz von *call*, eine - als Fremdwort - referenz- und begriffsidente Bezeichnung von *opción de compra.* Es ergeben sich somit 4 Referenten und ebenso viele Begriffe.

Zusammenfassende Darstellung:

	gesamt		niedrig		mittel		hoch	
	Anzahl	Freq.	Anzahl	Freq.	Anzahl	Freq.	Anzahl	Freq.
Termini	5 / 1,9		-		3 / 1,7		5 / 2,1	
Referenten	4 / 3,3	70 / 1,3	-	-	3 / 2,9	6 / 0,4	4 / 3,3	64 / 1,8
Begriffe	4 / 2,1		-		3 / 2,2		4 / 2,2	
Muster	2		-		2		2	
N	4	64	-	-	2	5	4	59
N de N	1	6	-	-	1	1	1	5

Die relativen Werte der Terminuszahlen in der Tabelle bestätigen die oben getroffene Diagnose.
Die synonymische Variation beschränkt sich auf einen Terminus auf hoher Ebene.

4.4.4.2.4. Wertpapiere klassifiziert nach Bewertung

Ein völlig anderer Klassifikationsansatz von (börsennotierenden) Wertpapieren ist durch deren Bewertung gegeben. Dabei werden einerseits das mit ihnen verbundene Risiko, andererseits ihr Liquiditätsgrad und ihre Rentabilität als Kriterien herangezogen.

Terminus	**Form**	**gesamt**	**niedrig**	**mittel**	**hoch**
(Risiko)					
el activo de riesgo	N de N	4 / 0,1	1 / 0,2	1 / 0,1	2 / -
(Rentabilität)		[18 / 0,3]	[2 / 0,4]	[4 /0,3]	[12 / 0,3]
el blue chip	[Adj. + N]	4 / 0,1	-	3 / 0,2	1 / -

el papel estrella	N + N	1 / -	-	-	1 / -
el papel líder	N + N	12 / 0,2	2 / 0,4	-	10 / 0,3
el título líder	N + N	1 / -	-	1 / 0,1	-
(Liquidität)		[5 / 0,1]	[-]	[1 / 0,1]	[4 / 0,1]
el papel líquido	N + Adj.	3 / -	-	-	3 / 0,1
el papel de fácil liquidez	N de (Adj.+N)	1 / -	-	-	1 / -
el título líquido	N + Adj.	1 / -	-	1 / 0,1	-
		27 / 0,5	**3 / 0,6**	**6 / 0,4**	**18 / 0,5**

Unter den 8 angeführten Termini bilden:

- *activo de riesgo*;
- *blue chips, papel estrella, papel líder*; *título líder*;
- *papel líquido, papel de fácil liquidez, título líquido*

jeweils referenzidente Gruppen, wobei einzig zwischen *papel líquido* und *papel de fácil liquidez* Begriffsidentität feststellbar ist.

Die Zahl der hier einzuordnenden Termini steigt mit der Fachsprachlichkeitsebene kontinuierlich, wobei ihre relative Frequenzverteilung jedoch ziemlich genau proportional zu den Gesamtterminuszahlen der drei Teilkorpora ist.

Zusammenfassende Darstellung:

	gesamt		niedrig		mittel		hoch	
	Anzahl	Freq.	Anzahl	Freq.	Anzahl	Freq.	Anzahl	Freq.
Termini	8 / 3	27 / 0,5	2 / 1,9	3 / 0,6	4 / 2,3	6 / 0,4	6 / 2,5	18 / 0,5
Referenten	3 / 2,4		2 / 2,7		3 / 2,9		3 / 2,5	
Begriffe	7 / 3,6		2 / 2,7		4 / 2,9		5 / 2,8	
Muster	5		2		4		5	
N de N	1	4	1	1	1	1	1	2
N + N	3	14	1	2	1	1	2	11
N + Adj.	2	4	-	-	1	1	1	3
N de (Adj. + N)	1	1	-	-	-	-	1	1
[Adj. + N]	1	4	-	-	1	3	1	1

Abgesehen von der äußerst ausgeglichenen Frequenzverteilung auf die drei Korpora, lässt sich ein Anstieg bei der Zahl der verwendeten Termini und Begriffe sowie ein Fallen hinsichtlich der Zahl der Referenten beobachten. Interessant ist jedoch ein anderes Phänomen, das in diesem Ausmaß bisher noch nicht aufgetreten ist: Die Zahl der Begriffe insgesamt übersteigt absolut und - vor allem - relativ deren Zahl in den einzelnen Teilkorpora. Es ist dies ein Hinweis darauf, dass in den drei Teilkorpora in relativ großem Ausmaß mit unterschiedlichen Begrifflichkeiten operiert wird. Begriffliche (Verhältniszahlen: 1 - niedrig; 1,3 - mittel; 1,6 - hoch) und synonymische Variation (Verhältniszahlen: 1 - niedrig und mittel; 1,2 - hoch) steigen mit zunehmender Fachsprachlichkeit.

4.4.4.2.5. Gesamtheit von Wertpapieren

Nicht als Untergruppe zu sehen, sind jene Termini, die sich auf Wertpapierbestände beziehen. In diese Gruppe, deren Verhältnis zur Kategorie OBJEKT ich als dasjenige einer GESAMTHEIT sehe, gehen nur sehr wenige lexikalische Einheiten ein.

Terminus	**Form**	**gesamt**	**niedrig**	**mittel**	**hoch**
la cartera	N	23 / 0,4	2 / 0,4	7 / 0,5	14 / 0,4
la cartera de inversión	N de N	6 / 0,1	-	2 / 0,1	4 / 0,1
la cartera de inversiones	N de N	2 / -	-	2 / 0,1	-
el portafolio	N	3 / -	-	1 / 0,1	2 / -
		34 / 0,6	**2 / 0,4**	**12 / 0,8**	**20 / 0,5**

Es handelt sich hier um 4 Einheiten mit identischem Referenzpotential, das in zwei Begriffe zerfällt. Interessant ist die relativ hohe Frequenz auf mittlerer Ebene.

Zusammenfassende Darstellung:

	gesamt		niedrig		mittel		hoch	
	Anzahl	Freq.	Anzahl	Freq.	Anzahl	Freq.	Anzahl	Freq.
Termini	4 / 1,5		1 / 1		4 / 2,3		3 / 1,2	
Referenten	1 / 0,8	34 / 0,6	1 / 1,4	2 / 0,4	1 / 0,9	12 / 0,8	1 / 0,8	20 / 0,5
Begriffe	2 / 1		1 / 1,1		2 / 1,5		2 / 1,1	

Muster	2		1		2		2	
N	2	26	1	2	2	8	2	16
N de N	2	8	-	-	2	4	1	4

Offensichtlich ist, dass sich in dieser - sehr kleinen Gruppe - die mittlere Ebene anders darstellt als die beiden anderen, Frequenz und Anzahl der Termini und Begriffe sind höher. Die erhöhte Zahl der relativen Referenten auf niedriger Ebene ergibt sich durch das größere Gewicht eines einzelnen Referenten in einer kleineren Gesamtmenge. Begriffliche und synonymische Variation ist auf der mittleren und (in etwas geringerem Ausmaß) hohen Ebene etwas stärker ausgeprägt als auf der niedrigen (Verhältniszahlen Begriffe/Referenten: 1 - niedrig; 2 - mittel und hoch; Verhältniszahlen Termini/ Begriffe: 1 - niedrig; 2 - mittel; 1,5 - hoch).

4.4.4.2.6. QUALITÄTEN von Wertpapieren

Ähnlich wie bei den unter 4.4.4.2.4. behandelten Termini referieren die hier angeführten terminologischen Einheiten auf Eigenschaften (in einem weiten Sinn), die Wertpapieren zukommen. Im Unterschied zu jenen stehen die Elemente dieser Gruppe jedoch nicht in Hyperonymie/Hyponymie- Relation, bilden also keine Untergruppen.

4.4.4.2.6.1. Allgemeine Bezeichnungen

Terminus	**Form**	**gesamt**	**niedrig**	**mittel**	**hoch**
el dividendo	N	8 / 0,1	-	2 / 0,1	6 / 0,2
el interés[1]	N	4 / 0,1	-	4 / 0,3	-
la rentabilidad	N	4 / 0,1	-	1 / 0,1	3 / 0,1
el valor nominal	N +Adj.	6 / 0,1	-	1 / 0,1	5 / 0,1
el vencimiento	N	11 / 0,2	-	4 / 0,3	7 / 0,2
la cotización[2]	N	31 / 0,6	6 / 1,2	3 / 0,2	22 / 0,6
		64 / 1,2	**6 / 1,2**	**15 / 1,1**	**43 / 1,2**

[1] Im Sinne von 'tatsächlich bezahlten Zinsen', nicht von 'Maß'.

[2] Im Sinne von 'Wert', nicht als 'Notierung'.

In dieser sehr kleinen und semantisch sehr heterogenen Gruppe sind 6 Termini mit ebenso vielen Referenten und Begriffen enthalten. Auffällig ist die extrem niedrige Präsenz dieser Eigenschaften auf niederer fachsprachlicher Ebene (nur *cotización* ist belegt). Die Frequenzverteilung ist trotzdem äußerst ausgeglichen.

Zusammenfassende Darstellung:

	gesamt		niedrig		mittel		hoch	
	Anzahl	Freq.	Anzahl	Freq.	Anzahl	Freq.	Anzahl	Freq.
Termini	6 / 2,3		1 / 1		6 / 3,5		5 / 2,1	
Referenten	6 / 4,9	64 / 1,2	1 / 1,4	6 / 1,2	6 / 5,8	15 / 1,1	5 / 4,2	43 / 1,2
Begriffe	6 / 3,1		1 / 1,1		6 / 4,4		5 / 2,8	
Muster	2		1		2		2	
N	5	58	1	6	5	14	4	38
N + Adj.	1	6	-	-	1	1	1	5

Ungewöhnlich an dieser Tabelle - abgesehen von den überraschend kleinen Werten der niedrigen Ebene - ist die gegenüber der hohen Ebene leicht größere Zahl an Termini, Referenten und Begriffen auf der mittleren.

4.4.4.2.6.2. MESSUNG von QUALITÄTEN

In der oben genannten Gruppe von lexikalischen Einheiten (4.4.4.2.6.1.) sind QUALITÄTEN vermerkt, die sowohl den an der Börse gehandelten Wertpapieren zugeordnet werden können (allen oder einzelnen Typen) als auch außer-börslichen Konkurrenz- und Referenzprodukten (Spareinlagen, etc.). Von besonderer Relevanz bei diesen Produkten ist der Zinssatz, der zum eigentlichen - gezahlten - Zins in einer Beziehung der Berechnung (MESSUNG) steht. Die Beziehung dieser Subkategorie zur obigen ist ebenfalls nicht-hierarchischer Natur, was einen Sonderfall darstellt, da in den Struktur-Schemata der einzelnen Kategorien hier zum ersten Male mehrere nicht-hierarchische Verbindungen hintereinander die Beziehung zum Hauptknoten herstellen.

Terminus	**Form**	**gesamt**	**niedrig**	**mittel**	**hoch**
(allgemein)		[122 / 2,2]	[6 / 1,2]	[23 / 1,6]	[93 / 2,6]
el interés	N	8 / 0,1	-	2 / 0,1	6 / 0,2

la tasa	N	68 / 1,2	4 / 0,8	12 / 0,8	52 / 1,4
la tasa de interés	N de N	36 / 0,6	2 / 0,4	8 / 0,6	26 / 0,7
el tipo de interés	N de N	9 / 0,2	-	1 / 0,1	8 / 0,2
el tipo	N	1 / -	-	-	1 / -
(nach Zeit)		[21 / 0,4]	[3 / 0,6]	[-]	[18 / 0,5]
(langfristig)		[13/ 0,2]	[2 / 0,4]	[-]	[11 / 0,3]
la tasa de interés de largo plazo	N de N de (Adj. + N)	4 / 0,1	1 / 0,2	-	3 / 0,1
la tasa larga	N + Adj.	6 / 0,1	-	-	6 / 0,2
la tasa de largo	N de Adj.	1 / -	-	-	1 / -
la tasa de largo plazo	N de (Adj. + N)	1 / -	-	-	1 / -
la tasa a largo plazo	N a (Adj. + N)	1 / -	1 / 0,2	-	-
(kurzfristig)		[8 / 0,1]	[1 / 0,2]	-	[7 / 0,1]
el interés[1] de corto plazo	N de (Adj. + N)	2 / -	-	-	2 / -
la tasa de corto plazo	N de (Adj. + N)	1 / -	-	-	1 / -
la tasa de interés del corto plazo	N de N del (Adj. + N)	4 / 0,1	1 / 02	-	3 / 0,1
la tasa corta	N + Adj.	1 / -	-	-	1 /-
(nach Objekt = Anleihen)		[13 / 0,2]	[2 / 0,4]	[2 / 0,1]	[9 / 0,2]
la tasa implícita	N + Adj.	13 / 0,2	2 / 0,4	2 / 0,1	9 / 0,2
(nach Akteur)		[8 / 0,1]	[1 / 0,1]	[-]	[7 / 0,1]
la tasa interbancaria	N + Adj.	4 / 0,1	1 / 0,2	-	3 / 0,1
la LIBOR[2]	S	4 / 0,1	-	-	4 / 0,1
		164 / 3	**12 / 2,4**	**25 / 1,8**	**127 / 3,5**

Die angeführten 17 Termini lassen sich wie folgt systematisieren:

[1] Im Sinne von 'tasa'.

[2] Eigenname

- Die Schwankung zwischen *tasa* und *tipo* ist hier rein regional bedingt, wobei *tasa* die in Lateinamerika und *tipo* die in Spanien vorherrschende Form ist. Wir können also von Referenz - und Begriffsidentität zwischen den beiden lexikalischen Einheiten ausgehen, wobei als Grundform *tasa/tipo de interés* und *tasa*, *tipo* bzw. *interés* als synonym verwendete Reduktionen anzusehen sind.
- Eigene Gruppen bilden dann die diversen Bezeichnungen für kurz- und langfristige Zinssätze, die ebenfalls als jeweils referenz- und begriffsident zu sehen sind.
- *Tasa implícita*, *tasa interbancaria* und *LIBOR* bilden eigene Gruppen.

Es ergeben sich somit 6 Referenten mit der gleichen Zahl an Begriffen.

Es handelt sich um eine, gemessen an der Zahl der verwendeten Termini, recht umfangreiche Gruppe, deren Elemente mit Ausnahme des Terminus *tasa* aber sehr niederfrequent sind. Interessant ist die relative Frequenzverteilung, die von der niedrigen zur mittleren Ebene zunächst - und eigentlich unerklärbarerweise - abnimmt, um dann stark anzusteigen. Man sollte annehmen, dass auch auf mittlerer Ebene die Unterscheidung von Zinssätzen und deren Erwähnung in den Texten für Investoren von größerem Interesse sein müsste als auf der niedrigen. Besonders unerklärlich erscheint mir auf mittlerer Ebene das Fehlen von Termini, die auf nach zeitlichen Kriterien unterschiedene Zinssätze referieren.

Zusammenfassende Darstellung:

<table>
<tr><th></th><th colspan="2">gesamt</th><th colspan="2">niedrig</th><th colspan="2">mittel</th><th colspan="2">hoch</th></tr>
<tr><th></th><th>Anzahl</th><th>Freq.</th><th>Anzahl</th><th>Freq.</th><th>Anzahl</th><th>Freq.</th><th>Anzahl</th><th>Freq.</th></tr>
<tr><td>Termini</td><td>17 / 6,4</td><td rowspan="4">164 / 3</td><td>7 / 6,7</td><td rowspan="4">12 / 2,4</td><td>5 / 2,9</td><td rowspan="4">25 / 1,8</td><td>16 / 6,6</td><td rowspan="4">127 / 3,5</td></tr>
<tr><td>Referenten</td><td>6 / 4,9</td><td>5 / 6,8</td><td>2 / 1,9</td><td>6 / 5</td></tr>
<tr><td>Begriffe</td><td>6 / 3,1</td><td>5 / 5,6</td><td>2 / 1,5</td><td>6 / 3,3</td></tr>
<tr><td>Muster</td><td>9</td><td>6</td><td>3</td><td>8</td></tr>
<tr><td>N</td><td>3</td><td>77</td><td>1</td><td>4</td><td>2</td><td>14</td><td>3</td><td>59</td></tr>
<tr><td>N de N</td><td>2</td><td>45</td><td>1</td><td>2</td><td>2</td><td>9</td><td>2</td><td>34</td></tr>
<tr><td>N + Adj.</td><td>4</td><td>24</td><td>2</td><td>3</td><td>1</td><td>2</td><td>4</td><td>19</td></tr>
<tr><td>N de Adj.</td><td>1</td><td>1</td><td>-</td><td>-</td><td>-</td><td>-</td><td>1</td><td>1</td></tr>
<tr><td>N de (Adj. + N)</td><td>3</td><td>4</td><td>-</td><td>-</td><td>-</td><td>-</td><td>3</td><td>4</td></tr>
<tr><td>N de N de (Adj. + N)</td><td>1</td><td>4</td><td>1</td><td>1</td><td>-</td><td>-</td><td>1</td><td>3</td></tr>
<tr><td>N de N del (Adj. + N)</td><td>1</td><td>4</td><td>1</td><td>1</td><td>-</td><td>-</td><td>1</td><td>3</td></tr>
<tr><td>N a (Adj. + N)</td><td>1</td><td>1</td><td>1</td><td>1</td><td>-</td><td>-</td><td>-</td><td>-</td></tr>
<tr><td>S</td><td>1</td><td>4</td><td>-</td><td>-</td><td>-</td><td>-</td><td>1</td><td>4</td></tr>
</table>

Die Analyse der Zahl der Termini, Begriffe und Referenten bestätigt die oben bereits hinsichtlich der Frequenzverteilung festgestellte Situation: Die mittlere Ebene hinkt weit hinter den anderen beiden nach, was sich auch deutlich bei der Aufschlüsselung der Terminusformen zeigt. Auffällig ist die große Bedeutung der hier angeführten Terminusgruppe auf niedriger Ebene. Ich interpretiere dies dahingehend, dass der Vergleich mit dem außer-börslichen Finanzwesen und - damit auf hoher Ebene verbunden - die Berechnung effektiver Erträge und Rentabilitäten mehr Raum einnimmt als auf der mittlerern Ebene. Begriffliche Variation liegt nicht vor, die Zahl der Synonymien steigt von der niedrigen (Verhältniszahl: 1,4) auf die mittlere und hohe Ebene (Verhältniszahlen: 2,5 bzw. 2,6) stark an. Was die Form der hier verzeichneten Einheiten betrifft, so ist wiederum eine Konzentration auf einige wenige Grundformen (N, N de N, N + Adj.) feststellbar, komplexere Terminusbildungen und Siglen treten nur auf hoher Ebene auf (mit Ausnahme von 3 Einheiten auf der niederen). Trotzdem ist die hohe Zahl komplexer Terminusformen in dieser Gruppe auffallend.

4.4.4.3. Zusammenfassung

Insgesamt ergeben sich somit für die Kategorie OBJEKT folgende Zahlen:

<table>
<tr><th></th><th colspan="2">gesamt</th><th colspan="2">niedrig</th><th colspan="2">mittel</th><th colspan="2">hoch</th></tr>
<tr><th></th><th>Anzahl</th><th>Freq.</th><th>Anzahl</th><th>Freq.</th><th>Anzahl</th><th>Freq.</th><th>Anzahl</th><th>Freq.</th></tr>
<tr><td>Termini</td><td>78 / 29,4</td><td rowspan="4">1294 / 23,7</td><td>25 / 24</td><td rowspan="4">91 / 18,6</td><td>45 / 26</td><td rowspan="4">336 / 24,1</td><td>71 / 29,5</td><td rowspan="4">867 / 24,3</td></tr>
<tr><td>Referenten</td><td>33 / 27</td><td>18 / 24,6</td><td>27 / 26</td><td>32 / 26,7</td></tr>
<tr><td>Begriffe</td><td>53 / 27,5</td><td>21 / 23,3</td><td>35 / 25,7</td><td>48 / 26,7</td></tr>
<tr><td>Muster</td><td>13</td><td>10</td><td>8</td><td>12</td></tr>
<tr><td>N</td><td>25</td><td>884</td><td>9</td><td>58</td><td>21</td><td>220</td><td>24</td><td>606</td></tr>
<tr><td>N de N</td><td>11</td><td>72</td><td>3</td><td>4</td><td>7</td><td>16</td><td>8</td><td>52</td></tr>
<tr><td>N + N</td><td>4</td><td>20</td><td>2</td><td>3</td><td>2</td><td>3</td><td>3</td><td>14</td></tr>
<tr><td>N + Adj.</td><td>19</td><td>103</td><td>4</td><td>8</td><td>9</td><td>18</td><td>18</td><td>77</td></tr>
<tr><td>N de Adj.</td><td>1</td><td>1</td><td>-</td><td>-</td><td>-</td><td>-</td><td>1</td><td>1</td></tr>
<tr><td>[Adj. + N]</td><td>1</td><td>4</td><td>-</td><td>-</td><td>1</td><td>3</td><td>1</td><td>1</td></tr>
<tr><td>N de (Adj. + N)</td><td>4</td><td>5</td><td>-</td><td>-</td><td>-</td><td>-</td><td>4</td><td>5</td></tr>
<tr><td>N de (N + Adj.)</td><td>4</td><td>12</td><td>1</td><td>1</td><td>1</td><td>1</td><td>4</td><td>10</td></tr>
<tr><td>N de N de (Adj. + N)</td><td>1</td><td>4</td><td>1</td><td>1</td><td>-</td><td>-</td><td>1</td><td>3</td></tr>
</table>

N de N del (Adj. + N)	1	4	1	1	-	-	1	3
N a (Adj. + N)	1	1	1	1	-	-	-	-
(N de N) + Adj.	1	22	1	3	1	5	1	14
S	5	162	2	11	3	70	5	81

Insgesamt ergibt sich ein kontinuierlicher Anstieg der Zahl der Termini, deren Frequenz, der Begriffe und Referenten zwischen den drei Ebenen. Einzig bei den Terminusformen liegt die mittlere Ebene etwas hinter den anderen beiden zurück. Mit Ausnahme der Zahl der Termini ist auch offensichtlich, dass der Anstieg von der niedrigen auf die mittlere Ebene stärker ausfällt, als von der mittleren auf die hohe.

Die Kategorie OBJEKT ist somit mit zunehmender Fachsprachlichkeit jeweils stärker strukturiert und von immer größerem Gewicht, wobei sich die oberen beiden Niveaus insgesamt und trotz der in der Behandlung der einzelnen Subkategorien besprochenen Ausnahmen einander ähnlicher sind als die niedrige.

Auch in dieser Gruppe lässt sich ein größerer Anstieg der Zahl der Termini gegenüber jener der Begriffe und der registrierten Referenten feststellen.

Die Verhältniszahlen zwischen Termini und Begriffen einerseits beziehungsweise zwischen Begriffen und Referenten andererseits ergeben (für beide Relationen) die Werte: 1,2 für die niedrige Ebene, 1,3 für die mittlere und 1,5 für die hohe.

Zunehmende Fachsprachlichkeit bedeutet hier demzufolge sowohl zunehmende begriffliche als auch zunehmende synonymische Variation, beide in mehr oder minder gleicher quantitativer Ausprägung (siehe Tabellen unten).

Begriffliche Realisierung pro Referent:

(Die Referenten mit mehr als einer begrifflichen Realisierung sind auf Deutsch angeführt.)

	niedrig		mittel		hoch	
Zahl der Begriffe	Anzahl	Frequenz	Anzahl	Frequenz	Anzahl	Frequenz
1	16	68	23	250	25	552
2	1	8	3	19	3	54
	Anleihe		blue chip	4	öffentliches Wertpapier	20
			Portefeuille	12	Portefeuille	20
			Auslandsschuldverschreibung	3	Auslandsschuldverschreibung	14

3	1 Wertpapier	15			3 privates Wertpapier Anleihe blue chip	88 6 70 12
4						
5						
6			1 Wertpapier	67		
7						
8					1 Wertpapier	173

Der Prozentsatz der mit mehr als einem Begriff belegten Referenten steigt mit zunehmender Fachsprachlichkeit leicht an (88% der Referenten auf der niedrigen Ebene sind mit einem einzigen Begriff belegt, gegenüber 85% auf der mittleren und 78% auf der hohen), wobei auch die Zahl der Begriffe, die einem Referenten zuzuordnen sind, ansteigt. Wie auch in den anderen Gruppen handelt es sich auf den drei Ebenen grosso modo um die gleichen Referenten, die mit verschiedenen Begriffen gefasst werden.

Zahl und Art der synonymen Bezeichnungen pro Begriff (Doppeleinträge sind mit Klammer markiert):

	niedrig		mittel		hoch	
	Anzahl	Freq	Anzahl	Freq.	Anzahl	Freq.
N de N ⇔ Relationsadj.					1 papel de fácil liquidez/ papel líquido	4 1/ 3
Numerus-schwankung			1 cartera de inver-sión/inversiones	4 2/ 2		
Präpositions-schwankung	1 tasa de interés de largo pla-zo/ a largo plazo	(2) (1)/ (1)				

lexikalischer Regionalismus			1 (la tasa de interés)/ el tipo de interés	9 (8)/ 1	1 (la tasa de interés)/ (el tipo de interés)	(60) (52)/ (8)
Ersatz durch Fremdwort					1 opción de compra/ call	45 5/ 40
Vollform ⇔ Sigel	1 Certificado de Depósito Argentino/ CEDEAR	13 3/ 10	2 Certificado de Depósito Argentino/ CEDEAR/ obligación negociable/ON	69 5/ 54 4/ 6	2 Certificado de Depósito Argentino/ CEDEAR/ CEDAR obligación negociable/ON	82 14/ 54/ 3 8/ 3
Reduktion	2 título valor/valor tasa de interés/ tasa	9 1/2 2/ 4	5 activo financiero/ activo título valor/valor bono de la deuda externa/ bono externo cartera/(cartera de inversión(es)) tasa de interés/ tasa	43 4/ 2 2/2 1/ 1 7/(4) 8/ 12	11 activo financiero/ activo papel cotizante/ papel título valor/valor acción preferida/ preferida bono de la deuda externa/ bono de deuda/ bono externo título de la deuda externa/ título de deuda cartera/cartera de inversión tasa de interés/ tasa/interés tasa de interés de largo plazo/ la tasa larga/ la tasa de largo/ la tasa de largo plazo la tasa de interés del corto plazo/ la tasa de corto plazo/ la tasa corta/ el interés de corto plazo el tipo de interés/ el tipo	265 3/ 1 2/ 100 3/10 1/ 2 6/ 2/ 1 2/ 3 14/4 26/ 52/6 3/ 6/ 1/ 1 3/ 1/ 1/ 2 8/ 1

Auch die Zahl der registrierten Synonym-Kombinationen steigt mit dem Grad der Fachsprachlichkeit, und zwar sowohl hinsichtlich deren Zahl (19% der Begriffe auf niedriger Ebene weisen mehrere Terminus-Formen auf, versus 25% auf mittlerer und 33% auf hoher Ebene) als auch hinsichtlich deren Vorkommensfrequenz (26% auf niedriger versus 34% auf mittlerer und 45% auf hoher Ebene). Zu beachten ist allerdings, dass innerhalb der einzelnen synonymen Gruppen die Frequenzen stark schwanken können (im Extremfall 1:50 zwischen den einzelnen synonymen Termini). Auch hier gilt, dass auf niedriger Ebene keine Synonyme auftreten, die nicht auch auf den anderen Ebene zu verzeichnen sind. Desgleichen lassen sich innerhalb dieser Gruppen keine Frequenzänderungen zwischen den einzelnen Ebenen in signifikantem Ausmaß feststellen.

4.4.4.4. Anhang

Von der Analyse aufgrund geringer Frequenz ausgeschlossen wurden für die Kategorie OBJEKT folgende Termini:

Terminus	**niedrig**	**mittel**	**hoch**
la acción defensiva			3
la acción líquida			3
la acción matriz		1	
la acción ordinaria escritural			2
el capital accionario		1	1
el capital bursátil		1	
el capital de riesgo		1	1
la capitalización bursátil			2
la capitalización del mercado		1	1
la cartera de acciones		1	
la cartera en acciones			2
la cartera de títulos		1	
la deuda soberana			1
la deuda a largo plazo			1
la deuda a corto plazo			2
el bono soberano			2
el bono público			1

el bono emergente			1
el bono periférico		1	
el bono escritural			2
el bono a tasa flotante			1
el bono a tasa fija			1
el bono de consolidación			1
el futuro sobre acciones		1	
el futuro de tasas			1
el instrumento bursátil			1
el instrumento de inversión			1
el interés variable (tasa)			1
la obligación negociable convertible			1
la ON convertible		1	
la obligación negociable simple no convertible en acciones		1	
la obligación negociable convertible en acciones ordinarias		2	
la ON subordinada convertible en acciones		1	
la opción accionaria de bajo riesgo		1	
la tasa fija			1
la tasa flotante			1
la tasa de referencia			1
la tasa referencial		2	
la tasa variable			1
el tipo de interés fluctuante		1	
el título de largo plazo		1	
el título nominativo			1
el título no patrocinado			1
el título soberano			1
el valor escritural			1
el valor de renta variable			1

4.4.5. Die Kategorie AKTION

Unter AKTION sind hier Handlungen (in einem weiten Sinn) und Verhalten von den an der Börse tätigen AKTEUREN und OBJEKTEN zusammengefasst.

4.4.5.1. Struktur

Die Kategorie gliedert sich in zwei Haupt-Untergruppen: tatsächliche - d.h. von den an der Börse tätigen Akteuren vollzogene - Handlungen und die (wenigen) fachsprachlichen Bezeichnungen, die sich auf die reine Präsenz der gehandelten Objekte an den Börsen beziehen. Mit Ausnahme einer zahlenmäßig sehr kleinen Terminusgruppe, die die Bezeichnungen unterschiedlicher Investitionsmodalitäten umfasst (in der graphischen Darstellung der Einheitlichkeit willen als "Qualität" bezeichnet), sind die Beziehungen zwischen den Elementen der Kategorie rein hierarchisch . Es liegen somit 2 Relationstypen vor: Hyperonymie/Hyponymie-Beziehungen und diejenige der Qualität (Modalität).

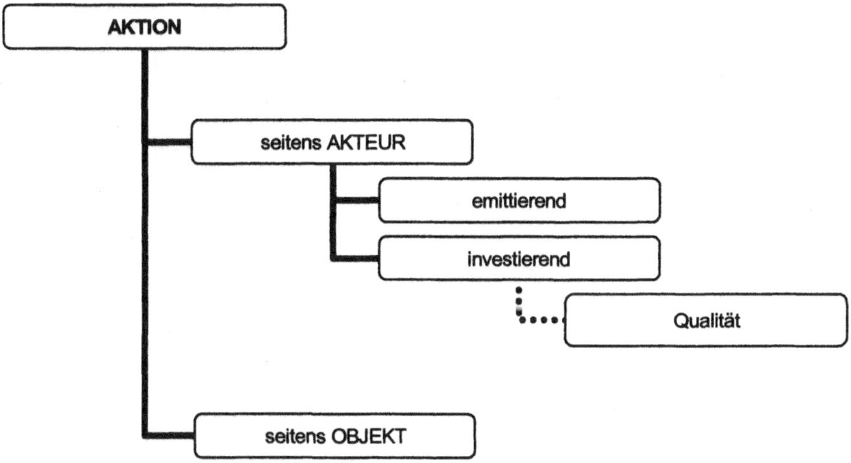

4.4.5.2. Belegung der Kategorie

4.4.5.2.1. AKTION seitens AKTEUR

4.4.5.2.1.1. Allgemeine Bezeichnungen

Hier sind jene Termini, die ohne nähere intentionale Spezifizierung auf Handlungen zwischen den Börsenteilnehmern referieren, zu nennen.

Terminus	Form	gesamt	niedrig	mittel	hoch
la negociación (de títulos)	N	3 / -	1 / 0,2	2 / 0,1	-
negociar (títulos)	V	66 / 1,2	4 / 0,8	15 / 1,1	47 / 1,3
el negocio	N	40 / 0,7	4 / 0,8	13 / 0,9	23 / 0,6
la operación	N	50 / 0,9	3 / 0,6	13 / 0,9	34 / 0,9
operar	V	67 / 1,2	11 / 2,2	15 / 1,1	41 / 1,1
la transacción	N	13 / 0,2	4 / 0,8	4 / 0,3	5 / 0,1
transar (títulos)	V	9 / 0,2	1 / 0,2	5 / 0,3	3 / 0,1
la transferencia (de títulos)	N	3 / -	-	-	3 / 0,1
tratar[1]	V	3 / -	3 / 0,6	-	-
		254 / 4,6	**31 / 6,3**	**67 / 4,8**	**156 / 4,4**

9 referenzidente Termini sind in dieser Gruppe enthalten. Davon sind *negociación, negociar* und *negocio*, *operación* und *operar* sowie *transacción* und *transar* als reine Wortartenwechsel begriffsident. Wir können somit insgesamt 5 Begriffe unterscheiden. Auffallend ist zunächst die relativ starke Präsenz dieser Termini auf der niedrigen fachsprachlichen Ebene und die demgegenüber relativ niedrigere Frequenz auf der mittleren und hohen. Kurioserweise kommt dem mir - in dieser Bedeutung - von der Alltagssprache weit entfernt erscheinenden Verb *operar* auf niedrigem Niveau besondere Bedeutung zu, nicht jedoch dem entsprechenden Substantiv *operación*. Die mit äußerst niedriger Frequenz auf niedriger und mittlerer Ebene verzeichnete Einheit *negociación* ist m.E. in der hier zur Diskussion stehenden Verwendung auf eine Konfusion mit *negocio* zurückzuführen, was ihre Absenz auf hoher Ebene erklärt. Allerdings sind auch *transferencia* und *tratar* reine Randerscheinungen (erstere sogar

[1] Nur in der Form "De las x firmas tratadas, ..."

auf hoher fachsprachlicher Ebene), ihre Aufnahme in die Untersuchung nur durch die Referenzidentität bedingt. Interessant ist, dass nur die Formen N oder V vorliegen und keine Erweiterungen wie ******negocio bursátil* etc. zu verzeichnen sind.

Zusammenfassende Darstellung:

	gesamt		niedrig		mittel		hoch	
	Anzahl	Freq.	Anzahl	Freq.	Anzahl	Freq.	Anzahl	Freq.
Termini	9 / 3,4	254 / 4,6	8 / 7,7	31 / 6,3	7 / 4	67 / 4,8	7 / 2,9	156 / 4,4
Referenten	1 / 0,8		1 / 1,4		1 / 1		1 / 0,8	
Begriffe	5 / 2,6		4 / 4,4		3 / 2,2		4 / 2,2	
Muster	2		2		2		2	
N	5	109	4	12	4	32	4	65
V	4	145	4	19	3	35	3	91

Die Tabelle zeigt eine ungewöhnliche Verteilung der Termini, bei der auf niedriger Ebene auch absolut eine größere Zahl an Einheiten zu registrieren ist als auf den anderen beiden. Die Zahl der Referenten und Begriffe bleibt absolut mehr oder minder konstant, fällt somit relativ, was ebenfalls auf das Gewicht dieser Gruppe auf der niedrigen Ebene hinweist. Auf die Vorkommensfrequenzen wurde oben bereits eingegangen. Ich interpretiere diese Zahlen dahingehend, dass auf niedriger fachsprachlicher Ebene die Aktivität und Gesamt-Performance der Börse relativ gesehen wesentlicher ist (Börse als ein Indikator der Wirtschaftsaktivität) als die Darstellung einzelner Werte und deren Entwicklung, wie sie für Investoren primär von Interesse sind.
Die Verhältniszahlen Begriffe/Referenten betragen 4 für die niedrige Ebene, 3 für die mittlere und 4 für die hohe, diejenigen für das Verhältnis Termini/Begriffe 2 für die niedrige, 2,3 für die mittlere und nur 1,7 für die hohe. Es ergibt sich somit der im Korpus außergewöhnliche Fall häufigerer Synonymien auf der niedrigen und mittleren Ebene als auf der hohen. Auf formaler Seite dominiert in der Kategorie AKTION aus naheliegenden Gründen die Form V.

4.4.5.2.1.2. Emittierende Handlungen

Unter *emittierende Handlungen* seitens der Börsenteilnehmer ist die Ausgabe von Wertpapieren zum Zwecke ihres Handels an der Börse zu verstehen.

Terminus	Form	gesamt	niedrig	mittel	hoch
la colocación (de un título)	N	9 / 0,2	-	1 / 0,1	8 / 0,2
colocar (un título)	V	2 / -	-	-	2 / -
la emisión	N	36 / 0,6	-	13 / 0,9	23 / 0,6
emitir	V	27 / 0,5	-	15 / 1,1	12 / 0,3
financiarse (a través de un título)	V	5 / 0,1	-	-	5 / 0,1
el lanzamiento	N	11 / 0,2	2 / 0,4	6 / 0,4	3 / 0,1
lanzar	V	19 / 0,3	1 / 0,1	8 / 0,6	10 / 0,3
		109 / 2	**3 / 0,5**	**43 / 3,1**	**63 / 1,8**

7 Termini wurden erfasst. Davon können 6 als referenzident angesehen werden (insgesamt 3 Begriffe), einzig bei *financiarse* liegt ein Perspektivenwechsel vor, da in diesen Terminus Bedeutungselemente finaler Prägung eingehen: Eine Emission von Wertpapieren erfolgt zum Zwecke der Finanzierung (eines Unternehmens bzw. einer öffentlichen Körperschaft).

Zusammenfassende Darstellung:

<table>
<tr><th></th><th colspan="2">gesamt</th><th colspan="2">niedrig</th><th colspan="2">mittel</th><th colspan="2">hoch</th></tr>
<tr><td></td><td>Anzahl</td><td>Freq.</td><td>Anzahl</td><td>Freq.</td><td>Anzahl</td><td>Freq.</td><td>Anzahl</td><td>Freq.</td></tr>
<tr><td>Termini</td><td>7 / 2,6</td><td rowspan="4">109 / 2</td><td>2 / 1,9</td><td rowspan="4">3 / 0,5</td><td>5 / 2,9</td><td rowspan="4">43 / 3,1</td><td>7 / 2,9</td><td rowspan="4">63 / 1,8</td></tr>
<tr><td>Referenten</td><td>2 / 1,6</td><td>1 / 1,4</td><td>1 / 0,9</td><td>2 / 1,7</td></tr>
<tr><td>Begriffe</td><td>4 / 2,1</td><td>1 / 1,1</td><td>3 / 2,2</td><td>4 / 2,2</td></tr>
<tr><td>Muster</td><td>2</td><td>2</td><td>2</td><td>2</td></tr>
<tr><td>N</td><td>3</td><td>56</td><td>1</td><td>2</td><td>3</td><td>20</td><td>3</td><td>34</td></tr>
<tr><td>V</td><td>4</td><td>53</td><td>1</td><td>1</td><td>2</td><td>23</td><td>4</td><td>29</td></tr>
</table>

Wie zu erwarten war, spielen Termini zur Bezeichnung von Wertpapieremissionen auf niedriger Ebene eine marginale Rolle. Dementsprechend und genau umgekehrt zur oben behandelten Gruppe sind die hier zur Diskussion stehenden Termini auf niedriger Ebene frequenzmäßig kaum relevant, um zur mittleren stark anzusteigen. Während sich die Anzahl dann zur hohen Ebene hin zwar in absoluten Zahlen weiter

steigert, ist ein überraschend stark ausgeprägter relativer Frequenzrückgang zu verzeichnen.
Die Verhältniszahlen Begriffe/Referenten ergeben: 1 (niedrig), 3 (mittel), 2 (hoch), diejenigen für Termini/Begriffe: 2 (niedrig) bzw. 1,7 (mittel und hoch), sind aber bedingt durch die kleinen absoluten Werte nicht sehr aussagekräftig.

4.4.5.2.1.3. Investierende Handlungen

Etwas heterogener als die bisher behandelten Untergruppen präsentieren sich jene Termini, die mit den Investitionsaktivitäten der Börsenteilnehmer in Zusammenhang stehen, da hier tatsächliche Handlungen mit Verhalten eine gewisse Verbindung eingehen.

Terminus	**Form**	**gesamt**	**niedrig**	**mittel**	**hoch**
la colocación (de dinero)	N	4 / 0,1	-	1 / 0,1	3 / 0,1
colocar (capital)	V	9 / 0,2	-	1 / 0,1	8 / 0,2
la demanda	N	20 / 0,4	5 / 1	6 / 0,4	9 / 0,2
demandar	V	2 / -	-	2 / 0,1	-
diversificar	V	19 / 0,3	-	7 / 0,5	12 / 0,3
efectivizar utilidades	V + N	1 / -	-	-	1 / -
la especulación	N	6 / 0,1	-	-	6 / 0,2
el fly to quality	[N + Prep + N]	6 / 0,1	2 / 0,4	3 / 0,2	1 / -
la inversión	N	45 / 0,8	1 / 0,2	17 / 1,2	27 / 0,7
invertir	V	16 / 0,3	-	9 / 0,6	7 / 0,2
la orden	N	12 / 0,2	-	7 / 0,5	5 / 0,1
la orden de compra	N de N	5 / 0,1	-	2 / 0,1	3 / 0,1
la orden de venta	N de N	4 / 0,1	-	2 / 0,1	2 / -
la posición (de un inversor)	N	29 / 0,5	3 / 0,6	6 / 0,4	20 / 0,5
la suscripción	N	9 / 0,2	-	-	9 / 0,2
suscribir	V	5 / 0,1	-	-	5 / 0,1

la toma de beneficios	N de N	3 / -	-	-	3 / 0,1
la toma de ganancias	N de N	4 / 0,1	-	1 / 0,1	3 / 0,1
tomar ganancias	V + N	2 / -	-	-	2 / -
la toma de posiciones	N de N	1 / -	-	-	1 / -
tomar posiciones	V + N	7 / 0,1	-	2 / 0,1	5 / 0,1
		209 / 3,8	**11 / 2,2**	**66 / 4,7**	**132 / 3,7**

Die hier aufgelisteten 21 Termini lassen sich in folgende referenz- und (mit einer Ausnahme) begriffsidente Gruppen klassifizieren:

- *colocación - colocar*;
- *demanda - demandar*;
- *diversificar*;
- *efectivizar utilidades - toma de beneficios - toma de ganancias - tomar ganancias* (3 Begriffe);
- *especulación*;
- *fly to quality*;
- *inversión - invertir*;
- *orden*;
- *orden de compra*;
- *orden de venta*;
- *posición*;
- *suscripción - suscribir*;
- *toma de posiciones - tomar posiciones*.

Es können somit 13 unterschiedliche Referenzpotentiale und 15 Begriffe unterschieden werden.

Abgesehen vom Terminus *inversión* auf mittlerer Ebene liegen die relativen Frequenzwerte unter einem Prozent, wir haben es somit mit einer Fülle niederfrequenter Termini zu tun. Wie schon in der vorherigen Gruppe fällt die niedrige Ebene stark ab; wieder ist die mittlere Ebene, was die Frequenzzahlen betrifft, am stärksten vertreten. Auffällig ist, dass alle Termini, die sich auf Gewinnmitnahmen beziehen (Verkauf von Wertpapieren unmittelbar nach einer Kurssteigerung), also *toma de beneficios*, etc., mit einer Ausnahme (1 Vorkommen) nur auf hoher Ebene auftauchen. Demgegenüber zeigt der - sicherlich nicht minder spezialisierte - Terminus *fly to quality* auf niedriger und mittlerer Ebene eine größere Vorkommensfrequenz als auf der hohen. Ich erkläre mir diesen Umstand damit, dass gewisse Informationen, die vermutlich aus besonders prestigeträchtigen Quellen stammen (offizielle Mitteilung der Börse, etc.) von den Verfassern der Börsenberichte in Tageszeitungen einfach übernommen werden, so sie einigermaßen prägnant und verständlich erscheinen.

Zusammenfassende Darstellung:

	gesamt		niedrig		mittel		hoch	
	Anzahl	Freq.	Anzahl	Freq.	Anzahl	Freq.	Anzahl	Freq.
Termini	21 / 7,9	209 / 3,8	4 / 3,8	11 / 2,2	14 / 8,1	66 / 4,7	20 / 8,3	132 / 3,7
Referenten	13 / 10,6		4 / 5,5		11 / 10,6		13 / 10,8	
Begriffe	15 / 7,8		4 / 4,4		11/ 8,1		15 / 8,3	
Muster	5		2		5		5	
N	7	125	3	9	5	37	7	79
N de N	5	17	-	-	3	5	5	12
[N + Prep. + N]	1	6	1	2	1	3	1	1
V	5	51	-	-	4	19	4	32
V + N	3	10	-	-	1	2	3	8

Die Tabelle zeigt die hohe Anzahl an Termini, Begriffen und Referenten bei gleichzeitig relativ geringer Frequenz der hier verzeichneten lexikalischen Einheiten. Die niedrige Ebene fällt in jeder Hinsicht hinter die beiden anderen zurück, zwischen der mittleren und der hohen ist absolut ein weiterer Anstieg bezüglich Zahl der unterschiedenen Termini, Begriffe und Referenten feststellbar, relativ ist dieser kaum ausgeprägt. Die Verhältniszahlen bleiben zwischen den drei Ebenen weitgehend gleich (Begriffe/Referenten: 1 - niedrig und mittel, 1,1 hoch) bei einer leichten Zunahme der synonymischen Variation auf der mittleren und hohen (Termini/Begriffe: 1 - niedrig, 1, 3 mittel und hoch). Auch dieses Ergebnis unterstützt m.E. die oben bereits vertretene These, dass auf niedriger Ebene die Handlungen einzelner Akteure, die ja in dieser Gruppe verzeichnet sind, nicht jene Bedeutung haben, die ihr auf den beiden anderen Ebenen zukommen.

4.4.5.2.1.4. QUALITÄT (Modalität) von AKTION

An die soeben besprochene Gruppe von Termini, genauer gesagt an *inversión* anzuschließen ist ein in nicht-hierarchischer Beziehung stehender Terminus (in zwei orthographischen Varianten), der eine Investitionsmodalität bezeichnet.

Terminus	Form	gesamt	niedrig	mittel	hoch
el block	N	5 / 0,1	-	5 / 0,3	-

el bloque	N	6 / 0,1	1 / 0,2	2 / 0,1	3 / 0,1
		11 / 0,2	**1 / 0,2**	**7 / 0,5**	**3 / 0,1**

Überraschend ist die hohe Frequenz auf mittlerer Ebene (zudem überwiegend in Form eines Fremdworts), was den schon geäußerten Verdacht einer direkten Übernahme aus einer anderen Quelle m.E. stützt.

4.4.5.2.2. AKTION seitens OBJEKT

Schließlich sind in dieser Kategorie auch Termini vertreten, die sich auf Handlungen (in einem weiten Sinn) beziehen, die von den an der Börse unterschiedenen OBJEKTEN realisiert werden.

Terminus	**Form**	**gesamt**	**niedrig**	**mittel**	**hoch**
la cotización	N	10 / 0,2	-	3 / 0,2	7 / 0,1
la cotización bursátil	N + Adj.	1 / -	-	-	1 / -
cotizar	V	83 / 1,5	15 / 3,1	19 / 1,4	49 / 1,4
		94 / 1,7	**15 / 3,1**	**22 / 1,6**	**57 / 1,6**

Es handelt sich um 3 referenz- und begriffsidente Termini, deren Vorkommensfrequenz auf niedriger Ebene erstaunlicherweise überproportional ist. Die Verhältniszahl Termini/Begriffe steigt kontinuierlich (niedrig: 1, mittel: 2, hoch: 3).

4.4.5.3. Zusammenfassung

Insgesamt stellt sich somit die Kategorie AKTION wie folgt dar:

	gesamt		niedrig		mittel		hoch	
	Anzahl	Freq.	Anzahl	Freq.	Anzahl	Freq.	Anzahl	Freq.
Termini	41 / 15,5	677 / 12,4	16 / 15,4	61 / 12,5	29 / 16,8	205 / 14,7	38 / 15,8	411 / 11,5
Referenten	18 / 14,7		8 / 10,9		15 / 14,4		18 / 15	
Begriffe	26 / 13,5		11 / 12,2		19 / 14		25 / 13,9	
Muster	6		3		5		6	

N	17	311	9	24	14	99	16	188
N de N	5	17	-	-	3	5	5	12
[N + Prep. + N]	1	6	1	2	1	3	1	1
N + Adj.	1	1	-	-	-	-	1	1
V	14	332	6	35	10	96	12	201
V + N	3	10	-	-	1	2	3	8

Die Tabelle zeigt, dass der Kategorie AKTION eine große Zahl an Termini zuzuordnen ist und zwar auf allen drei Ebenen. Der relative Wert der Terminuszahl wie auch die Vorkommenshäufigkeit ist auf mittlerer Ebene am höchsten (die Frequenz auf der hohen am geringsten!). Auffallend ist die hohe Zahl an Begriffen und Referenten ebenfalls auf allen drei Ebenen, wobei diesbezüglich die mittlere Ebene in ihrer Komplexität relativ der hohen entspricht. Die Verhältniszahlen zwischen Termini und Begriffen beziehungsweise Begriffen und Referenten sind wiederum sehr ausgeglichen und betragen für die niedrige Ebene 1,4 (in beiden Fällen), 1,5 und 1,3 auf der mittleren sowie 1,5 und 1,4 auf der hohen. Begriffliche und synonymische Variation halten sich auf allen drei Ebenen in etwa die Waage (siehe unten). Deutlich ist an dieser Kategorie zu sehen, wie auf den in der Kategorienstruktur höherrangigen Stufen (allgemeine Bezeichnungen für AKTION seitens AKTEUR und AKTION seitens OBJEKT) die niedrige Fachsprachlichkeitsebene relevanter ist als die anderen beiden, auf den niederrangigen Stufen sich dieses Verhältnis aber umkehrt.

Begriffliche Realisierung pro Referent:

(Die Referenten mit mehr als einer begrifflichen Realisierung sind auf Deutsch angeführt.)

	niedrig		mittel		hoch	
Zahl der Begriffe	Anzahl	Frequenz	Anzahl	Frequenz	Anzahl	Frequenz
1	7	30	13	95	15	188
2						
3			2 Börsengeschäft Wertpapier- Ausgabe	110 67 43	2 Wertpapier- Ausgabe Gewinnmitnahme	67 58 9
4	1 Börsengeschäft	31			1 Börsengeschäft	156

Zahl und Art der synonymen Bezeichnungen pro Begriff (Doppeleinträge sind mit Klammer markiert):

	niedrig		mittel		hoch	
	Anzahl	Freq.	Anzahl	Freq.	Anzahl	Freq.
Reduktion					1 cotización bursátil/ (cotización)	8 1/ (7)
Wortarten-wechsel	4 negocio/ negociación/ negociar operación/ operar transacción/ transar lanzamiento/ lanzar	31 4/ 1 4 3/ 11 4/ 1 2/ 1	9 negocio/ negociación/ negociar operación/ operar transacción/ transar emisión/emitir lanzamiento/lanzar colocación/colocar (dinero) inversión/invertir demanda/ demandar cotización/cotizar	167 13/ 2/ 15 13/ 15 4/ 5 13/15 6/8 1/1 17/9 6/ 2 3/19	12 negocio/ negociar operación/ operar transacción/ transar emisión/emitir lanzamiento/ lanzar colocación/ colocar (dinero) colocación/colocar (título) inversión/invertir suscripción/ suscribir toma de ganancias/ tomar ganancias toma de posiciones/ tomar posiciones cotización/cotizar	337 23/ 47 34/ 41 5/ 3 23/12 3/10 3/8 8/2 27/7 9/5 3/ 2 1/ 5 7/49
Suffix-schwankung	1 (negocio/ negociación)	(5) (4/ 1)	1 (negocio/ negociación)	(15) (13/ 2)		

4.4.5.4. Anhang

Von der Analyse aufgrund geringer Frequenz ausgeschlossen wurden für die Kategorie AKTION folgende Termini:

Terminus	**niedrig**	**mittel**	**hoch**
la inversión financiera			2
la operación de contado			1
la operación de corto plazo		1	
la operación de piso		1	
la transferencia mayorista			2

4.4.6. Die Kategorie RESULTAT

Unter *RESULTAT* werden in diesem Zusammenhang die Ergebnisse (mit Ausnahme von Unternehmensgewinnen bzw. -verlusten) verstanden, die von den an den Börsen Tätigen mittels der von ihnen realisierten Handlungen angestrebt bzw. erreicht werden. Nachdem dieser Kategorie nur fünf Termini zugewiesen wurden, erübrigt sich eine graphische Darstellung. Die Verbindung der einzelnen Termini zum Hauptknoten besteht in Hyperonymie/Hyponymie-Beziehungen.

Terminus	**Form**	**gesamt**	**niedrig**	**mittel**	**hoch**
el beneficio	N	4 / 0,1	-	-	4 / 0,1
la ganancia	N	90 / 1,6	3 / 0,6	19 / 1,4	68 / 1.9
la pérdida	N	77 / 1,4	3 / 0,6	17 / 1,2	57 / 1,6
el rendimiento	N	30 / 0,5	1 / 0,2	4 / 0,3	25 / 0,7
la utilidad	N	3 / -	-	-	3 / 0,1
		204 / 3,7	**7 / 1,4**	**40 / 2,9**	**157 / 4.4**

Es handelt sich bei den registrierten Termini um Einheiten, denen zwei unterschiedliche Referenzpotentiale zugewiesen werden können (bei insgesamt 5 unterschiedlichen Begriffen):
- *beneficio*, *ganancia*, *rendimiento*, *utilidad*[1];
- *pérdida*.

Deutlich ist der Frequenzanstieg mit zunehmender Fachsprachlichkeit erkennbar.

Zusammenfassende Darstellung:

	gesamt		niedrig		mittel		hoch	
	Anzahl	Freq.	Anzahl	Freq.	Anzahl	Freq.	Anzahl	Freq.
Termini	5 / 1,9		3 / 2,9		3 / 1,7		5 / 2,1	
Referenten	2 / 1,6	204 / 3,7	2 / 2,7	7 / 1,4	2 / 1,9	40 / 2,9	2 / 1,7	157 / 4,4
Begriffe	5 / 2,6		3 / 3,3		3 / 2,2		5 / 2,8	

[1] Bei *utilidad* handelt es sich um einen Terminus, der in dieser Bedeutung nur in Lateinamerika und nicht im spanischen Spanisch verwendet wird.

Muster	1		1		1		1	
N	5	204	3	7	3	40	5	157

Die Tabelle zeigt - wie bei der Struktur der Terminus-Gruppe zu erwarten - einen relativen Rückgang der Terminus-, Begriffs- und Referenten-Zahlen, bei gleichzeitig steigender Frequenz.
Ich werte dies als weiteres Indiz dafür, dass mit zunehmender Spezialisierung der Zeitung auch die Perspektive, unter der die Börse gesehen wird, wechselt: Der erreichte oder zu erreichende Gewinn (oder Verlust) für den Anleger stehen immer mehr im Vordergrund.
Die größere Zahl an Termini (und Begriffen) auf hoher Ebene muss insofern etwas relativiert werden, als dort zwei lexikalische Einheiten im Korpus auftreten, die durch sehr geringe Frequenz im Vergleich zu den anderen hervorstechen.
Die Verhältniszahlen zwischen Termini, Begriffen und Referenten sind auf niedriger und mittlerer Ebene gleich (Termini/Begriffe: 1, Begriffe/Referenten: 1,5), auf hoher Ebene erhöht sich letztere auf 2,5 (Termini/Begriffe ebenfalls 1). Es existiert somit keine Synonymie im definierten Sinne, die begriffliche Variation ist auf hoher Ebene stärker ausgeprägt (mit der erwähnten frequenzbedingten Einschränkung).

Begriffliche Realisierung pro Referent:
(Die Referenten mit mehr als einer begrifflichen Realisierung sind auf Deutsch angeführt.)

	niedrig		mittel		hoch	
Zahl der Begriffe	Anzahl	Frequenz	Anzahl	Frequenz	Anzahl	Frequenz
1	1	3	1	17	1	57
2	1	4	1 Gewinn	23		
3						
4					1 Gewinn	100

4.4.7. Die Kategorie AKTIVITÄT

Unter AKTIVITÄT sind hier Kennziffern zu verstehen, die herangezogen werden, um über das Geschehen an der Börse in knappster Form Auskunft zu geben. Es geht dabei um die Intensität der Börsenaktivität und die Entwicklung der Kurse.

4.4.7.1. Struktur

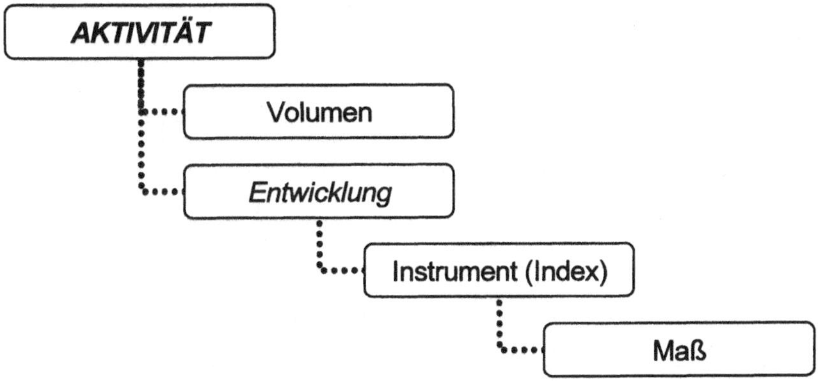

Im Rahmen der Textsorte sind primär zwei Aspekte zu unterscheiden: das gehandelte Volumen und die (wertmäßige) Entwicklung der gehandelten Objekte. Die Beziehung zwischen der Kategorie AKTIVITÄT und den hier eingeordneten Sub-Klassen *Volumen* und *Entwicklung* ist nicht- hierarchischer Natur, sondern als eine Relation des Typs "Messung" bzw. "ist Indikator für" zu sehen. Die Natur der weiteren Unterklassen ist durch ihre Bezeichnung m.E. selbsterklärend. Interessanterweise wird der Aspekt der Entwicklung selbst nicht durch fachsprachliche lexikalische Einheiten bezeichnet. Sehr wohl geschieht dies jedoch bezüglich der zur Bestimmung der Entwicklung verwendeten Instrumente, der Indizes (wobei im Korpus nur Aktienindizes Erwähnung finden) und der Maßeinheit. Es handelt sich hier um die einzige Kategorie, in der überhaupt keine Hyperonymie/Hyponymie-Relationen, sondern nur 3 nicht-hierarchische Beziehungen auftreten.

4.4.7.2. Belegung der Kategorie

4.4.7.2.1. Volumen

Für die Bezeichnung des in einem bestimmten Zeitraum (normalerweise ein Börsentag) erzielten Umsatzes an der Börse findet sich im Korpus eine erstaunliche Fülle von - mit einer Ausnahme (*volumen*) - niedrigstfrequenten Termini.

Terminus	Form	gesamt	niedrig	mittel	hoch
el monto negociado	N + Adj.	3 / -	-	-	3 / 0,1
el monto de los negocios	N de Art. N	1 / -	-	-	1 / -
el nivel de negociación	N de N	2 / -	-	2 / 0,1	-
el nivel de negocios	N de N	2 / -	-	1 / 0,1	1 / -
el nivel operativo	N + Adj.	1 / -	-	-	1 / -
el nivel de transacciones	N de N	1 / -	-	1 / 0,1	-
el total negociado	N + Adj.	2 / -	1 / 0,2	-	1 / -
el volumen	N	55 / 1	6 / 1,2	16 / 1,1	33 / 0,9
el volumen de concurrencia	N de N	5 / 0,1	-	5 / 0,3	-
el volumen de negociación	N de N	4 / 0,1	-	-	4 / 0,1
el volumen negociado	N + Adj.	13 / 0,2	1 / 0,2	2 / 0,1	10 / 0,3
el volumen de lo negociado	N de Art. N	1 / -	1 / 0,2	-	-
el volumen de negocios	N de N	13 / 0,2	4 / 0,8	4 / 0,3	5 / 0,1
el volumen de los negocios	N de Art. N	4 / 0,1	-	3 / 0,2	1 / -
el volumen de operaciones	N de N	1 / -	1 / 0,2	-	-
el volumen de transacciones	N de N	2 / -	-	-	2 / -
		110 / 2	**14 / 2,9**	**34 / 2,4**	**62 / 1,7**

Bei den hier registrierten 16 terminologischen Einheiten müssen 3 unterschiedliche Referenzpotentiale unterschieden werden:

- *volumen de negociación* und *volumen de transacciones* verweisen in den im Korpus registrierten Verwendungsweisen auf die Anzahl der gehandelten Aktien;[1]
- *volumen* kann begriffs- und referenzmäßig außerhalb eines konkreten Kontextes nicht eindeutig zugeordnet werden und wird daher als eigenständige begriffliche und referentielle Einheit behandelt;

[1] Manche der hier verzeichneten Formen werden von verschiedenen Autoren in unterschiedlicher Bedeutung verwendet. Für die vorliegende Klassifizierung wurde primär die im Korpus festgestellte Gebrauchsweise herangezogen. In zwei Fällen (*nivel de transacciones*, *volumen de operaciones*), in denen diese Bestimmung innerhalb des Korpus nicht möglich war, wurde auf andere Kontexte zurückgegriffen.

- die verbleibenden 13 (referenzidenten) Termini verweisen auf wertmäßige Umsätze, unter denen folgende 8 begriffsidente Gruppen unterschieden werden können:
- *monto negociado, monto de los negocios*;
- *nivel de negociación, nivel de negocios*;
- *nivel operativo*;
- *nivel de transacciones*;
- *total negociado*;
- *volumen de concurrencia*;
- *volumen negociado, volumen de lo negociado, volumen de negocios, volumen de los negocios*;
- *volumen de operaciones*.

Deutlich zu sehen ist, dass in den analysierten Texten das bedeutungsmäßig nicht völlig eindeutige *volumen* am häufigsten verwendet wird und es dem Kontext überlassen bleibt, dort wo dies notwendig ist, die semantische Klärung vorzunehmen. Die eigentlich präziseren Termini sind durch eine große Zahl an begrifflich unterschiedlichen und formal uneinheitlichen lexikalischen Einheiten manifestiert, wodurch sich auf diese Art eine gewisse Unschärfe für den nicht so versierten Rezipienten dieser Texte ergibt.

Zusammenfassende Darstellung:

<table>
<tr><th></th><th colspan="2">gesamt</th><th colspan="2">niedrig</th><th colspan="2">mittel</th><th colspan="2">hoch</th></tr>
<tr><th></th><th>Anzahl</th><th>Freq.</th><th>Anzahl</th><th>Freq.</th><th>Anzahl</th><th>Freq.</th><th>Anzahl</th><th>Freq.</th></tr>
<tr><td>Termini</td><td>16 / 6</td><td rowspan="4">110 / 2</td><td>6 / 5,8</td><td rowspan="4">14 / 2,9</td><td>8 / 4,6</td><td rowspan="4">34 / 2,4</td><td>11 / 4,5</td><td rowspan="4">62 / 1,7</td></tr>
<tr><td>Referenten</td><td>3 / 2,4</td><td>2 / 2,7</td><td>2 / 1,9</td><td>3 / 2,5</td></tr>
<tr><td>Begriffe</td><td>11 / 5,7</td><td>4 / 4,4</td><td>5 / 3,7</td><td>8 / 4,4</td></tr>
<tr><td>Muster</td><td>4</td><td>4</td><td>4</td><td>4</td></tr>
<tr><td>N</td><td>1</td><td>55</td><td>1</td><td>6</td><td>1</td><td>16</td><td>1</td><td>33</td></tr>
<tr><td>N + Adj</td><td>4</td><td>19</td><td>2</td><td>2</td><td>1</td><td>2</td><td>4</td><td>15</td></tr>
<tr><td>N de N</td><td>8</td><td>30</td><td>2</td><td>5</td><td>5</td><td>13</td><td>4</td><td>12</td></tr>
<tr><td>N de Art. N</td><td>3</td><td>6</td><td>1</td><td>1</td><td>1</td><td>3</td><td>2</td><td>2</td></tr>
</table>

Die Tabelle zeigt eine absolut steigende und relativ abnehmende Zahl an Termini auf den drei Fachsprachlichkeitsebenen. In allen drei Korpora liegt die relative Zahl der Termini jedoch weit über derjenigen der - relativ ebenfalls fallenden - Vorkommensfrequenzen, was ebenfalls ein Indikator für die terminologische Zersplitterung der Gruppe ist. Die Zahl der Referenten sinkt relativ weniger stark als diejenige der

Termini, für die Begriffe ist zunächst ein relativer Rückgang auf die mittlere und dann wieder ein Anstieg für die hohe Ebene zu beobachten. Die verwendete Terminologie ist in dieser Gruppe auf höherer fachsprachlicher Ebene zumindest nicht eindeutiger als auf niedriger Ebene (siehe 4.4.7.3.).
Die Verhältniszahlen für die Relation Begriffe/Referenten betragen: 2 (niedrig); 2,5 (mittel) und 2,6 (hoch). Außergewöhnlich zeigt sich das Verhältnis Termini/Begriffe, dessen Werte 1,5 (niedrig), 1,6 (mittel) und 1,4 (hoch) betragen, womit auf hoher Ebene die synonymischen Beziehungen relativ weniger sind als auf den anderen beiden Ebenen (absolut natürlich mehr). Desgleichen haben wir mit der Entwicklung der Vorkommensfrequenz dieser Termini ein weiteres Indiz dafür, dass die Darstellung der Gesamt-Performance der Börse auf niedriger Ebene als Information relevanter ist als auf mittlerer und hoher im Gegensatz zu denjenigen Informationen, die für den einzelnen Anleger von Interesse sind.

4.4.7.2.2. Entwicklung - Indizes

Neben den in einem bestimmten Zeitraum getätigten Umsätzen ist die wertmäßige Entwicklung der an den Börsen gehandelten Wertpapiere der zweite wesentliche Parameter in der Charakterisierung der Börsenaktivität. Instrument zur Messung dieser Entwicklung ist der Börsenindex, wobei an vielen Börsen mehrere Indizes - in Abhängigkeit der für die Erstellung herangezogenen Wertpapiere - berechnet werden.[1]

Terminus	Form	gesamt	niedrig	mittel	hoch
el indicador	N	37 / 0,7	11 / 2,2	7 / 0,5	19 / 0,5
el indicador bursátil	N + Adj	5 / 0,1	-	3 / 0,2	2 / -
el índice	N	170 / 3,1	12 / 2,4	31 / 2,2	127 / 3,5
el índice bursátil	N + Adj	8 /0,1	-	1 / 0,1	7 / 0,2
el marcador	N	3 / -	-	-	3 / 0,1
		223 / 4,1	**23 / 4,7**	**42 / 3**	**158 / 4,4**

Die hier registrierten 5 Termini sind referenzident, wobei 3 unterschiedliche Begriffe zu verzeichnen sind. Bei *indicador* und *índice* handelt es sich um Reduktionen von

[1] Diese einzelnen Indizes werden mit Bezeichnungen versehen, deren zweite Komponente den Charakter eines Eigennamen hat ("Index X") und daher hier nicht berücksichtigt wird.

indicador bursátil und *índice bursátil*, wobei sich diese expliziteren Formen auf niedriger Ebene nicht im Korpus finden (und auch auf den anderen Ebenen nur mit geringer Frequenz).
Interessant ist, dass auf mittlerer und hoher Ebene einzig *índice* relevant ist, während auf niedriger Ebene der formal gemeinsprachlicher anmutende Terminus *indicador* die gleiche Frequenz ausweist.
Hinsichtlich der Vorkommenshäufigkeit zeigt sich auch hier das Gewicht dieser Termini-Gruppe auf niedriger Ebene, die auf mittlerer weit weniger präsent ist, sich aber - im Gegensatz zur vorher behandelten - auf hoher Ebene dann wieder erholt.

Zusammenfassende Übersicht:

	gesamt		niedrig		mittel		hoch	
	Anzahl	Freq.	Anzahl	Freq.	Anzahl	Freq.	Anzahl	Freq.
Termini	5 / 1,9	223 / 4,1	2 / 1,9	23 / 4,7	4 / 2,3	42 / 3	5 / 2,1	158 / 4,4
Referenten	1 / 0,8		1 / 1,4		1 / 1		1 / 0,8	
Begriffe	3 / 1,5		2 / 2,2		2 / 1,5		3 / 1,7	
Muster	2		1		2		2	
N	3	210	2	23	2	38	3	149
N + Adj.	2	13	-	-	2	4	2	9

Das Ergebnis der Zählung gibt ein anderes Bild als unter 4.4.7.2.1., obwohl man hier vielleicht eine gewisse Parallelität erwartet hätte. Die Gruppe ist terminologisch einheitlicher, die Vorkommensfrequenzen liegen deutlich über der Zahl der registrierten Termini.
Die Tatsache, dass die Zahl der Termini hier auch relativ steigt, erkläre ich mir damit, dass Indizes weit mehr als Umsätze bei internationalen Vergleichen herangezogen werden, um die Kursentwicklungen an den einzelnen Börsen zu beschreiben, was wiederum zumeist in spezialisierten Medien der Fall ist, während sich weniger spezialisierte Texte eher auf die lokale Börse mit vielleicht der einen oder anderen Referenzbörse beschränken. Aus diesem Grund, d.h. aus der stilistischen Notwendigkeit, die verwendete Terminologie nicht allzu monoton zu gestalten, erklärt sich auch, dass auf mittlerer und höherer Ebene eine größere Zahl an synonymen Formen zu finden ist. Die Verhältniszahlen der Beziehung Begriffe/Referenten betragen: 2 (niedrig und mittel) bzw. 3 (hoch), diejenigen der Relation Termini/Begriffe: 1(niedrig), 2 (mittel) und 1,6 (hoch). Es steigt somit grosso modo die begriffliche und synonymische Variation mit zunehmender Fachsprachlichkeit. Trotzdem bleibt das Faktum, dass die relative Frequenz auf der niedrigen Ebene am größten ist.

4.4.7.2.3. Maß der Entwicklung (des Index)

Als Maßeinheit eines Index werden "Punkte" verwendet, wofür nur eine terminologische Einheit festgestellt werden konnte.

Terminus	Form	gesamt	niedrig	mittel	hoch
el punto	N	192 / 3,5	11 / 2,2	31 / 2,2	150 / 4,2

Nach dem in den vorherigen Kapiteln dieses Abschnitts Gesagten ist die starke Steigerung der Vorkommensfrequenz der hier einzuordnenden terminlogischen Einheit auf hoher Ebene auffällig. Dieses Ergebnis zeigt, dass die Bezugnahme auf die Börsenindizes auf hohem Niveau relativ gesehen zwar nicht häufiger, aber offensichtlich spezifischer und detaillierter erfolgt als auf niedrigem und mittlerem.

4.4.7.3. Zusammenfassung

Insgesamt ergeben sich somit für die Kategorie AKTIVITÄT folgende Werte:

	gesamt		niedrig		mittel		hoch	
	Anzahl	Freq.	Anzahl	Freq.	Anzahl	Freq.	Anzahl	Freq.
Termini	22 / 8,3	525 / 9,6	9 / 8,6	48 / 9,8	13 / 7,5	107 / 7,7	17 / 7	370 / 10,3
Referenten	5 / 4,1		4 / 5,5		4 / 3,8		5 / 4,2	
Begriffe	15 / 7,8		7 / 7,8		8 / 5,9		12 / 6,7	
Muster	4		4		4		4	
N	5	457	4	40	4	85	5	332
N + Adj.	6	32	2	2	3	6	6	24
N de N	8	30	2	5	5	13	4	12
N de Art. N	3	6	1	1	1	3	2	2

In der Tabelle ist eine absolut steigende, relativ jedoch klar fallende Anzahl an Termini auszumachen.
Die Vorkommensfrequenz fällt von der niedrigen auf die mittlere Ebene, steigt dann jedoch auf der hohen auf das höchste Niveau.
Offensichtlich ist es also die mittlere Ebene, die dem hier besprochenen Aspekt der Gesamtperformance von Börsen den geringsten Stellenwert einräumt.

Bezüglich der Referenten und Begriffe ist der Verlauf gleich, auch hier liegt die mittlere Ebene relativ deutlich zurück. Die Werte der niedrigen Ebene übersteigen sogar diejenigen der hohen.
Interessant ist zu beobachten, dass auf allen drei Ebenen die angesprochenen Referenten in einem großen Ausmaß (mindestens die Hälfte der Referenten) mit mehr als einem Begriff versehen werden. Dies scheint mir gerade bei dieser Kategorie, bei der man sich ein - auch terminologisch betrachtet - exaktes Messen der Börsenaktivität erwartet, doch einigermaßen bemerkenswert. Dies umso mehr als die Verhältniszahlen von Begriffen pro Referent von 1,75 (niedrige) auf 2 (mittlere) und 2,4 (hohe Ebene) steigen. Die begriffliche Variation (und hier wohl auch Unschärfe) ist somit auf der hohen Ebene am größten (insbesondere hinsichtlich der terminologischen Erfassung der Volumina).

Begriffliche Realisierung pro Referent:
(Die Referenten mit mehr als einer begrifflichen Realisierung sind auf Deutsch angeführt.)

	niedrig		mittel		hoch	
Zahl der Begriffe	Anzahl	Frequenz	Anzahl	Frequenz	Anzahl	Frequenz
1	2	11	2	31	2	152
2	1 Börsenindex	23	1 Börsenindex	42	1 Börsenumsatz (Zahl der Wertp.)	6
3	1 Börsenumsatz (Gesamtwert)	14			1 Börsenindex	158
4			1 Börsenumsatz (Gesamtwert)	34		
5					1 Börsenumsatz (Gesamtwert)	54

Gleiches lässt sich vom Vorliegen von synonymen Formen sagen, wo die Verhältniszahlen Termini pro Begriff von 2,2 (niedrige) auf 3,2 (mittlere) und 3,4 (hohe Ebene) steigen. Der absolute Anstieg der Zahl an Termini erklärt sich somit in dieser Kategorie durch eine Kombination von stärkerer begrifflicher und synonymer Variation und nur in ganz geringem Ausmaß durch eine größere Zahl an Referenten. Die Zahl der Synonyme steigt, es liegt auf mittlerer und hoher Ebene auch eine größere Anzahl an Synonymie-Typen vor.

Zahl und Art der synonymen Bezeichnungen pro Begriff (Doppeleinträge sind mit Klammer markiert):

	niedrig		mittel		hoch	
	Anzahl	Freq	Anzahl	Freq.	Anzahl	Freq.
N de N ⇔ Relationsadj.	1 volumen de negocios/volumen de lo negociado/ volumen negociado	6 4/ 1/ 1	1 volumen de negocios/volumen de los negocios/ volumen negociado	9 4/ 3/ 2	2 monto de los negocios/monto negociado volumen de negocios/volumen de los negocios/ volumen negociado	20 1/ 3 5/ 1/ 10
N de N ⇔ N de Art. N	1 (volumen de negocios/ volumen de lo negociado)	(5) (4/ 1)	1 (volumen de negocios/volumen de los negocios	(7) (4/ 3)	1 volumen de negocios /volumen de los negocios	(6) (5/ 1)
Reduktion			2 indicador bursátil/ indicador índice bursátil/ índice	42 3/ 7 1/31	2 indicador bursátil/ indicador índice bursátil/ índice	155 2/ 19 7/ 127
Suffix-schwankung			1 nivel de negociación/ nivel de negocios	3 2/ 1		

4.4.8. Die Kategorie QUALITÄT

Unter QUALITÄT sind terminologisch relevante Eigenschaften registriert, die mehreren der behandelten Kategorien zukommen und bisher noch nicht (auch nicht als Bestandteil eines Terminus) erfasst wurden.

Terminus	Form	gesamt	niedrig	mittel	hoch
especulativo	Adj.	11 / 0,2	1 / 0,2	4 / 0,3	6 / 0,2
el plazo	N	79 / 1,4	7 / 1,4	9 / 0,6	63 / 1,8
la liquidez[1]	N	24 / 0,4	1 / 0,2	1 / 0,1	22 / 0,6

[1] *Líquido* wurde bereits unter OBJEKT behandelt.

la volatilidad	N	38 / 0,7	2 / 0,4	8 / 0,6	28 / 0,8
volátil	Adj.	11 / 0,2	-	3 / 0,2	8 / 0,2
		163 / 3	**11 / 2,2**	**25 / 1,8**	**127 / 3,5**

Es handelt sich hier um eine kleine und sehr heterogene Gruppe von Termini, die sich einer weiteren Strukturierung entzieht. Bei den 5 erfassten Termini können 4 Referenten mit ebenso vielen begrifflichen Realisierungen unterschieden werden. Zu beachten ist, dass *especulativo* referentiell-begrifflich mit dem Terminus *especulación* übereinstimmt, der allerdings unter AKTION bereits behandelt wurde.

Zusammenfassende Darstellung:

<table>
<tr><th></th><th colspan="2">gesamt</th><th colspan="2">niedrig</th><th colspan="2">mittel</th><th colspan="2">hoch</th></tr>
<tr><th></th><th>Anzahl</th><th>Freq.</th><th>Anzahl</th><th>Freq.</th><th>Anzahl</th><th>Freq.</th><th>Anzahl</th><th>Freq.</th></tr>
<tr><td>Termini</td><td>5 / 1,9</td><td rowspan="4">163 / 3</td><td>4 / 3,8</td><td rowspan="4">11 / 2,2</td><td>5 / 2,9</td><td rowspan="4">25 / 1,8</td><td>5 / 2,1</td><td rowspan="4">127 / 3,5</td></tr>
<tr><td>Referenten</td><td>4 / 3,3</td><td>4 / 5,4</td><td>4 / 3,8</td><td>4 / 3,3</td></tr>
<tr><td>Begriffe</td><td>4 / 2,1</td><td>4 / 4,4</td><td>4 / 2,9</td><td>4 / 2,2</td></tr>
<tr><td>Muster</td><td>2</td><td>2</td><td>2</td><td>2</td></tr>
<tr><td>N</td><td>3</td><td>130</td><td>3</td><td>10</td><td>3</td><td>7</td><td>3</td><td>113</td></tr>
<tr><td>Adj.</td><td>2</td><td>33</td><td>1</td><td>1</td><td>2</td><td>18</td><td>2</td><td>14</td></tr>
</table>

Die erfassten Termini, Referenten und Begriffe zeigen kaum Unterschiede auf den drei Ebenen, (weswegen die relativen Werte sinken), sehr wohl variiert hingegen ihre Vorkommensfrequenz, die von einer schon eher mäßigen Präsenz auf niedriger Ebene noch weiter abfällt, um dann auf hohem Niveau doch recht deutlich anzusteigen. Die Verhältniszahl Begriffe/Referent beträgt auf allen Ebenen 1, diejenige zwischen Termini und Begriffen 1 auf der niedrigen bzw. 1,2 auf der mittleren und hohen.

Zahl und Art der synonymen Bezeichnungen pro Begriff:

	niedrig		mittel		hoch	
	Anzahl	Freq	Anzahl	Freq.	Anzahl	Freq.
Wortarten-wechsel			1 volatilidad/volátil	11 8/3	1 volatilidad/volátil	36 28/8

4.4.9. Zusammenfassende Übersicht aller Kategorien

Nachdem bis hierher die unterschiedenen semantischen Grundkategorien mit den ihnen zuordenbaren referentiellen, begrifflichen und terminologischen Einheiten einzeln behandelt wurden, sollen die Werte nun in einer Gesamtübersicht dargestellt werden.
Insgesamt präsentiert sich das terminologische Universum des analysierten Korpus wie folgt (die angegebenen Werte stellen jeweils 100% der jeweiligen Teilkorpora dar):

	gesamt		niedrig		mittel		hoch	
	Anzahl	Frequenz	Anzahl	Frequenz	Anzahl	Frequenz	Anzahl	Frequenz
Termini	265	5458	104	489	173	1396	241	3573
Referenten	122		73		104		120	
Begriffe	193		90		136		180	
Muster[1]	27		17		17		25	

Nimmt man das Größenverhältnis der Teilkorpora (gemessen an deren Gesamtwortzahl) von 1:3:6 zur Basis, so zeigt auch die Gesamtsicht, dass die Zahl der isolierten terminologischen Einheiten, Referenten und unterschiedenen Begriffe weit hinter dieser Relation zurückbleiben. Dieser Befund ändert sich auch dann nicht, wenn man die aus der Analyse auf Grund ihrer geringen Vorkommensfrequenz ausgeschlossenen fachsprachlichen Einheiten berücksichtigt (auf niedriger Ebene insgesamt 4, auf mittlerer 45, auf hoher 73). In diesem Fall ergeben sich naturgemäß Verschiebungen hinsichtlich der Zahl der Termini, Referenten und Begriffe, das Verhältnis übersteigt aber in keinem Fall eine Relation von 1:2:3. Die Anzahl unterschiedlicher Termini, die ein Rezipient (Leser) der analysierten Tageszeitungen kennen muss, um die in ihnen enthaltenen Börsenberichte zu verstehen, wächst also nicht proportional zum Umfang der Artikel und zur Zahl der in ihnen enthaltenen Wörter.
Das Bild ändert sich, wenn man die Vorkommensfrequenzen der terminologischen Einheiten auf den drei Ebenen vergleicht, denn diese steigen sehr wohl einigermaßen proportional zu den Größen der drei Teilkorpora.
Interessant sind die Zuwachsraten, die sich bei den erhobenen Werten zwischen den einzelnen fachsprachlichen Ebenen ergeben:

[1] Von der Auflistung der einzelnen Terminusformen wird an dieser Stelle wegen ihrer Komplexität angesehen. Siehe dazu 4.6.

	niedrig - mittel		mittel - hoch	
	Anzahl	Frequenz	Anzahl	Frequenz
Wortzahl Teilkorpora insg.	168%		155%	
Termini	66%	185%	40%	156%
Referenten	42%		15%	
Begriffe	51%		32%	

Die Berechnung der Zuwachsraten zeigt, dass der Unterschied im Grad der Fachsprachlichkeit - was den lexikalischen Aspekt betrifft - zwischen niedriger und mittlerer Ebene größer ist als zwischen mittlerer und hoher. Anders formuliert: In der (wohl stark idealisierten) Annahme, dass ein Leser einer Zeitung alle lexikalischen Elemente der von ihm rezipierten Texte versteht, ist der Wissenszuwachs, der beim Leser einer Qualitätszeitung gegenüber dem Rezipienten eines Massenblatts vorausgesetzt wird, relativ größer als der Wissenszuwachs zwischen dem Leser einer Qualitätszeitung und demjenigen eines Wirtschaftsblatts. Auch hier gilt, dass die Berücksichtigung der aus der Analyse ausgeschlossenen terminologischen Einheiten diese Tendenz nicht ändert, sondern - im Gegenteil - noch verstärkt.
Klar zu sehen ist weiters, dass die Anzahl der registrierten Termini weit stärker steigt, als diejenige der unterschiedenen Begriffe oder gar der Referenten, die zwischen mittlerer und hoher Ebene nur um 15% zunimmt. Dies lässt den Schluss zu, dass zunehmende Fachsprachlichkeit in dieser Textsorte etwas mit einer größeren Vielfalt an begrifflichen Fassungen derselben Referenten und einem größerem Reichtum an synonymen Formen zu tun hat. Von einer zunehmend eineindeutigen Beziehung zwischen Terminus und Referent oder auch Signifikant und Signifikat der terminologischen Einheit bei zunehmender Fachsprachlichkeit scheint also keine Rede zu sein.
Eine weitere - nicht ganz so offensichtliche - Interpretation ist aus der obigen Berechnung ableitbar: Beim Sprung von der niedrigen auf die mittlere Ebene ist die Zunahme bei der Zahl der Begriffe pro Referent weniger stark ausgeprägt als diejenige der Termini pro Begriff. Die durch Synonymie verursachte Terminusvariation hat also relativ stärkeres Gewicht als diejenige, die durch eine größere Zahl an Begriffen pro Referent bedingt ist. Beim Sprung von der mittleren auf die hohe fachsprachliche Ebene kehrt sich dieses Verhältnis um: Primär ist hier eine größere Zahl an Begriffen pro Referent festzustellen, sekundär hingegen erscheint die Variation durch Synonymie. Die Verhältniszahlen zwischen Begriffen und Referenten bzw. zwischen Termini und Begriffen auf den drei Ebenen bestätigen diesen Befund. Betragen erstere 1,2 (niedrig), 1,3 (mittel) und 1,5 (hoch), womit ein kontinuierlicher Anstieg an begrifflicher Variation vorliegt, so belaufen sich letztere auf 1,2 (niedrig) und 1,3 (mittel

und hoch). Das Ausmaß der synonymischen Variation stagniert somit zwischen mittlerer und hoher Ebene (zu den beiden angesprochenen Aspekten siehe 4.5.3. und 4.5.4.). Auffallend ist auch die gleichbleibende Zahl an unterschiedlichen formalen Terminusmustern auf niedriger und mittlerer Ebene und deren starker Anstieg auf der hohen (siehe dazu 4.6.).
Ob diese hier anhand aggregierter Zahlen getroffenen Schlussfolgerungen in allen Bereichen zutreffen, wie sie gegebenenfalls im Einzelfall modifiziert werden müssen und wie sich die hier angesprochenen Aspekte im Detail darstellen, sollen die folgenden Kapitel klären.

4.5. MAKROSEMANTISCHE ANALYSE

In den nun folgenden Kapiteln wird zur Komplettierung der Analyse ein Perspektivwechsel vollzogen, und zwar in dem Sinn, dass - mit Ausnahme der unterschiedlichen Terminusformen - die bisher in der Besprechung der einzelnen Kategorien unterschiedenen Aspekte (konzeptuelle Struktur der Kategorien, Zahl und Frequenz der Termini, begriffliche Variation, synonymische Variation) nun zum Ausgangspunkt des Vergleichs der drei angesetzten fachsprachlichen Ebenen werden. "Makrosemantisch" ist dabei dahingehend zu interpretieren, dass es sich auch hierbei nicht um eine Bedeutungsanalyse einzelner Termini handeln wird, sondern dass sie auf einer allgemeineren Ebene ansetzt, die - so wie in der realen Rezeption der Texte dieser Textsorte - das Verständnis des Einzelterminus voraussetzt (siehe dazu 3.3.).

4.5.1. Semantische Struktur der Kategorien

Erster Schritt der Analyse der erhobenen terminologischen Einheiten und Ausgangspunkt für die Beschreibung der fachlexikalischen Strukturierung war die Zuordnung der Termini zu den acht Grundkategorien ZEIT, ORT/INSTITUTION, AKTEUR, OBJEKT, AKTION, RESULTAT, AKTIVITÄT und QUALITÄT. Außer den Kategorien RESULTAT und QUALITÄT, denen jeweils nur sehr wenige Termini zugeordnet wurden, weisen alle anderen eine mehr oder minder komplexe Binnenstrukturierung auf, die - ohne Einbeziehung des Startknotens - zwischen zwei und fünf Ebenen umfasst (Zeit: 2 Ebenen; ORT/INSTITUTION: 4 Ebenen; AKTEUR: 5 Ebenen; alle anderen 3 Ebenen). Die hierarchische Strukturierung wurde dabei bis auf eine Ebene geführt, auf der die einzelnen Klassen semantisch noch einigermaßen homogen erschienen, zugleich aber noch generalisierenden Wert hatten, also nicht bis auf die Ebene des einzelnen Begriffs oder Terminus herunter. Eine theoretisch

mögliche, feinere Strukturierung hätte in der Darstellung und Analyse zu großer Verkomplizierung geführt und kaum mehr als die Behandlung einzelner Termini ermöglicht, was nicht Ziel der Untersuchung ist.
Die überwiegende Mehrzahl der innerhalb der einzelnen Kategorien festgestellten Beziehungen zwischen den terminologischen Einheiten sind Hyperonymie/Hyponymie-Relationen. An anderen Beziehungen brauchten lediglich folgende Typen angesetzt werden: *Teil-Ganzes*, *Gesamtheit*, *Qualität* (*Modalität*), *Messung* (mit den Spezifizierungen *Instrument* und *Maß*).
Die Anzahl der unterschiedlichen Typen an Beziehungen beschränkt sich in drei Kategorien (ZEIT, ORT/INSTITUTION, AKTION) auf 2, in der Kategorie AKTIVITÄT auf *Messung* (mit den Sub-Relationen: *Instrument* und *Maß*) und in der Kategorie OBJEKT auf 4. In der Kategorie AKTEUR liegen nur Hyperonymie/Hyponymie-Beziehungen vor.
In nur zwei Fällen (in den Kategorien OBJEKT und AKTIVITÄT) lassen sich nicht-hierarchische Beziehungen festellen, die in einer logischen Abfolge zu sehen sind. Die Schlussfolgerung, die aus dieser zusammenfassenden Beschreibung der lexikalischen Strukturierung der einzelnen Kategorien gezogen werden muss, ist m.E., dass das terminologische Universum in der untersuchten Textsorte relativ einfach geartet ist. Sind die Grundkategorien einmal festgemacht, stehen die entsprechenden terminologischen Einheiten mit wenigen Ausnahmen in hierarchischer Anordnung mittels Hyperonymie/Hyponymie-Relationen. Die wenigen anderen Beziehungen scheinen mir in Hinblick auf ihre semantische Natur ebenfalls keine besondere Hürde für das Verständnis der terminologischen - und damit partiell auch der fachlichen - Zusammenhänge darzustellen.

4.5.2. Dimension der Kategorien

Der für unsere Untersuchung besonders wesentliche Aspekt des Umfangs der einzelnen Grundkategorien beziehungsweise der in ihnen unterschiedenen Teilkategorien ist bisher nur implizit zur Sprache gekommen. Wir sind somit bei der zentralen Frage der Existenz und Frequenz der einzelnen terminologischen Einheiten in den einzelnen Grundkategorien und auf den jeweiligen Hierarchiestufen angekommen.

4.5.2.1. Überblick über die Grundkategorien

Die erste Frage, die sich in der Behandlung der vertikalen Variation in unserer Perspektive stellt, zielt auf die Bedeutung der acht unterschiedenen Grundkategorien auf den jeweiligen fachsprachlichen Ebenen. Zu ihrer Klärung sind zwei Aspekte heranzuziehen: die Anzahl der jeweils enthaltenen Termini (die auch in gewissem

Maß deren innere Komplexität widerspiegelt) und die Frequenz mit der diese Termini in den jeweiligen Teilkorpora verwendet werden. Die beiden Aspekte werden zur besseren Übersichtlichkeit getrennt dargestellt und erst in der Interpretation in ihrem Wechselspiel behandelt. Nachdem hier der prozentuelle Anteil an der Gesamtterminuszahl bzw. an der Gesamtvorkommensfrequenz der terminologischen Einheiten im jeweiligen Teilkorpus relevant ist, sind die Prozentzahlen in der Tabelle fett gesetzt.

Terminuszahlen in den einzelnen Kategorien

Kategorie	gesamt		niedrig		mittel		hoch	
	absolut	%	absolut	%	absolut	%	absolut	%
GESAMT	265	**100**	104	**100**	173	**100**	241	**100**
ZEIT	12	**4,5**	6	**5,8**	8	**4,6**	12	**4,9**
ORT/INSTITUTION	42	**15,8**	22	**21**	28	**16**	35	**14,5**
AKTEUR	60	**22,6**	19	**18**	42	**24**	58	**24,1**
OBJEKT	78	**29,4**	25	**24**	45	**26**	71	**29,5**
AKTION	41	**15,5**	16	**15**	29	**17**	38	**15,8**
RESULTAT	5	**1,9**	3	**2,9**	3	**1,7**	5	**2,1**
AKTIVITÄT	22	**8,3**	9	**8,6**	13	**7,5**	17	**7**
QUALITÄT	5	**1,9**	4	**3,8**	5	**2,9**	5	**2,1**

Bringt man diese Zahlen in eine Art Rangordnung, so ergibt sich:
Die Kategorie OBJEKT ist auf allen drei Ebenen diejenige, die den Rezipienten dieser Textsorten mit den meisten unterschiedlichen Termini konfrontiert, wobei die Zahl der Einheiten mit zunehmender Fachsprachlichkeit kontinuierlich steigt.
An zweiter Stelle liegt - mit Ausnahme der niedrigen Ebene - die Kategorie AKTEUR, mit de facto identischem relativen Gewicht auf der mittleren und hohen fachsprachlichen Ebene. Auf der niedrigen Ebene ist hier ein deutlicher Abfall von 6 Prozentpunkten zu bemerken, ein weiterer deutlicher Hinweis darauf, dass auf dieser Ebene die Kategorie nicht ganz jene Rolle spielt, die ihr auf den anderen beiden Ebenen zukommt.
Genau umgekehrt verhält es sich bei der Kategorie ORT/INSTITUTION. Ist diese auf mittlerer und hoher Ebene bereits klar abgeschlagen an vierter Stelle zu finden, so nimmt sie auf niedriger Ebene den zweiten Platz ein mit deutlich höherem relativen Gewicht (die Differenz zu den anderen Ebenen beträgt 5 bzw. 7 Prozentpunkte).
Die vierte Position in dieser Rangliste nimmt insgesamt (und auf niedriger Ebene) die Kategorie AKTION ein, auf der hohen und mittleren Ebene rangiert diese Kategorie knapp vor ORT/INSTITUTION. Die mittlere Ebene erreicht hier den höchsten Wert.

Die weiteren 4 Kategorien zeichnen sich durch ein relatives Gewicht im jeweiligen Teilkorpus von weniger als 10 % aus, wobei hier auch die absoluten Zahlen so gering werden, dass eine Interpretation nur mit größter Vorsicht vorgenommen werden kann. Interessant erscheinen mir vor allem zwei Aspekte:
Die Kategorie AKTIVITÄT ist, was die Terminuszahl betrifft, auf der niedrigen Ebene relativ am stärksten vertreten. Nachdem in dieser Kategorie jene terminologischen Einheiten zusammengefasst sind, die sich auf die Gesamtperformance der Börse beziehen, unterstützt auch dieses Faktum die nun schon wiederholt geäußerte These, dass auf niedriger Ebene die Börse als Ganzes eine größere Rolle spielt als das Verhalten einzelner Akteure. Ferner ist zu beobachten, dass die Kategorie ZEIT mit zunehmender Fachsprachlichkeitsebene an relativem Gewicht verliert. Es drängt sich somit der Schluss auf, dass auf niedriger Ebene die zeitliche und örtliche Lokalisierung des Geschehens und dann die Gesamtperformance der Börse als Barometer der Gesamtwirtschaft die in dieser Textsorte wesentliche Perspektive ist.

Hinsichtlich der Vorkommensfrequenzen der terminologischen Einheiten präsentieren sich die acht Grundkategorien wie folgt:

Kategorie	gesamt		niedrig		mittel		hoch	
	absolut	%	absolut	%	absolut	%	absolut	%
GESAMT	5458	**100**	489	**100**	1396	**100**	3573	**100**
ZEIT	430	**7,9**	41	**8,4**	101	**7,2**	288	**8,1**
ORT/INSTITUTION	1269	**23,2**	158	**32**	338	**24**	773	**21,6**
AKTEUR	896	**16,4**	72	**15**	244	**18**	580	**16,2**
OBJEKT	1294	**23,7**	91	**19**	336	**24**	867	**24,3**
AKTION	677	**12,4**	61	**13**	205	**14,7**	411	**11,5**
RESULTAT	204	**3,7**	7	**1,4**	40	**2,9**	157	**4,4**
AKTIVITÄT	525	**9,6**	48	**9,8**	107	**7,7**	370	**10,3**
QUALITÄT	163	**3**	11	**2,2**	25	**1,8**	127	**3,5**

Die sich für die Vorkommensfrequenzen ergebenden Prozentsätze präsentieren sich im Vergleich zu denjenigen, die für die Terminuszahlen erhoben worden, nicht ganz unähnlich. Mit leichten Änderungen in der Rangordnung nehmen auch hinsichtlich der Frequenzen die an Termini reichsten Kategorien die vordersten Plätze ein und die an Termini ärmsten die hinteren. Interessanter als dieses an sich naheliegende Ergebnis ist die Frage, ob das Verhältnis der Prozentsätze zwischen den drei fachsprachlichen Ebenen den oben festgestellten Tendenzen entspricht.

Insgesamt an erster Stelle findet sich ebenfalls die Kategorie OBJEKT, die aber auf der niedrigen und mittleren Ebene (im letzteren Fall aber mit minimalster Differenz) auf den zweiten Platz hinter ORT/INSTITUTION zurückfällt. Geradezu erstaunlich ist dabei die Differenz, die sich dabei zwischen der niedrigen und der hohen Ebene auftut und die mehr als 10 Prozentpunkte beträgt. Steigen die Terminusfrequenzen der Kategorie OBJEKT mit zunehmender Fachsprachlichkeit kontinuierlich an, so fallen sie bei ORT/INSTITUTION stark ab, wobei sich die stärkste Differenz zwischen der niedrigen und den anderen beiden Ebenen auftut. Die oben bereits gezogene Schlussfolgerung, dass der räumlich-institutionellen Verortung des Börsengeschehens auf niedriger fachsprachlicher Ebene eine besondere Bedeutung zukommt, findet sich somit auch hinsichtlich der Terminusfrequenzen bestätigt. Es ist diesbezüglich allerdings zu berücksichtigen, dass - neben den in den jeweiligen Kapiteln angeführten Erklärungsansätzen (siehe 4.4.1. und 4.4.2.) - die räumlich/institutionelle und zeitliche Bestimmung des Börsengeschehens in den einzelnen Börsenberichten ein gleichsam obligatorisches Element ist, das nach einer einmaligen Behandlung nicht weiter ausgeführt werden braucht. Da tendenziell mit zunehmender Fachsprachlichkeit die Textlänge zunimmt, verliert dieser Aspekt dann relativ an Gewicht.
Es folgt an dritter Stelle auf allen drei Ebenen die Kategorie AKTEUR, deren Gewicht hinsichtlich der Frequenz auf mittlerer am höchsten und auf niedriger Ebene am geringsten ist. Auch dieses Ergebnis ist im Verlauf der Untersuchung bereits angeklungen: Den am Börsengeschehen teilhabenden Akteuren wird auf mittlerer Ebene offenbar mehr Platz eingeräumt als auf den anderen beiden Ebenen, wobei die niedrige Ebene dieser Kategorie eindeutig den geringsten Stellenwert zuweist. Ich interpretiere dies dahingehend, dass sich die dieser Fachsprachlichkeitsebene zugewiesenen Zeitungen ganz gezielt an eine Leserschaft wenden, die in der einen oder anderen Form bereits direkt an den Aktivitäten an der Börse teilhat, sei es als Teilhaber eines Investmentfonds, Anleihenzeichner, Aktienbesitzer o.ä. Dementsprechend ist bezüglich der Kategorie AKTION die mittlere Ebene wie schon bei der Terminuszahl auch bei der Vorkommensfrequenz am stärksten präsent.
Die restlichen vier Kategorien weisen wiederum jeweils weniger als 10 % der Vorkommen auf. Interessant erscheint mir festzuhalten, dass die Kategorie AKTIVITÄT auf mittlerer Ebene relativ schlecht vertreten ist. Auch dieser Befund stützt meine Annahme, dass die Gesamtperformance der Börse als Barometer für die Wirtschaftslage und -entwicklung auf mittlerer Ebene nicht im Mittelpunkt des Interesses steht. Die hohe Ebene positioniert sich in dieser Kategorie hier - im Gegensatz zur Terminuszahl - am stärksten (allerdings dicht gefolgt von der niedrigen). Ähnliches gilt für die Kategorie ZEIT, auch hier bleibt die mittlere Ebene deutlich hinter den anderen beiden zurück. Schließlich ist die an vorletzter Stelle platzierte Kategorie RESULTAT auf niedrigster Ebene wenig präsent, um dann einen kontinuierlichen Anstieg zu verzeichnen. Die an sich einen gewissen Sonderfall darstellende Kategorie der QUALITÄT entzieht sich m.E. im hier zur Diskussion stehenden Aspekt einer Interpretation.

Das Bild, dass sich aus den vorliegenden Zahlen ergibt, lässt somit wie folgt nachzeichnen: Auf niedriger Ebene steht die zeitlich-örtlich/institutionelle Situierung des Geschehens an der Börse und dessen Gesamtentwicklung im Vordergrund, während einzelnen Akteuren, deren Handlungen und den erzielten Resultaten relativ weniger Beachtung geschenkt wird. Genau umgekehrt verhält es sich auf der mittleren fachsprachlichen Ebene, in der genau diese Aspekte einen - im Vergleich zu den anderen beiden Ebenen - größeren Stellenwert einnehmen. Es scheint somit, dass die niedrige und mittlere Ebene das Handlungsspiel Börse aus unterschiedlichen Perspektiven beleuchten. Ausgeglichener präsentiert sich die hohe fachsprachliche Ebene, in der beide Perspektiven zusammengeführt werden, der räumlich/institutionellen Lokalisierung dabei allerdings etwas weniger Raum gegeben wird (oder werden muss).

4.5.2.2. Terminuszahl und Frequenz nach Rangordnung der Kategorien

Neben der Verteilung auf die einzelnen Grundkategorien ist als zweiter Gesichtspunkt für eine unterschiedliche Strukturierung der terminologischen Bestände auf den einzelnen fachsprachlichen Ebenen derjenige der Verteilung auf die Rangebenen innerhalb der jeweiligen Strukturen denkbar.

Geht man davon aus, dass - beginnend mit dem Startknoten jedes Strukturbaums - mit absteigendem Rang grosso modo jeweils spezifischere Terminologie erfasst wurde, so ist die Annahme naheliegend, dass mit zunehmender Fachsprachlichkeit eine Verschiebung der erfassten Terminologie von den oberen zu den unteren Rängen stattfinden müsste.[1]

Auch in dieser Hinsicht ist sowohl die Anzahl als auch die Vorkommensfrequenz der terminologischen Einheiten relevant. Bei der Interpretation der hier präsentierten Ergebnisse ist allerdings insofern Vorsicht angebracht, als die Zuordnung der einzelnen terminologischen Einheiten zu den einzelnen Rängen aus zwei Gründen nur relativen Wert haben kann: Zum einen wurden, um die Logik der Strukturierung nachzuzeichnen, sozusagen "virtuelle" Kategorien (und damit "Ränge") inkludiert, denen dann keine "eigenen" Termini zugeordnet wurden, zum anderen ist die Strukturierung zur besseren Übersichtlichkeit nicht bis zum - theoretisch niedrigsten - Rang des einzelnen Referenten durchgezogen.

Die erzielten Resultate zeigen somit Tendenzen an, und es kann sich nicht darum handeln, einzelne Termini oder Terminusgruppen auf einer bestimmten Rangebene festzumachen.

---

[1] Ich verwende hier die Bezeichnungen "obere" (mit dem Startknoten als dem obersten) und "untere Ränge", um einer Verwechslung mit den Fachsprachlichkeitsebenen (niedrig, mittel, hoch) vorzubeugen.

Gesamtzahl der erfassten terminologischen Einheiten nach Rangordnung in den Strukturbäumen:

	niedrig		mittel		hoch	
	Anzahl	%	Anzahl	%	Anzahl	%
Startknoten	17	**16,3**	25	**14,4**	30	**12,4**
1. Rang	25	**24**	38	**22**	42	**17,4**
2. Rang	33	**31,7**	67	**38,7**	100	**41,5**
3. Rang	14	**13,5**	23	**13,3**	37	**15,3**
4. Rang	9	**8,6**	10	**5,8**	13	**5,4**
5. Rang	6	**5,8**	10	**5,8**	19	**7,9**

Die Gesamtübersicht der Zahlen aller Kategorien scheint die oben formulierte Annahme zunächst zu bestätigen. Die Anzahl an terminologischen Einheiten ist relativ gesehen in den oberen Rängen (Startknoten und 1. Rang) auf der niedrigen fachsprachlichen Ebene am größten und fällt dann kontinuierlich. Ab dem 2. Rang kehrt sich diese Tendenz um, wobei allerdings nur der 2. Rang hier eine gewisse Eindeutigkeit aufweist. Die Ränge 3 und 5 verzeichnen de facto eine Stagnation zwischen niedriger und mittlerer Ebene mit einem klaren Anstieg zur hohen, der 4. Rang bildet überhaupt eine Ausnahme und folgt dem Muster der obersten beiden Ränge.

Gesamtvorkommensfrequenz der erfassten terminologischen Einheiten nach Rangordnung in den Strukturbäumen:

	niedrig		mittel		hoch	
	Frequenz	%	Frequenz	%	Frequenz	%
Startknoten	149	**30,5**	409	**29,3**	986	**27,6**
1. Rang	92	**18,8**	251	**18**	692	**19,4**
2. Rang	150	**30,7**	410	**29,4**	1140	**31,9**
3. Rang	62	**12,7**	220	**15,7**	574	**16,1**
4. Rang	27	**5,5**	51	**3,6**	72	**2**
5. Rang	9	**1,8**	55	**3,9**	109	**3**

Hinsichtlich der Vorkommensfrequenz der terminologischen Einheiten erscheint mir die Situation noch ein wenig undeutlicher, bestätigen doch nur der Startknoten und der 3. Rang eindeutig die Hypothese. Bereits im ersten Rang trifft sie nicht zu, der 4. Rang bildet wieder die bereits konstatierte Ausnahme, die mittlere fach-

sprachliche Ebene zeigt in den Rängen 2 und 5 ein überraschendes Verhalten. Die erhobenen Gesamtwerte scheinen mir kein definitives Urteil hinsichtlich der hier behandelten Fragestellung zuzulassen. Allenfalls könnte man von einer gewissen Tendenz der terminologischen Bestände zur Verschiebung zu den unteren Rängen bei zunehmender Fachsprachlichkeit festhalten, doch ist dieses Ergebnis wenig überzeugend, insbesondere auch die Unterschiede insgesamt zahlenmäßig eher gering ausgeprägt sind.
Etwas anders stellt sich die Sachlage dann dar, wenn man die Werte innerhalb der einzelnen Kategorien betrachtet.

Zahl der erfassten terminologischen Einheiten nach Rangordnung in den einzelnen Grundkategorien:

	niedrig		mittel		hoch	
	Anzahl	%	Anzahl	%	Anzahl	%
Zeit	3	**2,9**	4	**2,3**	6	**2,5**
1.Rang	-	-	-	-	-	-
2.Rang	3	**2,9**	4	**2,3**	6	**2,5**
Ort/Institution	10	**9,6**	12	**6,9**	12	**5**
1.Rang	-	-	-	-	-	-
2.Rang	6	**5,8**	7	**4**	15	**6,2**
3.Rang	1	**1**	5	**2,9**	2	**0,8**
4.Rang	5	**4,8**	4	**2,3**	6	**2,5**
Akteur	-	-	-	-	-	-
1.Rang	1	**1**	3	**1,7**	3	**1,2**
2.Rang	8	**7,7**	22	**12,7**	28	**11,6**
3.Rang	-	-	1	**0,6**	1	**0,4**
4.Rang	4	**3,8**	6	**3,5**	7	**2,9**
5.Rang	6	**5,8**	10	**5,8**	19	**7,9**
Objekt	4	**3,8**	9	**5,2**	12	**5**
1.Rang	2	**2**	10	**5,8**	8	**3,3**
2.Rang	8	**7,7**	11	**6,4**	19	**7,9**
3.Rang	11	**10,6**	15	**8,7**	32	**13,3**
Aktion	-	-	-	-	-	-
1.Rang	9	**8,6**	9	**5,2**	10	**4,1**

2.Rang	6	**5,8**	19	**11**	27	**11,2**
3.Rang	1	**1**	1	**0,6**	1	**0,4**
Resultat	-	-	-	-	-	-
1.Rang	3	**2,9**	3	**1,7**	5	**2,1**
Aktivität	-	-	-	-	-	-
1.Rang	6	**5,8**	8	**4,6**	11	**4,5**
2.Rang	2	**1,9**	4	**2,3**	5	**2,1**
3.Rang	1	**1**	1	**0,6**	1	**0,4**
Qualität	-	-	-	-	-	
1.Rang	4	**3,8**	5	**2,9**	5	**2,1**

Interpretiert man die Werte innerhalb der einzelnen Kategorien, so zeigt sich, dass

- in der Kategorie ZEIT die niedrigste Ebene auf allen Rängen relativ am stärksten vertreten ist, gefolgt von der hohen und der mittleren;
- in der Kategorie ORT/INSTITUTION dies ebenfalls zutrifft, mit Ausnahme des 2. und 3. Rangs sowie mit leichten Verschiebungen zwischen der hohen und der mittleren Ebene (die mittlere Ebene gewinnt hier an Terrain);
- in der Kategorie AKTEUR das größte Gewicht der mittleren Ebene zukommt, mit Ausnahme des 4. Rangs (mit minimalem Abstand) sowie des 5. Rangs (in dem die hohe Ebene besonders stark vertreten ist, was - siehe 4.4.3.2.2.4.- durch eine Fülle von Termini für einen Referenten - "Vorsorgefonds" - bedingt ist);
- in der Kategorie OBJEKT ebenfalls die mittlere Ebene auf den oberen Rängen hervorsticht, auf den unteren die niedrige und insbesondere die hohe stark zulegen;
- in den Kategorien AKTION und AKTIVITÄT die erwartete Verteilung festzustellen ist (auf dem 3. Rang ist jeweils nur ein Terminus verzeichnet).

(Die Kategorien RESULTAT und QUALITÄT sind hier auf Grund der geringen Terminuszahlen und der flachen Struktur nicht berücksichtigt.)
Dieser Befund soll nun zunächst mit der Verteilung der Terminusfrequenzen verglichen werden.

Vorkommensfrequenz der erfassten terminologischen Einheiten nach Rangordnung in den einzelnen Grundkategorien:

	niedrig		mittel		hoch	
	Anzahl	%	Anzahl	%	Anzahl	%
Zeit	26	**5,3**	52	**3,7**	148	**4,1**
1.Rang	-		-	-	-	-

2.Rang	15	**3,2**	49	**3,5**	140	**3,9**
Ort/Institution	108	**22,1**	268	**19,2**	644	**18**
1.Rang	-	-	-	-	-	-
2.Rang	24	**4,9**	28	**2**	84	**2,3**
3.Rang	4	**0,8**	14	**1**	10	**0,3**
4.Rang	22	**4,5**	28	**2**	35	**1**
Akteur	-	-	-	-	-	-
1.Rang	6	**1,2**	36	**2,6**	70	**1,9**
2.Rang	52	**10,6**	129	**9,2**	356	**10**
3.Rang	-	-	1	**0,1**	8	**0,2**
4.Rang	5	**1**	23	**1,6**	37	**1**
5.Rang	9	**1,8**	55	**3,9**	109	**3**
Objekt	15	**3,1**	89	**6,4**	194	**5,4**
1.Rang	8	**1,6**	27	**1,9**	63	**1,8**
2.Rang	22	**4,5**	53	**3,8**	207	**5,8**
3.Rang	46	**9,4**	167	**12**	403	**11,3**
Aktion	-	-	-	-	-	-
1.Rang	46	**9,4**	89	**6,4**	213	**6**
2.Rang	14	**2,9**	109	**7,8**	195	**5,4**
3.Rang	1	**0,2**	7	**0,5**	3	**0,1**
Resultat	-	-	-	-	-	-
1.Rang	7	**1,4**	40	**2,9**	157	**4,4**
Aktivität	-	-	-	-	-	-
1.Rang	14	**2,9**	34	**2,4**	62	**1,7**
2.Rang	23	**4,7**	42	**3**	158	**4,4**
3.Rang	11	**2,2**	31	**2,2**	150	**4,2**
Qualität	-	-	-	-	-	-
1.Rang	11	**2,2**	25	**1,8**	127	**3,5**

Die Tabelle zeigt, dass

- in der Kategorie ZEIT die erwartete Verteilung vorliegt: relativ stärkere Präsenz der Termini auf dem Rang des Startknotens, Abnahme auf mittlerer (tiefster Wert) und leichte Zunahme auf hoher Ebene; kontinuierlicher Anstieg auf dem 2. Rang mit zunehmender Fachsprachlichkeit;

- in der Kategorie ORT/INSTITUTION mit Ausnahme des 3. Rangs auf allen anderen die niedrige Ebene am stärksten vertreten ist;
- in den Kategorien AKTEUR und OBJEKT mit nur 2 Ausnahmen auf allen Rängen die mittlere Ebene relativ am stärksten besetzt ist (gefolgt von der hohen und der niedrigen):
- in der Kategorie AKTION auf dem 1. Rang wiederum die niedrigste Ebene relativ die meisten Verwendungen terminologischer Einheiten aufweist, dies ab dem 2. Rang aber auf mittlerer Ebene der Fall ist;
- in der Kategorie AKTIVITÄT ebenfalls die niedrigste Ebene auf dem 1. und 2. Rang relativ am stärksten präsent ist, die hohe Ebene aber zusehends an Gewicht gewinnt, um auf dem 3. Rang die meisten Vorkommen aufzuweisen.

(Die Kategorien RESULTAT und QUALITÄT werden aus den oben dargestellten Gründen wiederum nicht berücksichtigt.)

Die Werte für die Vorkommensfrequenzen terminologischer Einheiten auf den einzelnen Rängen ergeben somit ein ähnliches Bild wie die für die Anzahl der Termini erhobenen Zahlen.

- In den Kategorien ZEIT, ORT/INSTITUTION und AKTIVITÄT dominiert die niedrige fachsprachliche Ebene die jeweils oberen Ränge, um tendenziell auf den unteren zugunsten der hohen an Gewicht zu verlieren.
- In der Kategorie AKTION ist die Grundannahme einigermaßen zutreffend (mit relativ starker Bedeutung der mittleren Ebene).
- In den Kategorien AKTEUR und OBJEKT dominiert auf den oberen Rängen die mittlere Ebene, wobei die hohe bei den unteren an relativer Relevanz gewinnt.

Bei aller Vorsicht, die auf Grund der nicht besonders klaren Ergebnisse in dieser Frage in der Interpretation geboten ist, kann man doch feststellen, dass hier ein Bild entsteht, das an den Vergleich der Terminuszahlen und Vorkommensfrequenzen der Grundkategorien insgesamt - also ohne Berücksichtigung der Rangordnungen in den Strukturbäumen (siehe 4.5.2.1.) - erinnert. Es scheint somit, dass Terminuszahl und Frequenz primär von der Relevanz der Grundkategorie auf der jeweiligen fachsprachlichen Ebene bestimmt sind, die hierarchische Position, die den terminologischen Einheiten innerhalb jedes Strukturbaums zukommt, hingegen ein sekundäres Phänomen ist, wenn auch eine gewisse Korrelation gegeben ist.

4.5.3. Begrifflich-referentielle Variation in vertikaler Perspektive

Neben der Zahl und Vorkommensfrequenz der terminologischen Einheiten auf den drei unterschiedenen fachsprachlichen Ebenen ist als zweiter Aspekt derjenige der Differenzen hinsichtlich der angesprochenen Referenten und verwendeten Begriffe für unsere Fragestellung von Interesse. Wie im obigen Kapitel soll zur Behandlung dieser Frage zunächst ein Überblick über die Grundkategorien gegeben und anschließend der Frage nach der begrifflichen Variation in Hinblick auf die innere Strukturierung der Kategorien nachgegangen werden.

4.5.3.1. Übersicht über die Grundkategorien

Erster Schritt in der Bestimmung der begrifflich-referentiellen Variation in unserem - quantitativen - Sinne ist die Festlegung und der Vergleich der in den Teilkorpora jeweils angesprochenen Referenten.

Zahl der Referenten auf den einzelnen Ebenen:

Kategorie	gesamt		niedrig		mittel		hoch	
	absolut	%	absolut	%	absolut	%	absolut	%
GESAMT	122	**100**	73	**100**	104	**100**	120	**100**
ZEIT	4	**3,3**	3	**4,1**	4	**3,8**	4	**3,3**
ORT/INSTITUTION	27	**22,1**	18	**25**	20	**19**	26	**21,7**
AKTEUR	29	**23,8**	16	**22**	28	**27**	29	**24,2**
OBJEKT	33	**27**	18	**25**	27	**26**	32	**26,7**
AKTION	18	**14,7**	8	**11**	15	**14**	18	**15**
RESULTAT	2	**1,6**	2	**2,7**	2	**1,9**	2	**1,7**
AKTIVITÄT	5	**4,1**	4	**5,5**	4	**3,8**	5	**4,2**
QUALITÄT	4	**3,3**	4	**5,4**	4	**3,8**	4	**3,3**

Die in der Tabelle enthaltenen Werte zeigen in den zahlenmäßig stark besetzten Kategorien einen kontinuierlichen absoluten Anstieg von der niedrigen über die mittlere auf die hohe fachsprachliche Ebene. In denjenigen Kategorien, die nur wenige Referenten umfassen (ZEIT, RESULTAT, AKTIVITÄT, QUALITÄT), ist hingegen eine Stagnation, allenfalls eine Zunahme um nur einen Referenten zu beobachten. Ihre relativen Werte sind daher auf Grund der geringen Zahlen nicht aussagekräftig. Interessant ist zu beobachten, dass die anderen Kategorien relativ gesehen die Ergebnisse aus 4.5.2.1. bezüglich der Terminuszahlen und Frequenzen Ebenen bestätigen:

- In der Kategorie ORT/INSTITUTION erzielt relativ die niedrige Ebene den höchsten Wert, die mittlere Ebene fällt hingegen deutlich ab.
- In der Kategorie AKTEUR spricht die mittlere Ebene relativ die meisten Referenten an, der geringste Wert ergibt sich auf der niedrigen Ebene.
- In der Kategorie OBJEKT liegen mittlere und hohe Ebene de facto relativ gleich (das gleiche Resultat erbrachte die Frequenzverteilung).

- In der Kategorie AKTION ist dies ebenfalls der Fall (hier lag die mittlere Ebene in der Zahl und Frequenz der terminologischen Einheiten jedoch noch vor der hohen).

Es zeigt sich somit, dass, während in den referentiell wenig besetzten Kategorien die Zahl der angesprochenen Referenten mehr oder minder stagniert, in den stark besetzten Kategorien die bereits bekannte Verteilung festzustellen ist: kontinuierlicher absoluter Anstieg zwischen den drei Ebenen, starkes relatives Gewicht der niedrigen in der Kategorie ORT/INSTITUTION, starkes relatives Gewicht der mittleren in der Kategorie AKTEUR, gleiche relative Bedeutung der mittleren und hohen Ebene in den Kategorien OBJEKT und AKTION.
Der zweite Schritt auf unserem Weg zur Bestimmung der Frage der begrifflichen Variation auf den drei Ebenen liegt in der Analyse der verwendeten Begriffe.

Zahl der Begriffe auf den einzelnen Ebenen:

Kategorie	gesamt		niedrig		mittel		hoch	
	absolut	%	absolut	%	absolut	%	absolut	%
GESAMT	193	**100**	90	**100**	136	**100**	180	**100**
ZEIT	10	**5,2**	5	**5,5**	7	**5,1**	10	**5,5**
ORT/INSTITUTION	37	**19,2**	21	**23**	25	**18**	34	**18,9**
AKTEUR	43	**22,3**	18	**20**	35	**26**	42	**23,3**
OBJEKT	53	**27,5**	21	**23**	35	**26**	48	**26,7**
AKTION	26	**13,5**	11	**12**	19	**14**	25	**13,9**
RESULTAT	5	**2,6**	3	**3,3**	3	**2,2**	5	**2,8**
AKTIVITÄT	15	**7,8**	7	**7,8**	8	**5,9**	12	**6,7**
QUALITÄT	4	**2,1**	4	**4,4**	4	**2,9**	4	**2,2**

Mit Ausnahme des Sonderfalls der Kategorie QUALITÄT ist in allen andern eine kontinuierliche Steigerung der erzielten absoluten Werte zwischen den drei Ebenen feststellbar. Die bisher erzielten Ergebnisse finden auch auf begrifflicher Ebene ihre Bestätigung:

- auf niedriger Ebene stechen die hohen relativen Werte der Kategorien ZEIT, ORT/INSTITUTION und AKTIVITÄT hervor (mit jeweils den geringsten Werten auf der mittleren);
- auf mittlerer Ebene diejenigen der Kategorien AKTEUR und AKTION mit jeweils den höchsten Werten (die niedrige Ebene fällt in diesen Kategorien deutlich ab);
- auf der hohen Ebene erreicht die Kategorie OBJEKT den höchsten relativen Wert, den geringsten erwartungsgemäß die niedrige.

Die Kategorie RESULTAT weist auf Grund der geringen absoluten Zahlen ein - relativ gesehen - abweichendes Ergebnis auf.
Wir können somit festhalten, dass die für die Zahl der Begriffe ermittelten Zahlen grosso modo die Situation bei den Terminuszahlen und Frequenzen sowie diejenige bei den angesprochenen Referenten widerspiegelt.
Für die Bestimmung der begrifflichen Variation, also die Zahl der unterschiedlichen begrifflichen Fassungen ein und desselben außersprachlichen Referenten, ist nun - als letzter Schritt - die Verhältniszahl zwischen Begriffen und Referenten ausschlaggebend. Diesbezüglich ergeben sich in den Teilkorpora die folgenden Werte (die jeweiligen Steigerungsraten stehen in Klammer).

	niedrig	mittel	hoch
alle Kategorien	1,2	1,3 (+8,3%)	1,5 (+15,8%)
Zeit	1,6	1,7 (+6,2%)	2,5 (+44,4%)
Ort/Institution	1,2	1,2 (=)	1,3 (+8,3%)
Akteur	1,1	1,2 (+9,1%)	1,4 (+16,7%)
Objekt	1,2	1,3 (+8,3%)	1,5 (+15,8%)
Aktion	1,4	1,3 (-7,1%)	1,4 (+7,7%)
Resultat	1,5	1,5 (=)	2,5 (+66,7%)
Aktivität	1,7	2,0 (+17,6%)	2,4 (+20%)
Qualität	1	1,0 (=)	1,0 (=)

Die Übersicht zeigt zunächst, dass generell, also unter Berücksichtigung aller Kategorien, ein kontinuierlicher Anstieg der Verhältniszahl der Begriffe pro Referent festzustellen ist, wobei die Steigerung von der niedrigen auf die mittlere fachsprachliche Ebene weniger, nämlich relativ nur etwas mehr als halb so stark ausgeprägt ist als diejenige zwischen mittlerer und hoher. Betrachtet man die Werte der einzelnen Kategorien, so stellt man fest, dass die hohe Ebene - mit Ausnahme der Kategorien AKTION und QUALITÄT - die höchsten Zahlen erreicht, bei ZEIT, RESULTAT und AKTIVITÄT mit deutlichem Abstand zu den anderen. Die prozentuellen Steigerungen sind - wiederum mit Ausnahme der Kategorie QUALITÄT - zwischen niedriger und mittlerer Ebene weniger stark ausgeprägt als zwischen mittlerer und hoher. Zu berücksichtigen ist jedoch, dass sich die besonders hohen Steigerungsraten in Kategorien einstellen, in denen relativ wenige Termini erfasst sind. Ich meine, dass somit auch stilistische Gründe für dieses Ergebnis mitverantwortlich sind. In längeren Texten der hier untersuchten Textsorte wird der Zwang zur terminologischen Variation einfach so stark, dass auch eine gewisse - in den meisten Fällen wohl ohnedies nur leichtest ausgeprägte - semantische Nuancierung in Kauf genommen wird. Es bleibt jedoch das Faktum, dass zunehmende Fachsprachlichkeit ein Mehr an begrifflicher Variation bringt und einzelne Referenten offensichtlich unter verschiedenen Blickwinkeln betrachtet bzw. angesprochen werden. Selbst wenn man zugestehen mag, dass die vielmals zitierte Eigenschaft der Ein- und Eineindeutigkeit von Termini eine Relation zwischen Begriffen/Bedeutungen und Signifikanten ist, der hier behandelte Aspekt somit davon nicht betroffen ist, so scheint dennoch klar zu sein, dass ein größeres Inventar an begrifflichen Fassungen ein und desselben Referenten das Verständnis eines Textes erschwert. Es ist dies m.E. ein Aspekt - und sicherlich nicht der unwesentlichste -, der zur immer größeren semantischen Komplexität bei zunehmender Fachsprachlichkeit beiträgt.

4.5.3.2. Begriffliche Variation nach Rangordnung der Kategorien

So wie dies hinsichtlich der Terminuszahl und Vorkommensfrequenz geschehen ist, soll auch der Frage nach der Zahl der Referenten und Begriffe sowie derjenigen der begrifflichen Variation nach Rangordnung der Terminusgruppen in den einzelnen Strukturbäumen nachgegangen werden. Es gelten wiederum die in 4.5.2.2. dargelegten Hypothesen und Einschränkungen.

Gesamtzahl der erfassten Referenten nach Rangordnung in den Strukturbäumen:

	niedrig		mittel		hoch	
	Anzahl	%	Anzahl	%	Anzahl	%
Startknoten	12	**16,4**	14	**13,5**	15	**12,5**
1. Rang	13	**17,8**	20	**19,2**	20	**16,7**
2. Rang	25	**34,2**	40	**38,5**	49	**40,8**
3. Rang	12	**16,4**	16	**15,4**	22	**18,3**
4. Rang	6	**8,2**	7	**6,2**	7	**5,8**
5. Rang	5	**6,8**	7	**6,7**	7	**5,8**

Die Übersicht zeigt, dass hinsichtlich der angesprochenen Referenten eine Annahme, nach der deren Zahl mit abnehmender Rangordnung auf der niedrigen Ebene abnehmen und auf der hohen zunehmen müsste, relativ gesehen nicht zutrifft, was die Ergebnisse aus 4.5.2.2. bestätigt. Welche Position die Referenten, auf die in den Texten der jeweiligen fachsprachlichen Ebene Bezug genommen wird, in einer fachlogisch erstellten Struktur einnehmen, ist offensichtlich für deren Relevanz auf dieser Ebene - generell gesprochen - sekundär. Die detailliertere Aufstellung der Referenten nach Kategorie und Rangordnung bestätigt diesen Befund.

Zahl der erfassten Referenten nach Rangordnung in den einzelnen Grundkategorien:

	niedrig		mittel		hoch	
	Anzahl	%	Anzahl	%	Anzahl	%
Zeit	1	**1,4**	1	**1**	1	**0,8**
1.Rang	-	-	-	-	-	-
2.Rang	2	**2,7**	3	**2,9**	3	**2,5**
Ort/Institution	10	**13,7**	11	**10,6**	12	**10**
1.Rang	-	-	-	-	-	-
2.Rang	5	**6,8**	5	**4,8**	10	**8,3**
3.Rang	1	**1,4**	2	**1,9**	2	**1,7**
4.Rang	2	**2,7**	2	**1,9**	2	**1,7**
Akteur	-	-	-	-	-	-
1.Rang	1	**1,4**	3	**2,9**	3	**2,5**
2.Rang	6	**8,2**	12	**11,5**	13	**10,8**
3.Rang	-	-	1	**1**	1	**0,8**
4.Rang	4	**5,5**	5	**4,8**	5	**4,2**
5.Rang	5	**6,8**	7	**6,7**	7	**5,8**
Objekt	1	**1,4**	2	**1,9**	2	**1,7**
1.Rang	2	**2,7**	7	**6,7**	6	**5**
2.Rang	6	**8,2**	7	**6,7**	7	**5,8**
3.Rang	9	**12,3**	11	**10,6**	17	**14,2**
Aktion	-	-	-	-	-	-
1.Rang	2	**2,7**	2	**1,9**	2	**1,7**
2.Rang	5	**6,8**	12	**11,5**	15	**12,5**
3.Rang	1	**1,4**	1	**1**	1	**0,8**
Resultat	-	-	-	-	-	-
1.Rang	2	**2,7**	2	**1,9**	2	**1,7**
Aktivität	-	-	-	-	-	-
1.Rang	2	**2,7**	2	**1,9**	3	**2,5**
2.Rang	1	**1,4**	1	**1**	1	**0,8**
3.Rang	1	**1,4**	1	**1**	1	**0,8**
Qualität	-	-	-	-	-	-

1.Rang	4	**5,4**	4	**3,8**	4	**3,3**

Es bleibt zu kontrollieren, ob - wie nunmehr angenommen werden darf - auch die Zahl der Begriffe keine klare Zuordnung zur fachstrukturellen Rangordnung erlaubt.

Gesamtzahl der erfassten Begriffe nach Rangordnung in den Strukturbäumen:

	niedrig		mittel		hoch	
	Anzahl	%	Anzahl	%	Anzahl	%
Startknoten	16	**17,8**	22	**16,2**	27	**15**
1. Rang	19	**21,1**	27	**19,8**	32	**17,8**
2. Rang	30	**33,3**	52	**38,2**	75	**41,7**
3. Rang	12	**13,3**	18	**13,2**	23	**12,8**
4. Rang	8	**8,9**	9	**6,6**	11	**6,1**
5. Rang	5	**5,5**	8	**5,9**	12	**6,7**

Die Annahme eines abnehmenden relativen Gewichts auf den oberen Rängen und eines ansteigenden auf den unteren bei zunehmender Fachsprachlichkeit scheint sich auf der Ebene des Startknotens sowie der Ränge 1 (bis hierher abnehmend) und 2 (ab hier zunehmend) zu bestätigen, ab dem 3. Rang kehrt sich diese Tendenz der Hypothese widersprechend jedoch um, womit mir hier keine klare Aussage möglich erscheint. Auch die Aufschlüsselung nach einzelnen Kategorien bringt hier m.E. kein im Sinne der Annahme interpretierbares Ergebnis.

Zahl der erfassten Begriffe nach Rangordnung in den einzelnen Grundkategorien:

	niedrig		mittel		hoch	
	Anzahl	%	Anzahl	%	Anzahl	%
Zeit	3	**3,3**	4	**2,9**	6	**3,3**
1.Rang	-	-	-	-	-	-
2.Rang	2	**2,2**	3	**2,2**	4	**2,2**
Ort/Institution	10	**11,1**	11	**8,1**	12	**6,7**
1.Rang	-	-	-	-	-	-
2.Rang	6	**6,7**	7	**5,1**	14	**7,8**
3.Rang	1	**1,1**	3	**2,2**	2	**1,1**
4.Rang	4	**4,4**	4	**2,9**	6	**3,3**
Akteur	-	-	-	-	-	-

1.Rang	1	**1,1**	3	**2,2**	3	**1,7**
2.Rang	8	**8,9**	18	**13,2**	21	**11,7**
3.Rang	-	-	1	**0,7**	1	**0,5**
4.Rang	4	**4,4**	5	**3,7**	5	**2,8**
5.Rang	5	**5,5**	8	**5,9**	12	**6,7**
Objekt	3	**3,3**	7	**5,1**	9	**5**
1.Rang	2	**2,2**	8	**5,9**	7	**3,9**
2.Rang	7	**7,8**	8	**5,9**	14	**7,8**
3.Rang	9	**10**	12	**8,8**	18	**10**
Aktion	-	-	-	-	-	-
1.Rang	5	**5,6**	4	**2,9**	5	**2,8**
2.Rang	5	**5,6**	14	**10,3**	19	**10,5**
3.Rang	1	**1,1**	1	**0,7**	1	**0,5**
Resultat	-	-	-	-	-	-
1.Rang	3	**3,3**	3	**2,2**	5	**2,8**
Aktivität	-	-	-	-	-	-
1.Rang	4	**4,4**	5	**3,7**	8	**4,4**
2.Rang	2	**2,2**	2	**1,5**	3	**1,7**
3.Rang	1	**1,1**	1	**0,7**	1	**0,5**
Qualität	-	-	-	-	-	-
1.Rang	4	**4,4**	4	**2,9**	4	**2,2**

Es kann aus den vorliegenden Zahlen m.E. nur der Schluss gezogen werden, dass sowohl die Zahl der Referenten als auch diejenige der Begriffe nicht mit einer nach fachlogischen Kriterien erstellten Strukturierung korreliert.
Bleibt zu klären, wie sich die Frage nach der begrifflichen Variation auf den einzelnen Rängen unserer Strukturbäume darstellt:

Gesamtverhältniszahlen Begriffe pro Referenten nach Rangordnung in den Strukturbäumen:

	niedrig	mittel	hoch
Startknoten	1,3	1,6 (+23,1%)	1,8 (+12,5%)
1. Rang	1,5	1,3 (-13,3%)	1,6 (+23,0%)
2. Rang	1,2	1,3 (+8,3%)	1,5 (+15,4%)

3. Rang	1,0	1,1 (+10,0%)	1,0 (-9,1%)
4. Rang	1,3	1,3 (=)	1,6 (+23,1%)
5. Rang	1,0	1,1 (+10,0%)	1,7 (+35,3%)

Die Tabelle zeigt, dass - mit Ausnahme des an sich wenig begriffliche Variation aufweisenden 3. Rangs - jeweils die hohe fachsprachliche Ebene die größte Verhältniszahl aufweist, die niedrigste - mit Ausnahme des 1. Rangs - die geringste. Die Dimension der begrifflichen Variation ist somit ebenfalls unabhängig von der Rangordnung in einer fachlichen Strukturierung, die Situation stellt sich im Großen und Ganzen so dar wie in 4.5.3.1.

4.5.4. Synonymische Variation in vertikaler Perspektive

Nach der oben behandelten begrifflichen Variation ist die Frage nach Zahl und Art der verzeichneten Synonymien der letzte Aspekt, der in unserer Fragestellung der vertikalen Variation in semantischer Hinsicht zu behandeln ist.

4.5.4.1. Dimension der Synonymie in den Teilkorpora

Insgesamt wurden im Korpus 59 synonyme Terminusgruppen mit 2085 Verwendungen festgehalten. In der überwiegenden Mehrzahl der Fälle handelt es sich dabei um Synonym-Paare, in zwei Fällen um drei Formen, in drei weiteren um Vierer-Kombinationen (davon eine auf niedriger Ebene nur in zwei, auf mittlerer Ebene nur in drei Formen realisiert). Unter Berücksichtigung von Doppelzählungen (durch Termini, die mehreren unterschiedlichen Synonymie-Typen zuzuordnen sind) ergibt sich, dass insgesamt 123 aller registrierten Termini, das sind 46,4%, in synonymische Beziehungen eingebunden sind - angesichts unserer restriktiven Synonymie-Definition in 3.3.2.3. ein erstaunlich hoher Wert. Hinsichtlich ihrer Vorkommensfrequenz ergibt sich dann ein Wert von 1956, das sind 35,8% aller Terminusverwendungen.

Für die einzelnen fachsprachlichen Ebenen ergeben sich folgende Werte (Doppelzählungen sind berücksichtigt; Basis der Prozentangaben ist die Terminuszahl bzw. Vorkommensfrequenz in der jeweiligen Kategorie):

Kategorie	gesamt		niedrig		mittel		hoch	
	Anzahl	Freq.	Anzahl	Freq	Anzahl	Freq	Anzahl	Freq.
GESAMT	123 **46,4%**	1956 **35,8%**	27 **26%**	89 **18,2%**	73 **42,2%**	501 **35,9%**	106 **44%**	1366 **38,2%**

ZEIT	4 **33,3%**	186 **43,2%**	2 **33,3%**	14 **34,1%**	2 **25%**	38 **37,6%**	4 **33,3%**	134 **46,5%**
ORT/INSTITUTION	10 **23,8%**	23 **1,8%**	2 **9,1%**	9 **5,7%**	6 **21,4%**	9 **2,7%**	2 **5,7%**	5 **0,6%**
AKTEUR	32 **53,3%**	396 **44,2%**	3 **15,8%**	5 **6,9%**	13 **30,9%**	109 **44,7%**	29 **50%**	282 **48,6%**
OBJEKT	38 **48,7%**	533 **41,2%**	8 **33,3%**	24 **26,4%**	18 **40%**	113 **33,6%**	37 **52,1%**	396 **45,7%**
AKTION	26 **63,4%**	536 **79,2%**	9 **56,2%**	31 **50,8%**	19 **65,5%**	167 **81,5%**	25 **65,8%**	338 **82,2%**
RESULTAT	-	-	-	-	-	-	-	-
AKTIVITÄT	11 **50%**	235 **44,8%**	3 **33,3%**	6 **12,5%**	9 **69,2%**	54 **50,5%**	9 **52,9%**	175 **47,3%**
QUALITÄT	2 **40%**	47 **28,8%**	-	-	2 **40%**	11 **44%**	2 **40%**	36 **28,3%**

Die Tabelle zeigt zunächst, dass insgesamt betrachtet sowohl die Zahl der Termini, die in synonymer Beziehung zu anderen stehen, als auch deren Vorkommensfrequenzen mit zunehmender Fachsprachlichkeit kontinuierlich ansteigen. Dabei ist der Zuwachs von der niedrigen auf die mittlere Ebene deutlich stärker ausgeprägt als derjenige von der mittleren auf die hohe.

Betrachtet man die einzelnen Kategorien, wird das Bild etwas diffuser, wobei hier insofern in der Interpretation eine gewisse Vorsicht angebracht ist, als die absoluten Werte in manchen Fällen sehr gering sind. Auffallend ist zunächst, dass in der Kategorie ZEIT die mittlere Ebene hinsichtlich der Zahl der betroffenen Termini klar hinter den anderen beiden zurückbleibt und auch hinsichtlich deren Vorkommensfrequenz nicht jene Steigerung, die eigentlich zu erwarten wäre, aufweist. Auch in dieser Hinsicht ist die niedrige Ebene in dieser Kategorie sehr stark vertreten. Die Kategorie ORT/-INSTITUTION weist, was Synonymien betrifft, ein absolut abweichendes Ergebnis auf. Vor allem auf hoher Ebene scheint es sich um ein völlig sekundäres Phänomen zu handeln: Ganze zwei terminologische Einheiten mit zusammen 0,6% der Terminusverwendungen in dieser Kategorie konnten für die hohe Ebene festgestellt werden. Umgekehrt ist die Kategorie AKTEUR auf der niedrigen Ebene wenig vertreten, wobei hier auch der unterschiedliche Anstieg von Terminuszahl (fast 20 Prozentpunkte) und Frequenz (4 Prozentpunkte) von der mittleren auf die hohe Ebene auffällt. Die Synonymien auf hoher Ebene ergeben sich in dieser Kategorie somit bei niedrigfrequenten Termini, dort jedoch in hohem Ausmaß. Das Gegenteil passiert in der Kategorie AKTION, in der hochfrequente Termini in synonymischen Relationen stehen, wobei allerdings zu berücksichtigen ist, dass hier die Gesamtfrequenzen der jeweiligen synonymen Gruppe angegeben sind, das Verhältnis zwischen diesen also sehr unterschiedlich sein kann (siehe dazu unten). Klar geht aus den präsentierten

Zahlen jedenfalls eines hervor: Zunehmende Fachsprachlichkeit geht in der untersuchten Textsorte sicherlich nicht mit größerer Eineindeutigkeit der verwendeten Terminologie einher, tendenziell ist vielmehr das Gegenteil der Fall und dies in doch erheblichem Ausmaß. Illustrativ sind in diesem Zusammenhang die bei der Besprechung der einzelnen Kategorien erhobenen Verhältniszahlen zwischen registrierten Termini und Begriffen, wie sie die folgende Tabelle zeigt.

Verhältniszahlen Termini pro Begriff:

Kategorie	niedrig	mittel	hoch
GESAMT	1,2	1,3	1,3
ZEIT	1,2	1,1	1,2
ORT/INSTITUTION	1,0	1,1	1,0
AKTEUR	1,1	1,2	1,4
OBJEKT	1,2	1,3	1,5
AKTION	1,4	1,5	1,5
RESULTAT	-	-	-
AKTIVITÄT	2,2	3,2	3,4
QUALITÄT	1,0	1,2	1,2

Die erhobenen Zahlen bestätigen des oben gezeichnete Bild: Mit zunehmender Fachsprachlichkeit erhöht sich, von einzelnen Ausnahmen abgesehen (Kategorie ZEIT und ORT/INSTITUTION) die Zahl von der niedrigen auf die mittlere und hohe Ebene. Zur Verbalisierung der in den Texten transportierten Begriffe wird somit eine jeweils größere Zahl an terminologischen Einheiten verwendet.

4.5.4.2. Formen der Synonymie auf unterschiedlichen fachsprachlichen Ebenen

Neben der oben behandelten Frage der Dimension der Synonymie und damit der synonymischen Variation auf den drei unterschiedenen fachsprachlichen Ebenen insgesamt ist auch zu klären, ob auf allen Ebenen die gleichen Synonymie-Typen auftreten und in welchem Ausmaß dies geschieht. Die folgende Tabelle gibt dazu eine Übersicht.

Formen der Synonymie auf den unterschiedlichen Ebenen (Doppelzählungen sind hier nicht berücksichtigt):

	gesamt		niedrig		mittel		hoch	
	Zahl	Freq.	Zahl	Freq.	Zahl	Freq.	Zahl	Freq.
Reduktion	**20**	**650**	**4**	**22**	**10**	**133**	**19**	**495**
• N ⇔ N de N		231-48	**(3)**	12-7	**(4)**	57-16	**(5)**	162-25
• N_1 ⇔ N_1 de N_2 ⇔ N_2		52-26-6						52-26-6
• N ⇔ N+Adj. ⇔ N de N		18-7-3				9-3-1		9-4-2
• N (v. Adj) ⇔ N + Adj.		12-5				2-1	**(2)**	10-4
• N (v.Adj.) de N de N ⇔ N + Adj. de N de N		2-1						2-1
• N ⇔ N + Adj. ⇔N + Adj de N ⇔ N de N		37-1-13-14				23-0-4-5		14-1-9-9
• N ⇔N + Adj.		110-10				2-4	**(3)**	108-6
• N+N⇔N		6-14		1-2		2-2		3-10
• N+Adj.⇔ N+de+Art.+N+Adj.		1-1				1-1		
• N+Adj.⇔ N de N ⇔ N+de+Art.+N+Adj.		1-2-6						1-2-6
• N de N ⇔ N de + Art + N + Adj.		3-2						3-2
• N de N de Adj + N ⇔ N de Adj. + N ⇔N de Adj. ⇔ N + Adj.		3-1-1-6						3-1-1-6
• N_1 de N_2 de + Art. + Adj. + N_3 ⇔ N_1 de Adj. + N_3 ⇔ N_1+Adj.⇔N_2 de Adj.+N_3		3-1-1-2						3-1-1-2
Wortartenwechsel	**15**	**768**	**5**	**45**	**11**	**216**	**15**	**507**
N ⇔V		397-324		24-21		112-93		261-210
N⇔Adj.		36-11				8-3		28-8
N de N ⇔ Relationsadjektiv	**7**	**67** 38-29	**2**	**7** 5-2	**3**	**14** 11-3	**7**	**46** 22-24
Numerusschwankung (Sg.⇔Pl. (N de N(Sg/Pl))	**5**	**22** 12-10	-	-	**3**	**11** 5-6	**2**	**11** 7-4
Präpositionsschwankung (de ⇔ a)	**2**	**4**	**1**	**2**	**1**	**2**	-	-
N de N ⇔ N a N		1-1		1-1				
N de N de Adj. N ⇔ N de N a Adj. N		1-1				1-1		
Suffixschwankung	**2 (4)**	**243**	**1**	**5**	**2(3)**	**75**	**1(2)**	**163**
x-or⇔x-ista		203-17				54-3		149-14
x-o⇔x-ación		18-5		4-1		14-4		
lexikal. Regionalismus (E⇔LA)	**2**	**77** 15-62	-	-	**2**	**12** 3-9	**2**	**65** 12-53

Vollform ↔ Sigel	**4**	**191** 42-149	**1**	**13** 3-10	**2**	**69** 9-60	**4**	**109** 30-79
Ersatz durch Fremdwort (Erbwort ↔ Fremdwort)	**1**	**45** 5-40	-	-	-	-	**1**	**45** 5-40
N de N ↔ N de Artikel N	**1**	**18** 13-5	**1**	**5** 4-1	**1**	**7** 4-3	**1**	**6** 5-1
Gesamt	**59**	**2085**	**15**	**99**	**35**	**539**	**52**	**1447**

Wie die Tabelle zeigt, sind die weitaus häufigsten Formen synonymer Beziehungen die - syntaktisch gesehen - Sonderfälle der Wortartenwechsel sowie Reduktionen komplexer Terminusformen zu einfacheren und unter diesen wiederum die Reduktion N de N zu N. Alle anderen Typen beschränken sich auf einige wenige Synonym-Paare (maximal 7).

Die Übersicht gibt wenig Hinweise auf gravierende Unterschiede zwischen den drei fachsprachlichen Ebenen. Hervorstechend ist allenfalls die starke Frequenzzunahme im Bereich der Suffixschwankungen (bedingt durch den Wechsel von *inversor* und *inversionista* auf mittlerer und hoher Ebene), der weitaus häufigere Gebrauch von Sigeln mit zunehmender Fachsprachlichkeit sowie die kontinuierlich und überproportional steigende Tendenz bei den Reduktionen, die sich auf niedriger Ebene auf wenige Termini mit relativ geringer Vorkommensfrequenz beschränken. Im Großen und Ganzen lassen sich jedoch keine nennenswerten Unterschiede in der Typologie der synonymen Formen zwischen den drei fachsprachlichen Ebenen festmachen.

4.5.4.3. Synonymische Variation nach Rangordnung der Kategorien

Die Frage nach der Häufigkeit synonymer Formen auf den einzelnen Hierarchierängen der Strukturbäume der unterschiedenen Kategorien ist der letzte Aspekt, der uns in der Behandlung der Synonymie zu beschäftigen hat. Nach dem bisher bereits Gesagten ist es wohl nicht besonders wahrscheinlich, aber immerhin noch theoretisch möglich, dass sich die vertikale Variation auf diese Weise manifestiert.

Gruppen synonymer Termini nach Rang in den Strukturbäumen (Prozentzahlen beziehen sich auf Gesamtzahl der Gruppen bzw. Gesamtfrequenz auf jeweiliger Ebene; Doppelzählungen sind hier nicht berücksichtigt):

	gesamt		niedrig		mittel		hoch	
	Anzahl	Freq.	Anzahl	Freq.	Anzahl	Freq.	Anzahl	Freq.
Startknoten	5 (8,5%)	139 (6,7%)	1 (6,7%)	3 (3%)	4 (11,4%)	17 (3,1%)	3 (5,8%)	119 (8,2%)

1. Rang	12 (20,3%)	490 (23,5%)	6 (40%)	44 (44,4%)	10 (28,6%)	149 (27,6%)	10 (19,2%)	297 (20,5%)
2. Rang	26 (44,1%)	1107 (53,1%)	5 (33,3%)	33 (33,3%)	16 (45,8%)	268 (49,7%)	26 (50%)	806 (55,7%)
3. Rang	10 (16,9%)	250 (12%)	2 (13,3%)	15 (15,1%)	4 (11,4%)	73 (13,5%)	8 (15,4%)	162 (11,2%)
4. Rang	-	-	-	-	-	-	-	-
5. Rang	6 (10,2%)	99 (4,7%)	1 (6,7%)	4 (4%)	1 (2,8%)	32 (5,9%)	5 (9,6%)	63 (4,3%)

Vor der Interpretation dieser Tabelle soll auch hier der Hinweis auf die angebrachte Vorsicht aufgrund der teilweise geringen absoluten Werte nicht fehlen. Jedoch selbst unter Berücksichtigung dieses Umstands zeigt die Übersicht eine m.E. unerwartete Tendenz: Die Werte weisen einen markanten relativen Rückgang synonymer Gruppen auf dem ersten Rang von der niedrigen über die mittlere auf die hohe Ebene in Anzahl und Frequenz auf, der sich am 2. Rang jedoch in einen ebenso markanten Anstieg wandelt, um sich auf den weiteren Rängen dann sehr ausgeglichen zu präsentieren. Dies lässt den Schluss zu, dass das Gros synonymer Formen mit zunehmender Fachsprachlichkeit eher nach unten, also in Richtung zunehmender fachlogischer Spezialisierung der verwendeten Termini rückt, als dass - wie man vielleicht erwarten würde - dies umgekehrt der Fall wäre. Naturgemäß sind die hier vorliegenden Zahlen mit denjenigen der Terminusanzahl und Frequenz auf den jeweiligen Rängen insgesamt zu korrelieren. Zieht man diesen Einfluss in Betracht (zu den entsprechenden Werten siehe 4.5.2.2.) erscheint diese Tendenz zwar weniger ausgeprägt, doch sie wird nicht grundsätzlich in Frage gestellt. Wir können somit bei aller Vorsicht festhalten, dass nicht nur zunehmende Fachsprachlichkeit sondern auch zunehmende Spezialisierung der Terminologie in der untersuchten Textsorte nicht ein Weniger, sondern tendenziell eher ein Mehr an Synonymie bedeutet.

4.6. DER FORMALE ASPEKT IN VERTIKALER SICHT

In 3.3.1. wurde der formale Aspekt der Termini als ein Punkt genannt, an dem sich die vertikale Variation möglicherweise manifestieren kann. Nachdem die unterschiedlichen Terminusformen in der Besprechung der einzelnen Kategorien registriert wurden, genügt an dieser Stelle ein zusammenfassender Überblick, um die Frage nach unterschiedlichen formalen Ausprägungen der terminologischen Einheiten auf den drei Fachsprachlichkeitsebenen zu beschreiben.

4.6.1. Die Terminusformen im Überblick

Insgesamt wurden 27 unterschiedliche Terminusformen im Korpus registriert, davon je 17 auf niedriger und mittlerer sowie 25 auf hoher fachsprachlicher Ebene. (Die Zahlen in Klammer sind Prozentsätze, Xenismen stehen in eckiger Klammer.)

	gesamt		niedrig		mittel		hoch	
	Anzahl	Frequenz	Anzahl	Frequenz	Anzahl	Frequenz	Anzahl	Frequenz
Terminusformen	265 (100)	5458 (100)	104 (100)	489 (100)	173 (100)	1396 (100)	241 (100)	3573 (100)
N	84 (31,7)	3773 (69,1)	48 (46,1)	314 (64,2)	72 (41,6)	939 (67,3)	82 (34,0)	2520 (70,5)
N + Adj.	60 (22,6)	418 (7,6)	19 (18,3)	49 (10,0)	32 (18,5)	96 (6,9)	57 (23,6)	273 (7,6)
N de N	52 (19,6)	325 (5,9)	13 (12,5)	32 (6,5)	35 (20,2)	80 (5,7)	40 (16,6)	213 (6,0)
V	16 (6,0)	497 (9,1)	7 (6,7)	45 (9,2)	12 (6,9)	136 (9,7)	14 (5,8)	316 (8,8)
S	8 (3,0)	212 (3,9)	3 (2,9)	19 (3,9)	5 (2,9)	85 (6,1)	8 (3,3)	108 (3,0)
N + N	6 (2,3)	31 (0,6)	2 (1,9)	3 (0,6)	2 (1,1)	3 (0,2)	5 (2,1)	25 (0,7)
Adj. + N	4 (1,5)	28 (0,5)	2 (1,9)	2 (0,4)	3 (1,7)	9 (0,6)	4 (1,6)	17 (0,5)
N de (N + Adj.)	4 (1,5)	12 (0,2)	1 (1,0)	1 (0,2)	1 (0,6)	1 (0,1)	4 (1,6)	10 (0,3)
N de (Adj. + N)	4 (1,5)	5 (0,1)	-	-	-	-	4 (1,6)	5 (0,1)
V + N	3 (1,1)	10 (0,2)	-	-	1 (0,6)	2 (0,1)	3 (1,2)	8 (0,2)
N de Art. N	3 (1,1)	6 (0,1)	1 (1,0)	1 (0,2)	1 (0,6)	3 (0,2)	2 (0,8)	2 (-)
N de (N y N)	3 (1,1)	3 (-)	1 (1,0)	1 (0,2)	-	-	2 (0,8)	2 (-)
Adj.	2 (0,7)	33 (0,6)	1 (1,0)	1 (0,2)	2 (1,1)	18 (1,3)	2 (0,8)	14 (0,4)
(N + Adj.) de N	2 (0,7)	23 (0,4)	-	-	2 (1,1)	7 (0,5)	2 (0,8)	16 (0,4)
N de (N de N)	2 (0,7)	2 (-)	-	-	-	-	2 (0,8)	2 (-)
(N + Adj.) + Adj.	1(0,4)	32 (0,6)	1 (1,0)	13(2,6)	1 (1,1)	5 (0,3)	1 (0,4)	14 (0,4)
(N de N) + Adj.	1 (0,4)	22 (0,4)	1 (1,0)	3 (0,6)	1 (1,1)	5 (0,3)	1 (0,4)	14 (0,4)
N + Prep. + N]	1 (0,4)	6 (0,1)	1 (1,0)	2 (0,4)	1 (1,1)	3 (0,2)	1 (0,4)	1 (-)
[Adj. + N]	1 (0,4)	4 (0,1)	-	-	1 (1,1)	3 (0,2)	1 (0,4)	1 (-)
N de N de (Adj. + N)	1 (0,4)	4 (0,1)	1 (1,0)	1 (0,2)	-	-	1 (0,4)	3 (0,1)
N de N del (Adj. + N)	1 (0,4)	4 (0,1)	1 (1,0)	1 (0,2)	-	-	1 (0,4)	3 (0,1)
N de (N + Adj.)	1 (0,4)	3 (-)	-	-	-	-	1 (0,4)	3 (0,1)

N de N de (N y N)	1 (0,4)	1 (-)	-	-	-	-	1 (0,4)	1 (-)
N + Adj de (N de N)	1 (0,4)	1 (-)	-	-	-	-	1 (0,4)	1 (-)
N a N	1 (0,4)	1 (-)	-	-	1 (1,1)	1 (0,1)	-	-
N de Adj.	1 (0,4)	1 (-)	-	-	-	-	1 (0,4)	1 (-)
N a (Adj. + N)	1 (0,4)	1 (-)	1 (1,0)	1 (0,2)	-	-	-	-

Auffallend an dieser Tabelle ist zunächst, dass über 80% aller registrierten Termini 5 formalen Typen entsprechen, die ihrerseits 95% aller im Korpus gezählten Vorkommen abdecken. Es handelt sich dabei um die einfachsten lexikalischen Muster, alle anderen, formal komplexeren Muster sind weit weniger präsent, und zwar sowohl hinsichtlich ihrer Anzahl als auch hinsichtlich ihrer Frequenz. Das zweite auffallende Ergebnis besteht m.E. darin, dass bereits ab der in diesem Ranking auf Platz 6 gereihten Form die Frequenz dieser Termini in keinem der drei Korpora (mit zwei Ausnahmen) mehr als 1% aller Vorkommen beträgt.[1] Die Tendenz zur Vermeidung komplexer Formen in der untersuchten Textsorte ist somit noch ausgeprägter, als man dies vielleicht intuitiv ohnedies erwarten würde. Schön zu sehen ist dies auch daran, dass die Anzahl der Form N mit zunehmender Fachsprachlichkeit relativ kontinuierlich sinkt, ihre Frequenz hingegen steigt. Ein Grund dafür ist sicherlich die Vereinfachung komplexer Terminusformen in konkreten Verwendungen, die ja bereist in der Analyse der synonymischen Beziehungen zu sehen war (siehe 4.5.4.2.). Andererseits treten diese komplexen Formen jedoch vorwiegend auf der hohen fachsprachlichen Ebene auf, allerdings mit - wie die Tabelle zeigt - minimalen Werten bezüglich Anzahl und Frequenz. Die Verwendung komplexer lexikalischer Formen ist somit in der untersuchten Fachsprache und - in dieser - in der analysierten Textsorte nur in dem Sinn typisch, als dies vermutlich häufiger als in der Allgemeinsprache der Fall ist. Diese Charakteristik kann jedoch im vorliegenden Fall nicht so interpretiert werden, dass die jeweiligen Texte ein Übermaß an komplexen Terminusstrukturen aufweisen würden.

Ein weiteres Ergebnis der Auszählung erscheint mir bemerkenswert, ohne dass ich dafür allerdings eine Erklärung bieten könnte: Auf mittlerer Ebene liegt eine deutlich größere relative Anzahl an N de N-Konstruktionen vor als auf den anderen beiden Ebenen, die wiederum eine klare Präferenz für die oftmals konkurrierende N+Adj.-Struktur aufweisen. Insbesondere zeigt sich dies auf der hohen Ebene, auf der die relative Zahl (nicht jedoch die Frequenz) der letzgenannten Form stark zunimmt.

[1] Die Zahlen sind insofern leicht verzerrt, als in der Kategorie N auch Termini inkludiert sind, die auf Grund ihrer niedrigen Gesamtfrequenz in der Untersuchung sonst nicht berücksichtigt wurden. Die erhobenen Werte sind jedoch so eindeutig, dass die gezogene Schlussfolgerung davon kaum berührt wird, insbesondere weil auch die ausgeschlossenen Termini in ihrer überwiegenden Mehrheit den Grundmustern entsprechen.

Dieses Ergebnis ergab sich bereits in der Analyse der synonymen Beziehungen, ohne dass damit jedoch das Phänomen erklärt wäre. Abgesehen von den wenigen besprochenen Unterschieden scheinen mir keine weiteren relevanten Differenzen zwischen den drei Ebenen vorzuliegen.

4.6.2. Terminusformen nach Rangordnung in den Strukturbäumen

Als letztem Punkt unserer Analyse soll der Frage nachgegangen werden, welche Beziehungen zwischen den registrierten Formen und der Rangordnung des jeweiligen Terminus in den Strukturbäumen der einzelnen Kategorien besteht und ob sich dabei Unterschiede zwischen den drei Ebenen feststellen lassen. Die folgende Übersicht listet die Terminusformen in dieser Hinsicht.

	gesamt		niedrig		mittel		hoch	
	Anzahl	Frequenz	Anzahl	Frequenz	Anzahl	Frequenz	Anzahl	Frequenz
Terminusformen	**265 (100)**	**5458 (100)**	**104 (100)**	**489 (100)**	**173 (100)**	**1396 (100)**	**241 (100)**	**3573 (100)**
N	**84 (31,7)**	**3773 (69,1)**	**48 (46,1)**	**314 (64,2)**	**72 (41,6)**	**939 (67,3)**	**82 (34,0)**	**2520 (70,5)**
HK	14 (5,3)	1386 (25,4)	10 (9,6)	126 (25,8)	14 (8,1)	379 (27,1)	14 (5,8)	881 (24,6)
1. Rang	23 (8,7)	692 (12,7)	14 (13,5)	49 (10,0)	20 (11,6)	149 (10,7)	21 (8,7)	494 (13,8)
2. Rang	32 (12,1)	1005 (18,4)	15 (14,4)	87 (17,8)	26 (15,0)	235 (16,8)	32 (13,3)	683 (19,1)
3. Rang	11 (4,1)	577 (10,6)	5 (4,8)	41 (8,4)	8 (4,6)	127 (9,1)	11 (4,6)	409 (11,4)
4. Rang	2 (0,7)	42 (0,8)	2 (1,9)	7 (1,4)	2 (1,1)	17 (1,2)	2 (0,8)	18 (0,5)
5. Rang	2 (0,7)	71 (1,3)	2 (1,9)	4 (0,8)	2 (1,1)	32 (2,3)	2 (0,8)	35 (1,0)
N + Adj.	**60 (22,6)**	**418 (7,6)**	**19 (18,3)**	**49 (10,0)**	**32 (18,5)**	**96 (6,9)**	**57 (23,6)**	**273 (7,6)**
HK	8 (3,0)	56 (1,0)	3 (2,9)	8 (1,6)	4 (2,3)	8 (0,6)	8 (3,3)	40 (1,1)
1. Rang	8 (3,0)	38 (0,7)	2 (1,9)	2 (0,4)	4 (2,3)	10 (0,7)	8 (3,3)	26 (0,7)
2. Rang	24 (9,0)	194 (3,5)	7 (6,7)	28 (5,7)	13 (7,5)	44 (3,1)	21 (8,7)	122 (3,4)

3. Rang	8 (3,0)	48 (0,9)	2 (1,9)	3 (0,6)	4 (2,3)	9 (0,6)	8 (3,3)	36 (1,0)
4. Rang	8 (3,0)	63 (1,1)	3 (2,9)	6 (1,2)	5 (2,9)	22 (1,6)	8 (3,3)	35 (1,0)
5. Rang	4 (1,5)	19 (0,3)	2 (1,9)	2 (0,4)	2 (1,1)	3 (0,2)	4 (1,6)	14 (0,4)
N de N	**52 (19,6)**	**325 (5,9)**	**13 (12,5)**	**32 (6,5)**	**35 (20,2)**	**80 (5,7)**	**40 (16,6)**	**213 (6,0)**
HK	8 (3,0)	96 (1,7)	3 (2,9)	14 (2,9)	6 (3,5)	20 (1,4)	7 (2,9)	62 (1,7)
1. Rang	10 (3,8)	38 (0,7)	2 (1,9)	5 (1,0)	7 (4,0)	17 (1,2)	5 (2,1)	16 (0,4)
2. Rang	21 (7,9)	125 (2,3)	5 (4,8)	6 (1,2)	13 (7,5)	27 (1,9)	19 (7,9)	92 (2,6)
3. Rang	7 (2,6)	22 (0,4)	-	-	5 (2,9)	7 (0,5)	4 (1,6)	15 (0,4)
4. Rang	1 (0,4)	4 (0,1)	1 (1,0)	4 (0,8)	-	-	-	-
5. Rang	5 (1,9)	40 (0,7)	2 (1,9)	3 (0,6)	4 (2,3)	9 (0,6)	5 (2,1)	28 (0,8)
V	**16 (6,0)**	**497 (9,1)**	**7 (6,7)**	**45 (9,2)**	**12 (6,9)**	**136 (9,7)**	**14 (5,8)**	**316 (8,8)**
1. Rang	5 (1,9)	228 (4,2)	5 (4,8)	34 (6,9)	4 (2,3)	54 (3,9)	4 (1,6)	140 (3,9)
2. Rang	11 (4,1)	269 (4,9)	2 (1,9)	11 (2,2)	8 (4,6)	82 (5,9)	10 (4,1)	176 (4,9)
S	**8 (3,0)**	**212 (3,9)**	**3 (2,9)**	**19 (3,9)**	**5 (2,9)**	**85 (6,1)**	**8 (3,3)**	**108 (3,0)**
2. Rang	1 (0,4)	4 (0,1)	-	-	-	-	1 (0,4)	4 (0,1)
3. Rang	5 (1,9)	162 (3,0)	2 (1,9)	11 (2,2)	3 (1,7)	70 (5,0)	5 (2,1)	81 (2,2)
4 Rang	1 (0,4)	21 (0,4)	1 (1,0)	8 (1,6)	1 (0,6)	8 (0,6)	1 (0,4)	8 (0,2)
5. Rang	1 (0,4)	22 (0,4)	-	-	1 (0,6)	7 (0,5)	1 (0,4)	15 (0,4)
N + N	**6 (2,3)**	**31 (0,6)**	**2 (1,9)**	**3 (0,6)**	**2 (1,1)**	**3 (0,2)**	**5 (2,1)**	**25 (0,7)**
HK	1 (0,4)	6 (0,1)	1 (1,0)	1 (0,2)	1 (0,6)	2 (0,1)	1 (0,4)	3 (0,1)
2. Rang	5 (1,9)	25 (0,4)	1 (1,0)	2 (0,4)	1 (0,6)	1 (0,1)	4 (1,6)	22 (0,6)

Adj. + N	**4 (1,5)**	**28 (0,5)**	**2 (1,9)**	**2 (0,4)**	**3 (1,7)**	**9 (0,6)**	**4 (1,6)**	**17 (0,5)**
2. Rang	2 (0,7)	11 (0,2)	-	-	1 (0,6)	5 (0,3)	2 (0,8)	6 (0,2)
4. Rang	2 (0,7)	17 (0,3)	2 (1,9)	2 (0,4)	2 (1,1)	4 (0,3)	2 (0,8)	11 (0,3)
N de (N + Adj.)	**4 (1,5)**	**12 (0,2)**	**1 (1,0)**	**1 (0,2)**	**1 (0,6)**	**1 (0,1)**	**4 (1,6)**	**10 (0,3)**
2. Rang	2 (0,7)	2 (-)	-	-	-	-	2 (0,8)	2 (-)
3. Rang	2 (0,7)	10 (0,2)	1 (1,0)	1 (0,2)	1 (0,6)	1 (0,1)	2 (0,8)	8 (0,2)
N de (Adj. + N)	**4 (1,5)**	**5 (0,1)**	-	-	-	-	**4 (1,6)**	**5 (0,1)**
2. Rang	1 (0,4)	1 (-)	-	-	-	-	1 (0,4)	1 (-)
3. Rang	3 (1,1)	4 (0,1)	-	-	-	-	3 (1,2)	4 (0,1)
V + N (2. Rang)	**3 (1,1)**	**10 (0,2)**	-	-	**1 (0,6)**	**2 (0,1)**	**3 (1,2)**	**8 (0,2)**
N de Art. N (1. Rang)	**3 (1,1)**	**6 (0,1)**	**1 (1,0)**	**1 (0,2)**	**1 (0,6)**	**3 (0,2)**	**2 (0,8)**	**2 (-)**
N de (N y N)	**3 (1,1)**	**3 (-)**	**1 (1,0)**	**1 (0,2)**	-	-	**2 (0,8)**	**2 (-)**
2. Rang	2 (0,7)	2 (-)	1 (1,0)	1 (0,2)	-	-	1 (0,4)	1 (-)
5. Rang	1 (0,4)	1 (-)	-	-	-	-	1 (0,4)	1 (-)
Adj. (1. Rang)	**2 (0,7)**	**33 (0,6)**	**1 (1,0)**	**1 (0,2)**	**2 (1,1)**	**18 (1,3)**	**2 (0,8)**	**14 (0,4)**
(N + Adj.) de N	**2 (0,7)**	**23 (0,4)**	-	-	**2 (1,1)**	**7 (0,5)**	**2 (0,8)**	**16 (0,4)**
2. Rang	1 (0,4)	10 (0,2)	-	-	1 (1,1)	3 (0,2)	1 (0,4)	7 (0,2)
5. Rang	1 (0,4)	13 (0,2)	-	-	1 (1,1)	4 (0,3)	1 (0,4)	9 (0,2)
N de (N de N) (5. Rang)	**2 (0,7)**	**2 (-)**	-	-	-	-	**2 (0,8)**	**2 (-)**
(N + Adj.) + Adj. (2.Rang)	**1 (0,4)**	**32 (0,6)**	**1 (1,0)**	**13 (2,6)**	**1 (1,1)**	**5 (0,3)**	**1 (0,4)**	**14 (0,4)**
(N de N) + Adj. (3. Rang)	**1 (0,4)**	**22 (0,4)**	**1 (1,0)**	**3 (0,6)**	**1 (1,1)**	**5 (0,3)**	**1 (0,4)**	**14 (0,4)**

[N + Prep. + N] (2. Rang)	**1** **(0,4)**	**6** **(0,1)**	**1** **(1,0)**	**2** **(0,4)**	**1** **(1,1)**	**3** **(0,2)**	**1** **(0,4)**	**1** **(-)**
[Adj. + N] (2. Rang)	**1** **(0,4)**	**4** **(0,1)**	**-**	**-**	**1** **(1,1)**	**3** **(0,2)**	**1** **(0,4)**	**1** **(-)**
N de N de (Adj. + N) (3.Rang)	**1** **(0,4)**	**4** **(0,1)**	**1** **(1,0)**	**1** **(0,2)**	**-**	**-**	**1** **(0,4)**	**3** **(0,1)**
N de N del (Adj. + N) (3. Rang)	**1** **(0,4)**	**4** **(0,1)**	**1** **(1,0)**	**1** **(0,2)**	**-**	**-**	**1** **(0,4)**	**3** **(0,1)**
N de (N + Adj.) (5. Rang)	**1** **(0,4)**	**3** **(-)**	**-**	**-**	**-**	**-**	**1** **(0,4)**	**3** **(0,1)**
N de N de (N y N) (5.Rang)	**1** **(0,4)**	**1** **(-)**	**-**	**-**	**-**	**-**	**1** **(0,4)**	**1** **(-)**
N + Adj de (N de N) (5. Rang)	**1** **(0,4)**	**1** **(-)**	**-**	**-**	**-**	**-**	**1** **(0,4)**	**1** **(-)**
N a N (3. Rang)	**1** **(0,4)**	**1** **(-)**	**-**	**-**	**1** **(1,1)**	**1** **(0,1)**	**-**	**-**
N de Adj. (3. Rang)	**1** **(0,4)**	**1** **(-)**	**-**	**-**	**-**	**-**	**1** **(0,4)**	**1** **(-)**
N a (Adj. + N) (3. Rang)	**1** **(0,4)**	**1** **(-)**	**1** **(1,0)**	**1** **(0,2)**	**-**	**-**	**-**	**-**

Aus der Tabelle ist zu ersehen, dass mit nur zwei Ausnahmen (N+N bzw. N de Art. N) ausschließlich Termini mit den Formen N, N+Adj., N de N und V sowie Adj. (mit nur zwei Termini) auf den oberen beiden Rängen (Hauptknoten und 1. Rang) vorkommen. Alle anderen - mit Ausnahme von S - komplexeren Formen finden sich auf den Rängen 2 bis 5. Die häufigsten Formen dienen somit auch zur Bildung der fachlogisch-hierarchisch an oberster Stelle stehenden terminologischen Einheiten, komplexere Strukturen auf den nachgeordneten.

Auffallend ist die kontinuierliche relative Abnahme der Zahl der Form N mit größerer Fachsprachlichkeit auf den oberen Rängen, die erst ab dem 2. Rang ausgeglichen wird.

Als zweiter relevanter Aspekt ist die ungleiche Verteilung der Form V anzugeben. Während am 1. Rang die niedrige Ebene die klar höchsten relativen Werte erzielt, liegen am 2. Rang die mittlere und hohe Ebene deutlich voran (in beiden Fällen in Zahl und Frequenz). Dies ist wohl dahingehend zu interpretieren, dass die eigentlich wenigen Verben entweder (fachlich) sehr allgemeine Aktionen bezeichnen (und dann auf der niedrigsten Ebene einen größeren relativen Wert erzielen) oder recht spezialisierte Inhalte transportieren (die eher auf der mittleren und hohen Ebene thematisiert werden).

Die übrigen Werte zeigen - von Einzelfällen abgesehen - ein ausgesprochen ausgeglichenes Bild; generalisierbare Unterschiede zwischen den drei fachsprachlichen

Ebenen im Hinblick auf die Verwendung bestimmter Formen auf bestimmten Hierarchiestufen scheinen mir - erwartungsgemäß - nicht vorzuliegen.

4.7. ZUSAMMENFASSUNG UND AUSBLICK

Die Ergebnisse der Untersuchung lassen sich m. E. in zwei große Gruppen unterteilen: Zum einen handelt es sich um Resultate, die vorwiegend die Spezialisten in Wirtschaftsterminologie - und hier wiederum in der Börsenterminologie - interessieren werden und die primär praktische Relevanz für lexikographische und fachsprachendidaktische Arbeiten haben. Nachdem in diesen Bereichen gerade die Detailfragen von Bedeutung sind (Soll ein bestimmter Terminus in ein Glossar aufgenommen werden? etc.) erübrigt sich eine nochmalige Auflistung der Resultate und ich verweise auf die jeweiligen Beschreibungen. Zum anderen konnten Ergebnisse erzielt werden, die über diesen engen Bereich hinausgehend auch für eine allgemeine Charakterisierung von Fachsprachen relevant sind. Diese Ergebnisse sollen hier - insbesondere zur leichteren Vergleichbarkeit mit anderen Studien - zusammengefasst werden.

Zunächst konnte festgestellt werden, dass sich die aus dem Korpus isolierten terminologischen Einheiten relativ leicht in einige wenige semantisch-fachliche Grundkategorien klassifizieren lassen. Deren innere Struktur ist überwiegend hierarchisch (Hyperonymie/Hyponymie) organisiert und umfasst eine eher geringe Zahl an hierarchischen Strukturebenen. An anderen Beziehungen brauchten lediglich die Relationen Teil-Ganzes, Gesamtheit, Qualität (Modalität) und Messung angesetzt werden, um die fachliche Strukturierung nachzuzeichnen. Unterschiede zwischen den einzelnen fachsprachlichen Ebenen ergeben sich dabei primär hinsichtlich des Gewichts der einzelnen (Sub-)Kategorien (siehe unten), im Großen und Ganzen ist die lexikalische Strukturierung jedoch weitgehend ähnlich, wobei naturgemäß Unterschiede in Detailbereichen existieren.

In einem zweiten Schritt wurden die einzelnen terminologischen Einheiten hinsichtlich ihrer Zahl, Vorkommensfrequenz, der transportierten Begriffe und der angesprochenen Referenten untersucht. Diese Analyse hat ergeben, dass deren Anzahl nicht proportional zur Größe der Teilkorpora, sondern deutlich geringer ansteigt. Sehr wohl proportional steigt jedoch die Vorkommensfrequenz der einzelnen Einheiten in den Texten. Mit zunehmender Fachsprachlichkeit geht somit in der untersuchten Textsorte ein Mehr an Text und ein mehr an Information einher, die Zahl der unterschiedlichen terminologischen Einheiten, die ein Leser zur korrekten Dekodierung verstehen muss, steigt jedoch nicht im selben Ausmaß.

Die registrierten Zuwächse haben weiters keinen linearen Charakter, sondern stellen sich sowohl quantitativ als auch qualitativ je nach den verglichenen Ebenen anders da. Zunehmende Fachsprachlichkeit bedeutet demnach im lexikalischen Bereich -

und wohl nicht nur dort - nicht einfach ein lineares Ansteigen der relevanten Aspekte. In der vorliegenden Untersuchung ist die Differenz hinsichtlich der Zahl der unterschiedenen Termini, Begriffe und Referenten zwischen niedriger und mittlerer Ebene - ganz allgemein gesprochen - deutlich markanter als zwischen mittlerer und hoher. Innerhalb dieser drei Aspekte ist es wiederum die Zahl der Termini, die den stärksten Zuwachs verzeichnet und zwar in deutlich stärkerem Ausmaß als diejenige der Begriffe oder Referenten. Zunehmende Fachsprachlichkeit bedeutet demnach in der hier analysierten Terminologie nicht primär ein Ansprechen immer spezifischerer, dem Laien immer verschlossenerer außersprachlicher Objekte und Sachverhalte, sondern vor allem eine größere Zahl an Synonymen und eine größere begriffliche Vielfalt, mit der die Referenten angesprochen und gefasst werden. Der Anstieg an synonymen Formen ist dabei zwischen der niedrigen und mittleren Ebene deutlich stärker als zwischen der mittleren und der hohen. Der Vergleich der mittleren mit der hohen Ebene erbrachte hingegen ein deutliches Mehr an begrifflicher Variation. Zunehmende Fachsprachlichkeit impliziert somit in der analysierten Textsorte keine größere Eindeutigkeit, gleichgültig ob man darunter die Beziehung Terminus - Referent oder Terminusform - Bedeutung/Begriff verstehen mag.
Klar geht aus der Analyse hervor, dass die Perspektive der einzelnen Ebenen auf das Geschehen an der Börse unterschiedlich ist: Steht lexikalisch auf niedriger Ebene die zeitlich-räumliche Lokalisierung und die Gesamtperformance der Börsenaktivität im Vordergrund, so wird auf mittlerer Ebene den einzelnen Akteuren und deren Handlungen deutlich mehr Platz eingeräumt. Die hohe Ebene führt die beiden Perspektiven dann weitgehend zusammen.
Die jeweilige Perspektive bedingt in erster Linie auch die Spezifik (im Sinne einer fachlichen Hierarchie) der verwendeten Terminologie, die auf den einzelnen fachsprachlichen Ebenen Verwendung findet. Erst sekundär scheint spezifischere Terminologie auch ohne diesen Einfluss mit größerer Fachsprachlichkeit zu korrelieren. Völlig unabhängig von der fachlogischen Strukturierung scheint die begriffliche Variation zu sein: Auf den einzelnen hierarchischen Ebenen konnten jeweils ähnliche Verhältniszahlen zwischen außersprachlichen Referenten und registrierten Begriffen festgestellt werden.
Hinsichtlich der Anzahl der Synonymien, von der fast 50% der analysierten Termini betroffen sind, ist tendenziell sogar ein Mehr an synonymen Beziehungen bei spezifischerer Lexik zu verzeichnen - ein Befund, der der immer wieder transportierten Vorstellung einer zunehmenden Eindeutigkeit und Präzision der lexikalischen Einheiten bei steigendem Fachsprachlichkeitsgrad wohl klar widerspricht. Was die Art der synonymen Beziehungen betrifft, stellen Wortartenwechsel sowie Reduktionen komplexerer Formen auf einfachere und unter diesen die Reduktion N de N zu N das Hauptkontingent. Es konnten insgesamt aber keine wesentlichen Unterschiede zwischen den drei fachsprachlichen Ebenen verzeichnet werden .
Was die formale Seite der untersuchten Terminologie betrifft, ergab die Analyse,

dass über 80% aller Termini mit ca. 95% aller Vorkommen fünf einfache Terminus-Formen aufweisen (N, N + Adj., N de N, V, S). Komplexere Muster, die vorwiegend auf der hohen fachsprachlichen Ebene und primär bei spezifischerer Terminologie auftreten, weisen minimale Frequenzen auf - eine Tendenz zur Vermeidung komplexer Formen ist somit klar erkennbar. Weitere interpretierbare Unterschiede zwischen den drei Fachsprachlichkeitsebenen konnten diesbezüglich nicht in größerem Umfang festgestellt werden.
Die hier nun summarisch zusammengefassten Ergebnisse dieser Untersuchung stehen m.E. teilweise in erheblichem Widerspruch sowohl zur intuitiven Vorstellung als auch zu den in den einleitenden Kapiteln dieser Arbeit präsentierten "klassischen" Konzeptionen vom Funktionieren von Fachsprache (siehe insbesondere die Kapitel 1.4. und 2.3.). Es ist klar, dass nun nicht der Anspruch erhoben werden kann, mit der vorliegenden Arbeit einen gleichsam "definitiven" Gegenbeweis zu den allgemein vorherrschenden Vorstellungen geliefert zu haben, beziehen sich doch die erzielten Resultate ausschließlich auf einen recht engen Ausschnitt der fachsprachlichen Realität. Daraus kann nun die auf Grund ihrer Häufigkeit eigentlich schon banale Forderung nach weiteren, vergleichbaren Untersuchungen fachsprachlicher Texte abgeleitet werden, die deswegen nicht weiter begründet werden braucht. Fast wesentlicher erscheint mir eine andere Schlussfolgerung: Mit allgemeinen Aussagen zur Fachsprachlichkeit ist vermutlich nicht viel gewonnen. Allzu oft werden sie sich anhand einer empirischen Untersuchung eines konkreten Textkorpus als unzulänglich herausstellen. Kommunikation und auch fachsprachliche Kommunikation kann wohl auf sehr unterschiedliche Art und Weise funktionieren, und diese Diversität zur Kenntnis zu nehmen und zu respektieren ist m.E. ein Schritt in die richtige Richtung. Für die linguistisch orientierte Fachsprachenforschung bedeutet dies, dass es in Zukunft noch stärker darum gehen sollte, empirische Untersuchungen in praktisch relevanten Bereichen zu forcieren, um neben dem immer tieferen theoretischen Verständnis auch die Qualität des für den Nicht-Linguisten erkennbaren Outputs sprachwissenschaftlicher Tätigkeit zu verbessern.

BIBLIOGRAPHIE

Adamzik Kirsten (1998): Fachsprachen als Varietäten; in: Hoffmann/et al. I, S.181-189

Adelstein. Andreína (1998): Representación de unidades terminológicas: el modelo de término wüsteriano; in: Organon 26, S.67-89

Adrados, Francisco R. (1986): Scientific Language: Instrument and Obstacle, Example from the Field of Linguistics; in: Bungarten, S.13-21

Ahmad, Khurshid/Rogers, Margaret (2001): Corpus Linguistics and Terminology Managment; in: Wright/Budin; S.725-760

Albrecht, Jörn (1992): Wortschatz versus Terminologie: Einzelsprachliche Charakteristika in der Fachterminologie; in: Albrecht/Baum, S.59-78

Albrecht, Jörn/Baum, Richard (eds. - 1992): Fachsprache und Terminologie in Geschichte und Gegenwart; Tübingen (Gunter Narr)

Alpízar Castillo, Rodolfo (2002): Reflexiones terminológicas; in: Correia, S.27-39

Althaus, Hans Peter/et al. (eds. - ^{2}1980): Lexikon der Germanistischen Linguistik I-IV; Tübingen (Niemeyer)

Alvar, Manuel (1990): La lengua, los dialectos y la cuestión del prestigio; in: Moreno Fernández, Francisco (ed.): Estudios sobre variación lingüística; Alcalá de Henares (Universidad de Alcalá de Henares), S.13-26

Ammon, Ulrich (1973): Probleme der Soziolinguistik; Tübingen (Niemeyer)

Ammon, Ulrich (1998): Probleme der Statusbestimmung von Fachsprachen; in: Hoffmann/et al., S.219-229

Arntz, Reiner (1982): Methoden der fachsprachlichen Übersetzerausbildung im Sprachenpaar Spanisch und Deutsch; in: Rodríguez Richart/et al., S.109-122

Arntz, Reiner (1992): Interlinguale Vergleiche von Terminologien und Fachtexten; in: Baumann/Kalverkämper, S.108-122

Arntz, Reiner (1998): Terminologie der Terminologie; in: Snell-Hornby/et al., S.77-82

Arntz, Reiner /Arranz, Julio César (1999): Die spanischen Fachsprachen im 20. Jahrhundert und ihre Erforschung: eine Übersicht; in: Hoffmann/et al., S.1514-1521

Arntz, Reiner/Picht, Heribert (1989): Einführung in die Terminologiearbeit; Hildesheim (Olms)

Auger, Pierre/Rousseau, Louis-Jean (1984): Metodología de la recerca terminològica; Barcelona (Généralitat de Catalunya)

Augst, Gerhard (1983): Fachsprache - Textverständlichkeit - Textproduktion; in: Der Deutschunterricht 35/2, S.5-21

Badura, Bernhard (1971): Sprachbarrieren - Zur Soziologie der Kommunikation, Stuttgart (frommann-holzboog)

Bailey, Charles-James N. (1974): Contributions to the study of variation to the framework of the new linguistics; in: Linguistische Berichte 29, S.1-10

Baldinger, Kurt (1952): Die Gestaltung des wissenschaftlichen Wörterbuchs; in: Romanistisches Jahrbuch 5, S.65-94

Ballstaedt, Steffen-Peter/et al. (1981): Texte verstehen, Texte gestalten; München (Urban & Schwarzenberg)

Bargalló, María/et al. (eds. - 2001): Las lenguas de especialidad y su didáctica (Actas del Simposio Hispano-Astriaco); Tarragona (Universidad Rovira i Virgili)

Barth, Erhard (1970): Die funktionale Differenzierung der Sprache; in: Die Neueren Sprachen 69/4, S.186-191

Baumann, Klaus-Dieter (1986): Der Versuch einer integrativen Betrachtung des linguistischen Phänomens "Fachtext"; in: Deutsch als Fremdsprache 23/2, S.96-102

Baumann, Klaus-Dieter (1987): Ein Versuch der ganzheitlichen Betrachtung von Fachtexten; in: Hoffmann, S.10-22

Baumann, Klaus-Dieter (1991): Die Fachlichkeit von Kommunikation und ihre Bedeutung in der Entwicklung einer Unternehmensidentität; in: Bungarten, S.23-25

Baumann, Klaus-Dieter (1992a): Integrative Fachtextlinguistik; Tübingen (Gunter Narr)

Baumann, Klaus-Dieter (1992b): Die Fachlichkeit von Texten als eine komplexe Vergleichsgröße; in: Baumann/Kalverkämper, S.29-48

Baumann, Klaus-Dieter (1993): Ein komplexes Herangehen an das Phänomen der Fachlichkeit von Texten; in: Bungarten, S.395-429

Baumann, Klaus-Dieter (1994a): Die interdisziplinäre Betrachtung von Kenntnissystemen auf der Ebene des Fachtextes; in: Spillner, Fachkommunikation, S.57-59

Baumann, Klaus-Dieter (1994b): Fachlichkeit von Texten; Egelsbach (Hänsel-Hohenhausen)

Baumann, Klaus-Dieter (1994c): The significance of the statistical method for an interdisciplinary analysis of professionalism in texts; in: Brekke/et al., S.1-15

Baumann, Klaus-Dieter (1995): Die Verständlichkeit von Fachtexten. Ein komplexer Untersuchungsansatz; in: Fachsprache 17, 3/4, S.116-126

Baumann, Klaus-Dieter (1996): Fachtextsorten und Kognition - Erweiterungsangebote an die Fachsprachenforschung; in: Kalverkämper/Baumann, S.355-388

Baumann, Klaus-Dieter (1998): Formen fachlicher Kommunikationsbeziehungen; in: Hoffmann/et al. I, S.109-117

Baumann, Klaus-Dieter (2001a): Cognitive Turn in LSP research; in: Mayer I, S.87-102

Baumann, Klaus-Dieter (2001b): LSP Text as a Knowledge System; in: Mayer I, S.105-113

Baumann, Klaus-Dieter (2001c): Die Orientierungen der Fachsprachenforschung zu Beginn eines neuen Jahrhunderts; in: Schröder, Hartmut /et al. (eds.): Linguistik als Kulturwissenschaft. Festschrift für Bernd Spillner zum 60. Geburtstag; Frankfurt (Peter Lang), S. 165-183

Baumann, Klaus-Dieter/Kalverkämper, Hartwig (eds. - 1992): Kontrastive Fachsprachenforschung; Tübingen (Gunter Narr)

Baurmann, Jürgen (1981): Fachtexte; in: Praxis Deutsch 48/81, S.10-14

Bausch, Karl-Heinz (1976): Fach- und Gemeinsprache als kommunikationssoziologisches Problem; in: Bausch/et al., S.124-136

Bausch, Karl-Heinz/et al. (1976): Eindeutige Verständigung - ein Element technisch-wissenschaftlicher Entwicklung; in: Bausch/et al., S.11-18

Bausch, Karl-Heinz/et al. (eds. - 1976): Fachsprachen (Terminologie-Struktur-Normung); Berlin/Köln (Beuth)

Bausch, Karl-Heinz./et al. (1978a): Problemaufriß; in (Einleitung zu): Bausch/et al., S.5-36

Bausch, Karl-Heinz/et al. (1978b): Fremdsprachenbedarf in Wirtschaft und Verwaltung: Bericht über eine Umfrage der Assoziierten Wissenschaftlergruppe "Neuere Fremdsprachen"; in: Bausch/et al., S.147-224

Bausch, Karl-Heinz./et al. (eds. - 1978): Beiträge zum Verhältnis von Fachsprache und Gemeinsprache im Fremdsprachenunterricht der Sekundarstufe II; Bochum 1978 (Manuskripte zur Sprachlehrforschung 12/13)

Bausinger, Hermann (1972): Dialekte, Sprachbarrieren, Sondersprachen; Frankfurt/Main (Fischer)

Becker, Andrea /Hundt, Markus (1998): Die Fachsprache in der einzelsprachigen Differenzierung; in: Hoffmann/et al., S.118-133

Beier, Rudolf (1978): Zur Theorie und Praxis der Fachsprachenarbeit in der DDR; in: Muttersprache 88, S.232-259

Beier, Rudolf (1979): Zur Syntax in Fachtexten; in: Mentrup, S.276-301

Beier, Rudolf (1980): Englische Fachsprache; Stuttgart (Kohlhammer)

Beier, Rudolf (1982): Zur Untersuchung der Fachsprache aus text- und pragmalinguistischer Sicht; in: Rodríguez Richart/et al., S.15-27

Beier, Rudolf (1983): Fachexterne Kommunikation im Englischen; in: Zeitschrift für Literaturwissenschaft und Linguistik 13/51-52, S.91-109

Beier, Rudolf (1999): Die englischen Fachsprachen im 20. Jahrhundert und ihre Erforschung: ein Überblick; in; Hoffmann/et al., S.1403-1414

Beier, Rudolf/Möhn, Dieter (1988): Fachsprachlicher Fremdsprachenunterricht. Voraussetzungen und Entscheidungen; in: Die Neueren Sprachen 87/ 1-2, S.19-75

Beling, Gerd/Wersig, Gernot (1979): Pragmatische Aspekte der Terminologienormung; in: Mentrup, S.144-154

Beneke, Jürgen (1978): Der fachsprachliche Anteil an der nachschulischen fremdsprachlichen Kommunikation und die Anforderungen der Wirtschaft an die Fremdsprachenausbildung; in: Bausch/et al., S.111-146

Beneke, Jürgen (1981): Foreign Language s on the Top Floor: European Executive Managers Evaluate Their Foreign-language Needs; in: Freudenstein/et al., S.23-41

Beneš, Eduard (1968): Die Fachsprachen; in: Der Deutschunterricht 18/3-4; S.124-136

Beneš, Eduard (1969): Zur Typologie der Stilgattungen der wissenschaftlichen Prosa; in: Deutsch als Fremdsprache 6/3, S.225-233

Beneš, Eduard (1970): Fachtext, Fachstil und Fachsprache; in: Sprache und Gesellschaft 13 (Sprache der Gegenwart 13), S.118-132

Beneš, Eduard (1976): Syntaktische Besonderheiten der deutschen wissenschaftlichen Fachsprache; in: Bausch/et al., S.88-98 [Original in: Deutsch als Fremdsprache 3 (1966), S.462-471]

Beneš, Eduard (1981): Die formale Struktur der wissenschaftlichen Fachsprachen in syntaktischer Hinsicht; in: Bungarten, S.185-212

Bergenholtz, Henning/Kaufmann, Uwe (1996): Enzyklopädische Informationen in Wörterbüchern; in: Weber, S.167-182

Berschin, Helmut (1989): Wie beschreibt man eine Fachsprache? Am Beispiel des Wirtschaftsfranzösischen; in: Dahmen/et al., S.52-64

Betz, Manfred (1992): Spanisch: Sondersprachen; in: Holtus/et al., S.328-341

Blei, Dagmar (1988): Zur Fachlichkeit der Fachtextsorte - Dilemma oder Vorzug für den Fremdsprachenlehrer? in: Deutsch als Fremdsprache 25/2, S.78-83

Blei, Dagmar (1993): Fachlichkeit und Fachsprachlichkeit in didaktischer Sicht; in: Schröder, S.395-406

Böhme, Petra (1991): Elemente der Umgangssprache in mündlichen Texten des Fachgebietes Ökonomie; in: Bungarten, S.36f.

Bolten, Jürgen (1991): Fremdsprache Wirtschaftsdeutsch: Bestandsaufnahme und Perspektiven; in: Müller, S.71-91

Bolten, Jürgen (1992): "Fachsprache" oder "Sprachbereich"? Empirisch-pragmatische Grundlagen zur Beschreibung der deutschen Wirtschafts-, Medizin- und Rechtssprache; in: Bungarten, S.57-72

Bolten Jürgen/et al. (1996): Interkulturalität, Interlingualität und Standardisierung bei der Öffentlichkeitsarbeit von Unternehmen. (Gezeigt an amerikanischen, britischen, deutschen, französischen und russischen Geschäftsberichten); in Kalverkämper/Baumann, S.389-425

Bourigault, Didier /et al. (eds. - 2001): Recent Advances in Computational Terminology; Amsterdam (John Benjamins)

Brekke, Magnar/et al. (eds. - 1994): Applications and Implications of Current LSP Research (Proceedings of the 9th European Symposium on LSP, Bergen, Aug. 2-6, 1993) (2 Bände); Bergen (Fagbokforlaget)

Brinckmann, Hans (1981): Rechtshandlungen und Sprechhandlungen (Umgangsprachliche Äußerungen und fachsprachliche Konventionen bei Rechtsgeschäften; in: Hahn, S.350-372 (Original in: Petöfi, János/et al. (eds. - 1975): Fachsprache-Umgangssprache. Wissenschaftstheoretische und linguistische Aspekte der Problematik, sprachliche Aspekte der Jurisprudenz und der Theologie, maschinelle Textverarbeitung; Kronberg (Scriptor), S.197-222)

Brünner, Gisela (1993): Mündliche Kommunikation im Fach und Beruf; in: Bungarten, S.730-771

Brünner, Gisela/Graefen, Gabriele (1994): (Einleitung:) Zur Konzeption der Funktionalen Pragmatik; in: Brünner/Graefen, S.7-21

Brünner, Gisela/Graefen, Gabriele (eds. - 1994): Texte und Diskurse (Methoden und Forschungs-ergebnisse der Funktionalen Pragmatik); Opladen (Westdeutscher Verlag)

Budin, Gerhard (1993a): Wissenschaftstheoretische Aspekte der Erforschung von Wissenschaftssprache; in: Schröder, S.19-30

Budin, Gerhard (1993b): Terminologie und Fachkommunikation; in: Bungarten, S.64-84

Budin, Gerhard (1994): Einige Überlegungen zur Darstellung terminologischen Fachwissens in Fachwörterbüchern und Terminologiedatenbanken; in: Schaeder/ Bergenholtz, S.57-68

Budin, Gerhard (1996): Wissensorganisation und Terminologie. Die Komplexität und Dynamik wissenschaftlicher Informations- und Kommunikationsprozesse; Tübingen (Gunter Narr)

Budin, Gerhard (ed.-1996): Multilingualism in Specialist Communication (Proceedings of the 10th European Symposium on LSP, Wien 29.8-1.9.1995) (2 Bände); Wien: International Network for Terminology

Buhlmann, Rosemarie (1983): Sprachliche Handlungsfähigkeit im Fach als Ziel der Fachsprachendidaktik; in: Kelz, S.62-89

Buhlmann, Rosemarie (1985): Merkmale geschriebener und gesprochener Texte im Bereich naturwissenschaftlich-technischer Fachsprachen; in: Fachsprache 7/3-4, S.98-125

Buhlmann, Rosemarie/Fearns, Anneliese (1987): Handbuch des Fachsprachenunterrichts (Unter besonderer Berücksichtigung naturwissenschaftlich-technischer Fachsprachen); Berlin (Langenscheidt)

Buhlmann, Rosemarie (1989): Fachsprache Wirtschaft - gibt es die?; in: Wierlacher/et al., S.82-108

Bungarten, Theo (1981): Wissenschaft, Sprache und Gesellschaft; in: Bungarten, S.14-53

Bungarten, Theo (ed. - 1981): Wissenschaftssprache. Beiträge zur Methodologie, theoretischen Fundierung und Deskription; München (Fink)

Bungarten, Theo (1982): El concepto pragmático de la lengua científica y sus consecuencias para la enseñanza; in: Rodríguez Richart/et al., S.133-144

Bungarten, Theo (1986a): Gedanken zum Verhältnis von Wissenschaft und Gesellschaft (zugleich eine Einleitung); in: Bungarten, S.8-12

Bungarten, Theo (1986b): Sprachliche "Entfremdung" in der Wissenschaft; in: Bungarten, S.22-43

Bungarten, Theo (ed. - 1986): Wissenschaftssprache und Gesellschaft. Aspekte der wissenschaftlichen Kommunikation und des Wissenstransfers in der heutigen Zeit; Hamburg (Edition Akademion)

Bungarten, Theo (ed. - 1988): Sprache und Information in Wissenschaft und Gesellschaft. Referate eines internationalen Kongresses, zugleich der XI. Jahrestagung der internationalen Vereinigung "Sprache und Wirtschaft" 30.September - 3.Oktober 1985; Tostedt (Attikon)

Bungarten, Theo (1990): Lengua común y lenguaje especializado. Aspectos de una teoría del lenguaje especializado; in: Actas del Congreso de la Sociedad Española de Lingüística. XX Aniversario, (Tenerife, abril 1990); Madrid (Gredos), S.880-888

Bungarten, Theo (ed. - 1991): Konzepte zur Unternehmenskommunikation, Unternehmenskultur & Unternehmensidentität; Tostedt (Attikon)

Bungarten, Theo (1992): HAFF. Hamburger Arbeiten zur Fachsprachenforschung. Ein neues Forum für die pragmatische Diskussion; in: Bungarten, S.9-13

Bungarten, Theo (ed. - 1992): Beiträge zur Fachsprachenforschung. Sprache in Wissenschaft und Technik, Wirtschaft und Rechtswesen; Tostedt (Attikon)

Bungarten, Theo (1993): Hinsichten zu einer Theorie der Fachsprachen (Zur Einführung); in: Bungarten, S.13-35

Bungarten, Theo (ed. - 1993): Fachsprachentheorie (2 Bände); Tostedt (Attikon)

Busch-Lauer, Ines-Andrea (1992): Zur Untersuchung der funktionalen Makrostruktur in englischen Fachtexten der Medizin und Psychologie; in: Bungarten, S.14-28

Busse, Dietrich (1992): Textinterpretation. Sprachtheoretische Grundlagen einer explikativen Semantik; Opladen (Westdeutscher Verlag)

Cabré, María Teresa (1993): La terminología. Teoría, metodología, aplicaciones; Barcelona (Antártida/Empúries)

Cabré, María Teresa (1999a): La terminología hoy: concepciones, tendencias y aplicaciones (Propuestas para una organización de la terminología en España); in Cabré, S.17-38

Cabré, María Teresa (1999b): Estandardització i interferència en terminologia; en: Cabré, S.39-54

Cabré, María Teresa (1999c): Terminologie ou terminologies? Spécialité linguistique ou domaine interdisciplinaire? in, Cabré, S.55-66

Cabré, María Teresa (1999d): Elementos para una teoría de la terminología: hacia un paradigma alternativo; in: Cabré, S.69-92

Cabré, María Teresa (1999e): ¿Es necesaria una teoría autónoma de la terminología? in: Cabré, S.93-108

Cabré, María Teresa (1999f): Una nueva teoría de la terminología: de la denominación a la comunicación; in: Cabré, S.109-127

Cabré, María Teresa (1999g): Hacia una teoría comunicativa de la terminología: aspectos metodológicos; in: Cabré, S.129-150

Cabré, María Teresa (1999h): El discurs especialitzat o la variació funcional determinada per la temática: noves perspectives; in: Cabré, S.151-173

Cabré, María Teresa (1999i): Traducción y terminología: un espacio de encuentro ineludible; in: Cabré, S.177-201

Cabré, María Teresa (1999j): Las fuentes terminológicas para la traducción; in: Cabré, S.203 - 229

Cabré, María Teresa (1999k): Sobre la noció de qualitat en terminologia; in: Cabré, S.271-293

Cabré, María Teresa (1999l): Importancia de la terminología en la fijación de la lengua: la planificación terminológica; in: Cabré, S.295-313

Cabré, María Teresa (1999m): La terminologia catalana: correcció i adequació; in: Cabré, S.315-330

Cabré, María Teresa (1999 - Sammelband):La terminología: representación y comunicación (Elementos para una teoría de base comunicativa y otros artículos); Barcelona (Institut Universitari de Lingüística Aplicada, Universitat Pompeu Fabra)

Cabré, María Teresa (2002): Una nueva teoría de la terminología: de la denominación a la comunicación; in: Correia, S.41-60

Cabré, María Teresa /et al. (2001): Automatic Term Detection. A review of current systems; in: Bourigault/et al., S.53-87

Cabré, María Teresa /et al. (1998): La terminología hoy: replanteamiento o diversificación; in: Organon 26, S.33-41

Capurro, Rafael (1986): Hermeneutik der Fachinformation; Freiburg/München (Alber)

Calvo Ramos, Luciana (1980): Introducción al estudio del lenguaje administrativo; Madrid (Gredos)

Calvo Ramos, Luciana (1993): Taxonomía para designar los diasistemas o variedades intralingüísticas; in: Revista de Llengua i Dret 19, S.25-45

Candel, Danielle / Lafon, Pierre (1994): Approche lexicale des registres en langues de spécialité; in: Meta 34/4, S.807-815

Cartagena, Nelson (1997): Zur Schichtung des Wortschatzes in spanischen Fachtexten; in: Hoinkes/Wolf, S.351-363

Cavagnoli, Stefania (1999): Die italienischen Fachsprachen im 20. Jahrhundert und ihre Erforschung: eine Übersicht; in: Hoffmann/et al., S.1503-1513

Ciapuscio, Guiomar (1998): La terminología desde el punto de vista textual: selección, tratamiento y variación; in: Organon 26, S.43-65

Ciapuscio, Guiomar (2000): Hacia una tipología del discurso especializado; in: Discurso y Sociedad II/2, S.39-71

Ciapuscio, Guiomar (2002): El término en los textos: una propuesta integradora para el análisis de la variación conceptual; in: Correia, S.383-399

Correia, Margarita (ed. - 2002): Terminologia, desenvolvimiento e identidade nacional (Actas / VI Simpósio Ibero-Americano de Terminología. Desenvolvimiento e Identidade Nacional. 6, Havana 1998); Lissabon (Colibri/ILTEC)

Cort, Josef de (1983): Fachsprache und Stil. Ein Überblick; in: Jahrbuch für Internationale Germanistik 15/2, S.40-52

Coseriu, Eugenio (1970): Einführung in die strukturelle Betrachtung des Wortschatzes; Tübingen (Gunter Narr)

Coseriu, Eugenio (1975): System, Norm und Rede; in: derselbe: Sprachtheorie und allgemeine Sprachwissenschaft; München (Fink), S.11-101

Criado de Val, Manuel (1982): Hispanoterm: finalidad, urgencia y ordenación terminológica del español; in: Rodríguez Richart/et al., S.65-70

Dahmen, Wolfgang/et al. (eds. - 1989): Technische Sprache und Technolekte in der Romania. Romanistisches Kolloquium II; Tübingen (Gunter Narr)

Dimter, Matthias (1981): Textklassenkonzepte heutiger Alltagssprache (Kommunikationssituation, Textfunktion und Textinhalt als Kategorien alltagssprachlicher Textklassifikation); Tübingen (Niemeyer)

Dobrovol'skij, Dmitrij (1994): Linguistische Terminologie in lexikographischer Perspektive; in: Spillner, Fachkommunikation, S.41-45

Domènech Bagaria, Meritxell (2001): Textos especialitzats i nivells d'especialització; in: Brumme, Jenny (ed.): La historia de los lenguajes iberorrománicos de especialidad: la divulgación de la ciencia; Frankfurt (Vervuert), S.309-316

Dressler, Wolfgang U. (1989): Funktion und Zusammenhang in der Wissenschaftssprache; in: Dressler/Wodak, S.79-91

Dressler, Wolfgang U./Wodak, Ruth (ed. - 1989): Fachsprache und Kommunikation (Experten im sprachlichen Umgang mit Laien); Wien (Bundesverlag)

Drozd, Lubomir (1975): Zum Gegenstand und zur Methode der Terminologielehre; in: Muttersprache 85, S.109-117

Drozd, Lubomir (1976): Kürzung als Wortbildungsverfahren; in: Bausch/et al, S.82-88 [Original in: Drozd, Lubomir./Seibicke, Wilfried (1973): Deutsche Fach- und Wissenschaftssprache; Wiesbaden, S.160-165]

Drozd, Lubomir (1978a): Von der Wirtschaftslinguistik zur heutigen Fachsprachenforschung; in: Muttersprache 88, S.203-208

Drozd, Lubomir (1978b): Zur formalen und inhaltlichen Charakteristik des Fachwortes; in: Muttersprache 88, S.281-286

Drozd, Lubomir (1987): Das Begriffsystem der Fachsprache als textformende Konstituente; in: Sprissler, S.107-110

Drozd, Lubomir/Seibicke, Wilfried (1973): Deutsche Fach- und Wissenschaftssprache. Bestandsaufnahme, Theorie, Geschichte; Wiesbaden (Oscar Brandstetter)

Duarte i Montserrat, Carles (1990): Els llenguatges d'especialitat; in: Revista de Llengua i Dret 14, S.93-109

Dubuc, Robert ([3]1999): Manual práctico de terminología; Santiago de Chile (RIL)

Dubsky, Josef (1975): Algunos rasgos del estilo de las cartas comerciales españolas; in: Español Actual 30, S.19-22

Dupuy-Engelhardt, Hiltraud (1993): Wortfeldpraxis nach den Prinzipien der Lexematik; in: Lutzeier, S.23-34

Ebert, Wolfgang (1970): Linguistische Fragen des Fachwortschatzes; in: Sprachpflege 19/11, S.227-231

Elgert, Ingrid Christel (1988): "Neue Makroökonomie" und Fachterminologie: Zur Interdependenz von Spezialisierung und Wissenschaftssprache; in: Kalverkämper, S.91-112

Fairclough, Norman (1992): Discourse and Social Change; Cambridge (Polity Press)

Faulstich, Enilde (1998/1999): Principes formels et fonctionnels de la variation en terminologie; in: Terminology 5 (1); S.93-106

Faura i Pujol, Neus (1994): La innovació lèxica a les cròniques i les retransmissions futbolístiques; Tesi de doctorat, Universitat de Barcelona

Fedor de Diego, Alicia (1995): Terminología. Teoría y Práctica; Caracas (Equinoccio)

Feix, Nereu (1982): Die Terminologie der Wirtschaftswissenschaften (Volkswirtschaft) im Sprachvergleich: Spanisch und Deutsch; in: Rodríguez Richart/et al., S.81-87

Felber, Helmut/et al. (eds. - 1979): Terminologie als angewandte Sprachwissenschaft (Gedenkschrift für Univ.Prof.Dr. Eugen Wüster); München (K.G.Saur)

Felber, Helmut (1981): Die moderne Terminologiearbeit (Das terminologische Wörterbuch und der Dokumentationsthesaurus); in: Peuser/Winter, S.111-135

Felber, Helmut (1986): Einige Grundfragen der Terminologiewissenschaft aus der Sicht der Allgemeinen Terminologielehre; in: Fachsprache 8/2-3, S.110-123

Felber, Helmut (1993): Fachsprache aus der Sicht der Allgemeinen Terminologielehre; in: Bungarten, S.36-63

Felber, Helmut/Budin, Gerhard (1989): Terminologie in Theorie und Praxis; Tübingen (Gunter Narr)

Feldbusch, Elisabeth/et al. (eds. - 1991): Neue Fragen der Linguistik (Akten des 25. Linguistischen Kolloquiums, Paderborn 1990), Band II: Innovation und Anwendung; Tübingen (Niemeyer)

Fernández Gonzáles, J./et al. (eds. - 1999): Lingüística para el siglo XXI, Vol. II; Salamanca (Ediciones de la Universidad de Salamanca)

Figge, Udo L. (1989): Fachsprache und maschinelle Übersetzung; in: Dahmen/et al., S.302-314

Filipec, Josef (1976): Zur Spezifik des spezialsprachlichen Wortschatzes gegenüber dem allgemeinen Wortschatz; in: Bausch/et al., S.55-62 [gekürzte Fassung; Original in: Deutsch als Fremdsprache 6 (1969), S.407-414]

Flemming, Dagmar (1974/75): Wege der Sondersprachenforschung; in: Semantische Hefte 2, S.129-195

Fluck, Hans-Rüdiger (1975): Probleme und Aufgaben einer Didaktik der Fachsprachen; in: Der Deutschunterricht 31/5, S.63-70

Fluck, Hans-Rüdiger (^{3}1985): Fachsprachen (Einführung und Bibligraphie); Tübingen (Francke)

Fluck, Hans-Rüdiger (1988): Zur Analyse und Vermittlung der Textsorte 'Abstract'; in: Gnutzmann, S.67-90

Fluck, Hans-Rüdiger (1992): Didaktik der Fachsprachen (Aufgaben und Arbeitsfelder, Konzepte und Perspektiven im Sprachbereich Deutsch); Tübingen (Gunter Narr)

Fluck, Hans-R. (1998): Fachsprachenforschung; in: Snell-Hornby/et al., S.73-77

Fluck, Hans-Rüdiger/et al. (1975): Zur Sprache des Wirtschaftsteils von Tageszeitungen - eine Unterrichsteinheit in der Berufsschule; in: Linguistik und Didaktik 6, S.165-178

Forner, Werner (1988): Fachübergreifende Fachsprachenvermittlung: Gegenstand und methodische Ansätze; in: Kalverkämper, S.194-217

Forner, Werner (1989): Der Ausdruck adverbialer Relationen in französischer Fachsprache; in: Dahmen/et al., S.20-40

Forner, Werner (1992): Sinn und Text in technischer Kommunikation (Fachsprachliche Vertextungsstrategien eines häufigen Argumentationsschemas - am Beispiel von französischen Texten zur Elektronik); in: Albrecht/Baum, S.197-221

Fraas, Claudia (1988): Die semantische Beschreibung eines Terminussystems - dargestellt an der Raumfahrtterminologie; Dissertation an der Techn. Univ. Dresden

Fraas, Claudia (1992): Terminologiebetrachtung im Kontext der modernen Sprachwissenschaft; in: Bungarten, S.152-161

Fraas, Claudia (1996): Gebrauchswandel und Bedeutungsvarianz in Textnetzen (Die Konzepte IDENTITÄT und DEUTSCHE im Diskurs zur deutschen Einheit); Tübingen (Gunter Narr)

Fraas, Claudia (1998): Lexikalisch-semantische Eigenschaften von Fachsprachen; in: Hoffmann /et al., S.428-438

Frenser, Ursula (1991): Wirtschaftsdeutsch: Ein Verhandlungsgespräch; in Müller, S.235-243

Freudenstein, Reinhold (1981): Teaching and Learning Foreign Languages in Industry and Commerce: an introduction to the work of ERFA and the contributions in this book; in Freudenstein/et al., S.1-19

Freudenstein, Reinhold/et al. (ed. - 1981): Language Incorporated (Teaching Foreign Languages in Industry); Oxford (Pergamon)

Fricke, Harald (1986): Zur gesellschaftlichen Funktion humanwissenschaftlicher Fachsprache; in: Bungarten, S.62-75

Fugger, Bernd (1988): La terminologie économique française; in: Bungarten, S.430-443

Galinski, Christian (1988): Die Einbindung von Terminologie, Terminologiedokumentation und Dokumentation in den fachbezogenen Fremdsprachenunterricht unter Berücksichtigung der Entstehung neuer Berufe im Bereich des Informationsmanagements; in: Gnutzmann, S.141-150

Galinski, Christian/Budin, Gerhard (1999): Deskriptive und präskriptive Terminologieerarbeitung; in: Hoffmann/ et al. II, S.2183-2207

Galinski, Christian/Nedobity, Wolfgang (1987): Fachsprache, Terminologieplanung und -normung; in: Redard/Wyler, S.122-135

Gaudin, François (1993): Socioterminologique. Des problèmes sémantiques aux pratiques institutionelles; Rouen (Publications de L'Université de Rouen 182)

Geckeler, Horst (1993): Strukturelle Wortfeldforschung heute; in: Lutzeier, S.11-21

Geckeler, Horst (1996): Einzelsprachliche Analyse von Teilbereichen der lexikalischen Semantik; in: Weigand/Hundsnurscher (I), S.17-27

Geckeler, Horst (1997): Le champ lexical, structure fondamental du lexique; in: Hoinkes/Wolf, S.93-103

Geist, Uwe (1992): Allez-Hopp! Fachsprache und Paradigmenwechsel; in: Grindsted/ Wagner, S.242-266

Genthilhomme, Yves (1984): Les faces cachées du discours scientifique; in: Langue française 64, S.29-37

Gerbert, Manfred (1985): Fachtextanalyse zur Ermittlung der Effektivität von Texten; in: Linguistische Studien, Reihe A. 133, S.26-30

Gerbert, Manfred (1991): Fachkommunikation aus der Sicht des Benennungsbedarfs und Ausdrucksangebots; in: Feldbusch, S.413-418

Gil, Alberto (1992): Terminologienormung in Spanien und Lateinamerika; in: Albrecht/Baum, S.263-273

Gili Gaya, Samuel (1964): El lenguaje de la ciencia y de la técnica; in: Menéndez Pidal, Ramón (ed.): Presente y Futuro de la Lengua Española, Actas de la Asamblea de Filología del I Congreso de Instituciones Hispánicas, vol 2; Madrid (Cultura Hispánica), S.269-276

Gipper, Helmut (1969): Zur Problematik der Fachsprachen. Ein Beitrag aus sprachwissenschaftlicher Sicht; in: Engel, Ulrich/et al. (eds.): Festschrift für Hugo Moser (zum 60.Geburtstag am 19.6.1969); Düsseldorf (Schwann), S.66-81

Gipper, Helmut (1979): Fachsprachen in Wissenschaft und Werbung (Erkenntnisgewinn und Irreführung); in: Mentrup, S.125-143

Gläser, Rosemarie (1979): Fachstile des Englischen; Leipzig (Verlag Enzyklopädie)

Gläser, Rosemarie (1982): Linguistische Merkmale des fachbezogenen Vortrags im Englischen; in: Zeitschrift für Phonetik, Sprachwissenschaft und Kommunikationsforschung 35, S.205-217

Gläser, Rosemarie (1985): Standortbestimmung einer Fachtextlinguistik; in: Linguistische Studien, Reihe A. 133, S.2-19

Gläser, Rosemarie (1986): Wissenschaftssprache in der Erwachsenenbildung. Dargestellt an Lehrbriefen der Open University in Großbritannien; in: Bungarten, S.333-349

Gläser, Rosemarie (1990): Fachtextsorten im Englischen; Tübingen (Gunter Narr)

Gläser, Rosemarie (1992): Methodische Konzepte für das Tertium comparationis in der Fachsprachenforschung - dargestellt an anglistischen und nordistischen Arbeiten; in: Baumann/Kalverkämper, S.78-92

Gläser, Rosemarie (1993a): Textsortenvergleich im universitären Fremdsprachenunterricht; in: Morgenroth, S.17-38

Gläser, Rosemarie (1993b): Der britische Register-Begriff im Lichte der Fachsprachenforschung; in: Bungarten, S.567-594

Gläser, Rosemarie (1996): Der Status wissenschaftlicher und kommerzieller Nomenklaturen; in: Morgenroth, S.67-109

Gläser, Rosemarie (1998): Fachsprachen und Funktionalstile; in: Hoffmann/et al. I, S.199-208

Gnutzmann, Claus (1980): Fachsprachen und Jargon; in: Gnutzmann/Turner, S.49-59

Gnutzmann, Claus (ed. - 1988): Fachbezogener Fremdsprachenunterricht; Tübingen (Gunter Narr)

Gnutzmann, Claus/Lange, Regina (1990): Kontrastive Textlinguistik und Fachsprachenanalyse; in: Gnutzmann, S.85-116

Gnutzmann, Claus (ed. - 1990): Kontrastive Linguistik; Frankfurt/Main (Peter Lang)

Gnutzmann, Claus (1992): Kontrastive Fachtextlinguistik als Projektaufgabe: Theoretische Fragen und praktische Antworten; in: Baumann/Kalverkämper, S.266-275

Gnutzmann, Claus/Oldenburg, Hermann (1991): Contrastive Text Linguistics in LSP-Research: Theoretical Considerations and some Preliminary Findings; in: Schröder, S.103-136

Gnutzmann, Claus/Turner, John (eds. - 1980): Fachsprachen und ihre Anwendung; Tübingen (Gunter Narr)

Goffin, Roger (1982): Die Fachsprachenforschung zwischen Interlinguistik und Strukturalismus; in: Rodríguez Richart/et al., S.29-43

Gómez de Enterría, Josefa (1993): Los préstamos en los vocabularios técnicos y científicos: el vocabulario de la economía; in: Hilty, Gerold (ed.): Actes du XXe Congrès International de Linguistique et Philologie Romanes (Université de Zurich, 6 - 11 avril 1992), Band 4 - Lexikographie; Tübingen (Francke), S.637-650

Göpferich, Susanne (1992): Eine pragmatische Typologie von Fachtextsorten der Naturwissenschaften und der Technik; in: Baumann/Kalverkämper, S.190-210

Göpferich, Susanne (1995): Textsorten in Naturwissenschaft und Technik. Pragmatische Typologie - Kontrastierung - Translation; Tübingen (Gunter Narr)

Gregory, Michael/Caroll, Susanne (1978): Language and Situation. Language varieties and their social contexts; London (Routledge & Kegan Paul)

Grießhaber, Wilhelm (2000): Zum Begriff "Wirtschaftssprache". Überlegungen und Vorschläge zur Analyse der Fachsprache der Wirtschaft; in: Beckmann, Susanne /et al. (eds.): Sprachspiel und Bedeutung. Festschrift für Franz Hundsnurscher zum 65. Geburtstag; Tübingen (Niemeyer), S. 403-413

Grinev, Sergei V. (1994): Theoretical foundations of Russian terminology work: Peculiarities and perspectives; in: Brekke/et al., S.49-56

Grinev, Sergei V. (1996): Terminology and Nomenclature in Russian Terminology Science; in: Morgenroth, S.25-42

Grindsted, Annette/Wagner, Johannes (eds. - 1992): Fachsprachliche Kommunikation; Tübingen (Gunter Narr)

Graefen, Gabriele (1994): Wissenschaftstexte im Vergleich (Deutsche Autoren auf Abwegen?); in: Brünner/Graefen, S.136-157

Groeben, Norbert (1982): Leserpsychologie: Textverständnis -Textverständlichkeit; Münster (Aschendorff)

Große, Siegfried (1979): Beobachtungen zum fachsprachlichen Vokabular im Leitartikel einer Tageszeitung; in: Mentrup, S.209-217

Gruber, Helmut (1989): Fachtexte in Politik und Medien - Information oder Manipulation; in: Dressler/Wodak, S.47-66

Guilbert, Louis (1973): La spécificité du terme scientifique et technique; in: Langue française 17, S.5-17

Gunnarsson, Britt-Louise (1992): Pragmatic Structure of LSP-Articles from a Diachronic Viewpoint; in: Grindsted/Wagner, S.72-92

Gunnarson, Britt-Louise (1993): Fachsprachen und soziolinguistische Theorien: Eine Untersuchung über ihre Relevanz für die Fachsprachenforschung; in: Bungarten, S.618-676

Gutkind, Curt Siegmar (1931): Bemerkungen zur Struktur der modernen französischen Wirtschaftssprache; in: Neuphilologische Monatsschrift 2, S.385-393

Habermas, Jürgen (1978): Umgangssprache, Wissenschaftssprache, Bildungssprache; in: Merkur 32, S.327-342

Haensch, Günther (1981): El vocabulario económico español, un problema de lenguas en contacto; in: Pöckl, Wolfgang (ed.): Europäische Mehrsprachigkeit. Festschrift zum 70. Geburtstag von Mario Wandruszka; Tübingen (Niemeyer), S.135-147

Haensch, Günther (1983): Les llengües d'especialitat o "tecnolectes"; in: Revista de Llengua i Dret 1, S.9-16

Häfele, Margot (1977): Anforderungen der betrieblichen Wirklichkeit an die Sprache; in: Muttersprache 87, S.86-98

Hahn, Walter von (^{2}1980): Fachsprachen; in: Althaus/et al. II, S.390-395

Hahn, Walter von (1981): Einführung in: Hahn, S.1-24

Hahn, Walter von (ed. - 1981): Fachsprachen; Darmstadt (Wissenschaftliche Buchgesellschaft Darmstadt)

Hahn, Walter von (1983): Fachkommunikation (Entwicklung - Linguistische Konzepte - Betriebliche Beispiele); Berlin (Walter de Gruyter)

Halliday, Michael A.K./et al. (1972): Linguistik, Phonetik und Sprachunterricht; Heidelberg (Quelle & Meyer)

Hartmann, Dietrich (1980): Über den Einfluß von Fachsprachen auf die Gemeinsprache. Semantische und variationstheoretische Überlegungen zu einem wenig erforschten Zusammenhang; in: Gnutzmann/Turner, S.27-48

Hartmann, Dietrich (1996): Wortfeldstrukturen in regionalen Umganssprachen und im Standard des Deutschen; in: Weigand/Hundsnurscher (II), S.65-75

Hartung, Wolfdietrich (1981): Sprachvariation und ihre linguistische Widerspiegelung; in: Hartung/Schönfeld, S.73-105

Hartung, Wolfdietrich/Schönfeld, Helmut (eds. - 1981): Kommunikation und Sprachvariation; Berlin (Akademie-Verlag)

Hebel, Franz (1979): Spracherfahrungen bei der Suche nach Information (Fachsprachliche Ausdrucksweisen in verschiedenen Gebrauchssystemen der Sprache); in: Der Deutschunterricht 31/5, S.88-108

Heid, Ulrich (2001): Collocations in Sublanguage Texts: Extractions from Corpora; in: Wright/Budin, S.788-808

Heller, Klaus (1981): Der Fachwortschatz unter dem Aspekt des Fachwortes - Versuch einer Systematik; in: Hahn, S.218-238 (Original in: Wissenschaftliche Zeitschrift der Karl-Marx-Universität Leipzig. Gesellschafts- und Sprachwissenschaftliche Reihe 19 (1970), S.531-544)

Hellwig, Karlheinz (1988): Authentische Texte im 'fachsprachlichen Kontext', untersucht an Material für den Englischunterricht der Sekundarstufe II beruflicher Schulen; in: Gnutzmann, S.91-106

Heringer, Hans Jürgen (1984): Textverständlichkeit. Leitsätze und Leitfragen; in: Zeitschrift für Literaturwissenschaft und Linguistik 55, S.57-70

Hess-Lüttich, Ernest W.B. (1986): Expertendeutsch für Initiierte und Immigrierte (Gruppensprachen - Berufssprachen - Fachsprachen); in: Wierlacher/et al., S.134-150

Hess-Lüttich, Ernest W.B. (1998): Fachsprachen als Register; in: Hoffmann/et al., S.208-218

Hoberg, Rudolf (1979): Möglichkeiten und Grenzen der Behandlung von Fachsprachen im Deutschunterricht; in: Der Deutschunterricht 31/5, S.6-21

Hoberg, Rudolf (1981): Fachsprachenforschung und Fachsprachenunterricht; in: Peuser/Winter, S.136-149

Höedt, Jörgen/Turner, Robin (eds. - 1981): New Bearings in LSP; Kopenhagen (The Copenhagen School of Economics)

Hoffmann, Joachim (1986): Die Welt der Begriffe. Psychologische Untersuchungen zur Organisation des menschlichen Wissens; Weinheim (Psychologie Verlags Union - Beltz)

Hoffmann, Lothar (1976): Kommunikationsmittel Fachsprache: Eine Einführung; Berlin (Akademie-Verlag)

Hoffmann, Lothar (ed. - 1978): Sprache in Wissenschaft und Technik; Leipzig (VEB Verlag Enzyklopädie Leipzig)

Hoffmann, Lothar (1979): Towards a Theory of LSP (Elements of a methodology of LSP analysis); in: Fachsprache 1/1-2, S.12-17

Hoffmann, Lothar (1982): Probleme und Methoden der Fachsprachenforschung; in: Rodríguez Richart/et al., S.1-13

Hoffmann, Lothar (1983): Fachtextlinguistik; in: Fachsprache 5/2, S.57-68

Hoffmann, Lothar (1984a): Vom Fachtext zur Fachtextsorte; in: Deutsch als Fremdsprache 21/6, S.356-363

Hoffmann, Lothar (1984b): Seven Roads to LSP; in: Fachsprache 6/1-2, S.28-38

Hoffmann, Lothar (1984c): Fachwortschatz - Grundwortschatz - Minimum; in: Deutsch als Fremdsprache 21/4, S.224-228

Hoffmann, Lothar (²1985): Kommunikationsmittel Fachsprache: Eine Einführung; Tübingen (Gunter Narr)

Hoffmann, Lothar (1986a): Gemeinsamkeiten und Unterschiede in den Fachsprachen; in: Zeitschrift für Germanistik 7/4, Leipzig S.459-467

Hoffmann, Lothar (1986b): Wissenschaftssprache als gesellschaftliches Phänomen; in: Bungarten, S.76-93

Hoffmann, Lothar (1987): Ein textlinguistischer Ansatz in der Fachsprachenforschung; in: Sprissler, S.91-105

Hoffmann, Lothar (ed. - 1987): Fachsprachen. Instrument und Objekt (=Linguistische Studien); Leipzig (Verlag Enzyklopädie)

Hoffmann, Lothar (1988): Vom Fachwort zum Fachtext (Beiträge zur Angewandten Linguistik); Tübingen (Gunter Narr)

Hoffmann, Lothar (1989): Fachsprachenlinguistik und Fachbezogene Fremdsprachenausbildung. Positionsbestimmungen aus der Sicht der Leipziger Schule; in: Die Neueren Sprachen 88/5, S.448-462

Hoffmann, Lothar (ed. - 1990): Empfehlung -Standard -Norm. Beiträge zur Rationalisierung in der Fachkommunikation; Leipzig (Verlag Enzyklopädie)

Hoffmann, Lothar (1991a): Fachsprachenlinguistik zwischen Praxisdruck und Theoriebedarf; in: Deutsch als Fremdsprache 28/3, S.131-140

Hoffmann, Lothar (1991b): Text and Text Types in LSP; in: Schröder, S.158-166

Hoffmann, Lothar (1992a): Nachbetrachtung zur Sektion"Fachsprachliche Kommunikation" [22. Jahrestagung der GAL "Wirtschaft und Sprache", Mainz, September 1992]; in: GAL-Bulletin 16, S.29-36

Hoffmann, Lothar (1992b): Vergleiche in der Fachsprachenforschung; in: Baumann/ Kalverkämper, S.95-107

Hoffmann, Lothar (1993): Fachwissen und Fachkommunikation. Zur Dialektik von Systematik und Linearität in den Fachsprachen; in: Bungarten, S.595-617

Hoffmann, Lothar (1998a): Fachsprachen und Gemeinsprache; in: Hoffmann/et al. I, S.157-168

Hoffmann, Lothar (1998b): Fachsprachen als Subsprachen; in: Hoffmann/et al., S.189-199

Hoffmann, Lothar (1998c): Fachtextsorten: eine Konzeption für die fachbezogene Fremd-sprachenausbildung; in: Hoffmann/et al., S.468-482

Hoffmann, Lothar /Kalverkämper, Hartwig /Wiegand, Herbert Ernst (eds. - 1998) Fachsprachen. Ein internationales Handbuch zur Fachsprachenforschung I; Berlin/New York (Walter de Gruyter)

Hoffmann, Lothar /Kalverkämper, Hartwig /Wiegand, Herbert Ernst (eds. - 1999) Fachsprachen. Ein internationales Handbuch zur Fachsprachenforschung II; Berlin/New York (Walter de Gruyter)

Höhne, Steffen (1991): Morpho-graphematische Probleme in der betrieblichen Kommunikation; in: Müller, S.433-449

Höhne, Steffen (1992): Vorüberlegungen zu einer fachsprachlichen Analytik. Kriterien zur Bestimmung sprachlicher Phänomene im Sprachbereich Wirtschaft; in: Bungarten, S.99-118

Hohnhold, Ingo (1998): Probleme und Methoden bei der Bestimmung der Fachgebietszugehörigkeit von Fachtexten; in: Hoffmann/et al., S.283-288

Hoinkes, Ulrich (ed. - 1995): Panorama der lexikalischen Semantik (Thematische Festschrift aus Anlaß des 60. Geburtstags von Horst Geckeler); Tübingen (Gunter Narr)

Hoinkes, Ulrich/Wolf, Dietrich (eds. - 1997): Kaleidoskop der Lexikalischen Semantik; Tübingen (Gunter Narr)

Holtus, Günter/et al. (eds. - 1990): Lexikon der Romanistischen Linguistik V,1 (Französisch); Tübingen (Niemeyer)

Holtus, Günter/ et al. (eds. - 1992): Lexikon der Romanistischen Linguistik VI,1 (Aragonesisch/ Navarresisch, Spanisch, Asturianisch/Leonesisch); Tübingen (Niemeyer)

Homberger, Dietrich (1990): Von Experte zu Laie. Fachsprachliche Kommunikation und Wissenstransfer; in: Rickheit/Wichter, S.375-393

Hornung, Wilhelm (1978): Zur Fragen der lexikalischen Ebenen im Bereich der wissenschaftlichen Kommunikation; in: Hoffmann, S. 94-103

Hornung, Wolfgang (1983): Zu den Fachsprachen der Mathematik und der Physik: Beschreibung von Parallelitäten und Unterschieden im Hinblick auf einen fertigkeitsorientierten Fachsprachenunterricht; in: Kelz, S.194-224

Hüllen, Werner (1981): The Teaching of English for Special Purposes: A Linguistic View; in: Freudenstein/et al., S.57-71

Hummel, Martin (1993): Cadre, employé und Angestellter. Ein sprachwissenschaftlicher Beitrag zur vergleichenden Kulturforschung im deutsch-französischen Sprachraum der Gegenwart; Tübingen (Niemeyer)

Hums, Lothar (1978): Phraseologie und Terminologie in ihren Wechselbeziehungen; in: Hoffmann, S.104-116

Hundt, Markus (1995): Modellbildung in der Wirtschaftssprache (Zur Geschichte der Institutionen- und Theoriefachsprachen der Wirtschaft); Tübingen (Niemeyer)

Ickler, Theodor (1983): Zur Semantik der Fachsprachen; in: Kelz, S.143-153

Ickler, Theodor (1987): Zur Differenzierung von Fachtextsorten; in: Redard/Wyler, S.15-30

Ide, Katja (2000): Terminus und Text. Untersuchungen zur spanischen Fachkommunikation der Betriebswirtschaft; Frankfurt/Main (Peter Lang; Bonner Romanistische Arbeiten 73)

Iglesias Iglesias, Nely M. (1999): El español comercial en la enseñanza del español como lengua extranjera; in: Fernández González, S.943-951

Ihle-Schmidt, Lieselotte (1983): Studien zur französischen Wirtschaftssprache; Frankfurt/Main (Peter Lang)

Irazazábal Nerpell, Amelia de (1992): España, puente entre Iberoamérica y la Comunidad Europea, en la normalización de la terminología científica; in: Albrecht/Baum, S.256-262

Ischreyt, Heinz (1965): Studien zum Verhältnis von Sprache und Technik (Institutionelle Sprachlenkung in der Terminologie der Technik); Düsseldorf (Schwann)

Ischreyt, Heinz (1976): Die genormte Terminologie in der Schichtung der technischen Fachsprachen; in: Bausch/et al., S.116-124 [Original in: Ischreyt, Heinz (1965): Studien zum Verhältnis von Sprache und Technik; Düsseldorf, S.205-215]

Ischreyt, Heinz (1977): Sprachfragen in den Wissenschaften; in: Muttersprache 87, S.77-85

Jahr, Silke (1993a): Das Fachwort in der kognitiven und sprachlichen Repräsentation; Essen (Die Blaue Eule)

Jahr, Silke (1993b): Zum Verhältnis von Bedeutung, Begriff und Wissen bei Fachtermini; in: Fachsprache 15/1-2, S.38-44

Janich, Peter (1975): Die methodische Abhängigkeit der Fachsprachen von der Umgangssprache; in: Petöfi/et al., S.33-54

Jumpelt, Rudolf Walter (1981): Fachsprachen - Fachworte als Problem der Dokumentation und Übersetzung; in: Hahn, S.67-85 (Original in: Sprachforum 3 (1959/60), S.1-13)

Kalverkämper, Hartwig (1978): Die Problematik von Fachsprache und Gemeinsprache: in: Sprachwissenschaft 3/4, S.406-444

Kalverkämper, Hartwig (1979): Der Begriff der Fachlichkeit in der Fachsprachen-Linguistik - Tradition, Kritik und Methoden-Ausblick; in: Fachsprache Sonderheft I, S.53-71

Kalverkämper, Hartwig (1980a): Die Axiomatik der Fachsprachenforschung; in: Fachsprache 2/1, S.2-20

Kalverkämper, Hartwig (1980b): Das Wortfeld der Fachlichkeit im Französischen. Ein Beitrag der Wortfeldforschung zur Methodologie der Fachsprachenlinguistik; in: Sprachwissenschaft 5/4, S.415-496

Kalverkämper, Hartwig (1983): Textuelle Fachsprachen- Linguistik als Aufgabe; in: LiLi - Zeitschrift für Literaturwissenschaft und Linguistik 13/51-52, S.124-166

Kalverkämper, Hartwig (1987): Vom Terminus zum Text; in: Sprissler, S.39-78

Kalverkämper, Hartwig (1988a): Zwischen Anspruch und Wirklichkeit: Signale einer romanistischen Fachsprachen-Forschung; in: Kalverkämper (ed.), S.7-14

Kalverkämper, Hartwig (1988b): Fachexterne Kommunikation als Maßstab einer Fachsprachen-Hermeneutik: Verständlichkeit kernphysikalischer Fakten in spanischen Zeitungstexten; in: Kalverkämper (ed.), S.151-193

Kalverkämper, Hartwig (1988c): Verständlichkeit, Verständnis und Verständigung im Fadenkreuz: der Wissenschaftstransfer; in: Kodikas/Code. An International Journal of Semiotics 11/3-4, S.311-325

Kalverkämper, Hartwig (1988d): Die Fachwelt in der allgemeinen einsprachigen Lexikographie (deutsch - englisch - französisch - italienisch); in: Fachsprache 10/3-4, S.98-123

Kalverkämper, Hartwig (ed. - 1988): Fachsprachen in der Romania; Tübingen

Kalverkämper, Hartwig (1989): Wissenschaftstransfer: Arbeitsteilung verlangt Sprachteilhabe; in: Spektrum der Wissenschaft 1, S.32-38

Kalverkämper, Hartwig (1990): Gemeinsprache und Fachsprache - Plädoyer für eine integrierende Sichtweise; in: Stickel, S.88-133

Kalverkämper, Hartwig (1992a): Die kulturanthropologische Dimension von "Fachlichkeit" im Handeln und Sprechen (Kontrastive Studien zum Deutschen, Englischen, Französischen, Italienischen und Spanischen); in: Albrecht/Baum, S.31-58

Kalverkämper, Hartwig (1992b): Hierarchisches Vergleichen als Methode in der Fachsprachenforschung; in: Baumann/Kalverkämper, S.62-77

Kalverkämper, Hartwig (1993): Das fachliche Bild. Zeichenprozesse in der Darstellung wissenschaftlicher Ergebnisse; in: Schröder, S.215-238

Kalverkämper, Hartwig (1996): Die Fachsprachen und ihre Erforschung: Eine Bilanz für die Zukunft; in: Budin, S.1-25

Kalverkämper, Hartwig (1998a): Fach und Fachwissen; in: Hoffmann/et al., S. 1-24

Kalverkämper, Hartwig (1998b): Rahmenbedingungen für die Fachkommunikation; in: Hoffmann/et al. I, S.24-47

Kalverkämper, Hartwig (1998c): Fachsprache und Fachsprachenforschung; in: Hoffmann/et al. I, S.48-59

Kalverkämper, Hartwig/Baumann, Klaus-Dieter (eds. - 1996): Fachliche Textsorten. Komponenten - Relationen - Strategien; Tübingen (Gunter Narr)

Keller, Rudi (1995): Zeichentheorie; Tübingen (Francke)

Kelz, Heinrich P. (1983): Fachsprachen und ihre Didaktik heute; in: Kelz, S.9-15

Kelz, Heinrich P. (ed. - 1983): Fachsprache (1:Sprachanalyse und Vermittlungsmethoden); Bonn (Dümmler)

Khaioutine, Alexandre/Tiulnina, Victoria (1996): Tenants et aboutissants des études sur les notions de Terminologie et Nomenclature dans la linguistique russe et soviétique; in: Morgenroth, S.43-49

Klaus, Georg (1976): Die Normierung der Sprache in semiotischer Sicht; in: Bausch/et al., S.52-54 [Original in: Klaus, Georg (1969): Die Macht des Wortes; Berlin (DDR), S.151-154]

Klein, Josef/Meißner, Iris (1999): Wirtschaft im Kopf. Begriffskompetenz und Einstellungen junger Erwachsener bei Wirtschaftsthemen im Medienkontext; Frankfurt/Main (Peter Lang)

Klein, Wolfgang (1974): Variation in der Sprache. Ein Verfahren zu ihrer Beschreibung; Kronberg (Scriptor)

Klein, Wolfgang (1976): Sprachliche Variation; in: Studium Linguistik 1, S.29-46

Knapp, Karlfried/Wagner, Johannes (1992): Themenbereich I: Betriebliche Sprach- und Kommunikationsstrukturen; in: Spillner, S.43-45

Knobloch, Clemens (1987): Esoterik und Exoterik. Über Begriffsmethoden in den Humanwissenschaften; in: Knobloch, S.55-70

Knobloch, Clemens (ed. - 1987): Fachsprache und Wissenschaftssprache; Essen (Die Blaue Eule)

Knobloch, Clemens (1998): Grundlegende Begriffe und zentrale Fragestellungen der Textlinguistik, dargestellt mit Bezug auf Fachtexte; in: Hoffmann/et al., S.443-456

Koch, Peter (1988): Fachsprache, Liste und Schriftlichkeit in einem Kaufmannsbrief aus dem Duecento; in: Kalverkämper, S.15-60

Kocourek, Rostislav (^{2}1991): La langue française de la technique et de la science (Vers uns linguistique de la langue savante); Wiesbaden (Brandstetter)

Köhler, Claus (1981): Zum Gebrauch von Modalverben und Passivfügungen in der deutschen Fachsprache der Technik; in: Hahn, S.239-261 (Original in: Wissenschaftliche Zeitschrift der Friedrich-Schiller-Universität Jena. Gesellschafts- und Sprachwissenschaftliche Reihe 19 (1970), S.781-796)

Kohn, Kurt (1987): Fachsprache, Fachtext, Fachwissen (Theoretische Grundlagen einer übersetzungsorientierten Fachsprachenforschung); in: Redard/Wyler, S.6-14

Kohn, Kurt (1988): Fachsprachen und Fachübersetzen. Psycholinguistische Dimensionen der Fachsprachenforschung; in: Gnutzmann, S.39-64

König-Dressler, Ingrid (1992): Fachsprache der sensorischen Analyse (Probleme der Beschreibung und Benennung von Geruchs- und Geschmackseindrücken); in: Albrecht/Baum, S.180-196

Kretzenbacher, Heinz L. (1991): Zur Linguistik und Stilistik des wissenschaftlichen Fachwortes (1); in: Deutsch als Fremdsprache 28/3, S.195-201

Kretzenbacher, Heinz L. (1992): Zur Linguistik und Stilistik des wissenschaftlichen Fachwortes (2); in: Deutsch als Fremdsprache 29/1, S.38-46

Kretzenbacher, Heinz L./Thurmair, Maria (1992): Textvergleich als Grundlage zur Beschreibung einer wissenschaftlichen Textsorte: das Peer Review; in: Baumann/ Kalverkämper, S.135-146

Krischel-Heinzer, Helmtraud (1987): Gemeinsprachliche versus fachsprachliche Texte; in: Redard/Wyler, S.95-106

Kubczak, Hartmut (1979): Was ist ein Soziolekt? (Überlegungen zur Symptomfunktion sprachlicher Zeichen unter besonderer Berücksichtigung der diastratischen Dimension); Heidelberg (Carl Winter)

Kuguel, Inés (1998): Variación terminológica y correferencialidad textual; in: Organon 26, S.91-108

Kühlwein, Wolfgang/Raasch, Albert (eds. - 1981): Sprache: Lehren und Lernen I (Kongreßberichte der 11. Jahrestagung der Gesellschaft für Angewandte Linguistik GAL e.V., Darmstadt 1980); Tübingen (Gunter Narr)

Lara, Luis Fernando (1986): Wissenschaftlich-technische Fachsprachen in Lateinamerika und der Entwicklungsstand des Spanischen. Das Beispiel Mexiko; in: Bungarten, S.180-198

Lara, Luis Fernando (1992): Spanisch: Areallinguistik VII. Mexiko, Zentralamerika; in: Holtus/et al., S.559-567

Laurén, Christer (1993): Arbiträre und nicht-arbiträre linguistische Konstituenten der Fachsprache; in: Bungarten, S.495-516

Laurén, Christer/Nordman, Marianne (1991): Corpus Selection in LSP Research; in: Schröder, S.218-230

Lavric, Eva (ed. - 2000): Fachsprache und Allgemeinsprache in der wirtschaftssprachlichen Ausbildung; Tostedt (Attikon Verlag)

Lebsanft, Franz (1992): Fachsprache, Gemeinsprache und präskriptive Norm im europäischen Spanisch; in: Albrecht/Baum, S.241-255

Le Guern, Michel (1989): Sur les relations entre terminologie et lexique; in: Meta 34/3, S.340-343

Lehrer, Adrienne (1993): Semantic Fields and Frames: Are They Alternatives?; in: Lutzeier, S.149-162

Lenders, Winfried (1983): Fachsprachliche Lexika und Terminologiedatenbanken - Neue Formen der Vermittlung von Fachsprache und ihre Probleme; in: Kelz, S.46-61

Lerat, Pierre (1995): Les langues spécialisées; Paris (PUF)

Lethuiller, Jacques (1989): La synonymie en langue de spécialité; in: Meta 34/3, S.443-449

Lenz, Friedrich (1993): Ansätze zur Analyse mündlicher Fachkommunikation; in: Bungarten, S.341-367

Liang, Yong (1988): Vergleichende Darstellung von Fachtexten mit instruktiver Funktion im Deutschen und Chinesischen; in: Die Neueren Sprachen 87/1-2, S.91-111

Liang, Yong (1990): Kontrastive Fachtextanalyse aus interkultureller Sicht; in: Rickheit/Wichter, S.263-278

Lippert, Herbert (1979): Sprachliche Mittel in der Kommunikation im Bereich der Medizin; in: Mentrup, S.84-99

Littmann, Günter (1979): Zur Syntax der Fachsprachen und anderer Sprachvarianten. Methodenprobleme in der empirischen Sprachforschung; in: Fachsprache 1/1-2, S.50-68

Littmann, Günter (1986): Fachsprachliche Syntax; in: Wierlacher/et al., S.98-110

Lüdtke, Jens (1983): Reflexivität in fachsprachlichen Texten; in: Zeitschrift für Literaturwissenschaft und Linguistik 13/51-52, S.48-58

Lundquist, Lita (1991): Some Considerations on the Relations between Text Linguistics and the Study of Texts for Specific Purposes; in: Schröder, S.231-243

Lutz, Benedikt (1989): Fachtermini in Rundfunknachrichten - verständlich für die Allgemeinheit?; in: Dressler/Wodak, S.67-78

Lutz, Benedikt/Wodak, Ruth (1987): Information für Informierte (Linguistische Studien zu Verständlichkeit und Verstehen von Hörfunknachrichten); Wien (Verlag der Österreichischen Akademie der Wissenschaften)

Lutzeier, Peter Rolf (1985a): Linguistische Semantik; Stuttgart (Metzler)

Lutzeier, Peter Rolf (1985b): Die semantische Struktur des Lexikons; in: Schwarze/Wunderlich, S.103-133

Lutzeier, Peter Rolf (1993): Wortfeldtheorie und Fachsprachen. Eine Feldstruktur im fußballsprachlichen Kontext; in: Flood, John/et al.: Das unsichtbare Band der Sprache (Studies in German Language and Linguistic History in Memory of Leslie Seiffert); Stuttgart (Hans-Dieter Heinz), S.553-576

Lutzeier, Peter Rolf (ed. - 1993): Studien zur Wortfeldtheorie - Studies in Lexical Field Theorie; Tübingen (Niemeyer)

Lutzeier, Peter Rolf (1995): Lexikologie (Ein Arbeitsbuch); Tübingen (Stauffenburg)

Mackensen, Lutz (1959): Muttersprachliche Leistungen der Technik; in: Gipper, Helmut (ed.): Sprache - Schlüssel zur Welt (Festschrift für Leo Weisgerber); Düsseldorf (Schwann), S.293-305

Marquet i Ferigle, Lluís (1993): El llenguatge científic i tècnic; Barcelona (Col.legi d'Enginyers Industrials de Catalunya)

Martinet, Hanne (1983): Fachsprache, Gemeinsprache und Übersetzung; aus: Kelz, S.170-186

Mayer, Felix (1998): Eintragungsmodelle für terminologische Datenbanken. Ein Beitrag zur übersetzungsorientierten Terminographie; Tübingen (Gunter Narr)

Mayer, Felix (ed. - 2001): Language for Special Purposes: Perspectives for the New Millennium (2 Bände); Tübingen (Gunter Narr)

Melander, Björn (1992): Patterns of Content Structure in Swedish LSP Texts; in: Grindstedt/Wagner, S.52-71

Mentrup, Wolfgang (1976): Gemeinsprache und Fachsprachen. Überlegungen zur Methodik ihrer lexikographischen Erfassung; in: Wirkendes Wort 26/6, S.431-443

Mentrup, Wolfgang (ed. - 1979): Fachsprachen und Gemeinsprache. Jahrbuch 1978 des Instituts für Deutsche Sprache; Düsseldorf (Schwann)

Merten, Stephan (1995): Fremdsprachenerwerb als Element interkultureller Bildung. Eine Studie zur Versprachlichung der Grunddaseinsfunktionen des Menschen im Hinblick auf deren Thematisierungsmöglicheiten im Unterricht in Deutsch als Fremdsprache; Frankfurt (Peter Lang)

Metzeltin, Michael (1989): La fabrication des allumettes: kritisch-didaktische Analyse eines populärwissenschaftlichen Artikels; in: Dahmen/et al., S.120-137

Meyer, Paul Georg (1996): Nicht fachgebundene Lexik in Wissenschaftstexten: Versuch einer Klassifikation und Einschätzung ihrer Funktionen; in: Kalverkämper/Baumann, S.175-192

Minogue, Angela/Weber, Siegfried (1992): Der Textvergleich als Untersuchungsmethode in der Fachsprachenforschung; in: Baumann/Kalverkämper, S.49-60

Möhn, Dieter (1975): Sprachliche Sozialisation und Kommunikation in der Industriegesellschaft. Objekte der fachsprachlichen Linguistik; in: Muttersprache 85, S.169-185

Möhn, Dieter (1976a): Sprache - Schlüssel zur Technik; in: Bausch/et al., S.20-32

Möhn, Dieter (1976b): Fach- und Gemeinsprache. Zur Emanzipation und Isolation der Sprache; in: Bausch/et al., S.136-146 [Original in: Mitzka, Walter (ed. - 1968): Wortgeographie und Gesellschaft, Festgabe für L.E.Schmitt; Berlin, S.338-348]

Möhn, Dieter (1977): Ziele und Ergebnisse der Fachsprachenforschung und der Terminologiearbeit; in: Muttersprache 87, S.67-76

Möhn, Dieter (1979a): Formen der fachexternen Kommunikation. Linguistische Analyse und fachdidaktische Vermittlung; in: Der Deutschunterricht 31/5, S.71.87

Möhn, Dieter (1979b): Zur Aktualität der Fachsprachenforschung; in: Mentrup, S.10-24

Möhn, Dieter ([2]1980a): Sondersprachen; in: Althaus/et al. II, S.384-390

Möhn, Dieter (1980b): Zum Fortgang der germanistischen Fachsprachenforschung in den siebziger Jahren; in: Zeitschrift für germanistische Linguistik 8/3, S.352-369

Möhn, Dieter (1981): Fach- und Gemeinsprache (Zur Emanzipation und Isolation der Sprache); in: Hahn, S.172-217 (Original in: Mitzka, Walter (1968): Wortgeographie und Gesellschaft. Festgabe für Ludwig Erich Schmitt zum 60.Geburtstag am 10.Februar 1968; Berlin, S.315-348

Möhn, Dieter (1998a): Fachsprache als Gruppensprache; in: Hoffmann/et al., S.150-157

Möhn, Dieter (1998b): Fachsprache und Gruppensprachen; in: Hoffmann/et al., S.168-181

Möhn, Dieter/Pelka, Roland (1984): Fachsprachen. Eine Einführung. Tübingen (Niemeyer)

Moirand, Sophie (1990): Décrire des discours produits dans des situations professionelles; in: Le Français dans le Monde 8/9, S.52-62

Morgenroth, Klaus (1993a): Wortschatzanalyse als Orientierungshilfe im Fachsprachenunterricht; in: Morgenroth, S.47-65

Morgenroth, Klaus (1993b): Zur Gestaltung einführender Lehrwerke für den fachbezogenen Fremdsprachenunterricht; in: Morgenroth, S.161-176

Morgenroth, Klaus (ed. - 1993): Methoden der Fachsprachendidaktik und -analyse (Deutsche Wirtschafts- und Wissenschaftssprache); Frankfurt/Main (Peter Lang)

Morgenroth, Klaus (1994): Le terme technique: approches théoriques, études statistiques appliquées à la langue de spécialité économique du français et de l'allemand (= Zeitschrift für Romanische Philologie, Beiheft 250); Tübingen (Niemeyer)

Morgenroth, Klaus (1996): Gibt es formale Kriterien zur Bestimmung von Nomenklaturzeichen; in: Morgenroth, S.139-160

Morgenroth, Klaus (ed. - 1996): Terminologie und Nomenklatur. Ein dichotomischer Ansatz zur strukturellen Differenzierung der Fachlexik; Frankfurt (Peter Lang)

Müller, Bernd-Dietrich (ed. - 1991): Interkuturelle Wirtschaftskommunikation; München (Iudicium-Verlag)

Müller, Bodo (1975): Das Französische der Gegenwart. Varietäten, Strukturen, Tendenzen; Heidelberg (Winter)

Munsberg, Klaus (1993): Mündliche Fachkommunikation in der Chemie. Analyseverfahren für empirisches Datenmaterial; in: Schröder, S.359-394

Nabrings, Kirsten (1981): Sprachliche Varietäten; Tübingen (Gunter Narr)

Natanson, Edouard (1988): Distinctions entre les termes et les non-termes aux niveaux lexical et grammatical: in: Bungarten, S.444-455

Niederehe, Hans-Josef (1973/74): Die Sprache der Wissenschaft - ein Problem der Sprachwissenschaft; in: Semantische Hefte 1, S.84-112

Nübold, Peter (1987): Englische Publikationen deutscher Natur- und Ingenieurswissenschaftler: Analyse eines fachsprachlichen Korpus; in: Redard/Wyler, S.44-56

Nuopponen, Anita (1993): Begriffsysteme und Textstruktur. Am Beispiel deutscher und finnischer Enzyklopädieartikel; in: Schröder, S.99-113

Oeser, Erhard/Budin, Gerhard (1999): Grundlagen der Terminologiewissenschaft; in: Hoffmann/et al. II, S.2172-2183

Oeser, Erhard/Picht, Heribert (1999): Terminologische Wissenstechnik; in: Hoffmann/et al. II, S.2229-2237

Oesterreicher, Wulf (1988): Sprechtätigkeit, Einzelsprache, Diskurs und vier Dimensionen der Sprachvarietät; in: Albrecht, Jörn/et al.: Energeia und Ergon. Sprachliche Variation, Sprachgeschichte, Sprachtypologie I; Tübingen (Gunter Narr), S.355-386

Ogden, Charles K./Richards, Ivor A. ([10]1969): The Meaning of Meaning. A Study of The Influence of Language upon Thought and of The Science of Symbolism; London (Routledge&Kegan Paul)

Ohnacker, Klaus (1991): Die Syntax der Fachsprache Wirtschaft; in: Zielsprache Deutsch 22/4, S.221-230

Oksaar, Els (1983): Fachsprachen, interaktionale Kompetenz und Kulturkontakt; in: Kelz, S.30-45

Oksaar, Els (1988): Fachsprachliche Dimensionen; Tübingen (Gunter Narr)

Oldenburg, Antje (1995): Methodologische Grundlagen der kontrastiven Fachtextlinguistik; in: Fachsprache 17, 3/4, S.107-116

Oldenburg, Hermann (1992): Angewandte Fachtextlinguistik. "Conclusions" und Zusammenfassungen; Tübingen (Gunter Narr)

Opitz, Kurt (1979): How Does Special Purpose in Communication Result in Special Language?; in: Fachsprache Sonderheft I, S.72-80

Opitz, Kurt (1980): Language for special purposes: an intractable presence; in: Fachsprache 2/1, S.21-27

Opitz, Kurt (1981): Formelcharakter als Indiz für Fachsprachlichkeit: ein definitorischer Ansatz; in: Kühlwein/Raasch, S.33-40

Pawłowski, Tadeusz (1980): Begriffsbildung und Definition; Berlin (Walter de Gruyter)

Pearson, Jennifer (1998): Terms in Context; Amsterdam (John Benjamins)

Pelka, Roland (1979): Kommunikationsdifferenzierung in einem Industriebetrieb; in: Mentrup, S.59-83

Petöfi, János S./et al. (eds. - 1975): Fachsprache-Umgangssprache. Wissenschaftstheoretische und linguistische Aspekte der Problematik, sprachliche Aspekte der Jurisprudenz und der Theologie, maschinelle Textverarbeitung; Kronberg (Scriptor)

Petöfi, János S. (1981): Einige allgemeine Aspekte der Analyse und Beschreibung wissenschaftssprachlicher Texte; in: Bungarten, S.140-168

Peuser, Günter/Winter, Stefan (eds. - 1981): Angewandte Sprachwissenschaft. Grundfragen-Bereiche-Methoden; Bonn (Bouvier)

Pica, Pierre (1981): Quelques remarques à propos des problèmes posés par l'élaboration d'une théorie propre au traitement des langues de spécialité; in: Jöergen/Turner, S.25-46

Picht, Heribert (1988): Die Terminologie als didaktisches Mittel im fachsprachlichen Unterricht; in: Gnutzmann, S.151-162

Picht, Heribert (1996): Fachkommunikation - Fachsprache; in Budin, S.27-45

Pöckl, Wolfgang (1990): Französisch: Fachsprachen; in: Holtus/et al., S.267-282

Pöckl, Wolfgang (1999): Die französischen Fachsprachen im 20. Jahrhundert und ihre Erforschung: eine Übersicht; in: Hoffmann/et al., S.1491-1502

Polenz, Peter von (1981): Über die Jargonisierung von Wissenschaftssprache und wider die Deagentivierung; in: Bungarten, S.85-110

Porsch, Antje (1981): Die funktionalstilistische Theorie und ihr Verhältnis zur Differenziertheit der Sprache; in: Hartung/Schönfeld, S.280-307

Portine, Henri (1990): Les "langues de spécialité" comme enjeux de représentations; in: Le Français dans le Monde 8/9, S.63-71

Pozzi, María (1996): Multilingualism within a language: the case of Spanish; in: Budin, 645-652

Priesemann, Gerhard (1977): Die Fachsprachen des Unterrichts und das Problem der Verständigung; in: Muttersprache 87, S.108-122

Radtke, Edgar (1981): Sonderwortschatz und Sprachschichtung (Materialien zur sprachlichen Verarbeitung des Sexuellen in der Romania); Tübingen (Gunter Narr)

Radtke, Ingulf (1973): Die Umgangssprache (Ein weiterhin ungeklärtes Problem der Sprachwissenschaft); in: Muttersprache 83, S.161-171

Raible, Wolfgang (1978): Langer Rede dunkler Sinn. Zur Verständlichkeit von Texten aus der Sicht der Sprachwissenschaft; in: Engel, Ulrich/Grosse, Siegfried (eds.): Grammatik und Deutschunterricht. Jahrbuch 1977 des Instituts für deutsche Sprache; Düsseldorf (Schwann), S.316-337

Randow, Elise von (1992): Verständlichkeit als Problem sozialwissenschaftlicher, insbesondere soziologischer Fachtexte; in: Bungarten, S.140-151

Rang, Hans-Joachim (1978): Literaturbericht zum Verhältnis Gemeinsprache/ Fachsprache - insbesondere im Hinblick auf die Sekundarstufe II; in: Bausch/et al., S.37-65

Redard, F./Wyler, S.(eds. - 1987): Fachsprache als System, Fachsprache als Gebrauchstext. Actes du Symposium de la Comission interuniversitaire suisse de linguistique appliquée, Saint-Gall, 10-11 mars 1986; (=Bulletin CILA 45)

Reinhardt, Werner/Köhler, Claus (1986): Zu einigen Tendenzen in den Fachsprachen und in ihrer Erforschung; in: Zeitschrift für Germanistik 7/4, S.467-475

Reuter, Ewald/et al. (1991): Zur Erforschung von Kulturunterschieden in der internationalen Wirtschaftskommunikation; in: Müller, S.93-121

Rickheit, Gert/Wichter, Sigurd (eds. - 1990): Dialog (Festschrift für Siegfried Große); Tübingen (Niemeyer)

Rieser, Hans (1975): Umgangssprache, Fachsprache und das Problem der Interpretation fachsprachlicher Texte; in: Petöfi/et al., S.117-141

Roald, Jan (2001): Lexique, dénomination et langue de spécialité; in: Mayer I, S.187-194

Rodríguez Richart, José/et al. (eds. - 1982): Fachsprachenforschung und -lehre. Schwerpunkt Spanisch. (Internationales Kolloquium an der Universität des Saarlandes, Saarbrücken, 6.-8.November 1980), Tübingen (Gunter Narr)

Roelcke, Thorsten (1991): Das Eineindeutigkeitspostulat der lexikalischen Fachsprachensemantik; in: Zeitschrift für germanistische Linguistik 19/2, S.194-208

Roepke, Fritz (1939): Französische Wirtschaftssprache und Sprachwissenschaft; in: Neuphilologische Monatsschrift 10, S.257-269

Rondeau, Guy (1979): Les langues de spécialité; in: Le Français dans le monde 19/145, S.75-78

Rossipal, Hans (1973): Konnotationsbereiche, Stiloppositionen und die sogenannten Sprachen in der Sprache; in: Germanistische Linguistik 4, S.1-87

Rust, Angelika (1992): Zur Fachtextstruktur - dargestellt am Beispiel russisch- und deutschsprachiger Fachbuchrezensionen; in: Bungarten, S.119-124

Sachtleber, Susanne (1992): Texthandlungen und thematische Entfaltung in der Wissenschaftssprache; in: Grindsted/Wagner, S.112-124

Sachtleber, Susanne (1993a): Textstile in der Wissenschaftssprache; in: Schröder, S.61-79

Sachtleber, Susanne (1993b): Die Organisation wissenschaftlicher Texte: eine kontrastive Analyse; Frankfurt (Peter Lang)

Sager, Juan C. (1986): Jargon and Hermeticism in Special Languages; in: Bungarten, S.163-179

Sager, Juan C. (1990): A Practical Course in Terminology Processing; Amsterdam (John Benjamins)

Sager, Juan C./McDonald, Peter F. (1980): English Special Languages (Principles and practice in science and technology); Wiesbaden (Brandstetter)

Sandrock, Monika (1987): Möglichkeiten der Erklärung wissenschaftlicher Fachtermini in populärwissenschaftlichen Texten; in: Knobloch, S.71-90

Sauer, Christoph (1992): Fachjargon - Zur Multiplizierung fachsprachlicher Kommunikationsformen; in: Bungarten, S.125-139

Savigny, Eike von (1975): Inwiefern ist die Umgangssprache grundlegend für die Fachsprachen?; in: Petöfi/et al., S.1-32

Schaarschuh, Fritz-Jürgen (1991): Wirtschaftsdeutsch = deutsche Fachsprache der Wirtschaft; in: Deutsch als Fremdsprache 28/3, S.140-144

Schaeder, Brukhard (1994): Fachsprachenvermittlung und Fachsprachendidaktik. Ein kommentierter Vorbericht; in: Spillner, Fachkommunikation, S.127-133

Schaeder, Burkhard (1996a): Wörterbuchartikel als Fachtexte; in: Kalverkämper/Baumann, S.100-124

Schaeder, Burkhard/Bergenholtz, Henning (eds. - 1994): Fachlexikographie. Die Darstellung fachlichen Wissens in Wörterbüchern; Tübingen (Gunter Narr)

Schaeder, Burkhard (1996b): Ansichten von Bedeutung: Fachsprachliche vs. gemeinsprachliche Semantik; in: Weber, S.183-186

Schepping, Heinz (1979): Fachsprachvermittlung für ausländische Studenten; in: Der Deutschunterricht 31/5, S.35-51

Schepping, Marie-Theres (1985): Das Lexikon im Sprachvergleich; in: Schwarze/ Wunderlich, S.184-195

Scherfer, Peter (1976): Über funktionale Varietäten des Französischen; in: Linguistische Berichte 46, S.1-15

Schewe, Wolfgang H./Spiegel, Heinz-Rudi (1976): Der Beitrag des DIN und des VDI zur Terminologie; in: Bausch/et al., S.152-162 [eine überarbeitete Fassung findet sich mit dem Titel: Der Beitrag des DIN und des VDI zur Terminologie und Fachsprachenforschung; in: Gnutzmann/Turner (eds. - 1980), S.11-25]

Schierholz, Stefan J. (2003): Fachlexikographie und Terminographie; in: Zeitschrift für Angewandte Linguistik 39, S.5-28

Schifko, Peter (1975): Bedeutungstheorie. Einführung in die linguistische Semantik; Stuttgart/Bad Cannstatt (Frommann-Holzboog)

Schifko, Peter (1992a): Morphologische Interferenzen im Bereich des fachsprachlichen Wortschatzes; in: Albrecht/Baum, S.295-301

Schifko, Peter (1992b): La coherencia de textos: Un problema semántico y pragmático; in: Lorenzo, Ramón (ed.): Actas do XIX Congreso Internacional de Lingüística e Filoloxía Románicas (Universidade de Santiago de Compostela 1989) III (Lingüística Pragmática e Sociolingüística); La Coruña (Fundación "Pedro Barrié de la Maza, Conde de Fenosa")

Schifko, Peter (2001): ¿Existen las lenguas de especialidad?; in: Bargalló/et al., S.21-29

Schleyer, Walter (1982): Fachsprachen und Fremdsprachenunterricht Deutsch als Fremdsprache; in: Ehnert, Rolf (ed.): Einführung in des Studium des Faches Deutsch als Fremdsprache; Frankfurt (Peter Lang), S.275-316

Schlieben-Lange, Brigitte/Kreuzer, Helmut (1983): Probleme und Perspektiven der Fachsprachen- und Fachliteraturforschung; in: dieselben (eds.): Fachsprache und Fachliteratur. Zeitschrift für Literaturwiss. und Linguistik 13/51-52, S.7-26

Schmidt, Christoper M. (2001): Abstraktionsgrad als Fachsprachenparameter? Die methodologische Relevanz eines kognitionslinguistisch fundierten Fachsprachen-Begriffs aus interkultureller Perspektive; in: Zeitschrift für Angewandte Linguistik 34, S.83-104

Schmidt, Heide (1996): Der übersetzungsorientierte Vergleich textsortentypischer Makrostrukturen; in: Kalverkämper/Baumann, S.426-457

Schmidt, Wilhelm (1969): Charakter und gesellschaftliche Bedeutung der Fachsprachen; in: Sprachpflege 18/1, S.10-21

Schmidt, Wilhelm/Scherzberg, Johanna (1968): Fachsprachen und Gemeinsprache; in: Sprachpflege 17/4, S.65-74

Schmitt, Christian (1988): Gemeinsprache und Fachsprache im heutigen Französisch. Formen und Funktionen der Metaphorik in wirtschaftsfachsprachlichen Texten; in: Kalverkämper, S.113-129

Schmitt, Christian (1989): Zur Ausbildung technischer Fachsprachen und Terminologien im heutigen Französisch; in: Dahmen/et al., S.173-219

Schmitt, Christian (1991): L'Europe et l'évolution des langues de spécialité; in: terminologie & traduction 2, S.115-127

Schmitt, Christian (1992a): Zu Methodenfragen der übersetzungsbezogenen Einarbeitung in ein Fachgebiet; in: Bungarten, S.196-206

Schmitt, Christian (1992b): Spanisch: Fachsprachen; in: Holtus/et al., S.295-327

Schmitz, Klaus-Dirk (1994): Verarbeitung fachsprachlichen Wissens in Terminologieverwaltungssystemen; in: Spillner, Fachkommunikation, S.45-55

Schmitz, Klaus-Dirk (1998): Terminographie und Terminologienormung; in: Snell-Hornby/et al., S83-91

Schmitz, Werner/Scheiner, Dieter (1983): Fachsprachenunterricht; in: Zielsprache Deutsch 14/4, S.24-32

Schnädter, Herbert (1988): Zur Rolle der Fachsprachen in den Lehrplänen für Englisch und Französisch in der gymnasialen Oberstufe; in: Die Neueren Sprachen 87/1-2, S.122-148

Schneider, Hemma (1992): Théories des langues de spécialité et pratique du français économique et comercial: panorama et évolution critique des théories correspondantes; Diplomarbeit Universität Wien

Schnitzer, Johannes (1994a): Eurozentrismus in der Sprachausbildung: Das Beispiel der spanischen (Wirtschafts-)Sprache; in: Bierbaumer, Peter (ed.): Neue Herausforderungen in Europa (19. Jahrestagung der Internationalen Vereinigung Sprache und Wirtschaft, 8./9.10.1993); Nottingham (Praetorius Limited), S.126-135

Schnitzer, Johannes (1994b): Wort und Bild: Die Rezeption semiotisch komplexer Texte (Dargestellt anhand einer Analyse politischer "pintadas"); Wien (Braumüller)

Schnitzer, Johannes (1997): Zur Darstellung und Erklärung wirtschaftlicher Sachverhalte auf verschiedenen Ebenen der Fach(sprach)lichkeit; in: Moderne Sprachen 41/1, S.53-68

Schnitzer, Johannes (2000): Wie fachsprachlich ist unser Sprechen über Fachsprache? - oder: Wovon sprechen wir, wenn wir von Fachsprache sprechen?; in: Lavric, S.47-57

Schönfeld, Helmut/Donath, Joachim (1978): Sprache im sozialistischen Industriebetrieb; Berlin (Akademie-Verlag)

Schröder, Hartmut (1988): Fachtext, interkulturelle Kommunikation und Aufgaben einer spezialisierten Didaktik/Methodik des fachbezogenen Fremdsprachenunterrichts; in: Gnutzmann, S.107-124

Schröder, Hartmut (1991): Linguistical and Text-theoretical Research on Languages for Special Purposes. A thematic and bibliographical guide; in: Schröder, S.1-48

Schröder, Hartmut (ed. - 1991): Subject-oriented Texts. Language for Special Purposes and Text Theory; Berlin (Walter de Gruyter)

Schröder, Hartmut (1993): Von der Fachtextlinguistik zur Fachtextpragmatik; (Einleitung) in: Schröder, S.IX-XIII

Schröder, Hartmut (ed. - 1993): Fachtextpragmatik; Tübingen (Gunter Narr)

Schröder, Susanne (1992): Zur Morphosyntax von mündlichen und schriftlichen Fachtexten der Chemie - am Beispiel eines französischen Korpus; in: Bungarten, S.91-98

Schulze, Erich (1978): Der Terminus, Eigenschaften und Wesen sowie Abgrenzung von anderen Lexemarten; in: Hoffmann, S.173-191

Schütze, Ruth (1976): Bemerkungen zu einem Wortbildungstyp in der Fachsprache der Technik (Außenrund-Schnellein-stechschleifen); in: Bausch/et al., S.68-72 [Original in: Deutsch als Fremdsprache 6 (1969), S.651-653]

Schwanzer, Viliam (1981): Syntaktisch-stilistische Universalia in den wissenschaftlichen Fachsprachen; in: Bungarten, S.213-230

Schwarz, Monika (1992): Kognitive Semantiktheorie und neuropsychologische Realität (Repräsentationale und prozedurale Aspekte der semantischen Kompetenz); Tübingen (Niemeyer)

Schwarze, Christoph/Wunderlich, Dieter (eds. - 1985): Handbuch der Lexikologie; Königstein/Ts. (athenäum)

Seibicke, Wilfried (1975): Zur Lexik der Fachsprachen und ihrer Vermittlung in der Lehre des Deutschen als Fremdsprache; in: Jahrbuch Deutsch als Fremdsprache 1, S.66-79

Seibicke, Wilfried (1981): Fachsprache und Gemeinsprache; in: Hahn, S.40-66 [Original in: Muttersprache (1959), S.70-84]

Seiffert, Helmut/Radnitzky, Gerhard (eds. - 1989): Handlexikon zur Wissenschaftstheorie; München (Ehrenwirth)

Serra Borneto, Carlo (1986): Einsteins Relativitätstheorie: Strategien der Popularisierung vom Comics bis zum Sachbuch; in: Bungarten, S.350-366

Skowronek, Barbara (1988): Zur Spezifik der Fachsprachen und des Fachsprachenunterrichts; in: Bungarten, S.456-463

Snell-Hornby, Mary/et al. (eds. - 1998): Handbuch Translation; Tübingen (Stauffenburg)

Spiegel, Heinz-Rudi (1976a): Sprache, Mittel fachlicher Kommunikation. (Die Fachsprachen und ihre Schichtung. Wesen und Aufgabe der Terminologienormung); in: Bausch/et al., S.32-37 [Original in: VDI-Nachrichten 24 (1970) 10 (11.3.1970)]

Spiegel, Heinz-Rudi (1976b): Produktive Wortbildungstypen in einer gewachsenen Fachsprache; in: Bausch/et al., S.146-150 [Original in: Spiegel, Heinz-Rudi (1972): Zum Fachwortschatz des Eisenhüttenwesens im 18.Jahrhundert in Deutschland; Düsseldorf, S.148-154]

Spiegel, Heinz-Rudi (1979): Neubenennungen in den technischen Fachsprachen (Bestandsaufnahme und Entwicklungstendenzen); in: Der Deutschunterricht 31/5, S.22-34

Spiegel, Heinz-Rudi (1988): Fachsprachenforschung und Terminologiearbeit. Ein Bericht; in: Die Neueren Sprachen 87/1-2, S.76-91

Spillner, Bernd (1974): Linguistik und Literaturwissenschaft. Stilforschung, Rhetorik, Textlinguistik; Stuttgart (Kohlhammer)

Spillner, Bernd (1981): Probleme der Syntax von Fachsprachen - an französischen Beispielen; in: Kühlwein/Raasch, S.41-48

Spillner, Bernd (1983a): Methodische Aufgaben der Fachsprachenforschung und ihre Konsequenzen für den Fachsprachenunterricht; in: Kelz, S.16-29

Spillner, Bernd (1983b): Zur kontrastiven Analyse von Fachtexten - am Beispiel der Syntax von Wetterberichten; in Zeitschrift für Literaturwissenschaft und Linguistik 13/51-52, S.110-123

Spillner, Bernd (1986): Fachtext und Fachstil; in: Wierlacher/et al., S.83-97

Spillner, Bernd (1989): Stilelemente im fachsprachlichen Diskurs; in: Dahmen/et al., S.2-19

Spillner, Bernd (1992): Angewandte Linguistik für Wirtschaft, Handel, Industrie; in: Spillner, S.11-13

Spillner, Bernd (ed. - 1992): Wirtschaft und Sprache (Kongreßbeiträge zur 22.Jahrestagung der Gesellschaft für Angwandte Linguistik GAL e.V.); Frankfurt (Peter Lang)

Spillner, Bernd (ed. - 1994): Fachkommunikation; Franfurt/Main (Peter Lang; Forum Angewandte Linguistik 27)

Spillner, Bernd (1996): Interlinguale Stilkontraste in Fachsprachen; in: Spillner, S.105-137

Spillner, Bernd (ed. - 1996): Stil in Fachsprachen; Frankfurt (Peter Lang)

Sprissler, Manfred (ed. - 1987): Standpunkte der Fachsprachenforschung; Tübingen (Gunter Narr)

Stahlheber, Eva M. (1992): Die Fachtextsorte Zeitschriftenartikel im Deutschen und Address/Article im Amerikanischen: Popularisierungsgrad und Diachronie von Funktionen und Strukturen; in: Baumann/Kalverkämper, S.162-189

Stati, Sorin (1997): La théorie des champs lexicaux; in: Hoinkes/Wolf, S.105-111

Steger, Hugo (1988): Erscheinungsformen der deutschen Sprache. "Alltagssprache" - "Fachsprache" - "Standardsprache" - "Dialekt" und andere Gliederungstermini; in: Deutsche Sprache 16/4, S.289-319

Stegu, Martin (1989): Text und Bild in der Fachkommunikation; in: Dressler/Wodak, S.30-46

Stegu, Martin (1995): Was ist Fachsprache? Bemerkungen zur Fachsprachentheorie und Fachsprachenunterricht; (mimeo)

Stickel, Gerhard (ed. - 1990): Deutsche Gegenwartssprache. Tendenzen und Perspektiven. (Jahrbuch 1989 zum 25-jährigen Bestehen des Instituts für deutsche Sprache, Mannheim); Berlin (de Gruyter)

Trabant, Jürgen (1983). Das Andere der Fachsprache. Die Emanzipation der Sprache von der Fachsprache im neuzeitlichen europäischen Sprachdenken; in: Zeitschrift für Literaturwissenschaft und Linguistik 13/51-52, S.27-47

Turner, Robin (1981): A Note on "Special Languages" and "Specific Purposes"; in: Höedt/Turner, S.1-23

Uleer, Maria (2000): Fachwissen und Kommunikation (Zur Darstellung der französischen Atomversuche in spanischen Printmedien); Frankfurt/Main (Peter Lang)

Vidal Claramonte, Mª Carmen (1991): Análisis de un texto publicitario empresarial; in: Universidad de La Laguna: II. Jornadas del Idioma Empresarial; La Laguna, S.61-73

Viehweger, Dieter (1991): Lexical Knowledge and Text Interpretation; in: Schröder, S.254-266

Wagner, Horst (1988): LEXECON - Lexeminventar der französischen Wirtschaftssprache; in: Kalverkämper, S.264-285

Wagner, Horst (1992) Le traitement des noms composés dans les dictionnaires de francais économique; in: Lorenzo, Ramón (ed.): Actas do XIX Congreso Internacional de Lingüística e Filoloxía Románicas (Universidade de Santiago de Compostela, 1989), II - Lexicoloxía e Metalexicografía; A Coruña (Fundación "Pedro Barrié de la Maza, Conde de Fenosa"), S. 221-232

Wagner, Horst (1993): Welche Wörterbücher brauchen Lernende von Fachsprachen?; in: Morgenroth, S.136-160

Weber, Nico (ed.-1996): Semantik, Lexikographie und Computeranwendung; Tübingen (Niemeyer)

Weidemann, Bernd (1989): Das Bild im Sprachunterricht: Lernhilfe oder Lerngegenstand? (Anregungen am Beispiel "Wirtschaftskommunikation"); in: Wierlacher/et al., S.132-149

Weigand, Edda/Hundsnurscher, Franz (eds. - 1996): Lexical Structures and Language Use (Proceedings of the International Conference on Lexicology and Lexical Semantics, Münster, September 13-15, 1994) (2 Bände); Tübingen (Niemeyer)

Weingarten, Rüdiger (1994): Zur Stilistik der Wissenschaftssprache: Objektivitäts- und Handlungsstil; in: Brünner/Graefen, S.115-135

Weise, Günter (1985): Textsorten und Texttypen in der wissenschaftlichen Fachsprache; in: Linguistische Studien, Reihe A. 133, S.20-26

Weller, Franz Rudolf (1988): Fremdsprachlicher Fachsprachenunterricht - fachsprachlicher Fremdsprachenunterricht. Vorbemerkungen zu einem Themenheft; in: Die Neueren Sprachen 87/1-2, S.3-19

Wendt, Susanne (1997): Terminus - Thesaurus - Text. Theorie und Praxis von Fachbegriffsystemen und ihre Repräsentation in Fachtexten; Tübingen (Gunter Narr)

Werner, Reinhold (1999): Das Problem der Äquivalenz im zwei- und mehrsprachigen Fachwörterbuch; in: Hoffmann/et al., S.1853-1884

Wersig, Gernot (1976): Probleme und Verfahren der Terminologielehre; in: Bausch/et al., S.43-50 [gekürzte Fassung; Original in: Der Sprachmittler 2 (1973), S.58-68]

Wichter, Sigurd (1990): Fachexterne Kommunikation. Die Ungleichverteilung von Wissen als Dialogvoraussetzung; in: Rickheit/Wichter, S.477-490

Wichter, Sigurd (1994): Experten- und Laienwortschätze. Umriß einer Lexikologie der Vertikalität; Tübingen (Niemeyer)

Wichter, Sigurd (1995a): Vertikalität von Wissen. Zur vergleichenden Untersuchung von Wissens- und insbesondere Wortschatzstrukturen bei Experten und Laien; in: Zeitschrift für Germanistische Linguistik 23/3, S.284-313

Wichter, Sigurd (1995b): Überlegungen zu einer vergleichenden Semantik; in: Hoinkes, S.745-755

Wichter, Sigurd (1997): Zur Position der Fachsprachensemantik; in: Hoinkes/Wolf, S.365-375

Wiegand, Herbert Ernst (1979): Kommunikationskonflikte und Fachsprachengebrauch; in: Mentrup, S.25-58

Wiegand, Herbert Ernst (1988): Was eigentlich ist Fachlexikographie? (Mit Hinweisen zum Verhältnis von sprachlichem und enzyklopädischem Wissen); in: Munske, Horst Haider/et al. (eds.): Deutscher Wortschatz. Lexikologische Studien; Berlin/New York 1988, S.729-790

Wierlacher, Alois/et al. (eds. - 1986): Jahrbuch Deutsch als Fremdsprache 12; München

Wierlacher, Alois/et al. (eds. - 1989): Jahrbuch Deutsch als Fremdsprache 15; München

Wiese, Ingrid (1993): Mehrwortbenennungen in der deutschen Wirtschaftslexik; in: Morgenroth, S.39-46

Wilke, Jürgen (1986): Probleme wissenschaftlicher Informationsvermittlung durch die Massenmedien; in: Bungarten, S.304-318

Wilss, Wolfram (1979): Fachsprache und Übersetzen; in: Felber/et al., S.177-191

Wilss, Wolfram (1987): Rhetorische und stilistische Textelemente als Gegenstand der Übersetzungsdidaktik; in: Redard/Wyler, S.31-43

Wimmer, Rainer (1979): Das Verhältnis von Fachsprache und Gemeinsprache in Lehrtexten; in: Mentrup, S.246-275

Wodak, Ruth/Feistritzer, Gerd (1989): Fachsprache und Jargon: Zur Textsorte "Parteiprogramm"; in: Dressler/Wodak, S.92-109

Wolf, Lothar (1989): Zur Ausgliederung und Verbreitung einer Fachterminologie. Das Beispiel der französischen Druckersprache; in: Dahmen/et al., S.140-151

Wright, Sue Ellen/Budin, Gerhard (eds. - 2001): Handbook of Terminology Management II: Application Oriented Terminology Management; Amsterdam (John Benjamins)

Wunderli. Peter (1995): Strukturelle Semantik, Polysemie und Architektur der Sprache (Zu einigen aktuellen Problemen der Bedeutungsanalyse); in: Hoinkes, S.791-806

Wunderli, Peter (1997): Thesen zum Problem der Wortschatzgliederung; in: Hoinkes/Wolf, S.193-202

Würstle, Regine (1988): Textlinguistik und Fachsprache: Darstellung und Analyse der konstitutiven Elemente einer juristischen Textsorte des Neufranzösischen; in: Kalverkämper, S.130-150

Wüster Eugen (1973): Kaleidoskop der Fachsprachen; in (und Geleitwort zu): Drozd/Seibicke, S.VIII-X

Wüster, Eugen (1974): Die allgemeine Terminologielehre - ein Grenzgebiet zwischen Sprachwissenschaft, Logik, Ontologie, Informatik und den Sachwissenschaften; in: Linguistics 119, S.61-106

Wüster, Eugen (1976): Die allgemeine Terminologielehre; in: Bausch/et al., S.40-43 [Original in: Linguistics 119 (1974), S.62-106]

Wüster, Eugen (1979): Einführung in die allgemeine Terminologielehre und Terminologische Lexikographie; Wien (Springer)

Wyler, Siegfried (1987): On Definitions in LSP; in: Sprissler, S.79-90

Yaqin, Sui (1988): Kohärenz in Fachtexten; in: Deutsch als Fremdsprache 25/5, S.289-293

Zhu, Jianhua (1990): Fachsprachliche Komposita in pragmatischer und textueller Sicht; in: Rickheit/Wichter, S.221-232

SPRACHE IM KONTEXT

Herausgegeben von Martin Stegu und Ruth Wodak

Band 1 Martin Stegu/Rudolf de Cillia (Hrsg.): Fremdsprachendidaktik und Übersetzungswissenschaft. Beiträge zum Verb*al*-Workshop 1994. 1997.

Band 2 Eva Vetter: Nicht mehr Bretonisch? Sprachkonflikt in der ländlichen Bretagne. 1997.

Band 3 Bernhard Kettemann/Rudolf de Cillia/Isabel Landsiedler (Hrsg.): Sprache und Politik. Verb*al*-Werkstattgespräche. 1998.

Band 4 Martin Stegu: Postmoderne Semiotik und Linguistik. Möglichkeiten, Anwendungen, Perspektiven. 1998.

Band 5 Bernhard Kettemann/Martin Stegu/Hartmut Stöckl (Hrsg.): Mediendiskurse. Verb*al*-Workshop Graz 1996. 1998.

Band 6 Franz Rainer/Martin Stegu (Hrsg.): Wirtschaftssprache. Anglistische, germanistische, romanistische und slavistische Beiträge. Gewidmet Peter Schifko zum 60. Geburtstag. Unter Mitarbeit von Heinz Kiko. 1998.

Band 7 Maria Arduç: Therapie – Sprache – Traum. Die Kommunikation in der Katathym-imaginativen Psychotherapie. 2000.

Band 8 Michael Klemm: Zuschauerkommunikation. Formen und Funktionen der alltäglichen kommunikativen Fernsehaneignung. 2000.

Band 9 Manfred B. Sellner (Hrsg.): Fremdsprachendidaktik & Zweitspracherwerb im Kontext. 2001.

Band 10 Helmut Gruber/Florian Menz (Hrsg.): Interdisziplinarität in der Angewandten Sprachwissenschaft. Methodenmenü oder Methodensalat? 2001.

Band 11 Magdalena Telus: Gruppenspezifisches Stereotyp. Ein Modell der Einbettung in die Textproduktion. An russischem, polnischem und deutschem Material. 2002.

Band 12 Oswald Panagl/Horst Stürmer (Hrsg.): Politische Konzepte und verbale Strategien. Brisante Wörter – Begriffsfelder – Sprachbilder. 2002.

Band 13 Regina Hänchen: Die französische Marketingsprache. Eine diachrone Untersuchung ihrer Terminologie anhand der *Revue Française du Marketing* (1960–2000). 2002.

Band 14 Joybrato Mukherjee: Korpuslinguistik und Englischunterricht. Eine Einführung. 2002.

Band 15 Gertraud Havranek: Die Rolle der Korrektur beim Fremdsprachenlernen. 2002.

Band 16 Heide Maria Pfennigbauer: The Professional Image of Graduates of English Studies of Vienna University. 2003.

Band 17 Brigitta Busch/Rudolf de Cillia (Hrsg.): Sprachenpolitik in Österreich. Eine Bestandsaufnahme. 2003.

Band 18 Rainer Franz / Achim Stein (a cura di): I nuovi media come strumenti per la ricerca linguistica. 2003.

Band 19 Ewald Ehtreiber: „Alles für unser Österreich!" Das Bild Österreichs in den Regierungserklärungen der Zweiten Republik. 2003.

Band 20 Helmut Gruber / Florian Menz / Oswald Panagl (Hrsg.): Sprache und politischer Wandel. 2003.

Band 21 Rudolf de Cillia / Michaela Haller / Bernhard Kettemann: Innovation im Fremdsprachenunterricht. Eine empirische Studie zum Europasiegel für innovative Sprachenprojekte. 2005.

Band 22 Doris Carmen Rusch: Online Journalismus. Von den Möglichkeiten der Web-Inszenierung zum audio-visuellen Gesamtereignis am Beispiel online-journalistischer Kulturberichterstattung in Österreich und den USA. 2006.

Band 23 Eva Martha Eckkrammer / Gudrun Held (Hrsg.): Textsemiotik. Studien zu multimodalen Texten. 2006.

Band 24 Bernhard Kettemann / Georg Marko (eds.): Planing, Gluing and Painting Corpora. Inside the Applied Corpus Linguist's Workshop. 2006.

Band 25 Ursula Doleschal / Helmut Gruber (Hrsg./eds.): Wissenschaftliches Schreiben abseits des englischen *Mainstreams*. Academic Writing in Languages Other than English. 2007.

Band 26 Christiane Dalton-Puffer / Ute Smit (eds.): Empirical Perspectives on CLIL Classroom Discourse. 2007.

Band 27 Ursula Doleschal / Edgar Hoffmann / Tilmann Reuther (Hrsg.): Sprache und Diskurs in Wirtschaft und Gesellschaft. Interkulturelle Perspektiven. 2007.

Band 28 Julia Isabel Hüttner: Academic Writing in a Foreign Language. An Extended Genre Analysis of Student Texts. 2007.

Band 29 Klaus-Börge Boeckmann / Angelika Rieder-Bünemann / Eva Vetter (Hrsg.): eLernen/eLearning/Apprentissage en ligne in der sprachenbezogenen Lehre. Prinzipien, Praxiserfahrungen und Unterrichtskonzepte. 2007.

Band 30 Johannes Schnitzer: Vertikale Variation im Fachwortschatz. Am Beispiel der argentinischen Börsenberichterstattung. 2008.

www.peterlang.de

Kolibri 360 GmbH
Ferdinand-Jühlke-Straße 7
99095 Erfurt, Deutschland
produktsicherheit@kolibri360.de

Druck:
CPI Druckdienstleistungen GmbH
im Auftrag der
Kolibri 360 GmbH
Ferdinand-Jühlke-Str. 7
99095 Erfurt